权威·前沿·原创

皮书系列为
"十二五""十三五""十四五"时期国家重点出版物出版专项规划项目

BLUE BOOK

智库成果出版与传播平台

服务型制造蓝皮书

BLUE BOOK OF SERVICE-ORIENTED
MANUFACTURING

中国服务型制造发展报告（2022）

ANNUAL REPORT ON THE DEVELOPMENT OF SERVICE-ORIENTED
MANUFACTURING IN CHINA (2022)

主　编／朱宏任　陈立辉
副主编／王　勇
中国服务型制造联盟
服务型制造研究院

社会科学文献出版社
SOCIAL SCIENCES ACADEMIC PRESS（CHINA）

图书在版编目（CIP）数据

中国服务型制造发展报告.2022／朱宏任，陈立辉
主编.－－北京：社会科学文献出版社，2023.3
（服务型制造蓝皮书）
ISBN 978-7-5228-1460-5

Ⅰ.①中…　Ⅱ.①朱…②陈…　Ⅲ.①制造工业-工
业企业管理-案例-中国-2022　Ⅳ.①F426.4

中国国家版本馆 CIP 数据核字（2023）第 031761 号

服务型制造蓝皮书
中国服务型制造发展报告（2022）

主　　编／朱宏任　陈立辉
副 主 编／王　勇

出 版 人／王利民
责任编辑／吴　敏
责任印制／王京美

出　　版／社会科学文献出版社·皮书出版分社（010）59367127
　　　　　地址：北京市北三环中路甲 29 号院华龙大厦　邮编：100029
　　　　　网址：www.ssap.com.cn
发　　行／社会科学文献出版社（010）59367028
印　　装／天津千鹤文化传播有限公司

规　　格／开　本：787mm×1092mm　1/16
　　　　　印　张：25.5　字　数：382 千字
版　　次／2023 年 3 月第 1 版　2023 年 3 月第 1 次印刷
书　　号／ISBN 978-7-5228-1460-5
定　　价／158.00 元

读者服务电话：4008918866

《中国服务型制造发展报告（2022）》
编 委 会

主要编撰者简介

朱宏任　中国企业联合会、中国企业家协会党委书记、常务副会长兼理事长，中国服务型制造联盟战略咨询委员会主任

陈立辉　工业和信息化部电子第五研究所所长，中国服务型制造联盟理事长，高级工程师

王　勇　工业和信息化部电子第五研究所副所长，中国服务型制造联盟秘书长，高级工程师

刘尚文　服务型制造研究院院长，中国服务型制造联盟常务副秘书长，高级工程师

序　言

　　当前，中国经济进入了以高质量发展为中心任务的新阶段，服务型制造被赋予了全新的内涵。党的二十大报告提出，建设现代化产业体系，坚持把发展经济的着力点放在实体经济上，推进新型工业化，加快建设制造强国、质量强国、航天强国、交通强国、网络强国、数字中国。制造业是实体经济的核心，是国家创造力、竞争力和综合国力的重要体现，是实现共同富裕的产业基础。面向"十四五"时期，以服务化为制造业赋能形成的服务型制造，已经成为加快制造业高质量发展的重要标志与特征。深刻认识发展服务型制造的意义，对于深入贯彻落实党的二十大精神，推动制造业高质量发展，实有必要。

　　从国家战略维度看，服务型制造是赢得大国实力竞争的必由之路。服务型制造是制造与服务融合发展的新型生产方式和产业形态。发达国家在制造业发展的高级阶段，一般都是依据先发优势，把生产制造等生产链低附加值环节转移到发展中国家，把设计研发、供应链协调控制等生产链高附加值环节紧紧抓在手中，以获取高额利润和产业竞争控制权。在从制造大国转向制造强国的过程中，我国一定要打破少数西方国家实施的低端锁定，通过服务型制造升级路径，创新优化生产组织形式、运营管理方式和商业发展模式，推动传统制造业提升自主创新能力、提高生产经营效率、拓宽盈利空间、创造新的经济增长点，获取国家制造业竞争的主动权。

　　从产业发展维度看，服务型制造是构筑产业发展新格局的关键抓手。我国制造业已形成了世界上最为完整的产业体系和大宗制成品的生产能力，在一些高端领域也有所建树。但若进行全面考量，就会发现在一些重要生产链供应链中，还存在断点堵点、短板弱项。构建新发展格局，需要以服务型制造助力，夯实制造业基础，加快提升产业链供应链现代化水平。一方面，通过加大服务要素投入，促进技术、信息、资金等高端要素密集进入生产制造过程，帮助提高制造业技术水平和创新能力，促进产业基础高级化；另一方面，通过创新服务方式提升制造过程的增值能力，推动单纯制造向全生命周期各环节延伸、推动价值链从低端向高端升级，进而提高产业链现代化水平。通过发展服务型制造来支持构建竞争力更强、韧性更足、附加值更大、安全可靠性更高的产业链供应链，推进现代化产业体系建设。

从企业成效维度看，服务型制造是培育企业核心竞争能力的重要手段。许多企业，特别是数量众多的中小型制造企业，一度把低成本快速扩张当作发展、做大企业的必由路径。随着中国经济进入高质量发展新阶段，依靠低价竞争策略盲目扩张的道路已经行不通。企业要通过服务型制造方式，走"专精特新"之路。企业要将服务型制造作为提质增效、做优变强的"密码"，以用户需要为中心来组织生产，为下游企业和用户提供定制化、差异化、针对性的整体解决方案，获得更加持久、稳定的利润来源，进而拓宽企业盈利空间，增强用户黏性，全面重塑企业的核心竞争力。

2022 年，我国服务型制造发展步伐不断加快。一些大型制造业企业加快服务模式建设，一批服务业企业与制造业企业的业务延伸融合，服务型制造发展取得显著成效。在各级政府积极推进、企业主体大胆创新以及社会各界的共同努力下，我国服务型制造发展在以下几个方面可圈可点。

第一，服务型制造的发展方向更加明确。《中华人民共和国国民经济和社会发展第十四个五年规划和 2035 年远景目标纲要》明确提出要推动现代服务业同先进制造业深度融合，发展服务型制造新模式，推动我国制造业高质量发展。习近平总书记在党的二十大报告中明确指出，推进新型工业化，加快建设制造强国，构建优质高效的服务业新体系，推动现代服务业同先进制造业、现代农业深度融合。发展服务型制造已经成为按照党中央、国务院部署，顺应新一轮科技革命和产业变革、增强制造业核心竞争力、培育现代化产业体系、实现高质量发展的重要途径。

第二，服务型制造的发展环境更加优化。工信部等十五部门出台《关于进一步促进服务型制造发展的指导意见》，各地方政府主管部门依据产业实际，纷纷出台了更为翔实的行动方案，为服务型制造的发展提供了政策保障；同时，以5G、人工智能、工业互联网、物联网、数据算力为代表的数字新基建，作为服务型制造发展的基础设施逐渐完善，有力助推服务型制造借助数字技术应用向深度和广度拓展。

第三，服务型制造的发展支持更加有力。工信部把推动服务型制造创新发展作为落实制造强国战略的重要举措，着力优化政策环境，加强示范引领，搭建交流平台，推动服务型制造创新模式不断涌现，服务要素对制造业发展的贡献持续提升。2022年8月19日工信部与浙江省人民政府共同主办了第五届中国服务型制造大会。近期发布了第四批服务型制造示范名单，有111家公司被评为示范企业，46家服务平台被评为示范平台，共享制造类的11家平台入选示范平台，22家项目被评为共享制造示范项目，多个城市被评为示范城市。

第四，服务型制造的发展势头更加强劲。初步形成了国家引导、地方政府支持、企业投入、服务机构与社会组织相助的良好局面。服务型制造作为推动制造业高质量发展的重要方向已成为各方共识。政府部门着力加强政策引导、企业模式创新蔚然成风，服务机构和社会组织服务供给形成保障，若干服务型制造发展高地逐步形成，示范效应开始显现。

第五，服务型制造的发展动力更加充足。制造企业依托数字技术开展的全方位优化升级成为服务型制造创新发展的强劲动力，具体表现为要素融合、技术融合、设施融合和产品融合，已成为带动制造业企业沿着产业链供应链首尾两端拓展业务并获得更好效益的积极举措。

第六，服务型制造的发展前景更加明朗。随着高质量发展成为主题，大企业牵引，中小企业广泛参与，以服务型制造形式形成更具韧性的安全可靠产业链，已经成为越来越多企业的主动选择，也将成为制造业产业升级的稳固阶梯。但也要看到，服务型制造仍面临发展不平衡，协同性不强，新模式

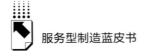
有待探索，政策环境、体制机制难以完全适应发展形势等问题。更好把握服务型制造发展趋势，需以统一标准、延伸链条、技术创新、快速迭代来不断优化业态、模式、路径，以助力制造强国战略的加快落实。

为进一步推动服务型制造发展，服务型制造研究院、中国服务型制造联盟组织众多高校、科研院所、企业专家共同撰写了"服务型制造蓝皮书"，首部报告《中国服务型制造发展报告（2021）》发布以来，得到了社会各界的高度关注和积极反响。本年度蓝皮书系统性地介绍了服务型制造，更加关注服务型制造发展取得的成效：一是构建科学的评价体系，对标国际重要经济体，客观总结我国服务型制造自 2016 年工业和信息化等部门发布《发展服务型制造专项行动指南》以来取得的发展成效；二是回顾了 2022 年国家及地方为推动服务型制造发展实施的工作举措及其取得的各项成果；三是在大力推动服务型制造发展的过程中，锚定我国稳经济的阶段性目标，通过已经公布的数批示范遴选结果的相关数据分析发展服务型制造在对抗经济下行、促进经济稳增长方面取得的产业成效。在此基础上，针对制约我国服务型制造发展的障碍性因素和产业自身发展所存在的问题，提出并详细阐述了加快我国服务型制造发展的对策措施。

本书可作为有关部门、各省区市和地方制定经济或产业发展规划的参考资料，指导社会各界正确、客观地认识产业发展趋势。再次感谢"服务型制造蓝皮书"全体编委会的努力付出，为服务型制造理论研究和实践探索提供了有益参考，也希望服务型制造工作不断深入，为支撑构建强大而有韧性的现代化产业体系发挥更大作用。

朱宏任

中国企业联合会党委书记

常务副会长兼理事长

摘　要

党的二十大报告提出，构建优质高效的服务业新体系，推动现代服务业同先进制造业、现代农业深度融合。服务型制造就是产业深度融合的重要方向，是制造业与服务业双向融合的新模式新业态。在工业和信息化部的指导下，我国服务型制造发展取得显著成效，总体水平领先于新兴国家，正逐步迈向发达国家的发展水平。在国家和地方实施的一系列重要工作举措推动下，我国涌现出一批优质的服务型制造示范企业（项目、平台）和示范城市。本报告对上百家服务型制造示范企业进行深入分析，发现通过服务要素的投入能够挖掘用户需求潜力、激发企业业务创新、推动产业保稳提质，从而推动企业稳增长、抵抗宏观经济的波动。同时，结合当前我国经济发展状况，从理论和实践层面阐述了发展服务型制造对稳定经济增长、推动制造业企业高质量发展的重要作用，探讨了制造业的数实融合机制与对策。浙江省是目前我国服务型制造转型最为成功的省份之一。本报告论述了浙江省服务型制造转型的探索与实践经验。通过总结服务型制造示范城市（含工业设计特色类）的发展成效及经验启示，展示服务型制造示范企业、共享制造类服务型制造示范平台和项目的转型举措与经验，指出未来服务型制造向更深层次发展需要加快推进标准体系建设，探索区域、产业集群试点工作，发挥国内服务型制造示范城市"连点成网"的示范效应以及搭建国际合作交流平台，推动我国经济高质量发展。

关键词： 服务型制造　高质量发展　工业设计　共享制造

目 录 ↖

I 总报告

II 综合篇

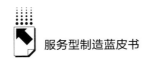
Ⅲ 示范城市篇

Ⅳ 典型企业篇

V　共享制造篇

皮书数据库阅读使用指南

总 报 告

General Reports

B.1

2021~2022年中国服务型
制造发展与展望

王 勇　刘尚文　谢 宽　关 昊*

摘　要： 服务型制造是制造与服务深度融合的新型生产模式和产业形态，是推动制造业高质量发展的重要抓手，现已成为国内外制造业发展演进的重要趋势之一。放眼全球，通过长达二三十年的服务化实践，服务型制造在发达国家已达到较高水平，而我国服务型制造发展水平与主要经济体相比仍存在一定差距。近年来，随着中国对服务型制造的重视和支持，在社会各界的共同努力下服务型制造取得了长足发展，对经济稳增长、激发市场活力、发掘新需求发挥了关键作用。

* 王勇，工业和信息化部电子第五研究所副所长，中国服务型制造联盟秘书长，高级工程师，主要研究方向：质量可靠性与计量技术、服务型制造；刘尚文，工业和信息化部电子第五研究所，服务型制造研究院院长，中国服务型制造联盟、中国绿色制造联盟常务副秘书长，高级工程师，主要研究方向：服务型制造、绿色制造、计算机与信息技术；谢宽，工业和信息化部电子第五研究所，服务型制造研究院副院长，中国服务型制造联盟秘书处，高级工程师，主要研究方向：产业政策、服务型制造；关昊，服务型制造研究院工程师，主要研究方向：服务型制造、产品服务系统。

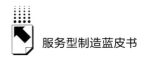
关键词： 服务型制造　先进制造业　现代服务业

近年来，受国际环境更趋复杂和新冠疫情冲击影响，我国面临经济调整新挑战，同时也迎来产业变革新机遇。党的二十大报告指出，要建设现代化产业体系，构建优质高效的服务业新体系，推动现代服务业同先进制造业、现代农业深度融合。制造业历来都是世界经济增长和发展的命脉。只有制造业强大才能为一切产业提供动力和能量，衍生出更多的产业和资源，促进经济高速增长。因此，全球各个国家和地区都在不遗余力地发展制造业、争夺制造业和重返制造业。制造业是未来主导全球经济增长的命脉，也是影响和掌控全球金融、能源、贸易、科技、政治、军事和经济的启停控制开关。

作为制造与服务融合发展的新型制造模式和产业形态，服务型制造是数字智能时代科技革命推动产业发展和产业变革的必然产物，是先进制造业和现代服务业深度融合的重要方向。服务型制造通过服务与客户完成价值共创而满足市场价值需求的基本逻辑，是本轮产业演化过程中产业融合发展的主攻路径，亦是中国式现代化新征程中加快构建新发展格局、着力推动高质量发展、构建强大而有韧性的现代产业体系的核心抓手。推动传统产业向服务型制造转型有利于巩固提升中国制造在全球产业链中的地位，对中国经济坚持创新驱动发展、全面塑造高质量发展新优势，尤其对巩固壮大实体经济根基、提升产业能力和安全保障具有重要的战略性意义。

一　国际视角下我国服务型制造的发展比较

在工业和信息化部产业政策司的指导下，中国服务型制造联盟、服务型制造研究院编制了"全球服务型制造发展指数"（以下简称"发展指数"）。该指数通过比较我国与全球主要 10 个国家的服务型制造发展情况，从国际视角下客观评价我国服务型制造发展状况。服务型制造发展指数指标体系由制造基础、生态建设及发展成效 3 个一级指标、15 个二级指标构成，是客观评价全球主要经济体的服务型制造发展水平的指标体系（见表1）。

基于服务型制造的内涵和产业实践，服务型制造发展需要综合考虑制造基础、生态建设和发展成效3个一级指标。指标体系的一级指标"制造基础"，服务型制造是数字智能时代制造与服务融合发展的必然选择，是制造业高质量发展的重要方向，其发展的根基在制造业；指标体系的一级指标"生态建设"，服务型制造是以产业生产组织关系创新为核心引领制造与服务融合发展的新型产业生产方式和产业形态，其融合发展对于构建全方位、宽领域的服务型制造发展生态提出极高的要求；指标体系的一级指标"发展成效"，服务型制造的发展成效是衡量服务型制造阶段性成果最直接的指标，强调制造业不断增加服务要素的投入和产出以获取更高的收益、增强产品和服务的销售能力和市场竞争力。

表1　服务型制造发展指数指标体系及数据来源

一级指标	二级指标	数据来源	说明
制造基础	高技术产业增加值占制造业增加值比重	世界银行	采纳数据库指标
	人均制造业增加值	联合国工业发展组织	采纳数据库指标
	制造业增加值	世界银行	2021年美国、日本制造业增加值数据通过相关报告补充
	制造业贸易世界影响力	联合国工业发展组织	采纳数据库指标
生态建设	营商环境	世界银行	采用营商指数报告中各国前一年指数值代表当年营商环境
	服务业开放程度	经合组织	对服务业贸易限制指数（STRI）取倒数
	一国研发支出占GDP比重	联合国教科文组织	上一年数据代表当年指标，缺失数据用线性拟合法补充
	技术服务人员总量占就业人口比重	世界银行	世界银行数据整理计算
	信息通信技术使用指数	国际电信联盟	通过ITU数据库中的连接性（connectivity）指标构建

一级指标	二级指标	数据来源	说明
发展成效	一国制造企业知名服务品牌数（世界制造业 500 强）	企业年报	查阅企业年报,收集服务收入、营业收入等数据,以服务营收占比超过 30%（国家级示范企业标准）作为标准认定某制造企业为服务知名品牌
	一国制造企业服务营收占 500 强总营收比重(世界制造业 500 强)		
	制造业服务产出程度	经合组织	通过 OECD 发布的 2016~2018 年的投入产出表计算各国制造业服务产出占总产出比重、服务投入占总投入比重,2019~2021 年使用 2018 年数据
	制造业服务投入强度		
	一国产品出口额	世贸组织	采纳数据库指标
	一国服务出口额	世贸组织	采纳数据库指标

（一）我国与十个主要经济体比较概览

2016~2021 年,我国服务型制造发展指数由 100.00 增长到 113.71,累计增加 13.71 个点,年均增幅为 2.74%,我国服务型制造发展保持良好趋势,客观印证了我国自 2016 年开始大力推动服务型制造发展以来已取得显著成效。

从发展趋势的比较来看,2016 年以来,十一国服务型制造发展水平分为三个梯队,美国、德国、日本的指数得分均在 120 以上,属于第一梯队;韩国、法国、英国及中国的指数得分为 80~120,处于第二梯队;其他国家的指数得分均在 80 以下,为第三梯队。

2016 年以来,服务型制造发展指数得分除美国出现 2% 以上的降幅外,大部分国家均保持基本稳定的发展态势。其中,印度、中国、俄罗斯分别提升约 20%、14%、5%,增幅在所有样本国家中居前列。我国排名由第七攀升到第四,居第二梯队首位。在发达经济体中,韩国则以 2.7% 的增幅稳步推进服务型制造发展,增幅在发达国家中位列第一。其他国家总体发展较为平稳,而美国主要受制造基础中部分指标相对变弱影响,发展指数得分下降幅度达到 2% 以上。

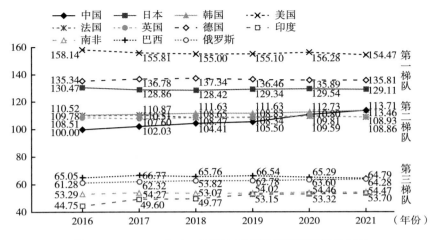

图1　2016~2021年十一国服务型制造发展指数得分情况

（二）从制造基础看，我国服务型制造基础稳居第一梯队

我国制造业增加值连续12年位居世界第一，党的十八大以来，制造业大国地位得以进一步巩固。但同时，我国制造业的发展质量和效率与发达国家相比还存在一定的差距。在制造基础维度，我国制造基础得分从2016年的42.31提升到2021年的44.71，超过日本和美国，仅次于德国，位居第二。我国制造基础维度的规模指标得分较高，而质量效率指标，如人均制造业增加值等与发达国家相比仍有较大差距。

各国制造基础指标得分从高到低的顺序为德国（46.39）、中国（44.71）、美国（44.46）、韩国（43.43）、日本（42.94）、法国（26.16）、英国（24.95）、印度（13.04）、俄罗斯（11.81）、巴西（11.13）、南非（7.61）。十一个国家制造基础指标得分2021年平均值为27，德国、中国、美国、韩国及日本等国家制造基础指标得分高于平均值，而法国与英国由于制造规模基数较小，制造基础指标得分略低于平均值，印度、俄罗斯、巴西及南非等国家的制造基础指标得分则远低于平均值，"金砖五国"中仅中国的制造基础实力雄厚，抵御全球经济波动风险的能力强。

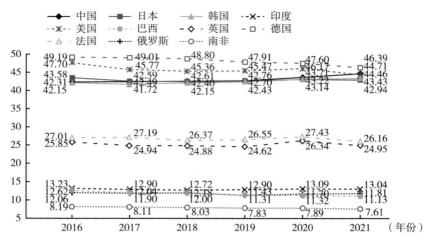

图 2 2016~2021 年十一国制造基础得分情况

（三）从生态建设看，我国服务型制造生态不断完善

我国服务型制造生态建设稳步推进，2016~2021 年增长 23%，增速位居第二，排名从第十提升至第八。2016 年，我国生态建设各项指标均落后于发达国家，部分指标甚至落后于其他发展中国家，从而导致我国生态建设指标得分不及韩国的 60%。经过近几年发展，我国持续改善营商环境、扩大服务业开放、大力建设新兴基础设施等，服务型制造生态建设维度的"营商环境""服务业开放程度""信息通信技术使用指数"等指标得分提升明显，生态建设指标得分有较为明显的提升，与发达国家相比差距逐渐缩小。

2021 年，在十一国中，韩国服务型制造生态建设以 1.36 的分差优势领先美国，位列第一。韩国优势最突出的指标为"一国研发支出占 GDP 比重"。韩国是十一个国家中唯一该指标值在 3.5% 以上的国家。生态建设指标得分排名第三至第十一名的国家分别为日本（38.62）、英国（38.10）、德国（37.93）、法国（37.88）、俄罗斯（31.31）、中国（29.91）、巴西（29.71）、南非（28.03）、印度（17.34）。2021 年中国生态建设指标得分仅为 29.91，与

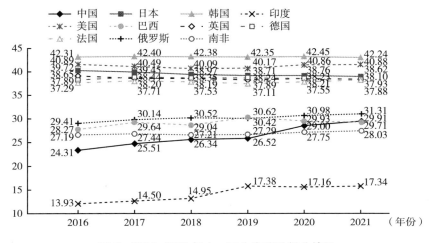

图3　2016～2021年十一国生态建设得分情况

发达国家相比差距明显，特别是在"一国研发支出占GDP比重""服务业开放程度""技术服务人员总量占就业人口比重"等指标方面差距较大。

（四）从发展成效看，我国服务型制造即将迈入第二梯队

我国服务型制造的发展成效指标得分由2016年的33.38提升到2021年的39.09，逐步向德国、日本、英国、法国等第二梯队国家靠近。在服务型制造发展成效指标维度，中国的"一国制造企业服务营收占500强总营收比重（世界制造业500强）""一国服务出口额"的贡献较大。2016年中国"一国制造企业服务营收占500强总营收比重（世界制造业500强）"指标值不足10%，2021年则提高到15.02%，而"一国服务出口额"2021年较2016年增长87%，外加其他指标值同步增长，中国服务型制造的发展成效指标得分逐渐接近第二梯队。

从2021年服务型制造发展成效指标得分排名来看，美国以绝对优势列十一国首位。在发展成效维度的六个二级指标中，美国除"一国产品出口额"指标外，其他五个指标均为最强，其中"一国服务出口额"及"一国制造企业知名服务品牌数（世界制造业500强）"指标值是排名第二国家

的近2倍。在发展成效维度，德国、日本、英国、法国四国分别排第二至第五位，排名第六至第十一位的国家分别为中国（39.09）、韩国（27.80）、巴西（23.95）、印度（23.33）、俄罗斯（21.16）、南非（18.84）。

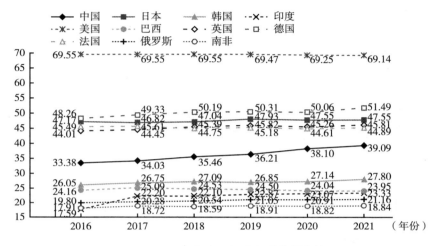

图4 2016~2021年十一国发展成效得分情况

二 推动服务型制造发展的重要举措

在国家"十四五"规划与工业和信息化部等十五部门发布的《关于进一步促进服务型制造发展的指导意见》（以下简称《指导意见》）指导下，服务型制造发展已经从政府推动阶段向社会各界主动开展相关研究、示范推广等阶段迈进。各级政府部门、高校、科研机构及行业组织大力推动服务型制造发展。服务型制造理念不断深化、示范引领持续加强，广大制造企业积极开展探索实践，服务型制造呈现出强劲发展势头，为经济稳定增长提供了有力支撑。

（一）持续开展宣贯推广工作，服务型制造理念得到各界认同

由工业和信息化部及各省级人民政府主办、中国服务型制造联盟承办的

中国服务型制造大会已经成为我国服务型制造理念普及、成果发布的重要平台。2022年8月，由工业和信息化部与浙江省人民政府共同主办的第五届中国服务型制造大会在浙江省杭州市召开，作为进入"十四五"时期后召开的首场国家级服务型制造大会，大会以"服务型制造构筑产业发展新格局"为主题，结合当下经济发展和产业变革最新最热话题，安排了前瞻多元的高端对话，进行了深入恳切的实践交流，发布了行业领先的创新成果，启动了丰富多彩的系列活动。

第五届中国服务型制造大会发布了多项重要成果。一是全球服务型制造发展指数报告从制造基础、生态建设、发展成效3个方面15个指标对各国服务型制造发展水平展开评价。报告的发布为我国制定服务型制造发展战略提供有力支撑，为服务型制造创新发展模式、优化地区产业结构提供有益参考，受到了各地方政府和工信主管部门的广泛关注。二是《中国服务型制造发展报告（2021）》立足于对制造和服务融合发展的深入认识，将服务型制造作为"构筑产业新格局"的着力点，首次全景展现了我国发展服务型制造所面临的挑战和机遇、重点与难点，以及发展路径、关键技术、政策行动等，着重探讨了服务型制造基础理论研究与应用对策研究进展，有助于指导企业服务型制造创新实践。此外，在服务型制造50人论坛上，来自宏观经济学、产业经济学、管理学、工程学等多个领域的近40位专家学者，从学术理论方面对服务型制造概念和体系提出了新见解，为新时期深化服务型制造研究夯实理论基础。

在服务型制造大会期间，各相关单位发布了关于服务型制造的丰富成果，推动服务型制造理念在产业、地区层面更加深入。一是由服务型制造研究院与浙江大学滨江研究院联合开发的"坤为产品服务操作系统"，为企业提供安全可控的产品服务融合共性技术解决方案；二是由服务型制造研究院发起的"服务型制造赋能伙伴倡议"为企业探索服务型制造提供了服务供应生态；"服务型制造赋能平台启用暨2022全国未来智造卓越工程师计划"携手推进卓越工程师培养，培育良好的产业生态；三是由服务型制造示范城市携手发起的"服务型制造示范城市合作伙伴倡议"联合15个服务型制造示范城市与

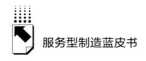

国内其他主要城市，共同发出"共商共创、共建共享"的最美和声。一系列成果发布，充分体现了服务型制造理念在相关领域的普及和深入。

"服务型制造万里行"主题系列活动持续开展，已经在宁波市、东莞市、沈阳市、九江市等地方举办主题系列活动。不断优化"服务型制造万里行"活动方案，搭建政产学研各方交流平台。"服务型制造万里行"活动已累计走进全国 20 多个城市，极大地激发了各地政府、企业开展服务型制造转型的积极性。

（二）深入推动示范遴选工作，全国各地积极推动企业转型

自 2017 年起，工业和信息化部已连续开展四批服务型制造示范遴选工作。2022 年工业和信息化部同步开展了前三批示范企业动态评估评价工作，持续彰显示范企业的转型成效。截至 2022 年 11 月底，在已公布的前三批服务型制造示范中，共遴选出 151 家示范企业、135 个示范项目、117 个示范平台，以及 15 个示范城市，示范效应逐步显现。

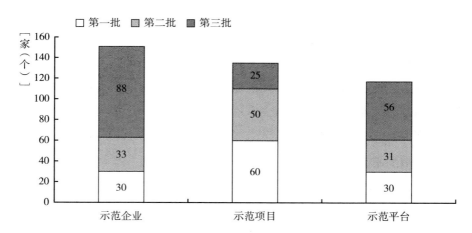

图 5 国家级服务型制造示范企业（平台、项目）情况

资料来源：工业和信息化部网站整理。

从国家级服务型制造示范企业（平台、项目）所在省份来看，403 家（个）服务型制造示范企业（平台、项目）共分布在全国 28 个省、自治区、

直辖市。东部地区，浙江省、山东省和福建省分别以 35 家（个）、35 家（个）和 31 家（个）列全国前三位，同时均有 2 个以上城市入选国家级服务型制造示范城市（含工业设计特色类）。浙江省嘉兴市、杭州市、宁波市入选国家级服务型制造示范城市，山东省青岛市、烟台市分别入选国家级服务型制造和工业设计特色类服务型制造示范城市，福建省厦门市和泉州市在2018 年就成功入选国家级服务型制造示范城市。中部地区，入选国家级服

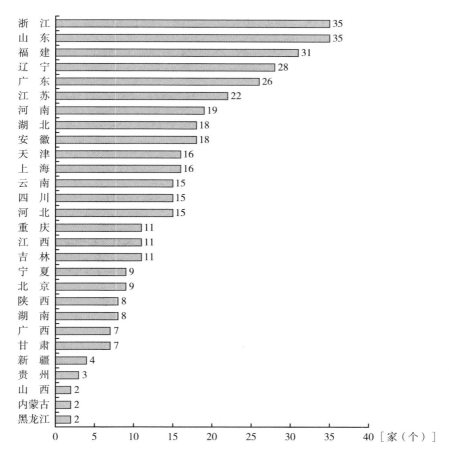

图 6　国家级服务型制造示范企业（平台、项目）省份分布

资料来源：工业和信息化部网站整理。

务型制造示范企业（平台、项目）数量排名较前的省份为河南省、湖北省和安徽省三省，分别有 19 家（个）、18 家（个）和 18 家（个）。西部地区，云南省、四川省和重庆市分别有 15 家（个）、15 家（个）和 11 家（个）国家级服务型制造示范企业（平台、项目）。东北地区，辽宁省以 28 家（个）示范企业（平台、项目）位列全国第四，在东北三省中大幅领先，吉林省、黑龙江省分别有 11 家（个）和 2 家（个）国家级服务型制造示范企业（平台、项目）。

从国家级服务型制造示范企业（平台、项目）所在的城市分布来看，403 家（个）企业（平台、项目）共分布在全国 115 个城市，近一半示范企业（平台、项目）分布在 17 个城市（见表 2）。其中，东部地区市有 9 个城市，中部、西部地区均有 3 个城市，东北地区则是沈阳市和大连市两个城市。除直辖市天津上榜企业（平台、项目）数量较多外，沈阳市、合肥市、昆明市、武汉市及大连市等城市均有 9 家（个）以上示范企业（平台、项目）。随着服务型制造理念的深入，中部、西部、东北地区重点城市日益重视探索服务型制造新业态、新模式。

表 2 国家级服务型制造示范企业（平台、项目）重点分布城市

单位：家（个）

城市	数量	城市	数量	城市	数量
上海市	16	天津市	16	青岛市	16
沈阳市	14	合肥市	13	昆明市	13
深圳市	12	武汉市	12	重庆市	11
泉州市	11	广州市	11	成都市	10
宁波市	10	苏州市	10	郑州市	9
杭州市	9	大连市	9		

资料来源：中国服务型制造联盟统计。

（三）地方政府推动服务型制造发展的政策体系逐渐完善

服务型制造发展需要政策保驾护航。近年来，各地政府积极贯彻落实党中央、国务院决策部署，服务型制造政策体系不断完善。截至 2022 年 11 月，全国各省、自治区、直辖市先后发布了 111 项服务型制造相关政策，其中 18 个省份先后印发了省级服务型制造专项政策和细则 38 项，12 个城市印发了地市级服务型制造专项政策 14 项。2021~2022 年山东省、辽宁省、福建省和黑龙江省先后印发服务型制造专项政策 4 项。从地区发布的专项政策来看，我国东部地区有 6 个省份发布了推动服务型制造发展的专项政策，中部地区有 4 个省份发布了专项政策，西部地区有 6 个省份发布了专项政策，全国有超过六成的省份发布了服务型制造专项政策，省份数量较 2019 年增加近三成。经过 7 年各级政府主管部门的谋划布局，服务型制造理念不断深化，政策体系不断完善，逐步形成多方协同、层级深化的服务型制造发展的良好局面。

在东部地区，各地不断出台新政策，明确服务型制造发展的阶段性任务。浙江省 2022 年发布了《关于深入推进服务型制造促进制造业高质量发展的实施意见》，在"衣、食、住、行、康"等重点民生领域的生产环节引导各行业企业创新发展。从不同角度明确服务型制造发展路径，一是引导制造企业、服务企业双向延伸融合发展，鼓励链主企业、雄鹰企业、单项冠军等优质企业与其配套企业深度协同，为中小微企业创新发展提供赋能型、转化型、协同型或系统型服务；二是加快公共服务平台建设，加强专业服务供应商创新服务供给以及生产性服务业功能区和服务型制造示范培育，为企业精准引航以加快实现制造与服务的全方位深度融合发展。同时，北京市、上海市、江苏省、福建省、山东省等纷纷提出了服务型制造示范培育和产业融合发展的总体目标，并充分发挥专项资金的扶持和引导作用，完善示范培育配套奖补措施。

在中部地区，各地结合自身产业状况，制订了推动服务型制造发展的政策体系。江西省 2021 年发布了《江西省发展服务型制造新一轮专项行动实施方案》，提出以产业融合发展为主线，加强培育发展服务型制造新业态新模式的两个"四大"，即"四大领域"和"四大任务"，"四大领域"为发展服务型制造的重点模式，分别是定制化服务、供应链管理、总集成总承包、全生命

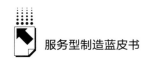
周期管理，立足重点发展领域确定了"四大任务"，分别是提升工业设计服务能力、加强典型示范引领、拓展服务型制造新模式和健全服务型制造发展生态。

在西部地区，制造业重点省份四川省制定了《关于进一步促进服务型制造发展的实施意见》，其明确的 10 个服务型制造重点发展领域与《指导意见》方向一致，同时四川省结合现有重点产业以及制造业发展现状，进一步细化服务型制造发展路径，提出强化设计主体培育、发展消费品领域个性化定制服务、推进供应链创新与应用、加强培育共享制造生态、推广应用生产性金融服务五个专项任务，以点、面结合方式，为企业的制造与服务融合发展提供方向。

在东北地区，黑龙江省发布服务型制造专项政策，如 2021 年发布了《黑龙江省发展服务型制造实施方案》，不仅明确了服务型制造的高端化、智能化、数字化、网络化、绿色化五大发展方向，还提出了要形成"一核心两廊道四基地"的空间布局战略，以哈尔滨及周边创新引领区为重点，创建哈尔滨服务型制造核心区，打造哈—大—齐、哈—牡—佳服务型制造两条区域发展廊道，并结合各城市核心竞争产业齐发力、共发展，建设齐齐哈尔、大庆、牡丹江、佳木斯四个服务型制造基地，黑龙江以固根基、补短板的谋划战略，不断加快传统优势行业的振兴步伐。

（四）产业服务体系供给更加高效

服务型制造公共服务体系建设使关键技术和人才在决策支持和信息咨询方面的支撑作用得以有效发挥，为服务型制造提供关键要素供给。服务型制造公共服务平台主要分为两类：一类是综合性服务平台，以增强服务创新能力为目标，是为满足服务型制造相关共性需求而形成的行业性、区域性公共服务平台；另一类是创新模式技术服务平台，重点以整合特定模式产业链上下游企业和关键技术为支撑，是形成资源合力激发模式创新的技术性平台。近年来，为有效推进制造业与服务业深度融合、支撑服务型制造发展的公共服务平台不断涌现，并且在培育发展服务型制造新模式、新业态中起到支撑和推广作用，服务型制造整体发展水平提高。

东部地区先试先行，浙江、福建、山东等省市积极打造各类国家级公共服务平台。浙江省加强与服务型制造研究院的合作，致力于搭建系统的研究平台和产业联盟，探索打造国家级特色创新载体。福建省则率先搭建了省级服务型制造公共服务平台，经过数年的建设，作为集多方智力、技术、资源等于一体的专业性区域型公共服务平台，有效地推动了商业模式创新和业态创新，对福建省制造业企业提供了服务化转型调研诊断、技术咨询、项目对接、人才培养、政策宣贯等支持和服务。山东省创建了国家级工业设计研究院，构建了由行业领军型专家组成的管理咨询团队以及高水平的研究队伍。

中部地区融合发展，打造独具特色的综合型公共服务平台。湖南省积极推动有效市场和有为政府相结合的模式，构建以中小企业公共服务平台网络为骨架、以中小企业双创基地为载体、以中小企业核心服务机构为支撑的中小企业公共服务生态，用以强化服务支撑，聚焦制造业与服务业深度融合、协同发展，整合研发设计、系统集成、检测认证、专业外包、市场开拓等服务资源，通过整合服务资源，发挥中小企业公共服务平台网络作用，形成了独具特色的"湖南模式"。

西部地区创新发展，纵深推进创新模式技术公共服务建设。重庆市支持发展供应链管理服务、鼓励搭建检验检测公共服务平台。贵州省紧贴"大数据"战略行动，运用"互联网+"等大数据手段，建立了贵州省中小企业公共服务平台网络、贵州省中小企业信息数据库、贵州中小企业互联网营销宣传平台、贵州省中小企业志愿服务线上服务中心等，鼓励中小企业服务机构不断探索适合中小企业发展特点的运营方式，激发服务模式创新。

东北地区快速发展，紧抓融合创新完善公共服务。辽宁省的永安机床小镇持续打造共享制造公共服务平台，实现共享制造受益企业500余户，预计节约企业生产成本1000万元，带动企业实现增收5000万元，生产效益增加20%，为辽宁省制造业有序发展提供有力支撑。哈尔滨工业大学中小企业服务平台集聚服务资源，为黑龙江制造业企业提供分析测试、技术支持、成果转化、工艺改进等服务，充分发挥作为中小企业服务平台的枢纽作用，为中小企业提供标准明确、达标即给的普惠性支持服务，促进创新发展，培育新业态。

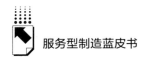

（五）充分保障服务型制造发展需要的人才、资金等要素

服务型制造融合产业发展离不开复合型人才、关键技术和资金支持等关键要素的投入，各地区全面夯实服务型制造发展基础，加强人才培育、鼓励技术研发、探索新型人才引进和激励机制，多举并进，为服务型制造发展打造良好的培养皿。

东部地区在人才培育方面，广东省举办生产性服务业培训班，并将服务型制造列为重点内容，设立"服务型制造专题研修班"，大力培育满足服务制造发展需求的复合型人才。北京市海淀区打造"海英计划"升级版，实行人才举荐、待遇让渡制度，将支持范围拓展至产品经理、技术经纪人、财务法务等科技服务人才；依托新型研发机构探索"海英学者"计划。上海市重视人才培育，通过举办服务型制造高级研修班，以政府部门政策解读、服务型制造专家授课、学员座谈交流等形式，让参加培训的企业高管进一步厘清生产性服务业与服务型制造、两业融合与制造服务业等的逻辑脉络。

中部地区在资金保障方面，湖北省充分发挥省级制造业高质量发展专项资金的引导作用，分级支持服务型制造示范的创建工作，对国家级和省级示范给予不同程度的奖励；要素保障方面，针对服务型制造示范企业、平台、项目、集聚区用地和用能给予优先支持；智力支撑方面，加快服务型制造智库建设，分模式完善省级服务型制造专家库，鼓励以高等院校、科研院所、重点企业为主体成立服务型制造相关专业支撑机构，推动行业良性发展；在营商环境方面，强调深化"放管服"改革，破除制约制造与服务融合的制度壁垒，放宽制造企业拓展服务业务的准入条件，并联合攻关服务型制造统计评价体系、标准体系和共性技术等，为服务型制造发展营造良好的氛围。

三 服务型制造助力产业高质量发展

通过对三批国家级服务型制造示范企业的深度分析，发现制造企业通过服务型制造转型实现了多方面的提升。探索服务型制造转型的企业数量日益增加，必将促进我国制造业的高质量发展。企业通过发展服务型制造，拓宽了制造业的业务领域，培育了更具竞争优势的服务业务模块，提升了制造业的产品附加值，使其具备更强的抵御经济波动风险的能力，有利于经济稳增长；通过发展服务型制造，实现市场需求信息采集、传输、分析，进而归纳、预测、创造乃至引领客户需求，充分释放国内市场潜力，推动经济转型升级。通过发展服务型制造，还能结合新一代数字技术，在需求引导的前提下，升级旧模式、开发设计出新服务业态，实现新旧动能的迭代，助力经济高质量发展。

（一）服务型制造示范企业概览

通过统计前两批与第三批示范企业的规模，发现前两批示范企业中小型企业占比保持在 40% 左右，其次是大型企业，占比在 30% 以上，中型企业占比最低，中小型企业合计占比在 60% 以上。但对比三批数据，发现第三批示范企业中中型企业占比提升 4 个百分点，而大型企业占比与前两批相比则下降了 6 个百分点。随着服务型制造理念的推广，加之示范企业的模范效应，越来越多的中小型企业参与到服务型制造转型的产业融合发展中。

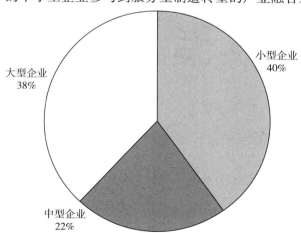

图 7　前两批示范企业规模分布

注：按照《统计上大中小微型企业划分办法（2017）》中工业企业从业人员标准划分大中小企业规模。

资料来源：中国服务型制造联盟统计。

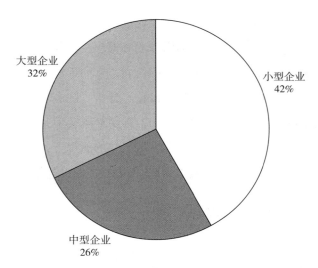

图8 第三批示范企业规模分布

注：按照《统计上大中小微型企业划分办法（2017）》中工业企业
从业人员标准划分大中小企业规模。
资料来源：中国服务型制造联盟统计。

在服务型制造模式方面，通过对比三批示范企业的主要模式（见图9），
发现定制化服务、全生命周期管理、总集成总承包等是我国企业转型的主要
模式。第三批与前两批相比，定制化服务、供应链管理等的占比明显提升，
主要原因是受近三年全球化进展受阻与疫情影响，企业积极利用工业互联网
开发线上业务模式，同时加强供应链管理。

（二）服务型制造为企业拓宽了增长空间

服务型制造转型对于企业稳定增长有着关键性的助力作用。通过服务型
制造转型，能够优化资源配置，以更多服务要素替代传统要素投入，催生服
务新路径、新模式，创造新的利润增长点，进一步通过增加服务收入助力企
业提升盈利能力，增加制造企业价值。发展服务型制造，还可以使制造企业
与客户、利益相关方之间构建更为紧密的合作关系，通过提供个性化解决方
案，与客户进行持续的交互接触，从而提升客户体验，以此提高客户的满意

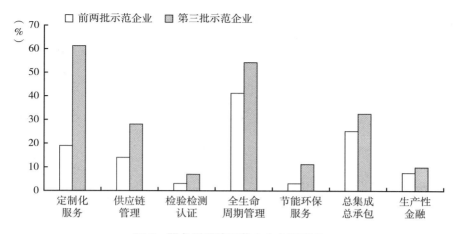

图9 服务型制造示范企业主要模式

资料来源：中国服务型制造联盟统计。

度和黏性，形成长期稳定的合作关系，并获得长期稳定的持续收益。

服务型制造示范企业2018~2021年的年均营收波动情况如图10所示。

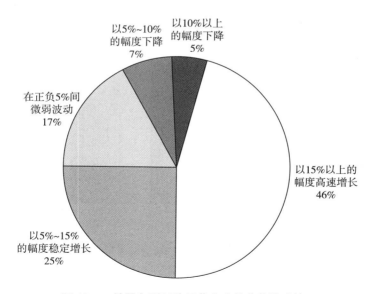

图10 三批服务型制造示范企业的营收波动情况

资料来源：中国服务型制造联盟统计。

服务型制造示范企业在疫情期间整体营收呈下滑态势的背景下，仍处于相对稳定发展状态的占比高达88%：其中以15%以上的幅度保持高速增长的企业有69家，占比高达46%；以5%~15%的幅度稳定增长的企业，占比为25%；在正负5%间微弱波动的企业占比17%。相反，营收状况较差的企业占比仅为12%；其中以5%~10%的幅度下降的企业占比7%，营收以10%以上的幅度下降的企业占比仅为5%。

　　进一步分析企业的营收波动和服务收入占比发现，示范企业营收水平与服务收入占比具有正相关关系。如图11所示，以15%以上的幅度高速增长的企业的服务收入占比最高，2018~2021年服务收入占比为43.62%~51.03%；而以5%~15%的幅度稳定增长的企业的服务收入占比整体排第二位，2018~2021年服务收入占比为36.55%~43.48%；在正负5%间微弱波动、以5%~10%的幅度下降以及以10%以上的幅度下降的企业的服务收入占比相对较小。可以看到营收水平更高的企业相应的服务收入占比也稍高一些，因此，服务收入作为企业的重要收入来源更具稳定性和成长性。

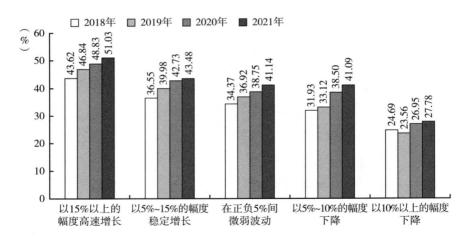

图11　三批服务型制造示范企业的营收波动与服务收入占比情况

资料来源：中国服务型制造联盟统计。

（三）服务型制造示范企业经营绩效显著优于行业平均水平

对八个行业不同样本的 2018~2021 年平均营收水平进行统计，可以看到服务型制造示范企业的营收水平普遍高于行业整体水平。如图 12 所示，空心柱代表了整体行业营收情况[①]，实心柱代表了服务型制造示范企业的营收情况。前三批服务型制造示范企业中，按数量排名依次是 C35 专用设备制造业、C34 通用设备制造业、C38 电气机械和器材制造业、C39 计算机通信和其他电子设备制造业、C40 仪器仪表制造业、C36 汽车制造业、C18 纺织服装业和 C21 家具制造业。

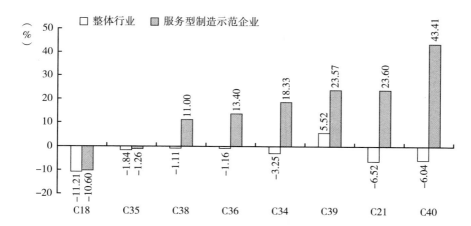

图 12　2018~2021 年前三批服务型制造示范企业与行业平均营收情况对比

资料来源：中国服务型制造联盟统计。

其中，电气机械和器材制造业、汽车制造业、通用设备制造业、家具制造业、仪器仪表制造业等整体行业营收下滑的情况下，服务型制造示范企业营收逆势增长，增速最低的电气机械和器材制造业 2018~2021 年平均增速仍达 11%，仪器仪表制造业的营收增长速度更是高达 43.41%；计算机通信和其他电子设备制造业整体处于上升趋势，2018～2021 年平均增速为

---

① 数据来源《中国统计年鉴》。

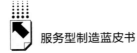

5.52%，服务型制造示范企业的平均增速高达 23.57%，远超同行；纺织服装业和专用设备制造业是整体效益最低的两个行业，但是其服务型制造示范企业的营收情况均优于行业平均水平。

典型示范企业的营收情况与行业整体情况相比则更为显著。例如，专用设备制造业中的福建龙马环卫、通用设备制造业中的青岛海尔生物医疗、计算机通信和其他电子设备制造业中的厦门盈趣科技、电气机械和器材制造业中的宁波东方电缆等企业的营收增长远高于同行业平均水平（2018 年数据为基数），如图 13 所示。

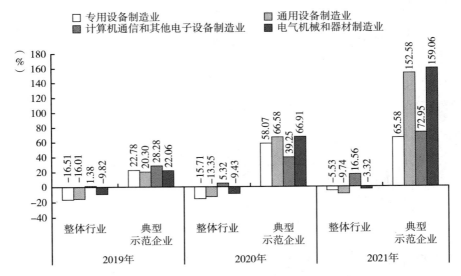

图 13　2019~2021 年典型示范企业与行业整体营收情况对比

资料来源：中国服务型制造联盟统计。

其中，龙马环卫作为环卫领域专用设备制造商，近年来通过发展城市环卫一体化总集成总承包服务，提供环境卫生规划设计、环卫装备综合配置、金融解决方案、智能环卫系统管理等服务，逐步形成行业领先优势，转型成为环境卫生整体解决方案提供商，排名稳居行业前三，近年来营收稳定增长，2021 年的营收总量为 2018 年的 1.66 倍。青岛海尔生物医疗是为样本安全、药品及试剂安全、疫苗安全、血液安全等场景提供覆盖−196℃至8℃全温度范围内的生物医疗低温存储解决方案的生物安全综合解决方案提供商，2020年其典型业务物联网血液安全信息共享已在北京、上海、青岛等多地落地，涉及1300多家甲级医院，疫情期间供给智慧疫苗接种站3000余个，遍及全国28个省份，形成了基于物联网生态的生物安全服务体系，相较于通用设备制造行业营收的缓慢回升（2019~2021年增速分别为−16.01%、−13.35%、−9.74%），同期青岛海尔生物医疗分别以20.30%、66.58%和152.58%的增速飞速发展，服务生态迅速拓展，服务能力快速提升。电气机械和器材制造业营收情况相较于前两个行业稍好一些，但整体仍处于负增长状态，2021年营收水平略低于2018年，是2018年的96.68%。宁波东方电缆则表现优异，列全球海洋电缆最具竞争力的前十强，海洋电缆产品的国内市场占有率居第一位。宁波东方电缆是集研发设计、生产制造、检验检测、安装铺设、工程服务与运维服务于一体的海陆缆系统综合解决方案提供商，营收水平以高达86.33%的年均速度高速增长，2021年营收水平是2018年的2.59倍。计算机通信和其他电子设备制造业是案例行业中唯一营收处于正向持续增长态势的，2021年整体营收是2018年的1.17倍，典型示范企业的成绩显然更加突出。厦门盈趣科技近年来基于智能控制部件、消费电子产品、汽车电子产品制造等业务转型成为智能家居、车联网的整体解决方案提供商，其中高端可穿戴电子产品、智能控制终端产品占有量居全球前列，2021年营收水平是2018年的1.73倍，增长速度是行业平均水平的4.4倍。

同样，仪器仪表制造业中的瑞纳智能设备、家具制造业中的索菲亚、纺织服装业中的苏州太湖雪的营收增速远高于行业平均水平（2018年为基数），如图14所示。其中，相较于仪器仪表制造业整体营收的低迷（2021年相较于2018年营收水平下降18.11%），瑞纳智能设备营收水平以高达85.46%的年均速度高速增长。瑞纳智能设备基于国内领先的智能模块化机组、超声波热量表、智能温控装置等先进供热节能设备的研发制造与物联网、大数据等技术的整合，转型成为集能源负荷预测、热网监控、能耗分析、计量管控、安全预警等服务业务于一体的综合智慧供热的整体解决方案提供商，企业营收呈现爆发式增长，2021 年营收水平是 2018 年的 2.56 倍。家具制造业作为消费品产业的典型代表，在家庭购买力下降的背景下，2021 年较 2018 年营收水平下降接近 20%。然而典型示范企业索菲亚作为家具领域龙头企业，围绕专业定制的核心业务，根据客户需求提供定制柜、定制橱柜、定制木门及配套家居产品，积极践行大家居战略，实现了向一站式家居行业定制解决方案供应商的转型，2018～2021 年保持稳定发展态势，2021 年营收水平更是突破百亿元。纺织服装业是另一个消费领域的典型行业，近些年营收水平更是持续走低，2021 年的营收相较于 2018 年下降 33.62%，是所有案例行业中降幅最大的。在此种情况下，苏州太湖雪作为中国十大丝绸品牌，通过发展丝绸文化体验服务以及丝绸个性化定制，从面料、填充物、花型、功能、色彩搭配、生活场景搭配及特殊工艺等多维度提升客户使用体验，从而实现逆势增长，企业营收连年增长，2021 年营收水平是 2018 年的 1.83 倍，年均增速高达 61%。

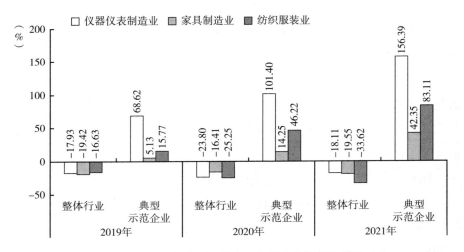

图 14　2019～2021 年典型示范企业与行业整体营收情况对比

资料来源：中国服务型制造联盟统计。

（四）服务型制造模式面向更多行业和领域持续创新

服务型制造示范企业通过创新业务模式代替传统单一的产品销售，开展诸如定制化服务、全生命周期管理服务、总集成总承包服务等，为客户提供满足其需求的一体化解决方案，进而提高产品附加值；同时还开展诸如工业设计服务、供应链管理服务、共享制造服务、检验检测服务等，基于制造价值链完善相关业务体系从而挖掘利润增长点，形成新的收入来源。特别是近年来数字技术的应用加快，服务型制造企业在"9+X"的创新模式基础上丰富了数字化应用场景，催生了更多新型业务模式，如数字化转型服务、数字化管理服务、智能运营服务等新模式不断涌现。

我国服务型制造示范企业中，前两批示范企业占比较高的行业为装备制造相关行业（第二批示范企业中机械设备相关行业占比46%）。然而，随着产业界对服务型制造的认知不断深入，业务模式不断创新，非装备制造业加快向服务型制造业转型。如图15所示，2017年第一批服务型制造示范遴选行业为12个，2018年第二批服务型制造示范遴选行业为15个，2021年第三批服务型制造示范遴选行业增长到26个。

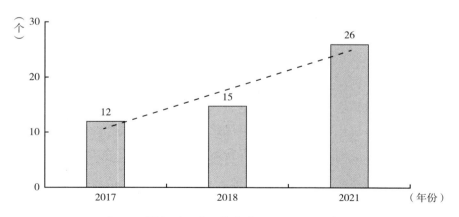

图15　服务型制造示范遴选行业数量变化情况

资料来源：中国服务型制造联盟统计。

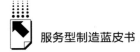
通过对三批示范企业的统计可见，三批示范企业所处行业种类不断扩充、丰富，从最初以通用设备制造业、专用设备制造业、汽车制造业、电气机械和器材制造业等传统制造业为主，到农、林、牧、渔专业及辅助性活动，软件和信息技术服务业，商务服务业等农业、先进制造业、新兴产业不断涌入，服务型制造新业态愈发多元。第一批示范企业所属行业中，排前三位的行业分别是通用设备制造业（27%）、专用设备制造业（24%）、汽车制造业（14%），共计占比为65%。在第二批中，排前三位的行业分别是专用设备制造业（28%）、通用设备制造业（18%）、软件和信息技术服务业（6%），共计占比约为52%。而在第三批中，排前三位的行业分别是专用设备制造业（27%）、通用设备制造业（13%）、电气机械和器材制造业（9%），共计占比不足50%；机械领域相关行业在第三批中的占比仅为23%。可见，机械设备制造业虽然仍是服务型制造的主攻领域，但是其比重下降，越来越多的行业正在开展业态创新、走向产业融合，正在进行服务型制造业态变革的传统行业的多样性正急剧提升，越来越多的行业能够为服务型制造提供发展空间，服务型制造在行业层面的创新发展潜能无限。

在非机械行业的申报企业中，橡胶和塑料制品业的赛轮金宇集团股份有限公司（以下简称"赛轮"），借助现代数字技术开展产品全生命周期管理服务和供应链管理服务。赛轮以"做一条好轮胎"为宗旨、以客户为中心，建立了完善的专业化服务体系，实现了从研发设计、生产制造、安装调试、交付使用到状态预警、故障诊断、维护检修、回收利用的产品全生命周期全链条服务体系；搭建了"橡链云"工业互联网平台，开展供应链管理服务，平台把生产控制优化、企业运营决策优化提升到产业链全价值链优化，推动设计、制造、供应和服务等环节的并行组织和协同优化，实现企业组织资源和商业活动的创新。

化学原料和化学制品制造业的欧诗漫生物股份有限公司（以下简称"欧诗漫"）主要运用大数据技术提供面向 C 端的定制化服务。欧诗漫应用大数据深度学习技术对采集到的内外部数据进行处理以支撑生产订单形成、客户画像、消费者行为分析等功能，同时运用静态批量处理技术、海量多维信息关联分析技术等实现市场的精准营销分析。欧诗漫运用互联网、云计算、大数据、物联网等新型信息数字技术，以客户需求为导向，对现有营销生产研究体系进行创新，开展个性化、数字化、多维化、智能化的基于大规模个性化定制的日化产品智能制造新模式应用项目建设，具备数据化需求分析、个性化消费服务、精准化技术研发、智能化产品生产、网络化企业营销、网络化品牌推广、潮流化顾客引导等新型能力。

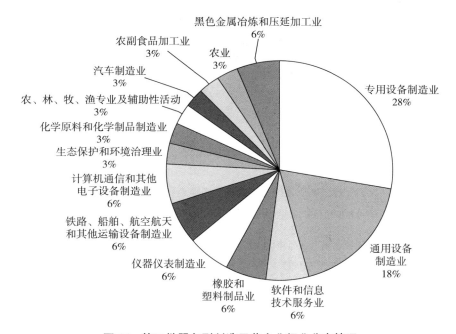

图 16　第二批服务型制造示范企业行业分布情况

资料来源：中国服务型制造联盟统计。

（五）服务型制造从客户价值需求出发，激发了需求潜力

服务型制造示范企业从客户的价值需求出发，让融合消费替代分离消费、集成服务市场替代单一产品市场，通过对市场需求及产品应用场景进行更为细致的画像，主动构建起用户和制造端之间的互动纽带，在充分了解真实使用场景的基础上，持续提升需求分析和响应能力，让用户实现最大程度

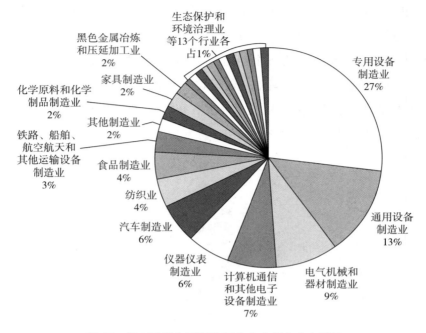

图17 第三批服务型制造示范企业行业分布情况

注："生态环保和环境治理业等13个行业"涵盖生态保护和环境治理业，纺织服装业，皮革、毛皮、羽毛及其制品和制鞋业，非金属矿物制品业，印刷和记录媒介复制业，商务服务业，软件和信息技术服务业，家具制造业，医药制造业，专业技术服务业，橡胶和塑料制品业，电气机械和器材制造业，金属制品业。

资料来源：中国服务型制造联盟统计。

的体验需求满足，不断挖掘和激发需求潜力，从而开拓出更多的细分市场。

通过分析服务型制造示范企业，可以发现基于产品提供高附加值服务的企业中（主要业务模式包含定制化服务、全生命周期管理、总集成总承包、节能环保服务等），有高达91.52%的企业涉及"开展新型业务服务，满足定制化需求"的基本思想；基于价值链提供服务的企业中（主要业务模式包括工业设计服务、检验检测认证、共享制造服务、供应链管理），该占比为72.83%。特别需要注意的是，有38.54%的示范企业提及"客户深度参与产品服务全生命周期"的做法，该做法既提升了客户体验又挖掘了客户群体的需求潜力。此外，基于新一代信息技术如大数据、物联网、人工智能等，企业具备更敏捷、精准地获取客户需求的能力，27.15%的示范企业通过构建数字化系统，分析、挖掘、预测客户需求数据，进而促进消费升级，进一步扩大需求规模，促进需求升级。

服务型制造示范企业可以通过开展个性化定制服务挖掘海量个性化、定制化需求。比如，康赛妮集团有限公司（以下简称"康赛妮"）一方面基于客户对羊绒纱线的差异化色彩和多样化形态的组合需求，依托设计研发，通过采集客户需求数据，强化选料、染色、纺纱、服饰一系列工艺设计开发导入，构建色彩—形态的设计信息数据库，建立起强大的流行色彩仿真化智能化设计数据库，为引导客户需求升级提供重要支撑。另一方面，基于客户对羊绒纱线的接触式、可视化、体验化需求，康赛妮的客户体验式参与颠覆了传统生产的垂直分工模式，企业、客户及各利益方互助式地参与价值创造、传递、实现等环节，从而为客户提供个性化产品与定制化服务，企业获得超额利润。康赛妮每年向客户和设计师发布1000多种新型流行色彩款式和新产品系列，充分满足了客户多样化的需求。

服务型制造示范企业还可以通过开展全生命周期管理挖掘长期、隐藏、模糊的需求。比如，陕西汽车控股集团有限公司（以下简称"陕汽"）首创整车TCO托管服务，是行业内首家推出产品全生命周期服务的汽车服务商，以"客户用车、陕汽养车、服务新体验"为理念，通过定点和沿线保障、建立专业维修队伍、主动预防性安全检查等，为客户量身定做全生命周期维护计划。陕汽发掘客户对车辆的养护、故障诊断处理等实时需求，通过"天行健"车联网服务系统，及时、有效地处理车辆在运营过程中的维护、保养、修理、智能配货、油耗管理、路况信息反馈等事宜；为解决客户使用车辆过程中的问题，构建呼叫中心、服务专家、健康热线等业务管理平台，使得用户咨询更加快捷、便利；基于客户对车辆老旧、损坏零部件的更换需求，凭借服务站、配送中心、配件直营店和配件经销商"四位一体"的服务配件网络，让客户一站式地享受优质的售后服务。此外，针对客户金融账款委托需求，陕汽持续扩大商业保理投放规模，围绕上游供应商，推出应收账款转让保理服务；围绕终端用户，为物流行业提供运费应收账款保理服

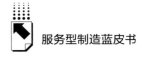

务。以上基于各类细微需求所形成的多样化服务业务，拓展了陕汽的业务广度与深度。

（六）服务型制造加强企业上下游联动，促进产业链保稳提质

通过向服务型制造转型，能够提升企业产品服务质量管控能力、供应链管控能力、产业链内和产业间的资源及要素配置效率，对于促进产业链保稳提质有至关重要的支撑作用。服务型制造中典型的检验检测服务模式在质量检验检测与认证上帮助龙头企业和关键节点企业突破发展中的堵点卡点，保障重点企业稳定生产、重点产业链稳定畅通，进而提高产业链整体质量；典型的供应链管理模式通过加强区域间、上下游联动，建立常态化稳定的产业链供应链协调机制，促进供应链各环节数据和资源共享，促进供应链管理流程优化，实现产业链供应链动态调节、高效协同、弹性安全；典型的共享制造服务模式，以构建区域平台为表现形式，助力分散闲置资源集聚、供需弹性精准匹配对接、产能高效利用，助力行业、区域产业畅通运作，逐步完善共享制造生态。

企业发展检验检测服务模式助力行业突破堵点、卡点。检验检测认证是管控企业产品服务质量、推动企业保稳提质的关键抓手，众多行业中小型企业并不具备自主的检验检测能力，在无法保障产品质量的情况下企业竞争能力逐渐下降。如果能通过龙头企业提供检验检测服务或由第三方平台提供检验检测认证服务，对于行业大量企业突破堵点、保稳提质有极大的促进作用。比如，安琪酵母股份有限公司（以下简称"安琪酵母"）建有中国酵母行业唯一获得认证的 CNAS 实验室。该实验室配备了一系列的先进检测设备，可面向酵母行业及衍生制品制造全过程开放检测资源，覆盖行业内1000 余种指标检测与检验。同时，安琪酵母组建了湖北省生物发酵中试研究基地，对外提供行业相关的实验设计指导、工艺放大研究、样品委托加工等服务，促进科技成果从小试演化为产业化技术水平的提升。2018 年，在宜昌市政府组织下，依托生物酵组建了宜昌市生物技术公共服务中心。该中心坚持用创新办法打造创新平台的原则，面向行业内生物、食品、医药

60 余家企业提供了技术推广、对外技术合作、精准检测等服务，有效解决了企业在产品质量可靠性上的检验检测问题。

发展共享制造服务模式助力行业、区域畅通。共享制造模式，可以助力行业内或跨行业实现创新能力共享、制造能力共享、服务能力共享，有助于降低全产业链组织成本，提高资源配置效率。例如开展协同制造和共享制造，企业基于工业互联网平台盘点、剥离、集成、整合闲置的制造能力和资源，按使用时间、价值或工件数量等计费方式，面向全行业提供制造资源社会化共享服务，实现制造资源的泛在连接、弹性供给和高效配置，有力提升了集成整合能力、在线分享和优化配置水平。第三批共享制造示范平台和项目总计 33 个，为医药、新材料、装备制造、纺织服装、汽车等 18 个行业提供共享制造服务，为行业资源优化配置、畅通行业及区域产业链提供强力支撑。

云汉芯城（上海）互联网科技股份有限公司（以下简称"云汉芯城"）的核心竞争力之一是共享制造资源，通过推出柔性 C2M 服务，促成产业链众多参与者互联互助集群。云汉芯城通过平台将上述数据化工具、数据中台（创新能力）和供应链体系、物流和质检等服务资源与业内制造工厂、技术服务商、经销商等参与者共享，确保多样化、高种类复杂度、小批量订单需求得到充分满足，为制造企业尤其是中小制造企业提供从原始设计方案到成品质检出库的柔性 C2M 服务，形成电子产业众多参与者互联共享互助集群，实现共赢和产业整体实力提升。以合作生态为器官，产业数据为血液，打造电子产业互联网生态。云汉芯城运用数字化手段连接产业链各环节，强化数据科学运用，为产业链提供个性化服务，集聚业内分散、闲置的生产资源进行智能配置，既提升了产业链各环节的灵活性又保障了其顺利传递。

四 发展服务型制造的前景展望

党的二十大报告提出要加快构建新发展格局，着力推动高质量发展，并将推动现代服务业同先进制造业深度融合作为建设现代化产业体系的重要任务。随着"十四五"规划的实施，紧跟制造强国建设步伐，在相关部门、地方政府、行业组织、研究机构以及广大制造业企业的共同努力下，我国服务型制造发展迈入新阶段，政策体系不断完善、发展水平明显提升，已进入加速期。工业和信息化部等十五部门印发的《关于进一步促进服务型制造发展的指导意见》提出，到 2025 年，服务型制造发展生态体系趋于完善，服务提升制造业创新能力和国际竞争力的作用显著增强，制造业在全球产业分工和价值链中的地位明显提升，服务型制造成为制造强国建设的有力支撑。为了确保规划目标的实现，要坚持问题导向和需求导向，进一步思考发展的重点，奋力谱写服务型制造发展新篇章。

（一）完善标准体系，以标准引领融合产业创新

融合产业发展需要健全的标准体系加以引导规范，标准是规范市场行为，引领经济社会发展，推动建立最佳秩序，促进相关产品在技术上的相互协调和配合，夯实产业融合新业态的重要技术基础，对产业发展以及技术进步有着引领、指导及治理效能。近年来，我国服务型制造快速发展，但仍面临理念认知不统一、区域发展生态不健全等问题，服务型制造标准在国际和国内几近空白。

构建服务型制造标准体系有助于统一思想，提升综合竞争力，促进经济社会高质量发展，为构建新发展格局提供强大动力。服务型制造已进入高速发展期，下一步应以科学、技术和经验的综合成果为基础，以促进最佳共同效益为目的，加速构建标准体系，从以下几方面予以重点突破：一是加强顶层设计，加速构建具有可持续性发展特征的通用标准体系基本框架，研制服务型制造术语标准、标准体系建设指南、成熟度评价模型等并完成标准发布，推广实施相关标准，引导各界对服务型制造形成正确认知。二是建立健全部际协同、部省联动的工作推进机制，推动形成市场主导、政府引导、行业参与、企业主体、产学研用协同推进的服务型制造转型工作格局，制定重点行业领域服务型制造转型路线图，开展服务型制造标准制定与评估推广工作。三是通过贯标引领企业创新，明确企业在不同发展阶段中制造服务应用

的准则和水平，组织开展企业服务型制造评价贯标，基于成熟度对制造企业服务水平进行评估，引领企业进行服务型制造转型。四是鼓励领军企业优先尝试与科研机构共同开展行业服务型制造的标准研制，在各自的服务领域开展面向不同服务场景的服务内容、服务流程、服务质量等相关标准的制定工作，增强企业竞争力的同时，为行业的转型发展提供可复制、可借鉴的经验。

（二）规划先行打造试点示范，高站位谋划服务型制造发展路径

推进服务型制造有助于带动新兴产业发展，助推传统产业转型升级，对巩固壮大实体经济根基、加快发展现代产业等具有重要意义。工业和信息化部等三部门于 2016 年联合发布的《发展服务型制造专项行动指南》明确指出了服务型制造试点示范工作的重要意义，服务型制造已进入加速发展期，企业示范遴选工作机制逐步完善，宣贯推广成效显著，但试点工作尚未开展，于"十四五"中期开展服务型制造试点工作是刻不容缓。

一是打造服务型制造试点区，寻找一批产业基础较强和数字化技术应用突出的地区，打造区域服务型制造特色产业品牌，支撑优势产业转型升级，培育探索可复制可推广的新业态、新模式、新经验；二是开展区域试点，支持各地结合发展实际开展示范遴选工作，建设服务型制造产业集聚区，聚焦汽车制造、轻工制造、装备制造、消费品、电子信息等领域的细分行业，探索形成具有行业特色的服务型制造转型升级路径；三是积极开展贯标试点，聚焦重点行业、重点园区和重点企业，指导加快推进贯标评估，对服务型制造转型升级效果显著的重点行业、特色明显的园区优先开展宣贯，推进重点园区规模贯标，对产业链中能带动上下游企业整体提升的链主企业率先开展贯标，切实推动服务型制造标准的贯彻落实。

（三）城市合作"连点成网"，打造服务型制造示范城市合作网络

在全球化进程中，城市发挥了核心作用，既是服务型制造发展的关键阵地，也是实现产业跃升的空间载体。近年来，随着服务型制造理念的不断深入、发展水平的不断提升，我国涌现出了一批经验领先、成果显著的服务型

制造示范城市，进一步彰显了城市在推动服务型制造深化发展中的中坚作用。在向服务型制造更高阶段迈进的过程中，除了市场的供求、竞争和价格机制的作用以外，政府间合作更是促进制造业高质量发展的关键因素，不同城市由于在经济水平、资源禀赋、产业优势、人口结构等因素上存在差异，对于推动服务型制造采用的主要手段也有所不同，构建高效的示范城市网络，有利于促进城市间资源互补、能力互促、发展互利，发展壮大服务型制造产业集群。

探索适合我国发展实际的城市合作模式已经成为城市间提高核心竞争力与互利双赢的必然选择，城市间应发挥各自资源优势，在竞争产业、先进技术、复合型人才上取长补短，一是积极组织合作交流会议，共享服务型制造发展经验，传播服务型制造新模式，构筑服务型制造城市发展共同体；二是消除城市间行政壁垒，激发城市周边地区活力，强化城市间专业化分工协作，促进城市功能互补、基础设施和公共服务共建共享，加速形成服务型制造城市群，构筑服务型制造发展新格局，为我国制造业高质量发展贡献力量。

（四）搭建国际交流平台，为服务型制造提供发展新动能

党的二十大报告提出，强化国际科技交流合作，加快国际化科研环境建设，形成具有全球竞争力的开放创新生态。我国的发展经验证明，国际科技交流合作是推进国家科技发展、培养科技创新人才、提高科技竞争力、转变经济发展方式、改善国际关系的重要手段和现实支撑，也是解决跨国、跨区域和涉及全人类共同利益科学难题的关键途径。同时巩固经济发展向好趋势，保持经济增速运行在合理区间将是下一步重点工作，制造业依然要充分发挥好作为宏观经济"压舱石"的作用，制造业企业的技术进步离不开国际合作和竞争，发展服务型制造亦是中国企业走向国际市场的必由之路。

一是推动更多有实力的企业"走出去"，融入全球产业链、供应链、创新链、价值链，通过服务型制造扩展服务贸易伙伴关系，参与国际产业链供应链的协同配合，开阔国际视野、强化国际思维，用好国内国际两个市场两种资源，提升制造业领域对外开放水平。二是鼓励产业联盟充分发挥桥梁和

纽带作用，搭建多层次国际交流合作平台，营造双循环的良好氛围，以服务型制造为引导，积极响应"一带一路"倡议，加强与"一带一路"沿线国家的合作，创新合作方式，深度融入全球产业链分工体系，推动产业合作由加工制造环节向研发、设计、服务等环节延伸，推动服务型制造"引进来"和"走出去"，构筑互利共赢的产业链供应链利益共同体。

综 合 篇
Synthesis Reports

B.2
以推进服务型制造助力稳定经济

罗仲伟　刘树龙*

摘　要： 发展服务型制造有利于摆脱需求不足困境，提升产业链供应链韧性，助力中小制造企业跨越生存陷阱，并能够激发新一轮双创浪潮，推动外贸保稳提质，对当前稳定经济基本盘具有重要的现实意义和战略价值。在稳经济过程中企业的服务型制造实践已显示出良好效应。全面贯彻落实党中央、国务院关于做好当前经济工作的要求，加快推进服务型制造高质量发展，具体措施包括：将服务型制造作为企业摆脱困境的优先选择之一，为挖掘新市场激发新需求创造新的应用场景，依托数字技术构建繁荣有序的产业生态系统，着力激发中小制造企业活力，加快与产业融合相关的基础设施建设，为产业转型及经济长期繁荣夯实理论基础。

关键词： 服务型制造　稳定经济　企业脱困

* 罗仲伟，中国社会科学院工业经济所研究员；刘树龙，服务型制造研究院研究员，浙江工商大学工商管理学院博士生。

产业融合是当今产业发展的重要主题，是产业变革的重要趋势，生产与流通、制造与消费融合共生，共同创造新价值的经济新形态初见端倪。无论是在传统制造业转型升级还是在先进制造业培育成长的过程中，服务型制造已经展示出巨大效能。[①] 党中央、国务院做好当前经济工作的要求，对摆脱国内外不利因素对经济的影响，稳经济稳增长、保就业保民生，加大推动产业融合力度，深入推进服务型制造，实现产业生产方式转换，具有重要的现实意义和战略价值。

一 深入推进服务型制造对稳定经济的重要作用

发展服务型制造是传统制造业转型升级的基本方向和重要路径，在当前经济运行处于爬坡过坎的关口，贯彻落实党中央"实现经济稳中向好、稳中有进"的基本方针，深入推进服务型制造具有重要作用。

（一）发展服务型制造有利于刺激需求、释放消费潜力

商业活动的本质是围绕市场需求以创造价值的生产性方式提供物质产品和服务活动。制造和服务融合的产业思维，推动产品制造和服务活动的相互延伸与融汇，有助于改善甚而重塑供给与需求之间的关系，使产业与市场的时空联系更加紧凑、密切，进而有利于刺激需求、释放消费潜力。[②] 一方面，随着制造和服务通过相互渗透融合日益强化产业与市场的结合与互动、供给与需求的连接与适配，横亘于供求之间的信息壁垒趋于消融，产业组织过程中的流通环节和分配环节得以收缩、精简，交易成本大幅度降低，进而促进潜在需求显在化、隐匿消费现实化，新的需求市场和消费场景得以不断涌现。另一方面，伴随供给侧视野的开阔，企业的视域和时域得到极大拓

---

① Vandermerwe, Sandra, Rada, Juan, "Servitization of Business: Adding Value by Adding Services," *European Management Journal*, 1988, 6 (4).

② 罗仲伟：《服务型制造是构筑产业发展新格局的着力点》，《价格理论与实践》2021 年第 7 期。

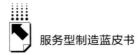
展，产品和服务融汇的全产业链供给场景、全生命周期应用场景具有更加丰富的想象空间，继而能够用集约、高效的组织方式和多元、集成的技术手段及时感触和响应市场需求，与需求匹配的动力更足、路径更丰富、成本更低廉。现实有效需求满足程度越高，越容易激发潜在需求，而企业对市场风险的适应能力就越强。

新冠疫情等不利因素带来的不确定性，在打乱人们日常生活秩序的同时严重抑制了正常消费，需求不足成为阻滞经济循环、干扰经济增长的最大因素。服务型制造正是从供给侧以高质量供给引领消费，扩大市场需求，促进经济复苏的重要路径。抓住时机大力推进服务型制造，不仅有利于重新激发、活跃当下的消费，而且有助于增强企业信心，促使其主动挖掘新的市场需求，对冲因现有市场受到冲击而带来的风险。

（二）发展服务型制造有利于提升产业链供应链韧性

产业链韧性通常是指产业链在应对市场扰动时的抵抗能力和恢复能力，以及在市场不确定条件下的适应能力。产业融合发展背景下服务型制造赋予产业链新的内涵和特征，对产业链韧性的认识也必然建立在新的基础上。服务型制造并非企业间和企业内制造单元与服务单元的机械式平面叠加，而是在跨界融通的产业组织关系变革基础上，通过跨产业、跨产品、跨场景的供给侧贯通，使制造链与服务链实现有机融合，价值链得到相应延伸和优化。服务型制造使产业链上下游间的产业组织关系经变革或调整而更加紧密、紧凑，着眼于制造链与服务链有机融合的产业链重构，以产业链集约、精炼和稳固为特征，并趋向从线性的产业链演化为立体的产业网，形成交错、多维、泛联的网络状结构，相应地增强了产业的高端连接能力和自主可控能力。由此一来，传统的单一产业链韧性趋向于向多维的产业网韧性升级，产业运转形态的抵抗能力、恢复能力和适应能力就会产生质的提升。在面对市场恶化或环境冲击时，这样升级的产业链供应链就显示出强大的韧性。

制造业的发展史表明，在经济下行或处于低谷时期，产品市场往往低迷、萧条，但围绕产品的服务市场却相对活跃。从微观层面看，具备服务型制造能力的企业就能够从服务市场获得更多收益，得以弥补因产品市场不振而遭受的损失。因此，服务型制造企业比传统制造企业具有更为强大的经营韧性。

贸易保护主义和疫情叠加加剧了产业链供应链"断链"风险，产业运转的连续性、完整性和安全性不断受到挑战。为此需要通过推进服务型制造，以加强制造链与服务链融合升级的方式实现产业链的整体性重塑和系统性重构，以快速提升产业韧性和抗冲击能力，进而确保产业稳定和经济增长。

（三）发展服务型制造有利于中小制造企业跨越生存陷阱

中小企业是推动国民经济增长和维护社会安定的重要力量。但与大型企业相比，中小企业因天生的脆弱性而更易受到经济形势变化的影响。作为新时代产业演变的一种新形态，服务型制造能够在产业组织重构层面改善中小制造企业的生存和成长环境。服务型制造理念要求大型制造企业突破传统的产业关系，通过自身制造能力、供应链资源动员能力和市场对接能力的服务性外溢，为广大中小制造企业提供赋能型、转化型、协同型或系统型的多样化服务，帮助中小制造企业解决成长过程中面临的固有难题，进而形成"以大带小、以小促大"的协同发展格局。

在服务型制造发展态势下，中小制造企业自身特点得以更加充分体现，在独立性、灵活性和创造性增强的同时积累起的组织韧性，使其能够在众多的服务型制造路径中进行选择，通过对细分市场的深入解析，借助新一代通用技术，依托产业组织平台或网络，采取向服务价值链延伸的多样化方式获得新的市场竞争力。

在面临经济下行压力和遭遇市场变动冲击时，中小企业往往最先受到影响，最易陷入群体性困境。遵循产业组织关系重塑的服务型制造，为中小制造企业赋能、助力，富有想象力地拓展了中小制造企业的成长空间，既能为中小企业群体摆脱当前生存困境提供卓有成效的实践指引，又能为中小企业群体长远健康发展开辟新的创新创造领域。

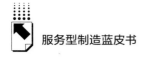
（四）发展服务型制造有助于激发新一轮大众创业、万众创新浪潮

创新创业是社会发展、经济进步的永恒动力。创业不局限于新创企业，在已成立的企业中也会产生企业内创业。在微观层面，传统制造企业向服务型制造转型，实质上是一种二次创新与创业过程，并由市场创新、战略转变、组织变革与运营创新所体现。企业发展服务型制造具有强大的内生动因，主要包括强化产品和服务销量的成长动因，强化和稳定边际收益的效益动因，以及强化产品技术知识和市场需求知识的创新动因。这些与企业发展息息相关的因素，推动着企业不断尝试创新组织架构、管理模式、业务组合、市场边界、应用场景等。传统制造企业向服务型制造的群体性转型，势必唤起诸多企业跨产业融合发展意识，激发拓展新产业、新市场的创业精神，拓宽企业产品创新、工艺创新和组织创新的路径。

需要指出的是，新冠疫情肆虐带来的影响不仅造成经济流通的阻断，也严重打击了大众对创新创业的热情。部分企业被迫采取相对稳健的收缩策略，减少研发和新项目投入的情况屡见不鲜。深化对产业融合的认识，以服务型制造的思维和理念培育多元化双创主体，重燃大众对创新创业的信心，有助于加快我国后疫情时期的经济复苏。

（五）发展服务型制造有利于推动外贸保稳提质

以强化国际贸易为导向构建国际经济大循环，其微观基础是企业在国际市场上的竞争力，具体体现在所提供产品和服务的综合效能上。在以客户主张主导交换关系的数字智能时代，单一产品的价值急剧下降，脱离服务的产品已不具备市场吸引力。无论是针对生产领域的机构还是围绕消费领域的用户，多元、多样、分散和共享的个性化价值主张及客户体验质量正在成为国际市场的主导力量，也必然成为制造企业重塑国际竞争力的依据和动力。服务型制造正是强调以企业制造能力为根基提升产品品质，以融合服务、优化服务的综合解决方案来直面终端有效需求，进而改善企业与市场之间的关系，提高企业与客户的黏性，创造全新含义的国际市场竞争力。

受疫情蔓延、全球通胀上升、全球产业链加速重构和全球化遭遇逆流等短期和中长期风险叠加的影响，我国外贸形势日趋严峻复杂，外贸保稳提质成为当前最重要的任务之一。发展服务型制造无疑为推动外贸保稳提质提供了新的思路和路径。针对复杂多变的国际市场，提供精准化、定制化、全周期的综合解决方案，应当成为企业抵御风险、应对冲击而"保稳"的重要策略之一。

二　服务型制造对稳定企业经营显示出良好效应

从企业层面看，向服务型制造转型路径宽广、内容丰富，几乎覆盖实体经济中所有的生产性活动范围。尤其在当前国际环境复杂严峻和受国内疫情冲击明显，经济下行压力增大的特殊时期，一些制造企业依托网络技术和数字智能技术，率先突破传统制造束缚向服务领域延伸、渗透，推动制造与服务融合，显示出极其明显的抗风险能力和稳经营效应。

（一）以产品与服务融合强化用户体验，有效拉动消费市场

老板电器生产销售家用厨房电器产品，在向服务型制造战略转型过程中，提出"让每一位烹饪者在厨房体验到便捷、健康、有趣的烹饪""助力烹饪创作者，激发烹饪创作力"等理念，基于互联网技术打造"老板烹饪创作工场"。用户可依据自身的经验和偏好创新食谱，并将烹饪过程通过智能设备上传到云端服务器，供其他用户学习、分享。由此，老板电器打破了与用户一次性交易后的时空隔阂，交互界面延展到产品的应用场景。用户既可方便地从手机 App 中读取知识，也可以创造知识贡献于其他用户。这样一种使用户更加方便地享受烹饪并鼓励创造、积极分享的应用场景，有效地刺激、活跃了用户的消费，从而促进需求市场的丰富和拓展。公司也得以广泛收集用户使用产品的反馈和改进建议，着力开发更具市场亲和力的产品和功能，进而大大提升抗市场风险的能力。

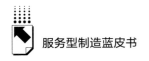

（二）围绕全产业链开展服务型制造，增强产业链韧性

杭氧集团生产广泛应用于诸多重要工业领域的大型空分成套设备。早期，在产业链上游，空分设备的核心技术被国外企业所垄断，我国严重依赖于设备进口和技术引进；在产业链下游，受经济周期波动的影响，发展滞胀时对设备的增量需求锐减，造成产能过剩。面对这样的产业困境，杭氧早在2003年就围绕全产业链的扩展开始向服务型制造转型，在致力于攻克制造核心技术的同时，将业务边界向上游拓展到工业气体工程设计与建造，向下游延伸至工业气体供应，为用户直接提供制氧服务。按"使用量"收费的服务导向，使企业在延伸市场链的基础上增加了营收来源，"烫平"因外部环境动荡而引起的收益波动。杭氧全产业链经营的服务型制造模式，有效地满足了来自市场的核心需求，增强了抵御市场风险的韧性，竞争力得以攀升到一个新的层级。

（三）在产业集群发展中，以产业链服务性外溢助力中小企业

随着计算机和电子类消费产品需求日益增加，印刷电路板行业形成众多中小制造企业聚集的局面。面对印刷电路板市场需求的多样化，中小制造企业却受到信息不对称和技术不对称的限制，难以高效顺畅地实现产能与需求匹配。作为专业生产印刷电路板的广东合通建业科技公司，针对这样的情况，以创新的服务化思维和共享制造理念，采用统一接单后再向行业内其他中小制造企业派单的方式组织生产过程，完成订单交付，充分挖掘、整合、利用中小企业的产能。由此集合、协同行业内的百余家中小企业，形成印刷电路板全品类、全型号、专业化的生产运营流程，以集群化、资源共享的优势实现了个体资产轻、总体规模大、综合耗能少、专业化水平高、集群产值大及竞争力强的行业格局。合通科技向行业内中小企业技术赋能、利益共享，提供协同型服务，在带动行业中广大中小企业发展的同时有效解决了多品类研发成本高、订单多、自身产能不足等问题。在2022年上半年经济受疫情影响最严重时，这一模式在帮助业内众多中小企业渡过难关方面发挥的作用十分明显。

（四）在数字化网络化支撑下按照服务型制造理念创业，有效应对市场变化

德塔森特数据技术公司是一家模块化数据中心设备生产和运营商。公司创始人正是在传统产品经济向服务经济转变的趋势中嗅到了市场需求的变化，并且抓住商机踏上创新创业之路。传统数据中心的设备种类多、安装技术复杂、建设周期长、对环境要求苛刻等诸多问题与客户需求产生矛盾。公司将传统的机房设备进行小型化、模块化、集成化设计，创新性地重构各组件间的结构和关联关系，将大量需要在用户现场安装的环节前置到工厂，大大提高了设备安装的便利性，缩短了建设周期，降低了设备能耗，节省了占用空间。同时，公司基于网络和数字技术，为客户提供远程设备监控、运维服务，提高了数据中心运行的稳定性和安全性。德塔森特与客户保持密切的联系，根据客户的应用场景和需求不断迭代产品和扩展服务内容，在大多数企业受市场波动冲击面临经营困境的情况下反而逆势实现快速成长。

（五）用供应链服务的方式稳定外贸业务和市场，帮助中小企业渡过难关

乐歌人体工学科技公司从事办公和家居产品生产与销售业务，坚持以客户需求为导向，为客户量身定制个性化产品，围绕构建品牌核心竞争力，经过多年发展，成为人体工学线性驱动应用和健康办公整体解决方案的高新技术领军企业，产品畅销 80 个国家和地区。乐歌积极发展供应链服务，整合全球资源，致力于打通产业上下游，先后在美国、德国、日本等国建立 20 个海外仓库，仓库容积达 20 万立方米。多仓设置使物流成本大幅降低，配送时效大幅提升，市场竞争力进一步增强。疫情期间，乐歌及时将海外仓升级为公共仓，为国内 1500 多家中小外贸企业提供服务仓储、物流服务，在相当程度上支撑了这些企业的外贸业务发展。

贝发集团以笔类生产制造为核心，经营文具、文体、文化类产品，是中国最大的笔类产品出口商，在全球拥有 15 亿用户、10 万多家零售终端。国

内制笔、文具类企业有上万家，绝大多数是中小企业，尚未形成支撑产品出口的供应链体系。贝发集团提出"一支笔、一条链、一个平台"企业战略，按照发展服务型制造的思路建设文创产品制造业生态平台，打造创新产业服务综合体，在向业内广大中小企业开放、共享外贸供应链的同时，提供产品委托设计、模具设计开发、产品快速打样及检验检测等服务。多年来，贝发带动了国内 1500 余家企业、数万种文创产品进入全球 200 多个国家和地区的市场，用户超 20 亿。尤其是在疫情期间，贝发文创产品制造业生态平台在稳定业内中小制造企业外贸业务和市场方面发挥了明显的作用，为外贸保稳提质做出了贡献。

综上可见，自工业和信息化部等部门 2016 年发布《发展服务型制造专项行动指南》以来，在各级政府政策推动、产业界大力促进、制造企业努力实践下，服务型制造作为融合发展的产业趋势明显，服务型制造对企业提质增效和转型升级的战略引领作用日益增强。制造企业对服务型制造的认识和理解越来越深刻，不同领域、不同产业、不同经济技术特征、不同资源导向和不同规模的企业都在根据各自的目标市场和生产特点，开展适合自身发展要求的服务型制造实践。部分典型企业的创新性实践正在行业层面产生影响，其典型经验的示范、带动效应初步显现。而新冠疫情期间的企业运营实绩普遍显示，凡是向服务型制造转型较为成功的制造企业，在面对市场环境恶化、经营风险增大时，都有更为突出的良好表现。

三　服务型制造对稳定经济具有巨大提升空间

总体上看，顺应新时代产业关系和商业逻辑的深刻变革，各类制造企业纷纷从精准理解和有效满足终端市场需求出发，将融合服务作为转型升级的重要方向，将优化服务作为提质增效的有效手段，[①] 呈现一定成效，从对稳

---

① 罗仲伟：《制造业和服务业融合发展的机理和路径研究》，《重庆理工大学学报》（社会科学版）2021 年第 11 期。

经济稳增长的基本要求来看，主要表现在四个方面：一是服务型制造为企业创造了更为广阔的发展空间，在市场表现疲软时为企业挖掘潜在需求提供了更多机会，使其能对冲市场风险，增强抗风险能力；二是制造链与服务链的有机融合，趋向于缩短、精炼产业链，通过弱化产业链"牛鞭效应"，相当程度上增强了产业链供应链的韧性和弹性；三是产业集群或园区供应链服务溢出助力中小企业群体，为中小企业应对危机提供更多选择，在一定程度上缓解了其生存压力；四是从不同层面对坚定制造业企业发展信心、引导企业技术改造设备更新、推动外贸保稳提质等提供了有力的支撑。总之，服务型制造的发展在顶住短期经济下行压力、实现长期行稳致远方面显示出良好的效应。当然，服务型制造发展工作还存在许多不足，面临不少困难和问题，尤其是服务型制造对促进经济稳定的作用未能得到充分认识和发挥，效能不够明显，也说明相关工作有着巨大的提升空间。这里仅初步分析以下两个问题。

（一）服务型制造发展不平衡现象明显

从大量的实地调研以及工业和信息化部组织遴选的全国四批服务型制造示范企业数据分析中发现，无论是从质量还是从数量看，服务型制造发展不平衡现象日益明显，突出表现在以下三个层面。

1.区域间发展不平衡

东部沿海地区远远领先于中西部内陆地区，南方地区远远领先于北方地区，并且呈现差距逐渐拉大的趋势。从实际情况看，当前重视并有系统政策支持的地区，服务型制造发展成效明显，制造业受到疫情等环境变化的负面影响在相当程度上得以缓解，生产恢复也具有较好的基础。部分制造业并不发达的地区，因对服务型制造有认识并致力于相关实践，在遭遇经济下行困境时制造业初步显示出一定的韧性，其应对表现同样令人鼓舞。

2.行业间发展不平衡

从整体上看，装备制造业明显优于其他行业，离散型制造明显优于流程型制造。轻工、食品、服装等直接面向消费市场的行业，本应有更多融合服务的场域，但从疫情期间的表现来看，相应实践似乎偏少。这或许与行业的市场特征有关。与工业品市场相关的服务多为面向机构或组织的生产性服务，而与消费品市场相关的服务多为面向个人或家庭的生活性服务。这也为如何激发个人端的消费升级提供了丰富的想象空间，从侧面印证了在经济下行期间工业品市场在服务端可能有更大的发展潜力，为这些行业的企业通过产品与服务融合向服务领域进行业务延伸进而提高经营韧性、获得风险缓冲提供了机会。

3. 企业规模间发展不平衡

相比中小型制造企业，在开展服务型制造方面大型制造企业似乎有更为广阔的空间和更为雄厚的实力，在面对经济下行、市场不振时具有更强的韧性，拥有更多的手段，由此取得的效果也更为显著。对于大多数中小制造企业而言，在向服务型制造转型的过程中一直处于"不知、不敢、不会"的境地，在出现市场危机时，基本上没有缓冲的余地。让中小制造企业正确理解、敢于尝试服务型制造，同时通过区域产业协同加快融合服务的步伐，将有利于其摆脱生存危机、走出成长困境。

（二）理论研究和政策滞后于企业实践

相较于国外，我国服务型制造理论研究起步晚、基础弱、进度慢、成果少。目前以满足市场需求为导向的企业在服务型制造方面的创新性实践已远远走在理论研究和政策设计的前面。理论研究和企业实践存在相当程度的脱节，严重影响到在整个产业领域对服务型制造的方向引领和深度挖掘。

一方面，理论研究滞后于企业实践。对市场需求变化的灵敏感知以及采取行之有效的应对战略是企业获取持续竞争力的根源，这正是一部分先知先觉的企业已在服务化战略上领先于其他企业的原因。大量制造企业在产业融合方面的实践探索已经展示出深刻的启示、提供了良好的素材，尤其是在行业、市场、场景等多重方面表现出来的多样化特征，涌现出"千企千面"的服务型制造创新性路径、模式和形态。急切需要以这些宝贵的典型经验或实践案例为基础，加强理论研究，提炼出新时代以产业融合为基本趋势的服务型制造新学说，并使之成为新制造理论体系的重要组成部分。

另一方面，企业缺乏有效的理论指导。对制造业而言，无论是现有在位企业还是新生的创新型企业，无论是大型企业还是中小企业，向服务型制造转型或以服务型制造起步都需要克服诸多不确定因素的影响，能否获取超越规模经济和范围经济的利润水平是评价新形势下企业战略成功和经营成效的关键。产业融合需要技术进步基础上的产业组织方式变革，也意味着工业经济条件下企业组织和运营方式的整体性变革，涉及分工协作、技术进步、要素构成和配置、资源独占、市场地位、需求变化、组织重塑、价值评估等多个维度。受知识交叉、行为跨界、因果模糊等因素的影响，目前对传统制造业向服务型制造高效转型的机理缺少理论探索和实证分析，导致现有理论难以指导产业和企业实践。

因此，应正确刻画出服务型制造在经济周期各个阶段的运作机理，建立起揭示产业发展趋势和规律的服务型制造理论体系，从而将服务型制造的先进理念在实践层面予以推广并引向深入，指导制造企业利用产品融合服务的方式摆脱经济下行干扰、跨越市场不振陷阱。

四 推进服务型制造促进经济稳定的实施策略

当前正处于稳定经济基本盘的关键节点，要正确把握全球产业发展和变革的基本趋势，在大力推广先进制造技术，发展数字制造、智能制造、绿色制造、智慧工厂和工业互联网的同时，更加重视产业组织方式的变革与创新，既立足当下稳经济增长保产业安全的现实需要，又放眼长远双循环开放大局下实现制造业高质量发展的宏大目标，抓住时机，从战略的高度竭尽全力全面推进服务型制造。

发展服务型制造并非易事，从传统制造企业向服务型制造企业成功蜕变的关键受制于理念守旧、能力刚性和资源约束。企业界不仅需要敏锐的市场需求感知能力，还需将服务型制造作为企业发展的核心战略以及必不可少的

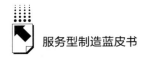

资源投入。政府主管部门则要为推进服务型制造加快基础设施建设、营造良好的营商环境。

（一）提高认识，转变观念，将服务型制造作为企业摆脱困境的优先选择之一

制造和服务深度融合所展示的产业演进与变革，遍及实体经济中全部生产性活动范围，为作为市场活动主体的企业带来了前所未有的全方位挑战和历史性机遇。虽然服务型制造并非产业演进中的新事物，但只有少数制造企业敢于打破传统工业生产组织的束缚，坚定不移地向服务型制造转型，从而具有强大的市场困境应对能力。

1. 企业在经营理念和商业模式上要敢于破旧立新

制造企业向服务型制造转型的阻碍不只是包括组织刚性、资源和能力约束、环境不确定性等因素，更深层的是被传统思想观念所约束。这就需要企业提升认识、增强信心，在思想观念上进一步打破常规，勇于改变传统的经营管理方式，紧紧围绕终端市场需求，依托核心技术和关键产品实施以提供全方位融通服务为目标的战略管理、资源配置、组织方式和业务流程创新。发展服务型制造，不只是制造企业打破市场束缚的被动选择，也是市场需求和消费主导权变革转换的必然要求。

2. 政府部门应加强理念宣贯和引导，帮助各类市场主体适时适宜地向服务型制造转型

在促进服务型制造发展方面，政府需发挥"看得见的手"的作用，积极出台鼓励服务型制造发展的政策措施，想方设法为推动服务型制造营造良好的氛围和环境。中西部地区各级政府要更为重视关于服务型制造的宣贯和引导工作。在扶持对象方面，要重点关注更贴近人们日常生活的 to C 端消费品行业以及在速变的细分市场上更具灵活性、适应性的中小企业。通过填平服务型制造发展的洼地，促进创新发展方式百花齐放。这样，一方面为促进经济复苏助强力，另一方面有助于缩小区域经济发展差距，实现共同富裕。

（二）基于跨界、整合、价值共创，创造新应用场景，以挖掘新市场、激发新需求

服务型制造的一个典型特征是跨产业、跨产品、跨场景，其根本逻辑是跨界融合、协同的产业组织方式极大地扩展以满足市场终端有效需求为目标的同性质生产的范围，从而打破由传统的产业分工和技术体系所定义的产业结构体系。这就要求企业凭借资源、能力整合优势，将制造和服务要素融通配置、运营基础交叉重构，着眼于跨产业、跨产品的思维开发新市场，创造新的价值增长点。沿产业链上游，企业可拓宽研发设计服务、定制化服务等市场；沿产业链下游，企业可开辟生产性金融、信息增值服务、代运营服务和远程运维服务等市场；从全产业链入手，企业可拓展工程总承包、全生命周期管理、供应链管理、数字化赋能等市场。此外，产品的应用场景即客户的需求场景。传统的生产型企业与客户的交互界面以交易场景为特征。在服务型制造视域下，企业与客户的交互界面为功能与体验融合的应用场景，并且强调跨产品应用场景的丰富性和跨越性。通过创造跨类、跨界产品应用场景以激活、拉动市场需求，理应成为当前企业创新战略管理和经营策略的重要内容。

企业要着眼于与消费者共创价值。在服务型制造视域下，价值的载体不再拘泥于有形的产品，而是寄托于产品服务系统。以消费电子行业为代表的硬件产品加内容服务的有机融合所带来的个性化用户体验，成为企业的核心竞争力。用户对产品的反馈为企业在产品功能改进方面提供了方向。丰富的用户知识转化为企业的知识资产。更具市场亲和力的个性化产品设计成为企业新的价值增长点。在家具、汽车、电子等个人消费领域，用户深度参与的个性化产品设计模式，是制造企业使用户的个性化需求融入产品设计，让用户成为合作生产者。基于用户体验的价值共创，是传统制造企业避免产品同质化竞争，提高产品价值，增强竞争力，向服务型制造转型的基本途径。

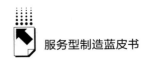
（三）依托数字技术构建繁荣有序的产业生态系统，有效提高区域产业组织活力与韧性

数字化技术对制造业变革的作用，更为重要的在于构建产品—服务生态系统。传统制造企业要以数字技术为支撑，从销售产品的方式转变为提供解决方案的服务方式，进而实现向服务型制造转型。更深层次上，要以产品主导逻辑的范式转向以服务主导逻辑的范式，在服务导向下形成用户、企业、供应商等利益相关者的常态化链接。在以互联网为基础设施的使能技术发展下，组织关系的网络化发展成为不可逆的趋势，价值创造的载体从价值链向价值网络转变，进而发展成为由多个企业、用户、供应商和战略伙伴组成的服务生态系统。在系统中，复杂动态的利益相关者在交互过程中共同创造价值。此外，要依托智能制造突破企业资源边界和运营边界，将智能制造与智能服务综合集成，以信息流、数据流为核心，形成以客户价值增值为目标的数据采集、挖掘、分析和应用服务体系，以进一步提升产品的商业价值。

我国制造业具有典型的区域性产业集聚特征，要结合区域产业组织的产业结构和资源禀赋，充分发挥市场的作用和生产要素的比较优势，以产业融合的思维构建区域性产业生态中各主体多元参与、协同联动的数字经济发展新机制。以产业数字化为纲领，激活区域性数据要素潜能，以数据流促进接单、派单、生产、流通、分配、消费、服务等各个环节高效贯通，推动数据技术产品、应用范式、商业模式和体制机制协同创新。发挥"产业大脑"的协同治理和创新功能，实现信息、产能、技术、资本等要素资产的共享以及风险分摊，形成群体性的数字制造和智能制造服务生态系统，有效提高区域产业组织的活力与韧性。

（四）针对数字智能新时代需求市场变化的新特征，着力激发中小制造企业活力

数字智能新时代为中小企业带来了更多的发展机遇。虽然面对短期的经济下行压力和市场冲击，中小企业首当其冲受到打击，但需求市场变化有利

于中小企业发展的基本态势并没有改变。因此，要充分发挥服务型制造在支撑、赋能中小制造企业方面的作用及优势，激发中小企业群体的活力。

一方面，疫情造成外贸中断，以外贸为主的中小企业不得不转向国内市场，并且重构销售和服务网络。服务型制造对市场需求的天然亲和属性有利于出口转内销的企业在国内市场立稳脚跟，借之重启企业活力，帮助企业克服当下困难力争"保稳"，一旦外贸恢复可乘势"提质"。服务型制造模式赋能中小制造企业群体培育完善的国内国际双重市场，有望形成替代型强大优势，并发挥国内国际双循环的桥接、枢纽作用，着力打通制造业物流瓶颈，加快产成品库存周转进度。

另一方面，要鼓励在大型企业和中小企业之间形成良好的"以大带小、以小促大"的协同发展关系。推动大型企业将产品和服务融合的产能体系和供应链体系向中小制造企业开放，通过技术、设计、流程、渠道、品牌和设施外溢缓解中小企业生存和成长难题，带动其发挥小而专、小而精、多样化、灵活化的优势，参与国内国际经济循环。同时要针对中小制造企业提供更多应用场景，助力其创新创造成果尽快打开市场。中小制造企业也要以深化对涌现、速变的终端细分市场需求的认知为前提，注重多样化的产品和服务融合路径创新和模式创新，完成从战略到业务再到市场的各个层级服务型制造转型。

（五）加快与产业融合相关的产业基础设施建设，为全面实施服务型制造创造条件

产业融合作为新时代产业发展的趋势之一，以技术进步和产业组织变革为前提，推动着产业的"技术—经济"范式变迁，因而成为产业体系、产业结构和产业生态重构的重要组成部分。而产业范式的变迁和更迭，必然要求支撑产业发展的产业基础设施产生与之适配的、系统的同步性甚至超前性改变。一段时期以来新冠疫情、全球产业链重构、我国供应链面临"断链"和"脱钩"风险等重大事件叠加，进一步凸显加快产业融合步伐的必要性和迫切性，与之相应地布局、建设与产业融合相关的产业基础设施就显得至

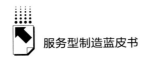
关重要。

与产业融合相关的产业基础设施包括哪些具体内容？虽然从系统性的视角还有待观察，但不外乎由技术性设施和组织性设施两大类组成。日新月异的技术进步是产业融合的必要条件，服务型制造的全面实施，依赖于以5G、人工智能、工业互联网、物联网、数据算力为代表的技术赋能新基建，需要搭建提供这些基础技术的专业化支撑平台和网络。与此同时，服务型制造着眼于产业组织方式的变革，需要建设与其相适应的产业组织性公共基础设施，营造新产业组织条件下的产业发展氛围，包括新的产业组织理念下能够形成服务型制造共性技术和公共服务有效供给的产业集群和产业园区，以及服务于创新成果转化和新市场开发的应用场景公共平台、区域共享制造平台等。

（六）加大对服务型制造的研究投入，为产业转型及经济长期繁荣夯实理论基础

当前应亟须从基础理论、开发（应用）和对策三方面夯实服务型制造的研究基础。

1. 基础理论研究方面

主要从经济学、管理学、社会学等分析视角，解决产业组织维度的组织关系、生产方式变革的机制以及组织层面的企业战略规划、运营管理等问题。学术界要紧密跟踪已有企业实践加快对服务型制造经验的总结，对新实践、新现象、新模式进行跟踪，厘清服务型制造的资源能力要素配置、影响因素、作用机理等问题，并提炼出一般性理论，建立起知识体系，以更好地从理论上指导实践。

2. 开发（应用）研究方面

要支持和鼓励更多的企业大胆尝试服务型制造创新性实践，按照产业融合的理念重塑企业关键资源能力。要抓住当前全球产业链重构还未定局之机，推动全球产业合作由加工制造环节向面向客户终端需求的服务环节延伸，积极参与服务型制造国际标准体系制定，引导企业取得国际认可的服务

资质，带动装备、技术、标准、认证和服务"走出去"，以产业融合的方式确立在全球产业链中的引领地位。此外，应尽快依据不同的服务型制造模式匹配科学的服务收入测算方法、绩效评价体系，建立服务型制造的国家标准。

3. 对策研究方面

要对现行政策进行阶段性复盘，评估政策在服务型制造理念普及、模式推广、保障设施建设等方面的作用。除中央层面的宏观指导政策外，各地方政府应根据各自的区域特色和产业结构，结合理论研究和开发研究的最新成果以及企业实践，出台易操作易落地的具有立竿见影效果的阶段性政策。

五　结语

当前新冠疫情远未结束，与俄乌冲突、西方对我国产业遏制围堵、世界经济增长放缓而通胀高企这样的诸多外部因素叠加交织，成为对我国经济造成冲击的重要变量，同时存在因经济周期而产生的内需不足、预期转弱、风险累积这样一些内在矛盾和问题。全面贯彻落实党中央、国务院关于做好当前经济工作的要求，深入推动制造业和服务业融合，突破传统制造束缚向服务领域延伸、渗透，加快发展服务型制造，将深入推进服务型制造发展、加快制造业转型升级作为稳定经济的促进手段和产业形态创新而"提质"的核心内容，广泛性地引导企业将发展服务型制造作为摆脱困境的优先选择，以缓解国内外不利因素对经济的影响，促进经济快速复苏。同时，为制造业高质量可持续发展奠定良好的基础，具有重要的现实意义和实践紧迫性。加快促进经济复苏，促产业保民生，服务型制造无疑蕴藏着巨大的潜力和价值。

参考文献

罗仲伟：《服务型制造是构筑产业发展新格局的着力点》，《价格理论与实践》2021

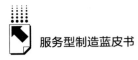
年第 7 期。

罗仲伟:《制造业和服务业融合发展的机理和路径研究》,《重庆理工大学学报》（社会科学版）2021 年第 11 期。

Vandermerwe Sandra, Rada Juan, "Servitization of Business: Adding Value by Adding Services," *European Management Journal*, 1988, 6 (4).

B.3

制造业的数实融合：
表现、机制与对策

李晓华*

摘　要： 随着新一轮科技革命和产业变革的兴起，数字技术与实体技术、数字经济与实体经济呈现融合程度不断深化的趋势，其中制造业是数实融合最主要的产业部门。本文提出，制造业数实融合的范围包括企业内部全领域、价值链全周期和供应链全生态；在形态上表现为要素融合、技术融合、设施融合和产品融合。制造业数实融合以连接为基础、以数据为核心、以算力为支撑、以算法为驱动，并通过整合多维数据、发现潜在知识、替代人力劳动、编码行业知识、软件定义产品、创新商业模式等功能，发挥对制造业的赋能作用。针对我国制造业数实融合面临的制造能力、数字化水平、数字化能力、数据流动等多方面的制约，需要加快信息基础设施建设，推动数字技术创新，促进制造企业数字化转型，完善数字经济法律法规和政策，加强数字经济领域的国际合作。

关键词： 制造业　数实融合　实体经济　数字技术　数字经济

一　引言

当前，新一轮科技革命和产业变革突飞猛进，颠覆性技术不断涌现。新

---

* 李晓华，经济学博士，中国社会科学院工业经济研究所研究员，中国社会科学院大学教授、博士生导师，主要研究方向：工业化与工业发展、数字经济。

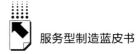
兴颠覆性技术的成熟和产业转化持续创造新产品、新模式、新业态乃至新产业。以云计算、大数据、互联网、移动互联网、人工智能、区块链为代表的数字技术是新科技革命和产业变革中创新最活跃、影响最广泛和深入的技术群。新一代数字技术如同蒸汽引擎、电动马达、电力、芯片一样，是典型的通用目的技术（General Purpose Technologies，GPT's）。通用目的技术具有三种典型的特征：一是广泛的扩散性，具有在广泛产业领域普遍使用的潜力，并且随着技术的演进能够扩散至整个经济；二是技术改进的内在潜力，随着技术的发展，性能、成本、用途都会得以持续改进；三是创新的互补性，通用目的技术扮演着使能者的角色，它不是直接为其他行业带来生产率的提高，而是为这些行业提高生产率的创新活动打开了机会之门。①当前，新一代数字技术正在加速扩散、与其他行业深度融合，成为改变国民经济各行业的关键力量。

我国政府高度重视新一代数字技术对国民经济各行业的赋能作用。在2021年10月18日十九届中央政治局第三十四次集体学习时，习近平总书记指出，促进数字技术和实体经济深度融合，赋能传统产业转型升级，催生新产业新业态新模式，不断做强做优做大我国数字经济。推动数字经济和实体经济融合发展。要把握数字化、网络化、智能化方向，推动制造业、服务业、农业等产业数字化，利用互联网新技术对传统产业进行全方位、全链条的改造，提高全要素生产率，发挥数字技术对经济发展的放大、叠加、倍增作用。要推动互联网、大数据、人工智能同产业深度融合，加快培育一批"专精特新"企业和制造业单项冠军企业。2021年12月国务院印发的《"十四五"数字经济发展规划》提出，以数据为关键要素，以数字技术与实体经济深度融合为主线，到2025年数字技术与实体经济融合取得显著成效。可见，"数字技术和实体经济深度融合"或"数字经济和实体经济融合

① Bresnahan Timothy F., Trajtenberg M., "General Purpose Technologies 'Engines of Growth'?" *Journal of Econometrics*, 1995 (65), pp. 83-108; Lipsey Richard G., Carlaw Kenneth, Bekar Glifford T., *Economic Transformations*: *General Purpose Technologies and Long-Term Economic Growth*, New York: Oxford University Press, 2005, pp. 97-98.

发展"已经成为我国产业和经济发展的重要战略方向。无论是"数字技术和实体经济深度融合"还是"数字经济和实体经济融合发展"都是新一代数字技术在实体经济部门的深度应用，与实体经济部门的创新链、工程链、价值链、产业链、供应链、顾客价值链以及产品、服务紧密融合在一起，并使实体部门的业务流程、产品架构、生产方式、产出形态、生产效率等发生全方位的改变，这一现象可以简称为"数实融合"。

制造业是立国之本、强国之基、创新之源，在世界经历百年未有之大变局、新一轮科技革命和产业变革突飞猛进、全球产业链价值链面临重构的大背景下，制造业在经济增长、吸纳就业、催生创新、国家安全等方面的重要性进一步凸显。从中国内部看，随着工资水平的上涨以及土地、能源、环境等要素约束加强，改革开放以来形成的成本优势正在削弱。通过推动制造业数实融合，不仅可以用数字技术为制造业赋能，提高制造业的劳动生产率，保持综合成本优势，而且能够推动制造业的产品创新、生产方式创新、商业模式创新、产品形态创新，重塑制造业的国际竞争力，更能够通过制造业针对数字技术需求所创造的大规模市场，引致数字技术的进一步突破、成熟和产业转化，带动数实融合相关的数字产品、服务和系统解决方案产业的快速发展，甚至在这些领域成为全球的行业领导力量。我国政府高度重视制造业的数实融合，近年来有关部门出台的智能制造、工业互联网、服务型制造、上云用数赋智等相关政策，其核心就是推动制造业的数实融合。

近年来，国内外学者针对制造业的数字化转型、工业互联网、智能制造等开展了大量研究，但直接关注制造业数实融合的研究仍然相对较少。本文将分析制造业数实融合的发生范围和表现形态、条件与功能，探讨制造业数实融合发展的制约因素，并有针对性地提出推动制造业数实融合的政策建议。

二 制造业数实融合的表现

制造业的数实融合体现在与制造活动相关的广泛领域，涉及各种要素、机构与活动，呈现多种融合形态。

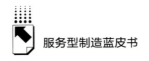

（一）制造业数实融合的范围

制造业是对自然资源进行加工和再加工的一系列经济活动，物质产品形态、性质的改变主要发生在车间和工厂之中，因此当人们想到制造业的数字化、数实融合等概念时，常常将其局限在车间和工厂这一物理空间以及加工制造这一生产环节。实际上，制造业数字化、智能化的领域要广泛得多，[①]数实融合包括制造业的全领域、全周期、全生态。

1. 企业内全领域的数实融合

科层企业的内部具有复杂的结构，规模越大，内部结构越复杂。从组织架构上看，企业包括总部和下属的事业部、子公司、分公司。总部包括行政、财务、投资、战略、生产经营、研发、人力资源等不同的职能部门，每个职能部门都有各种职能与经营管理活动。下属事业部、子公司、分公司包含了不同产业领域的生产活动，每个产业领域拥有多家可能分布于多个区位的车间和工厂。制造企业的产品制造过程是在车间、工厂中进行的，工厂的活动除生产线的加工制造外，还涉及进货、出货、仓储、水电气热等基础设施以及生产过程、生产人员的管理等各种活动。德国工业4.0提出制造业的纵向集成，即将机器设备、供应链系统、生产系统、运营系统等企业内部的流程连接起来，实现信息的实时沟通。制造业数实融合所覆盖的活动远超过这个范围，数字技术可以融入制造企业生产经营活动的方方面面，包括各个部门（业务单元）及其相关的业务流程，同时不同部门（业务单元）、业务流程之间也被数字化网络紧密联系在一起，开展交换数据、响应指令、执行操作等活动。

2. 价值链全周期的数实融合

从价值创造的角度看，企业的生产经营活动从产品的创意开始，经过开发设计、加工制造，再到产品分销、运营服务，最后是回收处理，这构

---

① 中国社会科学院工业经济研究所智能经济研究组：《智能+：制造业的智能化转型》，人民邮电出版社，2021，第18~24页。

成产品所经历的完整生命周期，产品全生命周期的数字化智能化过程被德国工业4.0称为"端到端集成"。制造业的数实融合覆盖了价值链的全周期，既可以发生在价值链的完整周期，也可以发生在价值链的一个或多个环节。顾客价值链（Customer Value Chain）从需求侧提供了看待企业价值创造的视角。顾客价值链包括评估、选择、购买、接收、消费、处理等环节。从用户的视角看，商业模式包括企业为用户创造的价值、用户为交换该价值的付出以及可能对用户造成的价值侵蚀。因此，可以把顾客价值链的活动划分为价值创造、价值捕获、价值侵蚀。通过解绑顾客价值链，企业能够为顾客创造新的价值。① 数字技术与制造业的深度融合使解绑的力量超越了一体化的力量，加速了顾客价值链解绑的过程。比如，以前顾客观看影视作品需要先租赁和邮寄影碟，现在网飞利用连接到顾客家里的互联网在线提供影视作品观看服务，解构了顾客价值链活动，为顾客和自己都创造了新的价值。

3. 供应链全生态的数实融合

制造企业以产品为中心开展的生产活动虽然主要是在企业内部进行的，但是在现代社会分工越来越细化的条件下，那种像福特汽车Rouge工厂"一端吞进矿石，一端吐出汽车"的高度一体化的工厂已经不复存在，企业必须参与全国乃至全球的产业大循环和产业链大分工，其生产经营活动才能顺利进行，由此企业竞争力的来源已经离不开其所处的商业生态。早期的学者认为商业生态系统由消费者、供应商、主要的生产者、竞争者和其他风险承担者构成。② 就制造业而言，商业生态系统包括上游原材料、零部件供应商，下游分销、零售商，供应链、金融、信息基础设施等其他生产性服务活动提供商，开源平台、众包平台以及其中的广大极客、创客，领先用户、用户社区等。德国工业4.0将企业与合作伙伴、公司与公司之间、公司与

---

① Teixeira Thales S., Piechota Greg, *Unlocking the Customer Value Chain：How Decoupling Drives Consumer Disruption*, New York：Currency, 2019, pp. 27, 55-60.

② Moore J. F., "Predators and Prey：A New Ecology of Competition," *Harvard Business Review*, 1993（3）, pp. 75-86.

用户之间的网络连接称为横向集成。制造业数实融合包含了企业所处的整个商业生态范围，随着数字技术发展水平的提高和企业实际业务发展需要，数实融合也会越来越广泛地发生在商业生态的组成单元之间。

（二）制造业数实融合的形态

制造业的数实融合以要素融合、技术融合、设施融合、流程融合、产品融合等多种融合形态呈现。

1. 要素融合

生产活动的开展需要生产要素的投入。早期的生产活动主要依靠天然的生产要素如土地、自然资源、天然劳动力。随着生产力的发展、技术的进步和劳动剩余的积累，资本、知识、技术、管理、受过教育的高素质劳动力等成为生产要素的组成部分。在制造业发展的长期过程中特别是现代计算机出现后，数据也开始在生产过程中发挥作用，例如冶金、化工、电力等流程型制造业根据各生产环节反馈的数据对生产过程进行自动控制。但总体上来说，由于数据量小、数据处理能力弱，数据在制造业中发挥的作用非常有限。直到大数据、云计算、物联网、移动互联网、人工智能等新一代数字技术成熟和商业化应用后，数据海量增长、算力显著提高，数据为包括制造业在内的国民经济各行业创造的经济价值越来越重要，被称为数字经济时代的石油。《中共中央关于坚持和完善中国特色社会主义制度 推进国家治理体系和治理能力现代化若干重大问题的决定》提出，健全劳动、资本、土地、知识、技术、管理、数据等生产要素由市场评价贡献、按贡献决定报酬的机制。这一论断在我国官方层面认可了数据作为生产要素的地位，数据不仅是重要的生产资料，而且能够按照贡献参与分配。

数据成为生产要素并不是孤立地发挥作用，而是与传统的生产要素融合到一起。刘鹤副总理在2021年世界互联网大会乌镇峰会上的致辞中指出，当前互联网发展跃升到全面渗透、跨界融合的新阶段，数字技术深度改造生产函数并不断创造新业态。① 从这一论断可以看到，数据与其他生产要素一起成为生产函数的组成部分。数据对生产函数的影响表现在以下几个方面：一是数据进入生产函数后，会对其他生产要素产生替代，即在同样的产出下，减少一种或几种生产要素的使用；二是数据能够让其他生产要素在投入不变的情况下，发挥更大的作用，形成更大的产出；三是数据与其他生产要素一起，使产出的结构、质量、性能发生显著改变。同时，数据与其他生产要素的融合表现在数据作用的发挥需要其他生产要素的投入作为支撑。例如，数据采集、传输、存储、计算等新型基础设施的建设需要资本的投入，基础设施中蕴含着大量的人类知识和技能，基础设施的运行也需要持续的电力、人力投入。

2. 技术融合

现代经济是创新驱动的经济，作为创新最活跃、技术密集度最高的制造业，其发展更是离不开技术的持续创新；而数字技术的发展也是由颠覆性前沿技术的突破、成熟所推动的，因此技术融合成为制造业数实融合的重要内容。技术融合主要呈现在两个方面：一是数字技术内部的融合。数字技术是一组相互依赖、相互促进的技术群，只有当相应技术成熟后其作用才能得到充分发挥。例如，人工智能的发展几乎与计算机的出现同步，早在 1956 年的达特茅斯会议上就提出了人工智能概念，早期的人工智能开拓者曾乐观地认为，十年内人工智能就能通过"图灵测试"。但是历经两次起落的数十年时间后，直到辛顿教授提出深度学习算法，在"摩尔定律"推动下传输、存储、计算能力显著提高且成本显著下降时，人工智能技术才进入大规模应用阶段。20 世纪 80 年代，索洛在研究计算机对生产率的影响时发现，计算机的广泛使用并没有使国民经济的生产率显著提升，由此得出著名的索洛悖论——"计算机无处不在，除了在生产率上"。而后研究发现，计算机实际上显著提高了全社会的生产率，索洛悖论存在的原因在于其他方面的

---

① 《刘鹤出席 2021 年世界互联网大会乌镇峰会》，http://www.gov.cn/guowuyuan/2021-09/26/content_ 5639418.htm，2021 年 9 月 26 日。

技术在当时不够成熟，未能有效支撑计算机提升生产率的作用的发挥。Brynjolfsson 等对人工智能技术的研究发现，与人工智能技术取得显著突破相伴的是生产率增长放缓，原因在于与人工智能互补的相关技术尚不成熟，这些互补性技术发展所需要的资金和时间投入巨大，因此在人工智能技术发展的初期可能会出现生产率的降低。[①] 目前广受关注的元宇宙也是由拓展现实、区块链、人工智能、移动互联网、区块链等技术构成的技术群所支撑的。数字技术在制造业中的深度应用，也需要相关数字技术的协同演进。二是数字技术与制造技术的融合。数字技术在制造业的应用不是制造技术与数字技术相互分离，而是有机融合在一起。生产设备中融入数字技术，实现生产线的自动化、智能化；制造业所形成的专利、技术诀窍等以编码化形态内嵌在算法、程序、App 中，构成数字化应用的内核，数字技术成为解决手段。

3. 设施融合

制造业的生产活动涉及产品的开发、产品原型的制作、产品的制造以及各种中间投入如原材料、零部件等的传递，最终产品的运输和分销、产品的维修和回收。这些与产品物理形态相关的生产活动需要物理生产设施的支撑，如研发活动中使用的各种实验仪器、生产工具、设备和生产线，车辆、仓库、商场、维修车间等物流、分销和维修设施。同样，数字技术发挥作用，也需要提供连接、数据、算力、算法服务的信息基础设施，包括 5G、物联网、工业互联网、卫星互联网等连接基础设施，数据中心、智能计算中心等数据和算力基础设施，提供 PaaS、SaaS 服务的人工智能平台、云计算平台等算法基础设施。在制造业数实融合的过程中也包含了数字设施与制造设施的融合。一是制造业的生产活动越来越依赖于数字化的基础设施，如利用运营商的移动通信网络、公有云的算力。二是一些大型制造企业内部也在

---

① Brynjolfsson E., Rock D., Syverson C., "Artificial Intelligence and the Modern Productivity Paradox: A Clash of Expectations and Statistics," in Agrawal A., Gans J., Goldfrab A., eds., *The Economics of Artificial Intelligence: An Agenda*, Chicago and London: The University of Chicago Press, 2019.

建设数字基础设施，如工业互联网平台、数据中台、私有云、5G专网，通过这些资产专用性的投资使物理性质的生产设施能更好地发挥作用。三是最初由大型制造企业内部使用的数字设施在进一步完善后，也会提供给供应链中的合作伙伴使用，甚至进一步向行业内其他企业乃至整个社会开放，成为具有一定公共产品性质的基础设施，也成为制造企业新的业务增长点。

4. 流程融合

在工业革命后出现的工厂中，产品的生产流程是不连续的，由工人操作机器完成某一生产工序的任务，然后将加工过的中间产品转移至下一生产工序。在第二次工业革命时期，在电力的驱动下，工业生产过程的连续程度有了明显的提高，在福特等的流水线生产中，流水线将需要加工的产品传输至工人面前由其进行加工。在第三次工业革命时期，PLC、计算机、软件、机床、机器人等具有一定自动化功能的技术在工业中获得广泛应用，能源、石化化工、冶金等流程型行业的生产过程可以自动化连续进行。在当前的新一轮科技革命和产业变革中，大数据、云计算、人工智能、物联网、更加智能化的机器人等新一代数字技术在生产线上获得越来越多的应用，生产流程数字化、网络化、智能化或者说智能制造成为制造业的发展方向，生产系统具有自感知、自学习、自决策、自执行、自适应等功能。生产系统是实现对自然资源进行加工和再加工的制造业核心功能，新一代数字技术与制造业在生产流程的深度融合也成为制造业数实融合的核心环节。

5. 产品融合

在工业经济时代，工厂使用生产设备和工具，通过各种物理、化学和生物反应，将投入的原材料加工成产品，制造业的产出是由原子、分子所构成的物质产品，具有相应的物理的、化学的、机械的等多方面性能。随着信息技术的发展，产品与数字技术也逐步融合，比如电脑中包含操作系统和各种应用软件，但是总体上看，产品与数字技术融合的领域比较有限，主要集中在ICT相关的产品上。随着新一代数字技术的广泛扩散，越来越多的产品呈现出数实融合的特征，产品不仅包括物理结构，还包括软件和数据，物理结构中不仅包括了机械的、有机的或无机的物质成分，还包括了传感器、芯片等 IT 硬件产品。以汽车为例，早期的汽车完全是一个机械产品，由发动机燃烧燃料提供动力，由驾驶人员操纵机械部件驱动汽车的行驶，现在的汽车朝着智能网联甚至无人驾驶的方向发展，使用的芯片越来越多，处理的数据量越来越大。在不久的将来，所有产品都将成为数实融合的产品。

三 制造业数实融合的机制

制造业数实融合需要数字技术的发展和数字基础设施的完善作为支撑，融合过程展现出多方面的功能。

（一）制造业数实融合的条件

制造业的数实融合以泛在连接为前提、以数据为核心、以强大的云端或本地算力为支撑，通过算法驱动制造业的生产经营活动。

1. 以连接为基础

制造业的数实融合是将制造业的全领域、全周期、全生态与数字技术紧密结合到一起，这种结合不仅是数字技术在制造企业的各个业务单元、价值链的各个环节或生态的各个参与方的使用，而且这些业务单元之间、环节或参与方之间都会连接在一起并实现互动。因此，制造业数实融合的前提是制造业所涉及的物质、服务、场景、人、生产经营单位等接入信息网络之中。里夫金在描述新科技革命和产业变革时指出，互联网、传感器和软件将人力、设备、自然资源、生产线、物流网络、消费习惯、回收流以及经济和社会生活中各个方面连接起来，不断为各个节点（商业、家庭、交通工具）提供实时的大数据。① 新一代数字技术的发展为实时、泛在连接提供了可能。

2. 以数据为核心

新一代数字技术是对数据进行采集、传输、存储、处理、应用的技术，

---

① 〔美〕杰里米·里夫金：《零边际成本社会：一个物联网、合作共赢的新经济时代》，赛迪研究院专家组译，中信出版社，2014，第 11 页。

随着数据成为关键生产要素后，数据在国民经济各行业中的重要性显著提高。制造业的数实融合也是围绕着数据这一核心来展开的，主要体现在以下三个方面：首先，数据分布于制造业的全领域、全周期、全生态，并在各部门、环节、参与方之间流动。其次，制造业的生产活动、经营决策是建立在对数据的分析、挖掘之上的。例如，根据销售情况决定物料采购的多少和安排生产进度，根据用户特征精准选择宣传渠道、促销方式等。最后，一些新产品、新模式、新业态直接依赖于数据，没有数据就没有这些新特征。例如，远程监测和在线服务等服务型制造模式的开展，需要企业能够掌握已销售产品的运行状态数据。制造业的生产活动越来越多地依赖于数据，因此制造企业不断扩大数据采集范围，如在生产线、物流设备、产品中嵌入传感器和芯片，不断地打通企业内部、企业与顾客、企业与其生态伙伴之间甚至企业外部渠道的数据连接，以获得更多能够为企业创造价值的数据。

3. 以算力为支撑

对数据的存储、处理都需要计算能力。在数据量不大的时候，可以依靠企业自有的计算机、服务器以及生产设备自身所带的嵌入式芯片完成。随着数据量的急剧增加，传统的计算能力已无法适应海量数据的计算需求。一些企业缺少大规模布置计算能力的资金或人才，另外对于大多数企业来说，大规模布置的计算能力可能无法获得充分使用而造成浪费、成本增加。大数据中心、云计算中心、超算中心使算力资源云端化，企业无须自己投资建立计算能力，可以按需弹性租用，使算力的获得门槛和使用成本大大降低。算力基础设施的提供者既有传统电信运营商，也有互联网平台企业。虽然云计算基础设施成为企业普遍采用的形式，但是出于数据安全的考虑以及数据处理速度的要求，一些企业也会在使用公有云的同时布置私用云，在使用云计算的同时根据不同应用场景的需求采用雾计算和边缘计算。

4. 以算法为驱动

制造企业对数据的使用是为了完成特定的任务，而每一种任务的完成都有其内在的规律、逻辑或方案。算法就是对完成特定任务的准确而完整的描述，以用某种计算机语言编写代码的形式呈现出来。制造业数实融合中对海

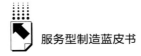

量数据的处理，自动化、智能化的操作，其背后都是算法在发挥作用。人工智能技术之所以得到广泛的应用，就在于算法取得了重大的突破。大型制造企业实力强大、人才聚集，有能力自主开发包括工业互联网平台在内的各种算法。而许多中小企业缺少独立开发数字化应用的资金和人才，因此主要采用其他大型制造企业、互联网企业开发的门槛低、易部署的"轻量应用""微服务"。例如，许多消费平台企业为入驻企业提供的支付、开店、销售管理等功能；工业互联网平台提供的通用和专用 PaaS 服务、工业 App 等 SaaS 服务。在数字经济时代，开源运动获得更大的发展，许多算法会被极客、企业和公共机构以各种开源协议的方式共享，其他企业可以不用从头开发这些算法、软件，可以根据开源协议直接使用算法或进行二次开发，极大地加速了算法、软件的开发速度，显著降低了开发成本，加速了算法的普及。

（二）制造业数实融合的功能

数字技术与制造技术、数字经济与制造业的深入融合表现出整合多维数据、发现潜在知识、替代人力劳动、编码行业知识、软件定义产品、创新商业模式等多种功能。

1. 整合多维数据

制造企业的生产经营活动需要利用企业内外部的各种数据，这些数据构成企业价值的重要来源。一方面，企业本身的活动就非常复杂，涉及不同业务领域、不同价值链环节，另一方面，企业只是社会生产、分配、交换、消费大循环和生产链条中的一个环节，企业外部的商业伙伴、用户的数据对于企业的经营活动至关重要，来源于其他商业组织或政府机构的数据也能够给企业带来额外的价值。数据的价值取决于数据规模以及颗粒度、鲜活度、连接度、反馈度、响应度、加工度等方面。[①] 为了最大化发挥数据的价值、增强市场竞争力，企业需要把来源不同的数据整合到一起。数实融合的重要功

---

① 李晓华、王怡帆：《数据价值链与价值创造机制研究》，《经济纵横》2020 年第 11 期，第 54~62+2 页。

能就是建立广泛、实时的连接，将来源、结构等方面差异巨大的数据整合在一起，为后续数据的处理、应用打下基础。

2. 发现潜在知识

制造企业的知识有些来自人类的科学发现、企业内部的研究开发，以及经营管理人员、生产线的工程师和技术工人长期积累的经验，但是还有许多潜在的未被发现的知识隐藏在企业生产经营活动产生的海量数据之中。建立在大数据和机器学习基础上的人工智能技术能够根据预先设定的算法其至根据为系统设定的规则，找到两个变量之间的相关关系。这种相关关系未能被企业在传统的技术手段下发现，同时人工智能算法本身也无法对二者相互影响的机制做出解释，但是按照这种相关关系，就能够改进企业的绩效。比如，通过对生产线各种工艺参数历史数据的分析，能够发现生产效率最高的工艺参数组合，按照这种工艺参数调整生产线，就能够明显提高良品率和企业的产出效率；通过对用户数据的分析，可以发现用户对产品特征的偏好程度，据此开发更加适销对路的产品。

3. 替代人力劳动

人工智能等数字技术可以被看作广义的机器。工业革命之后的很长一个时期，机器主要是替代人类的体力劳动，完成人力所无法完成的繁重工作，逐步将人类从繁重、危险、肮脏的工作中解放出来。随着新一代数字技术的功能不断强大、成本持续降低及其与加工中心和机器人等技术的深度融合，数字技术替代人工在越来越多的技术和经济层面变得更加可行，不仅一些重复性的劳动密集型工作可以被数字技术替代，一些智力型工作（如一部分研发工作、生产线管理工作、经营数据分析工作）也成为人工智能技术的替代对象。随着我国劳动力成本的上涨，传统的劳动密集型产业正在丧失竞争优势，用"机器换人"变得愈发紧迫。在质量检测等一些工序上，用机器替代人不仅成本低、效率高，而且生产的精度、稳定性也能提高。

4. 编码行业知识

无论是已经积累的科学知识和经验，还是大数据、人工智能方法洞察的知识，无论是基于数据提升生产线的性能，还是用机器换人，都需要把这些人类的知识、企业的经验编码化，即将这些知识和经验以代码、软件、App等形态呈现出来。软件根据输入的数据（包括人为的输入、设备自动采集的数据等），按照知识和经验形成的规则，实现业务环节、业务流程的自动化甚至智能化。[①] 例如，质量检测领域应用的视觉识别系统就是将反复训练后的算法移植入生产设备。这些被编码后的知识所形成的代码可以存在于制造企业生产活动的方方面面，以应用软件、App、工业互联网系统、嵌入式软件等形态存在。并且这些代码随着人类知识的更新、人工智能系统不断的训练而持续迭代更新。

5. 软件定义产品

随着数实融合的深入推进，软件已经成为制造业产品的重要组成部分，可以说，产品的软件定义特征不断强化。软件定义产品包括三种类型：一是软件定义产品的功能。产品中的一些功能必须依赖软件来实现，软件决定了该功能的存在与否。二是软件实现产品的功能。通过软件的响应、运算、下达指令实现对硬件的操纵，通过硬件的操纵实现特定的功能。三是软件优化产品的功能。软件相比于能够实现相同功能的机械部件、电子元件来说性能更优或成本更低，因此软件可以取代这些物理元器件。[②]

6. 创新商业模式

数字技术会推动企业的商业模式和业态创新，这些新型商业模式本身就是高度数实融合的。在20世纪80年代，制造业就出现了服务化趋势。在数字技术的驱动下，制造业的生产、服务系统将能够自动化地对个性化需求做出响应，突破了传统服务业发展对人才的依赖和规模不经济的约束。在产品层面，通过内置在产品中的传感器采集用户的使用情况或产品的运行状态等数据，制造企业能够提供个性化定制方案以及远程在线监测、预防性维护等增值服务。通过与用户的直连，制造企业由根据市场预

---

① 曾鸣：《智能商业》，中信出版社，2018，第77~80页。
② 李培根、高亮编著《智能制造概论》，清华大学出版社，2021，第273~275页；安筱鹏：《重构：数字化转型的逻辑》，电子工业出版社，2019，第54、78、63~64页。

测进行大规模生产的模式转向根据用户订单小批量甚至个性化定制的模式，高度柔性化、智能化的生产系统可以低成本地进行小批量甚至单件生产，甚至制造企业还可以把消费者动员起来，利用社交媒体、私域流量为企业代言带货。

四 制造业数实融合的制约因素

近年来，我国政府高度重视制造业的数实融合，产业升级压力和产业增长点推动制造企业积极实施数实融合，互联网企业也将数实融合作为业务拓展的重要方向，我国制造业数实融合水平有了显著提高。例如，中国大陆33家企业入选世界经济论坛评选出来的"灯塔工厂"，占全部103家的比重接近1/3。然而也要看到，中国制造业的数实融合也面临制造能力、数字化水平、数字化能力、数据流动等多方面的制约。

（一）制造能力的制约

制造业数实融合的重要方面是将制造业积累的知识编码化，只有制造能力提高了，才有可能将数实融合推向一个更高的层次。我国制造业在产品性能、质量、可靠性等方面与世界领先水平相比仍存在较大差距，主要体现为工业软件的差距，而工业软件本身就是制造业能力的体现。譬如 Matlab、EDA 软件我们做不出来，本质上还是我们对制造业基础科学的认识不透、对生产过程中的制造知识积累不足。同样，在生产领域的控制软件方面，不同工厂使用同样的设备，但在良品率、产品性能上存在差异，也是企业在制造能力上差距的体现。数字技术可以全面推动制造业生产效率的提高，但是需要数字技术与制造技术的共同演进。通用电气在发布工业互联网战略时，提出工业互联网要"发挥1%的威力"。通过对工业生产线中海量数据的分析，人工智能系统能发现最优工况参数的组合，从而明显提高生产线良品率、整体生产效率和经济效益，但是如果要进一步提高制造业效率或者说超越"1%的威力"就需要制造业本身的技术进步，比如重新设计产品、重构

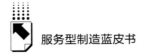

生产流程。数字技术只是起到助力作用，制造业的问题从根本上还要靠制造业本身能力的提升来解决。

（二）数字化水平的制约

制造业的数实融合是需要企业有数字化思维、有良好的数字基础设施支撑，以及形成较好的信息化、数字化应用基础。但总体上看，我国制造业行业间、地区间、企业间发展很不平衡，形象地说是工业1.0、工业2.0、工业3.0、工业4.0并存，既有高度数字化并积极探索智能化、位列世界"灯塔工厂"的优秀企业，也有大量处于信息化、机械化阶段的企业，甚至还有处于手工阶段的企业。这些数字化水平较低的企业对数实融合认识不足、积极性不高，同时，推动数实融合需要进行大量的设备、系统的数字化改造工作，而这些设备层、系统层的改造往往所需投入较大。普遍来看，制造业的利润率相对较低，尤其是对劳动密集型产业和中小企业而言，巨额的数字化改造升级投入是其难以承担的。此外，数实融合既是企业的技术决策，也是投资决策，需要对成本与收益进行综合考量。数实融合的投资未必就能带来企业效率的提升以及收益的增长，数字技术不成熟、应用环节选择不恰当等都会造成数实融合投资失败的风险。也就是说，资金投入过大、收益不明确或投资回收期长，会造成制造企业特别是中小企业不愿投资于数字化改造，从而影响数字化水平的提高和数实融合的深入推进。

（三）数字化能力的制约

企业数字化改造升级的过程不是简单地把项目外包给提供解决方案的企业就行了。互联网企业的工程师们懂算法、懂软件，但是不懂制造业本身的知识，即使是数字化解决方案提供商也可能只有某一类行业数字化改造的经验，但是各个企业在生产流程、生产设备等方面存在巨大差异，他们对特定的企业也缺少完整准确的了解。相对地，制造企业的工程师懂产品、生产工艺，但不熟悉算法和代码，很难与数字化解决方案提供商对话，需要企业内既懂产品、工艺又懂算法、代码的工程师作为连接双方的桥梁。数实融合的深度推进以及由此为企业带来的经济效益增长，不是说数字基础设施建成了、数字化设备用上了就能水到渠成。数实融合是一个持续的过程，需要产品开发人员、工程师、管理人员、生产线工人熟练地运用数实融合的生产力工具，还需要工程师对产品、生产线的算法和软件不断进行完善、改进，这些工作不仅需要企业员工整体数字素养的提高，还需要有一批熟练掌握和应用算法、软件的工程师队伍。但总体来看，我国数字技术、管理人才需求量巨大、供给偏紧，制造业和互联网行业的数字化人才分布非常不均衡。互联网行业优厚的待遇吸引了大量的 IT 人才，而制造企业微薄的利润很难支撑起一支高水平的 IT 人才队伍。

（四）数据流动的制约

伴随着企业价值创造活动的开展，数据是流动的。在制造业，数据流动包括制造企业内部的流动，制造企业与其供应链上下游业务伙伴间的流动，制造企业与用户之间的流动，跨行业的数据流动以及政府与企业间的数据流动。数据作为企业价值的重要来源，数据价值创造作用的发挥不仅依赖于数据的规模，还依赖于数据之间的连接，数据的连接越紧密、越广泛、越及时，对企业的价值就越大。[①] 但是制造业数实融合过程中存在数据传输的障碍，数据不能在其经济价值的推动下顺畅流动。一是技术的制约。制造业由于行业间、企业间使用的设备、系统千差万别，设备的数字接口不统一，设备之间的连接难度大；数据结构不统一，增加了数据打通、使用的难度。二是法律的制约。法律法规没有对数据的采集、开放、交易和使用做出明确的规定，造成政府数据无法公开，个人数据不能采集，企业数据无法转让。在数字经济条件下，法律法规对数据保护不力也会起到适得其反的作用，比如对消费者隐私数据的侵犯、大数据杀熟、基于大数据的算法垄断等问题，产生了对数据开放、流动的抵制。三是商业的制约。数据包含着企业生产、销

---

① 李晓华、王怡帆：《数据价值链与价值创造机制研究》，《经济纵横》2020 年第 11 期，第 54~62+2 页。

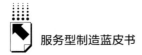

售、用户使用等各个方面的信息，蕴含着企业的商业机密和长期积累的技术诀窍，对这些数据的掌握是企业竞争力的重要来源。一方面，如果企业允许其他企业获取这些数据，即使企业能从对方获得一些数据作为补偿，仍有可能处于数据的净损失状态。更重要的是，竞争对手可能通过分析这些数据，获得企业的用户特征与分布、生产进度、供应商情况以及生产中的工艺参数等信息。例如，一家企业委托第三方大数据或人工智能企业对其生产线数据进行分析，帮助其提高生产效率，第三方企业通过这些数据掌握的企业的"隐性知识"可能会用于为竞争对手企业改进生产线，从而使该企业的竞争优势削弱。另一方面，处于数据优势地位的企业为了维护自身的市场地位甚至是垄断地位，不愿意将数据开放及与其他企业共享。

五　结论与建议

（一）结论与展望

本研究表明，随着新一轮科技革命和产业变革的兴起，新一代数字技术加快成熟、扩散与融合，数字技术与实体技术、数字经济与实体经济的融合不断深化，其中制造业是数实融合进展最快、潜力最大、重要性最强的国民经济行业之一。制造业数实融合的范围包括企业内部全领域、价值链全周期和供应链全生态；在形态上表现为要素融合、技术融合、设施融合和产品融合。制造业数实融合以连接为基础、以数据为核心、以算力为支撑、以算法为驱动，并通过整合多维数据、发现潜在知识、替代人力劳动、软件定义产品、创新商业模式等功能，对制造业赋能，推动制造业的动力变革、效率变革和质量变革。近年来，在我国政府的大力推动下，在制造企业、互联网企业的积极实践中，我国制造业数实融合取得明显进展，但是也面临着制造能力、数字化水平、数字化能力、数据流动等多方面的制约。

今后一个时期，制造业数实融合将进一步深入发展，范围不断扩大、程度不断加深、影响更加凸显。从数字技术的发展来看，云计算、大数据、物联网、移动互联网、人工智能、智能机器人、3D 打印机等技术将进一步发展成熟、性能提升、成本降低，具备了在更广泛领域应用的空间，而区块链、量子计算等新兴技术也逐步成熟，将会开拓新的融合领域、融合模式，产生新的融合业态、融合效果。从世界范围看，大国博弈长期持续甚至趋于激烈、新冠肺炎疫情、俄乌冲突等事件影响交织，主要国家在以制造业为核心的实体经济领域的竞争愈发激烈，在以数字技术为核心的新兴领域加快布局、培育壮大新兴产业，制造业数实融合是我国保持和增强制造业全球竞争力、加快培育壮大新兴产业和未来产业的重要途径。从制造业本身看，面对工资水平上涨、土地和资源等环境约束加剧的状况，制造企业亟待加快转型、重塑竞争优势，数实融合是制造业转型升级、向全球价值链高端攀升的重要推动力。

（二）对策建议

推动制造业数实融合深入发展，需要做好以下几方面工作。一是加快信息基础设施建设并推动传统基础设施数字化转型升级，为实现制造企业的广泛连接和数据传输打好基础。信息基础设施建设应适度超前，同时把握好超前建设进度，实现经济效益与社会效益的统一。二是推动数字技术创新，整合国家战略科技量，激发企业和社会的创新活力，尽快突破关键核心数字技术，积极布局脑机接口、量子计算等前沿技术和未来产业，在提高数字技术自主性的同时，在某些新兴领域取得全球领先地位，一方面摆脱制造企业数实融合中"卡脖子"风险，另一方面增强数实融合安全性，同时降低数实融合的发展、应用成本。三是促进制造业领军企业数字化转型、构建工业互联网平台，待工业互联网平台在企业内部、生态体系内部应用成熟后，推动向行业、行业外企业的开放共享。四是促进中小企业的数字化转型。通过宣传推广、试点示范提高中小企业数字化转型的意识；政府的技改资金向中小企业的数字化改造适度倾斜，为中小微企业提供数字化券以鼓励购买数字服务，支持制造业行业龙头企业、互联网平台企业为中小企业提供门槛低、易使用的轻量化应用。五是进一步完善数字经济法律法规和政策，推动政府开放公共数据，加强数据安全和数据保护，推进实现"原数据不出域、数据可用不可见"的联邦学习①等数字技术发展和新型数据交易模式探索，加快制定数字技术、数据格式的国家标准。六是加强数字经济领域国际合作。积极参与《数字经济伙伴关系协定》（DEPA）等国际数字规则的多边协定谈判与合作，贡献数字经济治理的中国方案；支持国内企业参与全球数字科技组织，积极建立和参与数字技术联盟、开源社区。

参考文献

Bresnahan Timothy F. , Trajtenberg M. , "General Purpose Technologies 'Engines of Growth'?" *Journal of Econometrics*, 1995（65）.

Lipsey Richard G. , Carlaw Kenneth, Bekar Glifford T. , *Economic Transformations*: *General Purpose Technologies and Long-Term Economic Growth*, New York：Oxford University Press, 2005.

中国社会科学院工业经济研究所智能经济研究组：《智能+：制造业的智能化转型》，人民邮电出版社，2021。

Teixeira Thales S. , Piechota Greg, *Unlocking the Customer Value Chain*: *How Decoupling Drives Consumer Disruption*, New York：Currency, 2019.

Moore J. F. , "Predators and Prey：A New Ecology of Competition," *Harvard Business Review*, 1993（3）.

《刘鹤出席 2021 年世界互联网大会乌镇峰会》，http：//www. gov. cn/guowuyuan/2021-09/26/content_ 5639418. htm，2021 年 9 月 26 日。

Brynjolfsson E. , Rock D. , Syverson C. , "Artificial Intelligence and the Modern Productivity Paradox：A Clash of Expectations and Statistics," in Agrawal A. , Gans J. , Goldfrab A. , eds. , *The Economics of Artificial Intelligence*: *An Agenda*, Chicago and London：The University of Chicago Press, 2019.

〔美〕杰里米·里夫金：《零边际成本社会：一个物联网、合作共赢的新经济时代》，赛迪研究院专家组译，中信出版社，2014。

李晓华、王怡帆：《数据价值链与价值创造机制研究》，《经济纵横》2020 年第 11 期。

---

① 陈永伟：《联邦学习能打破数据孤岛吗》，《经济观察报》2020 年 5 月 1 日。

曾鸣：《智能商业》，中信出版社，2018。

李培根、高亮编著《智能制造概论》，清华大学出版社，2021。

安筱鹏：《重构：数字化转型的逻辑》，电子工业出版社，2019。

陈永伟：《联邦学习能打破数据孤岛吗》，《经济观察报》2020 年 5 月 4 日。

B.4

发展服务型制造推动制造业企业高质量发展：来自中国制造业企业500强的实践[*]

高　蕊[**]

摘　要： 高质量发展是"十四五"乃至更长时期我国经济社会各方面发展的主题。企业作为重要的微观主体，其发展质量对全局将起到重要的支撑作用。服务型制造作为制造与服务融合发展过程中产生的新型产业形态，既是全球制造业转型发展的主要趋势，又是当前我国制造业企业提升价值创造能力、创建一流企业的重要途径。随着信息化、数字化大力发展和广泛应用，服务型制造在推动企业提高发展质量、竞争能力方面的作用更加突出。本文从近年来中国制造业企业500强的发展实践出发，力求探讨服务型制造提升制造业企业高质量发展的机理和内在逻辑，同时提出在服务型制造这一新的产业形态下，制造业企业所面临的诸多管理方面的新课题。

关键词： 服务型制造　制造业企业　高质量发展

一　从制造业企业500强看中国制造业企业发展特征

我国制造企业发展长期面临"大而不强"的困扰，效益不高、技术短板、结构偏重、话语权不大等问题被广泛关注，尤其是在与美国企业500

---

* 依据企业上一年的经营数据，中国企业联合会连续多年推出"中国制造业企业500强"榜单。2022年9月6日，"2022中国制造业企业500强"榜单发布，反映了中国制造业企业500强在2021年的经营情况。

** 高蕊，中国企业联合会研究部副研究员，管理学博士，主要研究方向：产业融合。

强、世界企业 500 强的对比中更加突出。但需要看到的是，近年来以中国制造业企业 500 强为代表的制造业大企业快速增长、效益水平持续改善，综合实力大幅提升，尤其是在国际化逆流、新冠肺炎疫情等不利因素的冲击下，表现出很强的生存能力、应变能力和发展韧性。

（一）规模逆势扩张显韧性

2022 年中国制造业企业 500 强营业收入达到 47.14 万亿元，同比增长 17.15%，增速为过去 10 年来的最高值；资产总额达到 47.65 万亿元，增速为 7.49%。入围门槛大幅跃升，达到 147.78 亿元，较上年提高 36.87 亿元，增幅达到 33.26%，无论是绝对值还是增幅都创历史新高。

2020~2022 年中国制造业企业 500 强营业收入年均增长了 25.94%，同期服务业企业 500 强年均增长了 16.50%，制造业企业 500 强在疫情期间实现了更高的增速。从榜单发布的历史数据来看，2016 年之前，服务业企业 500 强的营收总额一直低于制造业企业 500 强，最高时相差约 3 万亿元。2016 年之后出现了反转，服务业企业 500 强的营收总额连续 7 年超过制造业企业 500 强（见图 1）。与此同时，宏观层面，制造业在国民经济中占比

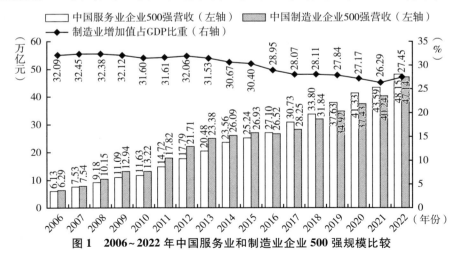

图 1　2006~2022 年中国服务业和制造业企业 500 强规模比较

注：中国制造业企业 500 强和中国服务业企业 500 强所对应的年份是榜单发布的年份，不是企业实际经营收入的年份。

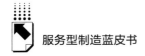

下降过快引发担忧，保持制造业在国民经济中的比重基本稳定成为共识。疫情期间，制造业企业 500 强则有更好的表现，令其与服务业企业 500 强的营收总额差距缩小至约 1 万亿元。同时，制造业占全国 GDP 的比重在 2021 年也有所提高，达到了近三年的最高值，为 27.45%。制造业大企业在严峻复杂的外部环境中显示出了很强的发展韧性。

（二）效益效率改善，但有提升空间

2022 年中国制造业企业 500 强实现营收净利润达到 1.47 万亿元，较上年增长 24.47%，净资产收益率和营业收入利润率分别达到 11.30% 和 3.12%。过去 10 年，中国制造业企业 500 强的效益水平持续改善，获得的净利润增长了 1.76 倍，营业收入利润率提高了 0.89 个百分点，净资产收益率提高了 1.94 个百分点。

从更大范围来看，制造业在效益水平上仍存在较大的提升空间。在世界企业 500 强、美国企业 500 强和中国企业 500 强三份榜单中，入围的制造业企业在过去 5 年的效益水平都实现了提升。2018~2022 年中国企业 500 强中的制造业企业营收净利润率和净资产收益率分别从 2.31% 和 8.72% 增长到 2.89% 和 10.97%，分别提高了 0.58 个百分点和 2.25 个百分点，但与世界企业 500 强和美国企业 500 强中的制造业企业相比，无论是绝对值还是增量都存在明显差距。其背后的原因，一方面是我国制造业优势企业仍以传统产业为主导，产业整体利润水平较低；另一方面也要看到，处于同一领域的我国制造业企业的产品附加值较低、价值创造能力不足。比如，2022 年美国企业 500 强中制药企业（21 家）的平均营收净利润率为 21.75%，同期中国企业 500 强中的 4 家制药企业只有 2.25%。

人员效率方面，2018~2022 年中国企业 500 强中制造业企业的人均营业收入增长了 15.23 万美元，高于世界企业 500 强中制造业企业（11.56 万美元）和美国企业 500 强中制造业企业（9.12 万美元）的增长水平，与其差距不断缩小（见表1）。这与我国制造业企业劳动力效率的提升和企业管理水平的提高、企业数字化的应用不无关系。

表 1　2018~2022 年世界、美国、中国企业 500 强中制造业企业的效益情况

项目		2018 年	2019 年	2020 年	2021 年	2022 年	5 年增长(个百分点)
营收净利润率(%)	世界	6.14	6.01	5.08	3.76	7.88	1.74
	美国	8.30	9.21	8.89	6.79	12.75	4.45
	中国	2.31	2.59	2.50	2.69	2.89	0.58
净资产收益率(%)	世界	11.79	12.96	10.85	7.05	17.14	5.35
	美国	15.70	19.66	18.58	12.73	25.87	10.17
	中国	8.72	10.29	7.15	9.79	10.97	2.25
人均营业收入(万美元)	世界	46.19	49.95	49.9	45.43	57.75	11.56
	美国	54.00	57.44	56.19	51.43	63.12	9.12
	中国	40.06	42.03	44.82	44.78	55.29	15.23

（三）创新成效显著，仍存在短板

2022 年中国制造业企业 500 强研发费用达到 1.06 万亿元，较上年增长 18.76%；研发强度为 2.37%，较上年微增 0.07 个百分点。过去 10 年间，中国制造业企业 500 强的研发费用总额增长了 1.47 倍，创新成果快速增加。2022 年中国制造业企业 500 强共有专利 130.45 万项，较 2013 年增加 102.60 万项，其中发明专利达 57.49 万项，较 2013 年增加 49.98 万项。一大批重大标志性创新成果引领我国制造业不断攀上新高度。但我们也看到，我国企业与产业的技术基础仍明显落后于欧美先进国家，尤其是在产业核心技术领域，严重依赖并受制于欧美国家。同时，制造业发展还存在供给体系不能完全适应消费升级需要、产业链供应链重点领域和关键环节存在薄弱点等问题，在增品种、提品质、创品牌，以及积极推动产品和服务增值方面还有很大的空间。

（四）行业结构优化，先进制造业有待发展

过去 10 年间，中国制造业企业 500 强行业结构持续优化，黑色冶金、

有色金属两大行业的入围企业数量减少了 20 家，通信设备、电线电缆、风能太阳能设备等高端装备制造业企业增加 30 多家、汽车企业增加 7 家，但传统制造业企业仍居于中国制造业企业的主导地位。按照行业营收总额排序，2022 年中国制造业企业 500 强居前五的行业分别是黑色冶金、石化炼焦、汽车制造、有色和化学原料制造。净利润总额居前五的行业是黑色冶金、汽车制造、通信设备制造、石化炼焦和化学原料制造。在营收前五和利润前五中，重化工领域分别占 4 个席位和 3 个席位，同时看到汽车制造和通信设备制造获利表现突出。总体上，先进制造业发展仍然不足，有待进一步提升。

从世界制造业企业 500 强来看，我国入围制造业企业主要分布在金属产品、航天防务、机械设备、化学品制造和交通运输制造等领域，美国则在通信设备、食品饮料生产、医药制造等领域更具有优势，二者具有很大的差异。同时我国入围制造业企业的盈利能力与美国制造业企业存在很大的差距。除了建材生产领域美国没有企业入围，其他两国企业同时入围的行业中，我国制造业企业的营收净利润率均低于美国（见表 2）。

表 2　2022 年世界 500 强中美两国制造业企业上榜情况

单位：家，%

行业	入围数量		营收净利润率	
	中国	美国	中国	美国
航天防务	8	5	4.08	6.06
化学品制造	7	7	1.68	6.97
机械设备	8	4	4.63	5.64
通信设备	2	8	11.54	20.16
建材生产	2	0	2.43	0.00
交通运输制造	7	3	2.14	10.55
金属产品	19	1	1.90	18.71
食品饮料生产	1	8	0.86	9.60
消费品生产	2	2	2.33	16.60
医药制造	3	7	6.58	21.91

总体而言，制造业是经济发展的重要物质基础，不仅为提升人民群众生活水平提供了丰富的生活用品，而且为各个行业提供了生产活动所需的生产资料。"十四五"规划强调，坚持把发展经济着力点放在实体经济上，深入实施制造强国战略，并保持制造业比重基本稳定。2022 年政府工作报告特别提出要增强制造业核心竞争力。这些在顶层设计层面为制造业发展方向提供了遵循和指导。当前，我国制造业企业在规模、效益、创新、结构等方面仍需要进一步提升。我国制造业企业在中美两国对比中表现出的差异性，既有两国处于不同经济发展阶段和不同产业发展进程的原因，也要看到我国企业在价值创造能力和产业话语权等方面有亟待突破的短板。制造业企业发展要兼顾竞争能力和规模扩张的双重要求，实现又好又快发展。随着信息化、数字化大力发展和广泛应用，制造业和服务业融合发展，制造业大企业在做大、做强、做新、做多等方面有很大空间。

二　发展服务型制造，推进制造业企业高质量发展

当前，制造业与服务业尤其是先进制造业和现代服务业之间呈现出融合互动、相互依存的共生态势。服务型制造是制造业、服务业在科技革命和产业变革阶段中模式的转换和业态的创新。通过融合创新的路径，制造业企业充分运用新一代信息技术，重新整合价值链各个环节中的各类要素，按照高端化、专业化、协同化、智能化的方向，在生产运营中不断增加服务要素投入和产出的比重，从以加工组装为主向"制造+服务"转型，从单纯出售产品向出售"产品+服务"转变；从以"我能生产什么"为中心转变为以"用户需要什么"为中心，从以降低成本投入获得有限利润，转变为创新盈利模式增加服务收入获得更多利润，从而挖掘自身潜力，提高产品附加值和市场占有率，延伸和提升价值链，提高全要素生产率，打开企业发展的新空间。发展服务型制造是制造业企业高质量发展、提升价值创造能力的重要路径。大企业具备较强的资源整合能力、服务外溢效应、技术应用和管理创新优势，具有发展制造服务业的更大优势。实际

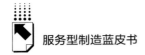
上，以制造业企业 500 强为代表的大企业积极探索，形成了初步的模式和经验，为服务型制造助力制造业企业高质量发展的机理探索提供了实践支撑。

（一）提高产品附加值，强化主业优势

增值性是服务型制造的重要特征。其一，制造企业由原来提供单一的产品转变为提供不断完善的产品服务包，产品的初始价值在各类支持性服务、定制化服务和全生命周期服务中产生了增值效应。企业在获得更高营业收入的同时，也提高了运营质量。其二，围绕复杂的顾客需求，制造业企业依靠新的信息技术和生产技术，重新整合、集成各类生产和服务要素，通过创新优化生产组织形式、运营管理方式和商业发展模式，形成了新的价值创造逻辑，创造出更加符合市场需求的更大价值。

当前，几乎所有的制造业企业 500 强或多或少地都开展了服务型制造，产生了一批服务型制造的领先企业。比如，以三一集团和陕鼓集团为代表的工程机械企业在提供基本的产品与售后服务之外，提供融资支持、产品租赁、整体施工方案设计、设备改造、产品运转监测、智能化维保服务等业务支持与拓展服务，从单纯的产品供应商向提供全生命周期健康管理、工程总承包与系统解决方案等高端服务延伸。以海尔家电和欧派家居为代表的面向消费端的制造企业，开展众包设计、个性化定制、社交化营销等服务，顾客成为产品全生命周期过程中真正的决策者和参与者。在数字化和智能化的应用中，这些企业不断拓展应用场景，广泛连接行业资源，成为智慧家庭的解决方案提供者。

在发展服务型制造的过程中，制造业企业将在研发、制造和交付产品中形成的能力向外扩展，向用户提供原本由其实施的基于产品的活动，更大限度地发挥产品的功能，进而为用户创造出更大的价值。制造业企业与市场、客户的联系不再限于产品的生产和销售，而是扩展为一种能力交付。产品本身不是唯一目的，而是变成可以传达功能的工具。比如，以制造空气分离设备为主营业务的杭氧集团转向销售产品的使用权，而

不是所有权，按照使用效果和服务绩效收费。杭氧在石化、冶金等企业客户周边投资建设了专业的工业气体生产工厂，向客户提供氧气、氮气等各类气体，由一次性销售空气分离设备转向提供能够获得持续现金流的服务。在强服务的同时，制造业企业注重从一次性销售产品的短期收益转向贯穿整个产品生命周期的长期服务式收益，客户关系管理也从"片面"到"全面"、从"有限互动"到"充分沟通"的持续交互，从中可以不断发现需求、不断优化解决方案，进而探索出一种兼顾成长速度和成长质量的稳健模式。

从制造业企业500强的实践看，不少企业都会选择不同程度的多元化来实现规模扩张，但由于扩张步伐过快、多元化业务之间协同性不足等令一些企业在复杂多变的外部环境中陷入困境。反观那些持续在一个或者相关领域精耕细作的企业，大多数都经受住了外部环境压力的考验，实现了稳步增长。显然，发展服务型制造有利于制造业企业在强化主业优势的同时，增加市场份额，增强市场竞争能力。尤其是在新冠肺炎疫情等不利因素下，发展服务型制造是制造业企业心无旁骛聚焦主业做大做强的有力措施。

（二）重塑制造价值链，拓展企业盈利空间

发展服务型制造的核心在于制造业企业以强大的工业制造能力为基础，延伸价值链链条，以服务环节和制造环节的深度融合，推动制造技术能力的提升和高端化，提高服务创新的衍生价值。在这个过程中，制造业企业突破"微笑曲线"的困境，努力向价值链两端的研发设计、采购分销、客户管理、供应链管理等高利润环节探索布局、挖掘价值。与此同时，价值链上的每一项活动都对组织最终能够实现的价值产生影响，尤其是在数字经济中，万物互联一体，不仅数据成为重要的生产要素，数字能力也推动了组织内部各环节的价值重塑，原来的支持活动，从人力资源、财务到采购、销售、物流都有能力通过数字化运营为顾客创造价值。

如此，制造业企业想获得更多利润，除了在"微笑曲线"的低端不断

突破成本极限，更可以扩展至整条价值链实现增效。一方面，在价值创造过程中，充分挖掘组织内部各部门各业务单元环节、上下游组织间的价值创造潜力，提升跨界服务能力。比如，海尔建立的"人单合一"模式，从为用户创造价值出发，通过倒三角机制推动内部平台主、小微主和创客之间的有效协同和价值共创；又如，小米基于品牌、渠道和资本三个方面的服务能力，与不同领域内的优秀企业建立集体协作和价值共创的产业联盟网络。另一方面，从价值创造结果看，价值链条两端的高端服务增值活动在整个制造业价值链活动中的比重不断提高，大大拓宽盈利渠道。更为重要的是，我国制造业企业长期受困于较低的利润水平和创新实力不足相互掣肘的局面，足够的利润是加大创新投入的保障，创新投入又将促进利润的提升，进而形成二者相互促进的螺旋上升循环，这将推动"微笑曲线"整体向上提高，在更高的水平上获得更高的利润。

很多制造业企业着眼于此，拓展盈利空间。以发动机为主营产品的潍柴认识到发动机需要与车桥、变速箱相互配合才能发挥最好性能。在客户广泛重视整车能耗比、舒适性、可靠性、稳定性的趋势和要求下，潍柴打破了行业内普遍存在的零部件之间各自为战的现状，围绕动力总成的相关业务，在世界范围内整合变速箱、车桥、液压上下游资源，设计出重型商用车动力总成，打造了重卡黄金产业链（潍柴发动机+法士特变速器+汉德车桥+陕汽重卡）。动力总成是商用汽车的核心，潍柴通过智能匹配的一体化开发，各子总成通信和协同的智能控制，实现了整车性能最优、复杂工况下的超低排放，并且具有广泛的配套适应性和维修保养便利性。潍柴因此获得了利润的大幅增长，其重卡自主品牌在国内市场占据绝对优势地位。

（三）提高资源利用效率，推进企业绿色发展

现代生产要素及其组合方式决定着企业发展的质量和效益。发展服务型制造，能够打破阻碍要素流动的壁垒和障碍，促进知识性、技术性要素大幅投入生产、服务领域，提高要素配置效率，推动企业绿色

发展。

首先，基于同样的资源和能源消耗，服务型制造能够创造出更大的价值。发展服务型制造的基本前提是加大服务要素投入，尤其是专业的知识、数据、技术和管理等的投入。这些要素进入制造环节，能够提高企业的运行效率和其他生产要素的使用效率，同时服务要素投入部分替代了能源要素投入，降低了制造过程的能源消耗，在同等能耗下创造了更大的价值。特别是新一代信息通信技术具有泛在感知、敏捷响应、自主学习、精准决策、动态优化等特点，通过迭代升级，能够提升作业量及作业精细度，优化工艺流程，提升工效。同时通过建设智能化平台，实现端到端的智能控制和数据分析、预测维护。宝钢集团结合大数据综合分析实现设备远程运维，效率和效益都有明显改善。

其次，发展服务型制造要求企业从用户需求出发进行服务设计，并进行全生命周期管理。企业要综合考虑经济效益、环境效益与社会效益等方方面面。河北钢铁集团通过"供应商的早期介入"（Early Vendor Involvement, EVI）的方式，以客户需求为牵引，从钢材研发出发，全面参与下游生产商的供应链价值创造活动，在提升客户黏性的同时，从全产业链的角度节约了能源。

最后，节能环保服务是服务型制造发展中的一个重要方向。当前，很多制造业企业正在加大节能环保技术和产品研发力度，逐步开展产品回收及再制造、再利用服务，节约资源、减少污染，实现可持续发展。很多企业还进一步将节能环保经验转化为一种能力，对其他企业提供合同能源管理服务，发展节能诊断、方案设计、节能系统建设运行等服务。比如，陕鼓能源互联岛以"吃干榨净，变废为宝，循环利用"为目标，以智能管控、专业运营模式，按时、按需、按质向用户端提供分布式清洁能源综合一体化解决方案，推进能源最大化地开发利用和整个行业的绿色发展。又如，海尔的奥斯智慧能源平台整合业内优势资源，从产业链、全场景、全生态等维度为用户降低能源成本，并实现多维度增值。

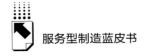

（四）探索服务分离裂变，助力企业变轨转型

产品服务专业化是当前我国发展服务型制造的重要探索方向。制造业企业通过不断建立、优化基于制造的服务系统和基于产品的服务系统，形成专业化和精细化的服务能力与服务优势，通过业务流程再造和组织孵化、裂变，面向行业提供社会化、专业化服务。这将成为制造业企业变轨转型和升级发展的重要路径。

服务环节的高价值成为共识，从上游的市场调查、设计开发，以及制造环节的安装维护、工艺布局，到下游的物流、报废处理等生产性服务环节出现了众多的专业化服务企业。这些服务环节往往涉及复杂的工艺和流程，新进入者往往面临较高的行业壁垒，而那些在制造领域深耕多年的企业更有机会和能力提高相关服务的专业化水平，实现规模经济，进而为全行业和社会提供服务。比如，日日顺诞生之初是海尔的一个物流板块，为海尔集团提供家电产品的运输、仓储和配送服务。相比其他物品，家电、家具等大件产品易损、体积大、质量重，需要特殊的物流和装配。以此为切入，海尔将内部 20 多个产品事业部的采购、原材料配送和成品分拨等业务进行流程再造，整合资源和团队，集成一体化供应链服务能力，从"企业物流"转型为"物流企业"，开放能力，面向全行业提供服务，成为专业的大件物品物流商。同时，日日顺在海尔"打破企业边界，营造生态平台"的理念影响下，连接终端用户和制造品牌方，创造出无边界场景物流生态平台，吸引宜家、林氏木业等众多品牌加入，形成健身、出行、居家等诸多服务场景，在物联网领域积极探索。日日顺的成立和发展，既是海尔集团持续创新的试验场，也是海尔转型升级的路径支撑。

近几年，数字经济快速发展，云计算、物联网、人工智能和 5G 等数字技术推动制造业与服务业深度融合，基于制造和工艺环节所开发的软件和算法、提供的增值服务在整个制造业价值链活动中所占比重不断提高，产业互联网以及 IaaS、SaaS 和 PaaS 等各个层面的云服务方兴未艾，成为现代服务的重要力量。对产业运转有着深刻理解的制造业龙头企业有着天然的优势。作为先进制造业和现代服务业深度融合的重要工具，工业互联网是一个突出的例子。分别诞生于海尔、航天科工和三一重工这三家传统制造巨头的卡奥斯平台、航天云网和树根互联，已经成为国内一流的工业互联网平台。红豆集团打造的纺织服装工业互联网平台，以及天能按照"智能机器+云平台+工业App"的功能架构打造的绿色能源全生命周期管理专业服务平台，都使其成为各自领域的佼佼者。此外，宝钢顺应产业互联发展趋势，孵化出了钢铁电商平台欧冶云商，致力于构建集交易、物流、加工、知识、数据和技术等综合服务于一体的钢铁产业互联网平台。这些探索正推动制造业企业由生产型制造向服务型制造转型。

（五）强化组织协同性，增强生态影响力

制造业大企业依靠较强的资源整合能力和服务外溢效应，突破生产和服务、企业和社会的组织边界，整合社会分散的资源，利用众创、众包、众扶、众筹等模式，强化组织协同性，开展共享制造，打造服务平台，将价值链转变成价值网，形成价值共创生态。这不仅有助于制造业大企业实现开拓式发展，还能够增强其对整个产业生态的话语权和影响力。

制造业企业500强多以产业组织者的角色，整合各类资源，形成了专业平台，助力行业高质量发展。亨通光电突破传统的行业界限，联合产业链上下游企业，探索出了行业交叉、技术互通的融合式创新路径和"产品+系统集成+平台服务"的发展模式，形成了集研发、生产、销售、施工、服务于一体的通信全价值链服务能力。盛虹作为全国印染行业龙头企业，开发建设了全生命周期智慧化印染服务平台，高度集成了印染工厂数字化生产经营管理能力和供应链协作体系。该平台整合了近20家印染厂、数百个业务服务团队、数千家合作贸易商、上万个纺织品种和全国纺织品供应基地的信息，形成了具有行业特色的产品库、流行趋势库、工艺库等技术性、信息性和服务性的共享资源。在此基础上，通过叠加各信息系统的大数据处理，构建可扩展的开放式操作平台，把工艺技术、知识、经验等资源转化为可移植、可

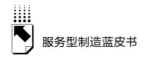
复用的工业微服务，供印染厂、上下游贸易商及坯布商调用，实现坯布织造企业—印染企业—面料贸易商—服装厂—品牌商全产业链信息精准对接和纺织专业技术共享，以快速应对国际趋势和需求的变化，促进纺织产业整体竞争力的提升。

在多元化共生的时代，数字化技术的涌现、生态圈理念的认同促使越来越多的行业头部企业重新思考自身资源边界，从关注自有资源到关注生态资源，从占有资源转向整合资源。制造业头部企业在复杂、动态的生态系统中，立足生态系统治理能力建设，以自身为平台，通过不断衍生、关联、连接外在的组织、团队及个人，打造开放式、可成长性的生态治理格局。

三 发展服务型制造需要企业积极推动管理变革

以制造业企业 500 强为代表的制造业大企业在这一新兴产业形态上开展了诸多有益探索，但总体上我国服务型制造发展依然处于初级阶段，企业发展服务型制造仍存在诸多制约因素。多数制造业企业研发设计投入不足，基于客户需求提供整体解决方案的业务所占比重较小，服务活动所带来的品牌效益尚不明显。更要看到的是，服务型制造的发展是在信息技术、数字经济的广泛应用下，以新的业务发展模式、资源组织方式、生产组织形式和运营管理方式，推动服务业态与制造业态融合的过程。在这一过程中，价值创造活动从"以企业为中心"转向"以用户为中心"，企业需要重新构建"三个结构"，即与顾客之间的商业结构、企业内部的组织结构以及与产业伙伴之间的生态结构。在这一过程中，以知识为载体的智力资本和以信息为形态的数据资产成为价值创造的关键要素，土地、资源、资本和劳动力等传统生产要素需要被赋能并激发更大的活力，围绕物质要素和智力资本的博弈与互动，最终将形成新的企业治理关系。因此，发展服务型制造，企业需要在管理方面大胆突破，扎实推动管理变革，通过适宜的业务模式、组织模式和文化建设等来实现服务化转型。

（一）适宜的业务模式

业务模式的选择对企业发展服务型制造而言至关重要。当然，业务模式的衡量标准不是服务所占比重，不是生命周期覆盖的宽窄，也不是连接整合的生态主体的多少，而是与企业自身实力、成长阶段和行业特征等相适宜。当前，一些制造企业虽然提供了多元化服务，但并没有从商业模式创新的高度来提出服务型制造的价值主张，从而陷入新一轮的同质化竞争中，或者多元化业务的开展因不能与公司整体战略相吻合而缺乏动力。好的业务模式要能够提供差异化的服务，能够汇聚有效资源，引导企业的运营、组织、文化和人才培养等与业务战略的落地相适宜。

工信部等十五部门联合印发的《关于进一步促进服务型制造发展的指导意见》明确了服务型制造的发展路径，包括工业设计服务、定制化服务、供应链管理、共享制造、检验检测认证服务、全生命周期管理、总集成总承包、节能环保服务和生产性金融服务等九个模式。这九个模式可以概括为三个思路：一是围绕产品的增值服务，总体上提升客户的体验；二是基于产品的整合服务，为客户提供"产品+服务"的完整解决方案；三是独立于产品的专业服务，利用企业在研发、供应链和销售上形成的经验与优势，为社会提供专业化服务。这些思路尽管具有一定的交叉性，但仍旧呈现明显的递进关系。当前，服务型制造已经在我国很多行业落地生根，上述模式总体上处于并行推进阶段，对某一个企业而言却有着明显的难易差别和先后次序之分。制造业企业需要确定自身的核心能力和发展方向，选择适宜的业务模式，并以组织模式和文化建设的变革来推动战略的落地。

（二）重塑组织结构

组织结构是不同要素发挥作用的互动机制，是一个企业实现目标的制度奥秘。发展服务型制造，不仅是业务的重新定义，更是组织的重塑。在传统制造模式下，组织流程设计以职能和产品为核心，注意力集中在制造产品的局部利益上，常常忽视与产品生产相关的营销、服务、回收等服务工作。服务型制造强调"用户需要什么"而不是"我能生产什么",传统制造组织模式的弊端显而易见。比如,个性化定制,在消费者参与产品定义和设计这一表象下,其背后是开放组织结构下的定制化生产的高效和整个制造过程的可视。这对消费者需求的及时响应机制和生产制造的柔性化都提出了更高要求。原有的封闭、孤立的组织管理模式无法适应,需要一个灵活的、以顾客为中心的组织模式来支撑服务业务发展。许多企业在实践中都做了有益探索,如红领的源点组织、韩都衣舍的"平台+项目小组"组织、海尔的"小微"组织、小米的"生态型组织"等。为了实现产品定制和服务的个性化响应,海尔天樽空调将 265 个零配件划分为 12 个模块,由以往的零件商转型为模块商,大大提高了交付柔性,并通过数字化的供应链和生产体系,实现了产品交付的全链条手机可视。

服务型制造的价值创造过程是由顾客和企业共同完成的,那么用户体验和偏好就会决定企业的资源配置方式和组织机制。因此,企业组织结构设计要以满足客户需求为起点,重新确定企业和用户、企业和员工、企业和合作者、智力要素和物质要素等之间的关系,重新建立企业内部价值链和行业价值链上不同主体、不同要素的协同互动机制。大体上,发展服务型制造的组织要从刚性规范走向柔性协同,从规模优势走向敏捷优势,要实现内部"自下而上"的活力、实现外部"产业联动"的合力。

(三)优化企业文化

众所周知,企业转型的最大困难来自文化。发展服务型制造的关键除了适宜的业务模式和相匹配的组织结构外,还有文化的力量及其对员工所产生的巨大凝聚力。传统制造模式下,企业的核心竞争力来自工艺、技术和质量等产品与制造本身的因素。进入服务时代,有效识别并系统性地满足客户需求成为核心目标,则更依赖于人才和理念。当价值创造的逻辑和依赖的要素发生变化时,企业就必须形成新的价值观和管理意象,形成新的组织惯例,明确员工的优先行为和努力方向,形成纪律和执行力,从而提升服务型制造的实施效率。企业的文化要从围绕产品进行调整转向围绕客户依靠"产品+服务"实现创新发展。企业要更加重视人的价值，激发人的活力，从仅仅依靠降低制造成本和库存来实现生存转变成管理人才库、知识库乃至生态库，从而实现增效和发展。

　　总体而言，发展服务型制造是制造业企业实现高质量发展的重要路径，也是一个系统工程。制造业企业要按照切实适宜的发展路径，积极推进各项管理变革，扎实提升相关能力。

B.5
浙江发展服务型制造的探索与实践

于晓飞 罗晔涛 李振健*

摘　要： 浙江省发展服务型制造具有先发优势，成功创建了一批省级服务型制造示范企业（平台、项目），良好的服务型制造生态正在形成。新时期，浙江省将"一个中心、四个基本点"作为主要路径，支持服务型制造模式创新，强化服务型制造技术支撑，推动服务型制造高质量发展，将"服务+制造"作为稳住经济大盘和建设制造强省的重要途径，在杭州临平区、宁波市、嘉兴海宁市、温州市、台州市等地逐渐形成一批可复制、可推广的经验做法。

关键词： 客户价值　工业设计　网络营销　浙江省

党中央、国务院高度重视发展服务型制造。"十四五"规划纲要明确提出"发展服务型制造新模式"。面对需求收缩、供给冲击、预期转弱"三重压力"，服务型制造有力地增强了经济增长韧性。浙江作为东部经济大省、工业强省，将服务型制造作为推动制造业高质量发展的重要方向，实施促进发展模式转变、提高生产制造效能的重要举措，实现"稳经济、促转变、提效能"。

---

* 于晓飞，博士，浙江省工业和信息化研究院副院长，主要研究方向：现代化产业体系、数字贸易；罗晔涛，浙江省工业和信息化研究院研究人员，主要研究方向：现代化产业体系、绿色智造；李振健，浙江省工业和信息化研究院研究人员，主要研究方向：工业经济。

一　发展服务型制造是浙江高质量发展的时代需要

浙江省持续推进工业转型升级发展，积极解决世界经济复苏脆弱乏力和疫情带来的物流不畅、产业链供应链受阻等困难，在韧性发展、投资增长、创新活力、稳链稳供、动能转换方面取得显著成效，但总体上依然以生产型制造为主，面临成本上升、利润下降等问题，向服务型制造转型需求极为迫切。

（一）五大优势显现

1. 保持强劲韧性，快速回升引领东部

2022年1~2月、3月、4月、5月、6月浙江规上工业增加值增速分别为10.7%、8.5%、−1.9%、1.5%、5.1%，呈"V"字形变化趋势。上半年，规上工业增加值增长5.5%，完成既定攻坚目标，比经济增速高3个百分点，比全国平均水平、东部地区分别高2.1个、3.3个百分点，居东部经济大省第一位。全部工业增加值对经济增长的贡献率达到59.6%。2.5%的经济增速中工业贡献了1.49个百分点。

表1　全国、东部五省市规上工业增加值增速

单位：%

时间	上海	江苏	浙江	山东	广东	全国	东部地区
2021年	11.0	12.8	12.9	9.6	9.0	9.6	10.9
2022年1~3月	3.9	6.4	9.9	5.9	5.8	6.5	6.5
2022年1~6月	−11.3	2.1	5.5	4.8	3.5	3.4	2.2

2. 投资持续增长，好于全国、快于面上

2022年上半年，浙江制造业投资同比增长14.8%，保持高速增长态势，比全国制造业投资增速高4.4个百分点，比全省固定资产投资增速高4.5个

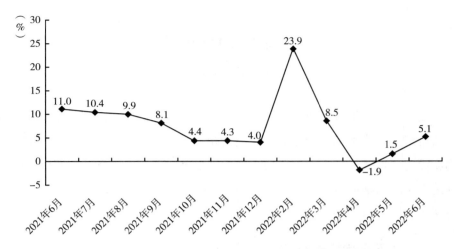

图1 2021年6月至2022年6月浙江省规上工业增加值月度增速

百分点。完成制造业投资3057.2亿元,占全年6000亿元目标的51%,占固定资产投资的比重为20.6%,高于年初确定的19%的目标。548个10亿元以上制造业重大项目完成投资903亿元,完成年度投资计划的60.7%。按照"应开尽开,能早则早"要求,制定88个新项目开工计划表,上半年已开工63个,开工率71.6%。新增制造业重大项目57个,其中百亿级项目5个,总投资1689亿元,20个项目已开工。

表2 2022年上半年浙江省制造业重大项目建设推进情况

区域	制造业 投资增速 (%)	制造业 投资总额 (亿元)	548个项目 投资完成率 (%)	88个新项目 开工率 (%)	57个新增 项目数 (个)	57个新增 项目开工数 (个)
目标值	14.0	3000.0	60.0	70.0	50	—
全省	14.8	3057.2	60.7	71.6	57	20
杭州	42.7	334.8	33.0	72.7	3	2
宁波	10.4	487.6	57.8	80.0	10	4
温州	4.6	252.7	54.4	40.0	2	1
湖州	6.6	310.3	31.6	69.6	3	2
嘉兴	24.1	540.1	88.6	100.0	5	1

续表

区域	制造业投资增速（%）	制造业投资总额（亿元）	548 个项目投资完成率（%）	88 个新项目开工率（%）	57 个新增项目数（个）	57 个新增项目开工数（个）
绍兴	25.8	311.3	60.8	50.0	8	3
金华	13.9	202.5	65.3	80.0	9	1
衢州	54.5	100.9	72.9	83.3	6	3
舟山	-21.6	243.7	145.8	100.0	1	0
台州	22.6	217.7	83.2	50.0	6	2
丽水	41.6	55.8	30.0	33.3	4	1

3. 加快研发投入，创新活力不断激发

研发费用占比、新产品产值率双双创 13 年来同期新高。越是困难的时候，企业越会求创新、求生存、求出路。2022 年大力度的稳增长一揽子惠企政策，进一步增强了企业的创新动力。1～6 月，规上企业研发费用同比增长 21.7%，比营收增速高 8.4 个百分点，占营收比重达 2.7%，比上年同期提高 0.19 个百分点。上半年规上工业企业新产品产值同比增长 19.1%，新产品产值率达 40.9%，比上年同期提高 2 个百分点。

图 2　2010 年至 2022 年上半年浙江省规上企业研发费用占比、新产品产值率变化情况

注：2022 年为上半年的数据。

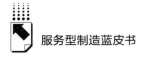

4. 产业链稳定性强，断链断供率先缓解

2022年6月，全省产业链预警畅链指数90.62，与3月持平，比5月、4月分别高4.36个、2.33个点。6月底，全省30个重点工业园区手机活跃度同比增长10.2%，比3月底高0.4个百分点。汽车制造恢复较快，6月规上增加值同比增长22.8%，比4月提高47.7个百分点。嘉善县规上企业从解除疫情防控应急响应到全面复工复产仅用9天时间，应对机制更加成熟。

5. 动能转换畅通，新兴产业逆势增长

2022年上半年，高技术制造业、数字经济核心制造业、战略性新兴产业增加值分别同比增长16.4%、14.3%、11.7%，分别高出规上工业增加值增速10.9个、8.8个、6.2个百分点。新能源汽车（153.4%）、集成电路圆片（157.3%）、液晶显示屏（823.6%）、太阳能电池（70.1%）等产量呈两位数甚至三位数增长态势。

（二）四大问题突出

1. 疫情断供停产减产，要求优化发展服务型制造方式

保障供应链的高效运作，建立供应链风险应对策略、供应链协作模式，已经成为各国制造业发展中需直面的首要问题。2022年上半年周边地区疫情多点散发，浙江省工业企业面临较大范围物流阻断、停工停产，上下游被动减产。调查显示，受疫情影响最严重的4月，浙江省规上工业企业减产面最高达到68.3%，造成4月规上工业增加值增速呈断崖式下降，由正转负。发展服务型制造，加快供应链智能化、柔性化改造，有利于应对疫情冲击、断链断供冲击。

2. 销售低迷影响预期，要求再造服务型制造新优势

浙江企业依托低成本战略实现市场占有率的快速提升，但受疫情冲击、大国博弈影响，消费需求、市场需求发生新变化，浙江企业应改变低成本生产、低价格竞争的传统模式。2022年上半年，规上工业销售产值同比增长11.1%，扣除价格因素，实际增速仅约为4%，创14个月来新低。其中内销产值名义同比增长9.9%，实际增长约为2.8%，发展服务型制造，加快转变营销模式、商业模式、出口模式，有利于拓展交易范围和内容，提升供给体系的针对性，适应消费体系的多样性，从而有效开拓国内外市场。

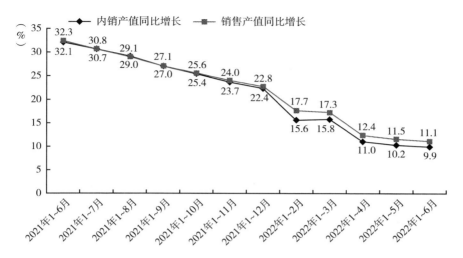

图3　2021年1月至2022年6月规上工业销售产值、内销产值同比增速变化情况

3. 成本上升、利润下降，要求应用推广服务型制造思维

国际产业分工的高价值环节、商品价值实现的增值空间已经从以生产型制造环节为主转变为以服务型制造环节为主。2022年6月，浙江省工业生产者购进价格指数同比上涨9.1%，上半年规上工业利润总额同比下降9.5%，每百元主营业务成本85.0元，比上年同期提高1.9元。如何快速提高盈利能力、开拓新的利润来源，成为浙江制造业企业的当务之急。而发展服务型制造，有利于引导工业企业更多地从事研发设计、维护运行、网络营销、售后服务、品牌管理及提供一体化解决方案等价值链增值环节的服务活动，有利于提高产品的技术含量、品牌内涵、附加价值，从而实现制造环节延伸和价值增值。

表3　2022年上半年浙江省重点行业利润总额增速、利润率及成本情况

单位：%，元

行业	利润总额增速	利润率	每百元主营业务成本
规上工业	-9.5	5.8	85.0
电气机械	12.4	4.2	87.5
通信电子	17.2	7.5	82.3
通用设备	0.5	7.0	81.9

行业	利润总额增速	利润率	每百元主营业务成本
汽车	-45.8	5.0	86.1
化学制品	-2.1	7.9	86.7
纺织	-9.2	3.5	87.0
非金属制品	-21.6	6.8	84.0
金属制品	3.5	4.5	86.3
医药	19.1	21.3	55.9
专用设备	33.7	10.8	75.8
石油加工	-22.8	7.9	81.3
化纤	-61.9	2.2	95.2

4. 信息服务业业务下滑，要求扩大服务型制造投资

投资服务型制造，就是投资数字化新基建，更是投资未来发展。2022年上半年，信息服务业营收同比下降0.5%，数字经济核心产业营收同比增长13.6%。特别是阿里巴巴等平台企业业务营收持续下滑，杭州主引擎作用明显减弱。而发展服务型制造，能够极大深化新一代信息技术的应用，拓展新一代信息技术应用场景，有效激发对诸如5G、大数据中心、人工智能、工业互联网等新型基础设施的投资需求。

表4 2022年上半年数字经济核心产业、核心制造业、信息服务业营收增速

单位：亿元，%

地区	核心产业营收		核心制造业营收增速	信息服务业营收增速
	绝对值	增速		
全省	15261.4	13.6	26.6	-0.5
杭州	7815.0	2.9	16.3	-2.5
宁波	2277.7	11.4	13.8	0.3
温州	656.8	15.0	16.5	9.5
湖州	810.8	75.4	84.5	5.0
嘉兴	1625.2	25.3	25.5	22.8
绍兴	430.3	17.6	18.8	13.7
金华	1017.1	75.3	96.8	24.1
衢州	231.5	34.7	38.1	10.5

续表

地区	核心产业营收		核心制造业营收增速	信息服务业营收增速
	绝对值	增速		
舟山	28.9	11.1	13.0	10.1
台州	309.2	14.1	17.2	8.5
丽水	58.8	16.8	15.1	19.6

二 浙江省发展服务型制造的政策探索

浙江持续推进服务型制造示范创建工作，先后制定出台《浙江省服务型制造工程实施意见》、《关于加快工业和信息化领域生产性服务业和服务型制造发展的行动方案》（浙经信服务〔2019〕117号）等政策，支持服务型制造模式创新，夯实服务型制造技术支撑，打造服务型制造发展高地。浙江省发展服务型制造，主要抓住"一个中心、四个基本点"，即以提升客户价值为中心，以拓展产品服务为价值基本点，以发展工业设计为战略基本点，以增强制造效能为产业基本点，以发展网络营销为市场基本点。

（一）中心：提升客户价值

生产型制造主要为股东、采购商、企业创造价值，而服务型制造则要求以客户为中心来组织生产，为下游企业和用户提供定制化、差异化、针对性的整体解决方案，帮助企业拓宽盈利空间，提升用户黏性，重塑市场竞争优势。

1. 加快发展总集成总承包

支持制造企业开展设施建设、检验检测、供应链管理、节能环保、专业维修等领域的总集成总承包，面向重点工程与重大项目，承接设备成套、工程总承包（EPC）和交钥匙工程。鼓励制造企业增强实力，在新能源、重大装备、海洋工程装备、航空航天装备、电子信息、电力设备、水泥设备等

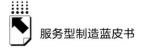
领域，提供工程总承包、建设—移交（BT）、建设—运营—移交（BOT）、建设—拥有—运营（BOO）等服务。围绕共建"一带一路"高质量发展，支持装备制造企业走出国门，承接国际重大工程项目，由工程承包向工程技术输出、信息系统集成、交钥匙工程、系统解决方案等方向发展。

2. 创新信息增值服务

鼓励制造企业研发应用平台和系统软件，获取产品全生命周期的数据信息，提供协同管理、资源管理、数据服务等功能服务，拓展增值空间。支持数控机床、海空装备、电力设备、医疗器械、特种设备等制造企业推进软硬件一体化，研发部署信息系统和服务平台。支持电子终端、家用电器、家居建材等制造企业研发制造智能终端、可穿戴产品和智能家居等产品，为客户提供环境监测、医疗健康、生活服务、在线教育等高端服务。支持制造业企业升级传感器、芯片、存储、软件等基础数字产品，依托大数据、云计算、物联网平台为客户提供实时、专业和安全的产品增值服务。

3. 探索智能服务新模式

引导制造企业跨领域、跨地域协同，对接科技、金融、文化等多种资源，强化大众创业、万众创新、"互联网+"政策引导，充分利用众创、众包、众扶、众筹等服务平台，促进创客、公共服务、消费者与企业之间互动融合，大力创造"粉丝经济"，促进分享经济推广普及，营造有利于服务型制造创新发展的生态环境，推动新服务、新模式竞相涌现。

（二）价值基本点：拓展产品服务

1. 提供远程运维及在线监测服务

支持工程机械、特种设备、交通工具、矿山机械、化工设备、数控机床、精密仪器、通信设备、电力设备和耐用消费品等领域企业建立运行监测中心、不间断应答中心等服务体系，通过设备跟踪和网络服务平台开展远程监测、故障诊断、远程维修、趋势预测等在线支持服务。支持制造企业在售卖硬件产品时提供移动 App 应用，开展线上的业务查询、零部件采购和服务咨询等。

2. 发展按服务计费模式

鼓励专用设备和消费品等领域制造企业完善服务体系，创新产品增值服务方式，改变传统单一的产品销售模式，发展直接面向用户、按流量或时间计费的租赁服务。引导生产特定产品的企业通过设立金融租赁公司、融资租赁公司，开展定制型金融租赁服务，为发展按服务计费模式提供金融支撑。

3. 开展绿色环保服务

鼓励完善家用电器、办公设备、医疗器械，以及部分机电化工类（发动机、蓄电池、轮胎等）制造企业的售后维修体系和旧件回收体系，开展回收及再制造、再利用等绿色环保服务。支持机电产品再制造企业联合相关机构建设公共服务平台。支持钢铁、有色、建材、石化、化工、电力等行业通过合同能源管理实施节能改造。引导节能设备、通用设备制造企业实施合同能源管理，由设备制造商向综合节能服务提供商转变，加大节能技术和产品研发力度，提升综合节能服务水平。

（三）战略基本点：发展工业设计

发展工业设计、提升创新设计能力，就是要推动设计、服务、管理、工程的高度融合。当前我国在工业设计方面主要面临企业认知需要提升、设计能力提升两大难题，超越了制造经济时代的思维范式，触及企业战略的核心层面。

1. 围绕特色产业集群，发展工业设计

重点围绕"415"产业集群和标志性产业链领域内制造业面临的创新设计短板和薄弱环节，引导支持高等院校、研究机构、企业联合攻关，协同创新、协同设计，加快突破创新设计关键核心技术。引导支持省级特色工业设计基地、头部设计企业与开发区、工业园区、小微企业园等各类园区对接合作，为园区内制造企业提供设计服务。

2. 树立工业设计在企业战略的核心地位

浙江企业的制造模式已从原先的要素驱动、投资驱动发展到设计驱动的新阶段。浙江鼓励制造企业设立独立设计部门，或与专业工业设计机构建立

战略合作关系，提升制造企业设计能力和产业链现代化水平，做大做强制造业。如吉利 2019 年 5 月上市的星越 SUV（吉利 CMA 架构下首款 SUV），采用"动感瞬间"设计理念，全年销量达到 27707 辆，获得了良好的市场反响以及经济效益。杭州博乐工业设计股份有限公司打通从设计研发、供应链管理到后端市场渠道铺设的全产业链，在集产品、品牌、营销、传播于一体的整合设计服务模式的基础上，形成产品创新能力和"0-1"品牌孵化能力，自主孵化独立品牌。方太集团设计的全球首款跨界"三合一"的水槽洗碗机，赢得市场青睐，累计销售突破 50 亿元。

3. 建设高能级工业设计平台

工信部和省政府在良渚共建全国首个工业设计小镇，共同举办世界工业设计大会，与来自 50 多个国家或地区的使领馆、设计组织、设计院校代表5000 余人展开对话并携手合作，搭建国内外设计界交流合作平台，创建设计开放大学。"十三五"期间，18 家省级工业设计基地累计实现设计服务收入 148 亿元，比"十二五"期间增长 1.7 倍。

4. 组织、提升顶级赛事统领作用

"十三五"期间浙江省成功举办 5 届中国设计智造大奖，征集优秀作品27744 件，已覆盖全球 60 个国家和地区，吸纳国内外 500 余名专家库成员，直接联系全球近 4000 家企业和 6000 多名设计师，其中浙江进入 TOP300 的作品占 22.5%，获金银铜奖的作品占 23.6%，每届 2 件金奖作品中都有 1 件来自浙江的作品。浙江省内获奖新产品产值 2000 多亿元。此外，杭州、温州的"市长杯"、宁波的"和丰杯"、金华的"金点奖"、永康的"五金大赛"、海宁的"真皮标志杯"等赛事和各类对接活动在国内外的影响力持续提升。

5. 培育、集聚高端设计团队

浙江始终坚持人才是第一资源，鼓励工业设计公司积极引进国外优秀工业设计师，重点引进一批设计水平高、创新意识强、专业资源广的工业设计领军人才。作为全国第二个开展工业设计职业资格试点的省份，"十三五"期间，浙江创新开展工业设计职业资格试点改革，探索改变"唯学历、唯资历、唯论文"的评价倾向，建设市场化评价体系，建立"以赛代考、以奖代评"和量化赋分考核机制，鼓励制造企业引进设计、品牌、营销、售后服务等领域的服务型制造高端人才和团队。"十三五"期末，全省拥有各类设计人才共计 6 万余人，高级工业设计师 89 人，工业设计师 516 人，助理工业设计师 430 人，37 所院校开设了工业设计专业。2018 年，引进中国设计行业第一个跨领域的国家级杰出人才公益奖项"光华龙腾奖"，组织"光华龙腾奖·浙江省设计业十大杰出青年"评选活动，全省有 18 人获"光华龙腾奖·中国设计业十大杰出青年"荣誉称号。

（四）产业基本点：增强制造效能

1. 优化供应链管理

强化制造企业在供应链中的主导地位，通过改善上下游供应链关系，促进信息流、资金流和物流的协同整合，提升供应链的整体效率和效益。通过合并相同业务流程实现规模效应，通过时间管理优化提高效率，通过信息共享实现"零"库存。鼓励开展产融合作，支持制造企业发挥自身优势，在依法合规、风险可控的前提下，发起设立或参股财务公司，开展供应链金融业务。分行业推广集中采购、供应商管理库存、精益供应链等模式和服务。

2. 推动云制造服务

支持制造企业、互联网企业、信息技术服务企业跨界联合，通过创新资源、生产能力和市场需求的智能匹配与高效协同，提供面向细分行业的研发设计、优化控制、设备管理和质量监控等云制造服务，实现制造资源、制造能力和物流配送开放共享。在设计、制造、检测、认证、营销、维护等领域探索开展运营服务，发展"制造即服务"业务。

3. 推广定制化服务

在能够识别群体客户共性需求的制造业领域，支持制造企业利用互联网将用户引入产品的生产过程，对接用户个性化需求，推进研发设计、生产制造和供应链管理等关键环节的柔性化改造，开展基于个性化产品的服务模式和商业模式创新。鼓励日用消费品、纺织服装、家居建材、电子终端、机械

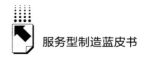

装备和汽车等制造业企业，通过建立客户体验中心、在线设计中心和大数据挖掘等方式，采集分析客户需求信息，加强产业链协同与合作，增强定制化服务能力。

4. 支持专业化服务发展

支持"机器换人"工程服务公司、信息技术服务商、设备服务商等提供智能制造的诊断方案、工艺流程再造、装备智能化升级、售后监测维护、技术工人培训等专业服务和提升"机器换人"、机联网、厂联网、数字工厂等方面的产业技术服务。鼓励制造企业利用认证认可计量检测资源面向行业开展认证认可计量检测服务体系建设，通过建立公共服务平台，实现认证认可计量检测资源共享。促进制造企业与服务企业兼并重组，形成创新能力强、集成服务水平高、具有国际竞争力的服务型制造示范企业。

（五）市场基本点：发展网络营销

1. 搭建网络营销平台

支持中小制造业企业依托专业电商平台进行网络营销。鼓励大型制造业企业整合一批运营、设计、营销、物流等方面的人才组建网络营销业务部门，开展企业直接面向消费者的网络营销，鼓励龙头企业依托第三方或整合自有资源建立行业电子商务平台。

2. 创新网络营销模式

支持制造业企业加快建立 App 平台，参与移动电子商务市场，开展网络营销。引导和鼓励有条件的制造业企业进驻海关集中监管区，通过正式报关等环节开展跨境电商业务。鼓励制造业企业在传统销售网点增加消费体验功能，促进网络营销与门店销售有机融合。

3. 提升网络营销能力

鼓励制造业企业形成全网营销理念，明确网络营销在企业市场营销中的定位，最大限度地利用网络资源开展营销活动。进一步推进企业信息化建设，强化制造业企业网站营销功能。推动企业在网站中设立网络营销功能模块或强化与企业网络营销平台的对接。支持各地建设产地直播基地，培育直播电商平台和优质网络服务机构。鼓励制造业企业通过社交媒体、电商平台等开展直播自销、内容营销，构建线上线下相融合的新型产品销售网络。支持制造业大企业网络集采集销平台向第三方电子商务平台转型。鼓励制造业中小企业与电商平台合作，加快企业数字化营销转型。将数字化营销纳入浙江省企业管理现代化对标提升工程，积极引导制造业企业加快形成数字化营销理念，开展数字化改造，建立针对数字化营销的管理系统，实现流量管理精益化、销售管理精准化、运营管理智能化。对于举办制造企业与电商平台对接活动且成效显著的地区，在年度考核中给予一定的加分奖励。

4.引导创新模式升级

引导制造业企业开展设计创新与模式升级，培育、创造和引导消费需求，支持有条件的制造业企业与电商平台合作，通过大数据分析、预测和挖掘市场需求，开发基于数智驱动的新产品，打造"设计—生产—消费—设计"全链条闭环模式，促进企业产能与市场需求的精确匹配，带动消费升级，满足用户个性化需求。支持工业设计企业提升综合服务能力，鼓励从提供产品设计向提供研发设计、工艺流程设计、品牌策划、市场营销等整体解决方案的方向发展。培育工业设计新业态、新模式，鼓励工业设计企业发挥自身优势，垂直孵化自有品牌，与制造业企业在创新设计、企业战略、品牌运营、商业模式等方面开展深度合作，推进设计、营销、服务一体化发展。

5.打造数字化服务平台

迭代升级"工业设计引擎"场景应用，构建政府部门、制造企业、设计机构、设计师等多侧应用的工业设计综合服务平台，推动工业设计政策资讯、公共数据、数字化设计工具等资源开放共享，提高工业设计数字化服务水平。鼓励行业龙头企业打造工业设计和营销数据中心，面向行业提供数据服务。引导制造业企业发展服务型制造，构建数字化智能化可视化设计营销平台，发展个性化定制、众创设计、用户参与设计等新型营销模式，探索推广"互联网+工业设计+营销"的新业态新模式，提高产品的市场竞争力。

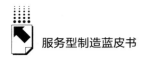
三 浙江省发展服务型制造的地方探索

在国家、省级政策指引下，杭州、宁波、嘉兴、温州、台州等地根据地方特色产业、现实基础、发展诉求，展开特色探索，创新发展模式，为服务型制造发展提供更多可供借鉴的典型经验。

（一）杭州：临平区积极打造服务型制造发展高地

临平区紧紧围绕"数智临平·品质城区"的战略定位，以制造业为基础，以数字化改革和科技创新为引擎，推动先进制造业和现代服务业深度融合，着力打造服务型制造发展高地，加快推进制造业高质量发展。2022 年以来，6 家企业（平台）入选省级服务型制造示范企业（平台），入选数量居全省前列，累计数量达 15 家，并于 8 月成功举办第五届中国服务型制造大会，为打造服务型制造发展高地提供了强大的动力支撑。

1. 突出"三个聚焦"，浓厚服务型制造发展氛围

一是聚焦顶层设计。编制《临平区打造服务型制造先行示范区行动方案》，通过强化组织领导、明确重点任务、加强政策扶持、优化要素支撑等一系列创新举措，建立和优化适应服务型制造发展的新机制，构筑以服务型制造为鲜明特点的临平产业发展新格局。出台《临平区支持产业高质量发展政策的实施意见》，对被认定的国家级、省级服务型制造示范平台（企业），分别给予 150 万元、80 万元奖励。二是聚焦平台建设。成功创建全国首个服务型制造研究院，整合政产学研用金各方资源，主攻"先进制造业和现代服务业深度融合""提升我国制造业价值链和产业链水平"等领域，在理论研究、共性技术研发、推广应用与行业交流等方面持续发力，着力解决跨行业、跨领域、跨场景发展服务型制造所需关键技术问题和产业组织问题。成功举办连续两届中国服务型制造大会，搭建服务型制造发展重要的交流合作平台、成果发布平台和理念传播平台。三是聚焦示范引领。充分发挥服务型制造研究院的指导作用，开展服务型制造转型咨询诊断，培育服务型

制造标杆企业（平台、项目），形成制造与服务全方位、宽领域、深层次融合发展格局。累计创建省级服务型制造示范企业（平台、项目）15家，春风动力获评国家级服务型制造示范企业，杭汽轮工业汽轮机项目获评国家级服务型制造示范项目，逐步形成以西奥电梯、老板电器为代表的系统解决方案提供商，以伊芙丽、春风动力为代表的大规模定制化生产服务商，以杭汽轮、运达风电为代表的全生命周期管理服务商。

2. 突出"三个打造"，汇聚服务型制造高端要素

一是注重设计赋能，打造高端平台。持续推动建设艺尚小镇、家纺产业设计园等国家级纺织服装创意设计试点园区（平台），中国品牌布艺设计基地、浙江米居梦家纺股份有限公司布艺面料花型工业设计中心等一批省级特色工业设计示范基地和省级工业设计中心。其中，艺尚小镇先后被授予全国首批纺织服装创意设计试点园区、全省首批特色小镇等称号，成为中国服装杭州峰会、亚洲时尚联合会中国大会的永久会址。二是紧抓人才引育，打造专业队伍。成立"未来智造工程师联盟"，实施家纺服装"时尚工程师"培育工程，鼓励家纺服装企业和中介机构引荐优秀时尚人才来临平创新创业，盘活人才存量，扩充服务型制造发展人才队伍，打造全国未来智造人才高地。累计引进加拿大设计师 Roze Merie（露丝·玛丽）、"中国织锦艺术大师"李加林等国内外顶尖设计师32名，引进金顶奖设计师8名、中国十佳设计师16名。建成数字化面辅料图书馆，实现云端选材、寄件，并通过"3D设计"模块进行打版，累计服务设计师1925人次。三是崇尚创新发展，打造双创热土。与中国美院、浙江理工大学等时尚高校深度合作交流，通过举办毕业秀、创业大赛等活动营造创新创业氛围，引培落地大学生双创项目20余个。依托中国服装协会等国字号协会加持，创立中国服装科创研究院，打造集权威性、公益性、开放式于一体的时尚产业（服装）数智平台，引领时尚产业数字科技创新变革，服务杭丝、红袖、劲霸等上千家知名服装企业；连续两年成功举办中国服装科技大会。

3. 突出"三个典型"，推动服务型制造释放活力

一是打造新制造平台标杆示范。充分发挥消费互联网的产业优势，引导

犀牛智造率先在服装行业试水订单驱动、小单快返、柔性制造，极大地促进了产品制造向服务型制造延伸，带领制造业开启了全新的数字化进程。犀牛智造在全球计算机领域最高级别会议 ICCV（国际计算机视觉大会）上获得 Kinetics-TPS（基于人体部位中层语义的视频行为解析）领域第四名，是中国服装制造企业首次进入世界视频识别人工智能大赛的榜单。二是建设数字化应用共富样板。推广"时尚 E 家"平台应用场景，线上以数字化、智能化为抓手，基于服装上下游产业链，根据企业优势和发展实际，有效整合空间、技术、人才、资金等创新要素，实现全产业链创新资源的整合和优化配置，将设计、生产、销售闭环时间由传统的 30 天缩短至 7 天内；线下以浙江服装产业创新服务综合体为载体，打造共享智慧工厂等九大园区，中小微服装企业通过共享自动裁床、数字化供应链系统，使换款时间从 3 天压缩至 1 天、在制品减少 50%、问题响应效率提升 15%、生产效率提升 25%。三是推进工业互联网平台建设。利用工业互联网等新一代信息技术赋能新制造、催生新服务，持续推进阿里 supET 工业互联网国家级平台建设，集聚 5G、工业 App、人工智能、云计算、大数据等领域的服务商，引培优质信息通信技术企业、工业解决方案企业，建立形成多主体之间协同攻关、标准合作、利益共享、规则共制的产业生态。目前，平台已接入工业设备 161 万台，提供云化通用软件 700 多款、高价值工业应用软件 30 多款，托管工业 App 数量 2.7 万个，服务工业企业 3.63 万家。

（二）宁波：打好"制造+服务""产品+服务"组合拳

"十三五"以来，宁波市各级政府积极跟进国家战略部署，结合 "246"万千亿级产业集群规划，发布推进服务型制造的系列政策。在政策强力指引和企业积极实践的双重驱动下，宁波市服务型制造发展成效明显，全市开展服务型制造的规模以上工业企业占比超过 60%，累计拥有省级以上服务型制造示范 60 家。通过不断探索新的发展模式、引导制造业企业加快发展服务型制造，宁波成功入选国家服务型制造示范城市。

1. 从单纯卖产品到延伸卖服务

东海集团成立子公司东泰水务，加速转变身份，从原先的水表、燃气表产品供应商变为智慧水务服务商，不仅为东海集团高质量发展开辟了新的赛道，也为其延伸服务打下了坚实的基础。东泰水务通过大数据分析，帮助供水企业降低漏损率，服务范围涵盖海南、福建、上海、江西等多个省（市）。

贝发集团围绕文创产品供应链搭建文创产业互联网平台，发展从创意设计到文创产品落地孵化的关键服务。依托成熟的生产线、丰富的供应链资源，贝发集团为设计师与消费者搭建便利"桥梁"，创意设计师的作品能够更快地转化为大众消费产品。

柯力传感（称重传感器的全球市场占有率居第一）建立柯力云平台，从提供产品向提供整体解决方案转变。在现有的称重物联网基础上，通过延伸产品线，形成更长的垂直产业链、整合更庞大的数据平台，为行业物联网建设提供了平台式解决方案，实现从单一卖产品到兼卖服务的转变。

德曼压缩机研发的新能源销售服务云端管控系统，通过收集销售、设备运行等进行大数据分析，可提供售后维护、远程监测预警等多方面服务。借助 5G 技术，德曼压缩机研发的"5G+新售后平台"，可让现场人员通过佩戴 AR 眼镜实现远程实景作业，实时诊断故障并提出处理方案，用"视频+语言"实时解决疑难杂症。

2. 打造样板地实现五链融合

作为全国首个制造强国战略试点示范城市以及全国供应链创新与应用试点城市，宁波近年来先后出台《宁波市加快推进服务型制造发展的实施意见》《宁波市推动先进制造业和现代服务业深度融合发展促进产业转型升级的实施意见》等一系列政策，明确发展服务型制造的目标、路径和任务举措。宁波结合本地的产业特色，发挥先进制造业优势，加快供应链、产品链、服务链、价值链、要素链的融合，引导企业向服务型制造转变。

在供应链延伸上，宁波聚焦单项冠军优势，引导企业向产业链上下游高附加值环节延伸，提升在细分领域的核心竞争力；支持有能力的单项冠军企

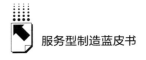

业加快开放技术、市场、资本等资源，通过内部孵化、外部投资等方式，建设一批新型产业园和公共技术平台。

在产品链提升上，宁波聚焦"关键核心技术—材料—零件—部件—整机—系统集成"产品链条培育，推动"四基"企业从提供单一产品向提供系统集成和整体解决方案转型。

在服务链延伸上，宁波聚焦智能装备优势，支持龙头企业建设"硬件+软件+平台+服务"集成系统，为客户提供端到端的集成服务；聚焦数字技术应用，推进智能终端产品全生命周期管理、信息增值服务；推动全服务链条延伸，鼓励有实力的企业开展检验检测认证和核心技术服务，带动配套服务、专业服务等协同发展。

在价值链提升上，宁波聚焦完善工业设计创新发展体系，助力制造业高质量发展，深化工业设计内涵，提升设计创新能力，健全创新发展服务体系，发挥设计耦合贯通作用，推动价值链提升。

在要素链保障上，宁波持续深化产教融合试点，促进教育和产业体系人才、智力、技术、资本、管理等资源集聚融合、优势互补。

（三）嘉兴：海宁市聚焦特色产业打造服务型制造新模式

近年来，海宁市深化业务关联、链条延伸、技术渗透，紧紧围绕时尚产业、半导体、光伏等优势主导产业，培育服务型制造新业态、新模式，持续探索两业融合新路径，不断推进制造业高质量发展。2021年全市实现规上工业产值2441亿元，规上工业增加值444.8亿元，同比增长9.2%；2022年培育工业设计、新零售、科技金融等规（限）上生产性服务业企业385家，占规（限）上服务业企业总数的71%。

1. 聚焦经编产业，优化供应链模式

一是打造供应链集成服务平台。依托网营物联和物产经编建立生产性服务业综合体，根据"商流、物流、信息流、资金流"的供应链思维，串联上下游产业链，构筑经编产业新生态，建设网营物联一站式生产型服务业综合体、物产经编园区两大平台，累计服务经编企业超1000家。二是创新突

破传统直销模式。通过库存前置方式，将传统批量直销模式变革为"多批次销售+物流快速响应"模式，实现原料丝集中备货、消费地货权转移，提高下游企业采购频次和配送服务效率，把原来 3~5 天备货期限缩短到 1 小时以内，实现交易方式由"T+1 天"向"T+1 小时"升级。三是有效开展双联服务。两大经编供应链平台依托自身控股公司资本实力和供应链运营经验，面向全市 2500 多家经编企业开展"物流供应链+金融供应链"双链服务。如网营物联通过开展仓单融资、融资租赁、集采备货、应收款保理等服务，物产经编通过开展供应链金融、价格管理、厂库监管、智能改造等服务，助力当地经编企业降本增效，有效促进实体业务与金融服务的深度融合。

2. 聚焦时尚产业，优化设计营销模式

一是在设计端，通过"本地培育+优质引进"推动皮革省级特色工业设计示范基地专业化发展，为中小型企业提供点对点的设计服务。设计基地集聚设计企业 139 家、设计师 955 位，其中有"金顶奖"设计师 3 位、"中国十佳设计师" 11 位，2020 年实现服务收入 2.42 亿元，被工信部评为"纺织服装创意设计试点园区"。二是在制造端，不断推进产业数字化、网络化和智能化发展，建立产业新智造体系。推动雪豹服饰、耐特利尔、贝朗和针永体育等一批时尚产业企业开展小规模、个性化定制服务，通过款型系统集成通用模板叠加消费者需求进行再设计，用户可通过直营门店和网上平台系统等下单实现消费、设计与制造的高度融合。三是在销售端，设立全国首个皮草类目抖音电商直播基地，建立"时尚潮城"电商产业基地、淘宝云市场、皮革行业大数据平台，并与阿里巴巴、抖音、快手等签订战略合作协议，加速布局新零售业务。四是在服务端，推广采购、测量、安装、维护等一站式服务，配套开展摄影、直播等专业化培训，培育专业型电商人才。2020 年全市直播商品网络零售总额超过 35 亿元，零售量突破 2000 万件，直播累计观看量达到 7827 万人次。

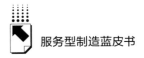

3. 聚焦新兴产业，优化集成服务模式

一是推动专业市场向综合性大平台升级发展。着力推动海宁中国皮革城、家纺城两大专业市场抢抓新消费发展机遇，逐步由专注线下市场向线上线下市场并重转型、由单一交易市场向综合性平台转型，引领带动时尚产业提档升级。推进建设江苏沭阳、辽宁佟二堡等6个专业市场，落地设计基地、博物馆、时尚产业园、皮衣皮草保养中心、时装批发中心、物流区、网上营销交易平台、融资担保平台等服务平台。家纺城基本形成被面装饰布市场、家纺装饰城、纺织原料交易中心、国际贸易中心"四大主体交易市场"与科技产业园、联托运市场等"产业配套服务区"协调发展的格局，搭建"帘到家"电子商务平台，海宁家纺城科技产业园获评"浙江省数字化试点园区"。二是鼓励制造业龙头向下游延伸服务。瞄准半导体、数字经济等产业，通过切换业务模式，从原先的单纯以研发、销售产品为主的业务模式转变为为客户提供产品、整套基础通信与智慧系统解决方案的业务融合模式。天通控股智慧网络产品和方案已经覆盖北美、欧洲、亚太、中国大陆等地区的运营商和垂直市场行业客户。充分利用光伏新能源产业集聚度高、产业链完整、龙头企业引领等优势，支持光伏企业延伸产业链，加快引进培育一批应用端企业，打造光伏产业"生产制造+工程建设+运维服务""三位一体"的总部经济新模式。晶科能源打通设计、生产、供应、电站设计、建造、安装、运维等全产业链条，运维电站分布在全国24个省区市，现场运维站点超过110个，已成为国内领先的清洁能源运维服务供应商。芯能光伏开发建设了1.2GW分布式光伏发电站，形成了集电站检测评估、运维管理、组件清洗、专家指导等于一体的服务生态。三是提升装备制造集成化服务水平。打造高端装备制造业产业链生态，加快提升企业服务型制造水平。以天通吉成为代表的智能化专用设备企业通过"系统解决方案+定制专业研发"，实现定制设备模块化、远程"云安装"等，牢牢掌握市场主动权。以美大、火星人等为代表的厨电企业以集成灶为核心，不断向整体厨房解决方案延伸业务，打造领先的整体厨房、健康厨房、智能厨房。以洁华控股、蓝天除尘等为代表的节能环保装备企业从单一的设备生产制造商逐步发展成集环境工

程和环保设备的研究开发、生产制造、工程设计、工程管理、总承包、投资运营和咨询服务于一体的综合型公司，有力地提升了海宁装备制造企业的市场竞争力。

（四）温州：工业设计赋能创新发展

温州市将工业设计作为创新首位战略的核心要素，促进工业设计与制造业深度融合，推动经济高质量发展。2021年，温州地区生产总值7585亿元，跨入全国30强。温州通过"以创促建"申报国家服务型制造示范城市，营造全市良好的创新设计环境和氛围，激发工业设计创新活力，促进产业整体提升和集群发展。

1. 服务型制造示范培育成效显著

围绕创建"国家服务型制造示范城市"、打造"区域生产性服务业基地"，温州全力推进服务型制造发展，创建氛围浓厚。浙江树创科技有限公司获评中低压电气行业国家工业设计研究院，成为全省首家、全国5家之一的国家工业设计研究院。瑞立集团入选第三批国家级服务型制造示范企业。2021年、2022年新增省级服务型制造示范企业（平台）分别为25家、19家，新增数量连续两年居全省第一；2021年新增省级工业设计中心12家，新增数量居全省第一。德力西、红蜻蜓、乔顿服饰、豪中豪按摩椅、奔腾激光、瑞普新能源等一批龙头骨干企业围绕全生命周期管理、供应链管理、定制化服务等方向创成省级服务型制造示范企业。

2. 工业设计队伍不断发展壮大

多年培育涌现出一批工业设计实力强劲企业。浙江中胤时尚股份有限公司于2020年10月正式在深交所挂牌上市，成功登陆创业板，成为国内首家鞋履设计上市公司。奥康鞋业、正泰电器2家企业入选国家级工业设计中心；共培育省级工业设计中心41家，市级工业设计中心215家。工业设计对实体经济的发展起到了很好的推动作用，2017年全国首个"服装时尚定制示范基地"落户温州，形成了一批具有行业代表性和竞争力的时尚定制龙头企业，涌现出森马、报喜鸟、乔治白、奥康、康奈、红蜻蜓等一批领军时尚企业。人才引培成效显著，市级以上工业设计中心集聚各类设计人才1.5万人；"市长杯"工业设计大赛参赛人数与最初两届相比将近翻倍，达到6000余人，一批金奖、银奖等获奖设计师落户温州；在温高校除医科大外，基本都设立了设计学院，每年输送设计毕业生超1000人。

3. 工业设计平台集聚效应不断凸显

围绕温州块状经济特色优势，温州工业设计产业呈现集聚效应，工业设计基地和设计小镇蓬勃兴起。在全域化、开放式、全要素的创新载体布局下，形成包括"3+3+16"多层次、多节点创新设计载体网络（温州市国家大学科技园、浙南科技城、瓯江口海洋经济示范区3个产业聚集区，温州时尚智造设计中心、浙江创意园、乐清市工业设计基地3个工业设计基地园区，瓯海时尚智造小镇、瓯海眼镜小镇、乐清智能电气小镇等16个省市两级特色小镇），吸引一批优秀设计机构和设计师入驻平台，形成集聚性效应，直接推动温州设计与制造业融合发展。打造"设计温州在线"线上平台，为设计供需双方搭建对接桥梁，提供设计创新、产学研对接、设计成果转化、政策宣传、设计人才对接等服务。平台注册设计企业581家，设计师24841位，平台会员10884人，设计需求线下对接3250次，成果转化379件。

4. 工业设计发展环境不断优化

2017年以来，连续举办6届"市长杯"中国（温州）工业设计大赛，征集作品3.1万件，不仅发展为温州工业设计的标志性品牌，更在行业内形成了较高的认可度和较大的影响力。大赛聚焦品牌影响力、作品含金量、成果转化落地等，对接国内外优秀设计资源，吸引韩国、日本、英国、意大利等地的设计作品参赛，总决赛等系列活动通过互联网向全球直播，前五届大赛获奖作品中已有104件实现成果转化，实现营业收入67.2亿元。例如，浙江凯迪仕实业有限公司的K20-V可视猫眼智能锁于2021年获"市长杯"大赛产品奖优秀奖，该产品成果落地转化后，年销售收入达1.2亿元，按照工业设计奖项项目在温产业化奖励政策，给予该项目100万元落地奖励。温州坚持在各大赛事活动中突出产学研合作，依托安防学院、工贸学院等，举办4届温州国际设计双年展、8届海峡两岸大学生设计工作坊、首届"红靴奖"国际鞋类设计大赛等活动，以设计赛事拓展"政、校、协、企"合作新途径，推动优秀设计成果转化。

5. 工业设计与产业融合发展势头良好

坚持把工业设计作为提升制造业创新能力、经济竞争力、城市综合实力的重要措施，推动深度赋能。引导制造企业将设计融入发展战略规划、产品研发、生产制造、营销服务、商业运营全周期，促进制造转型升级。金石包装从酸奶溅脏了衣服的小问题出发，研发出铝箔易撕盖，在解决"飞溅"小麻烦的同时，获得110项技术专利，打通了包装生产全链条，将几角钱的小买卖做成了十多亿元的大生意。佳博科技在LED封装领域普遍采用100%键合金丝时，研发出性能相同但含金量只有20%~80%的键合金丝，大大降低了配件成本，研发产品中有7项产品属国内首创，1项产品属国际首创。2021年，全市新产品产值率38.6%。全市拥有国家技术创新示范企业2家，高新技术企业3085家，省科技型中小企业12571家；新增首台套15个、累计125个。全市215家市级以上工业设计中心实现成果转化801亿元，申报专利（版权）6016件，承担工业设计项目1.67万个。

（五）台州：企业层级的丰富实践

1. 智能化解决方案服务（智能服务）

黄岩区西诺控股集团构建设备使用大数据云端管理平台，实现设备系统用户在线生产监测和能耗动态监测，并对系统使用者提供增值保障服务，对于设备系统投资初期进行设备租赁服务，中期进行设备动态保养支持服务，后期如设备需要更新换代等进行二手设备升级和转手交易服务。

浙江遨博机器人有限公司主要致力于轻型协作机器人的二次应用开发，其生产的机器人帮助温岭水泵企业实现生产线智能化改造。

2. 工业互联网创新应用（信息增值服务）

椒江区杰克股份与三一重工（树根互联）共同搭建缝制行业工业互联网平台——物联网缝纫机C4+，提供设备运行数据实时上传、任务指令下

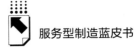
发、设备效率分析、数据报表呈现、参数远程设置、故障状态及时提醒等服务。同时以智能缝纫机、智能缝制单元、成套装备集成为发展路径，加快从缝制设备制造商向智能制造成套解决方案服务商转型升级。

3. 柔性化定制（定制化服务）

临海市伟星集团建立伟星星管家服务管理平台，采用信息技术对家装管道安装、检测过程进行系统化管理，形成集预约服务、真伪查询、专业检测、数据采集、管路图制作、行业数据分析等于一体的售后解决方案，累计服务超 1000 万户，且每年以 300 万户的速度递增。项目荣获"浙江省信息化促进会优秀奖"。伟星电子商务平台将传统的电商模式与伟星特有的管理模式结合，实现了客户线上下单、线上价格控制、授信管理、回款、发货的全过程管理，并与企业 ERP 深入融合，使内外部流程更加简化、高效，满足了客户 24 小时在线下单与在线管理的需求。企业已有 80% 的销售额源于线上单据。

谱罗顿智控电子科技（浙江）有限公司为温岭泵与电机企业提供研发设计等服务，其中的一体化变频泵设计方案，通过在水泵中嵌入性能稳定的内部控制高端芯片及匹配的压力传感器，借助数码显示屏上的按键，轻松操控水泵整机，实现科技与生活的完美结合。

4. 共享生产平台（网络化协同制造）

台州帝豪机械有限公司拥有涂装生产线，在满足企业自身产品（缝纫机、电瓶车、发电机等）的涂装需求后，面临产能闲置、厂房闲置等问题。针对这一情况，帝豪机械与恩鑫机械有限公司签了三年的"共享生产"合同。恩鑫机械每月向帝豪机械交付 6 万元的管理费和设备折旧费，帝豪机械为恩鑫机械提供包括生产设备、污水处理环保设备、产品仓库等在内的一整套完整的流水线。通过资源共享，恩鑫机械节省设备前期投资 150 万元，可实现日产值 1.5 万元、月产值 50 万元；帝豪机械涂装流水线日产值从几千元甚至亏空状态转变为净收 6 万元。

5. 总集成总承包（系统解决方案）

玉环市迈得医疗是国内较早开始研制生产医用耗材智能装备制造的企业

之一。近年来，企业积极把握下游医用耗材制造企业自动化改造机遇，进一步加强智能化系统集成技术、模块化设计制造，为客户打造数字化车间、实现智能生产提供优质服务，加快向"医疗非标自动化集成系统服务商"转型发展。例如公司为三鑫医疗（SZ. 300453）研制了第一台国产留置针全自动组装机和第一台国产透析器自动生产线、为泰尔茂研制了第一台 SP 导液导管（Y 型）接头自动组装机和第一台国产化女用导尿管组装机，为江西洪达、康德莱（SH. 603987）等提供大部分输注类自动化组装设备。

6. 全生命周期管理（产品全生命周期管理）

椒江区星星冷链（全生命周期管理）基于"互联网+"积极探索智能家居领域，从传统的冰柜工业制造商转型为冷冻食品综合服务商，从制造企业向平台转变，并改变整个盈利模式，原先传统冰柜每台利润为 30 元，而现在的无人销售冰柜每台利润 1000 多元，并且每年还有其他租金、现金结算流量等收入。2019 年 9 月 20 日，星星自研智能货柜用户接近 85 万人，累计交易次数 200 多万次，与蚂蚁金服、顺丰等客户形成战略合作关系，并为京东、新发地、蒙牛、海底捞等客户提供从冷库、冷链运输到商超、便利店的全套冷链解决方案。

黄岩区西诺控股集团通过提供全生命周期产品服务，产值来源从设备系统产品（收入占 95%以上）转型为服务（售前设备系统厂房布局服务收入占 15%、设备产品收入占 35%、设备使用租赁以及保养服务收入占 30%、设备转让和更新服务收入占 20%）提供商，形成持续的收入来源，实现从设备制造商到注塑服务提供商的转变。

7. 供应链管理

椒江区衣拿智能主要生产智能吊挂产品，是国内唯一自主设计、自主研发，且能根据客户要求定制研发、生产、销售、服务的技术型企业，为报喜鸟制定了全套的服装智能吊挂设备。近年来，企业业务加速向现代化智能仓储系统转型，并延伸到电商、超市等领域，与大润发、美团、唯品汇、京东、阿里等都建立了长期合作关系。

温岭市中研技术有限公司作为传统电机制造企业，针对离散型制造企业

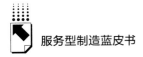

需求，自主开发智能物流系统，采用物联网技术，依靠实时的物流信息管理以及 AGV 与 RGV 小车的协调工作，提高仓储空间利用率 200%、生产效率 30%，节约生产成本 22%。该系统已在多家本地企业中得到应用。

8. 服务衍生制造（服务外包）

小米有品、网易严选、京东京造等互联网制造电商平台，与台州制造开展定制产品或委托生产等合作，出品多款高性价比产品。2019 年 11 月 20 日，摩灵电动摩托车在小米有品平台的众筹活动结束。这款智能电动摩托车由钱江摩托车和雷霆电动车联合打造，从配套、整备、总装到检测等环节均由国内顶尖的摩托车生产企业"钱江摩托"管控。并与"哈雷摩托""Benelli 摩托""KEEWAY 摩托"等国际一线品牌共线生产。

从浙江实践和地方探索来看，发展服务型制造有利于延伸产业链，赋能企业高端化发展，提升产品附加值。大力发展服务型制造，既是提高浙江省制造业附加值和竞争力的时代选择，也是培育经济新增长点和壮大新动能的必由之路，也必将成为下一步打造全球先进制造业基地、高质量发展建设共同富裕示范区的重要支撑。

示范城市篇

Demonstration Cities Development Reports

B.6
无锡市服务型制造发展路径及成效分析

王荣明　何锐玲　刘行秋　罗建强*

摘　要： 服务型制造是制造和服务融合发展的新型制造模式和产业形态，是先进制造业和现代服务业深度融合的重要方向，也是推动产业高质量发展的必然选择。无锡市地处江苏省南部，是中国经济最发达的长江三角洲地区，工业基础雄厚，产业体系完善。"十三五"以来，无锡市大力推动先进制造业与现代服务业的深度融合，全方位推进服务型制造发展。本文旨在总结近年来无锡市服务型制造发展的现状、举措、经验，分析存在的问题和不足，提出下一阶段服务型制造的推进思路，为赋能制造业高质量发展提供有力支撑。

关键词： 服务型制造　模式创新　典型示范　无锡市

---

* 王荣明，无锡市工业和信息化局；何锐玲，无锡市工业和信息化局；刘行秋，无锡市工业和信息化局；罗建强，江苏大学中国农业装备产业发展研究院副院长，中国服务型制造联盟专家，主要研究方向：服务型制造。

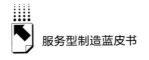

一 服务型制造发展基本状况

（一）总体阐述

无锡市地处江苏省南部，是中国民族工业和乡镇工业的摇篮，苏南模式的发祥地。无锡市依靠基础稳、质量高的工业实力，为服务型制造的良好发展奠定了坚实的基础，2021年被评为国家级服务型制造示范城市。同年，规模以上工业产值突破2万亿元，物联网产业入选国家首批先进制造业集群。"十三五"以来，无锡市坚定不移地走产业强市之路，围绕打造国内一流、具有国际影响力的现代产业新高地的目标，以智能化、绿色化、服务化、高端化为引领，加快构建以战略性新兴产业为先导、先进制造业为主体、现代服务业为支撑的现代产业体系。无锡市围绕16个重点先进制造业产业集群和4个未来产业，鼓励集群龙头企业积极探索服务化改造升级路径并先行先试，打造面向未来的无锡"服务型制造升级版"。牢牢把握智能制造融合发展方向，加快推进工业化和信息化、先进制造业和现代服务业的深度融合，以要素资源的优化配置与深度渗透带动产业转型，全方位推进服务型制造发展，全市制造业企业服务能力不断提升，"智造产品+增值服务"的发展模式持续涌现，助力无锡市服务型制造新发展格局的形成。

（二）主要特点及创新实践

1. 深厚的实业底蕴为服务型制造发展提供了沃土

无锡市历来是中国的工业重镇、创新名城。2021年，无锡市规模以上工业总产值达2.14万亿元，同比增长21%；制造业增加值占GDP比重为41.6%，位列江苏省第二；全市规上工业企业达7003家，"十三五"期间净增数位居全省第一；入围"中国企业、制造业、服务业、民营企业"四张"500强"榜单的企业数量连续3年居江苏第一。无锡市现有10个千亿级产业集群，拥有物联网、集成电路、生物医药、新能源、高端装备等一批具有鲜明地域特色的地标产业名片。"十三五"期间，工业稳增长、促转型和战略性新兴产业培育成效明显，两次受到国务院办公厅通报激励；连续三年获评省高质量发展第一等次。完善的产业体系和雄厚的工业基础为服务型制造发展提供了沃土。

2. 迅猛发展的生产性服务业为服务型制造发展奠定基础

近年来，无锡市大力发展特色优势现代服务业，持续提升现代服务业发展水平。全市现代服务业的规模、结构、质量和效益都发生了变化，传统业态与新兴业态融合进程加快，发展水平不断提升。2021年，全市实现服务业增加值7162.4亿元，增长7.9%，占全市地区生产总值比重达51.2%，占比列全省第三；现代服务业增加值占服务业比重54.8%，生产性服务业营业收入达1225.7亿元。生产性服务业助力制造业核心竞争力形成、效率提升、规模效益提升，其快速发展推动了制造业结构优化升级，为提升城市能级奠定了基础。

3. 活力迸发的新一代信息技术为服务型制造发展注入强大动力

信息技术的重大变革助推服务型制造转型进程中的数智重构，为服务型制造的模式创新、应用领域拓展开辟了广阔的空间。无锡市作为我国唯一的国家传感网创新示范区，集聚了全国乃至全球物联网领域的科创资源及头部企业，本土物联网企业也呈现出蓬勃发展的态势。全市现有物联网企业超3000家，规模超3564亿元，总量居省内第一、全国领先，是工信部确定的首批国家重点培育的先进制造业产业集群，同时还获评国家综合信息消费示范城市、中国软件特色名城。集成电路产业实现营收1783亿元，规模占江苏的1/2、全国的1/8，位居全国前列，从业人员达到11.3万，集聚集成电路链上企业超400家。坐落于无锡市的国家集成电路特色工艺及封装测试创新中心在该领域竞争中跻身一流，代表了国内封测领域的最高水平。软件产业规模达到1754亿元，常年位居全国同类城市前列。无锡市全力打造具有国际竞争力的数字产业集群，实现了数字经济核心产业增加值1700亿元，这些新一代信息技术助力产业集群快速壮大，为服务型制造发展注入强大动力。

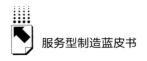

4. 智能制造为服务型制造提供重要支撑

智能制造是无锡市产业转型升级的重要途径，是无锡市现代产业新高地的重要标志。为此，无锡市政府先后出台两轮"智能制造三年行动计划"，推动智能制造发展。大力促进新一代信息技术与制造业的深度融合，提升智能制造整体水平，抢占制造业发展的"智"高点，加快打造"智造强市"；出台并实施"十百千万"工程三年行动计划，推动全市制造业智能化改造和数字化转型，加快产业链更新再造和价值链优化提升，聚焦十条产业链，实施百个智能化重点项目、创建百个智能制造标杆、培育百家优秀服务商，开展"千企画像"数字化诊断、实施千企技改、推动千企上云、引育万名数字工匠。无锡企业也积极参与国家智能制造试点示范、综合标准化与新模式应用、系统解决方案供应商等项目建设，争评省级智能工厂、智能车间。截至 2021 年，全市国家级智能制造标杆企业共计 3 家，位居全国第一；"灯塔工厂" 2 家，与北京、天津、青岛、成都并列全国第二；4 家入选工信部特色专业型工业互联网平台，数量列全省第一。除此之外，无锡市以智能制造成熟度模型为指南，2018 年在国内最早发布实施《无锡市智能制造水平评价规范》这一智能制造评估的地方标准，为全市企业开展数字化转型提供规范支持，助推制造企业智能化水平的提升，为服务型制造发展提供了重要的支撑。

二 推进服务型制造发展的主要举措

（一）强化顶层设计，突出政策引导

多年来，无锡市出台了一系列政策意见，从 2013 年出台的关于加快工业转型发展的政策意见，到 2015 年市委、市政府出台的关于以高端化、智能化、绿色化、服务化为引领，全力打造无锡市现代产业发展新高地的意见，再到 2020 年和 2021 年市委、市政府分别出台的《关于推动先进制造业和现代服务业深度融合发展的实施意见》和《关于支持现代产业高质量发

展的政策意见》，逐步明确要以推动服务型制造业为发展的目标任务和主要方向。每年在市现代产业发展资金中设立专项，对获评省级及以上服务型制造示范企业按服务投入的 10% 给予奖励，支持企业发展服务型制造。截至目前，共发放扶持服务型制造示范企业奖补金额约 5000 万元。

（二）围绕产业特点，注重示范引领

以 16 个重点先进制造业产业集群和 4 个未来产业为首，鼓励集群内龙头企业、头部企业积极探索服务型制造升级改造路径，在相关行业和领域先行先试，通过总集成总承包、定制化服务、供应链管理、全生命周期管理等模式的推广，在物联网、集成电路、高端纺织、节能环保、两机等具有无锡特点的产业集群内，依托工业设计、物联网技术、智能制造、工业互联网等数智技术不断提升制造企业的附加值和市场竞争力，打造面向未来的无锡"服务型制造升级版"。积极开展示范遴选工作，截至目前全市拥有市级服务型制造示范后备企业 307 家、省级服务型制造示范企业 44 家、省级培育企业 7 家、省级示范平台 4 家，有 177 家企业进入省级培育企业库。

（三）建立交流通道，加强宣传推广

组织编写《无锡市服务型制造典型案例汇编》，对 10 家企业 6 种模式进行榜样宣传，发挥典型企业的示范引领作用。每年召开全市服务型制造推进会，通过政策培训、专家授课、专家巡诊等方式，围绕"服务型制造的实施路径和商业模式""制造业服务化升级"等多个专题开展互动交流与辅导，为全市制造业企业服务化转型升级提供了借鉴。2021 年 6 月，在工信部产业政策、法规司和中国服务型制造联盟的大力支持下，服务型制造万里行活动走进无锡，通过举办一系列演讲、沙龙和对接活动，推广服务型制造理念，加强长三角地区交流，碰撞前沿思想，发布最新成果，探寻前进路径。活动规格和参会人员均为历年之最，活动取得了较好的成效，对推进区域服务型制造发展起到了积极作用。

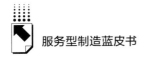
（四）加强要素保障，营造良好环境

围绕服务型制造产业发展需求与内涵，加强各类资源和要素保障。建载体方面，建设无锡国家工业设计园、中国传感网国际创新园，无锡软件园、宜兴环保科技产业园、西站物流园等主题园区和无锡物联网创新促进中心、华进半导体封装先导技术研发中心等一批重点创新平台，为服务型制造发展提供条件支撑。育人才方面，制定出台"太湖人才计划"及其升级版、"锡引惠才" 12 条等政策、优秀大学生"锡引"工程升级版 8 条等政策，为服务型制造发展提供了人才支持。优环境方面，聚焦擦亮"无难事、悉心办"营商环境品牌，围绕服务企业全生命周期事项办理提出 18 个方面 80 项政策举措，推出了"优化营商环境 4.0 版"升级版。一系列要素保障，进一步助力区域和行业服务型制造发展水平的提升。

三 发展成效和主要经验

无锡市服务型制造领军企业凭借在品牌、创新、技术、产品及创新性服务上的优势，发展"制造+服务"融合模式，通过模式创新增强核心竞争力，在管理运营、信息网络平台建设、服务绩效、生产服务类人才培养、组织架构创新等方面取得较为领先的成果，对行业服务型制造发展起到了较好的示范带动作用，涌现出了一批在行业内有影响力的服务型制造典型示范企业，获得了一批国家和省级示范荣誉。双良节能、远景能源、天奇自动化、红豆实业 4 家企业获评国家级服务型制造示范企业，华进半导体获评国家级服务型制造示范平台，其中双良节能服务型制造模式的成功实践被选入哈佛商学院教学案例。目前全市服务型制造模式主要集中在总集成总承包、全生命周期管理、供应链管理、个性化定制、工业设计等领域，已形成了一批发展模式成效显著、典型示范作用强、引领带动作用好的服务型制造创新案例。

（一）模式一：总集成总承包

在电力、装备、节能环保、轻工等领域大力发展总集成总承包服务，推动企业由产品制造商向系统集成商转型。由以产品为核心的制造模式转变为以人为中心的"产品+服务"模式，通过有效挖掘服务型制造供应链上的需求，实行"大设计、大服务、大营销、大联合"作业方式。目前无锡市有98家开展总集成总承包的示范培育企业。

典型企业：天奇自动化——智能工厂解决方案提供商

天奇自动化开展EPC工程总承包+远程故障诊断与预测维修服务，建立并完善了一整套咨询、设计、施工与交付的管理体系，实现工程总承包。创新研发智能化产品技术，实现产品智能化、集成化，满足智能、高效、柔性的汽车生产系统需求，同时通过信息集成技术、研发设备故障诊断技术等提升装备智能化水平。其发展经验对装备制造行业企业具有一定的借鉴示范意义。

（二）模式二：全生命周期管理

在新能源、装备、环保等领域持续推进全生命周期管理服务，通过整合产业链上下游生产与服务资源，将产品需求、研发设计、生产制造、维护管理、产品再制造和回收处置等集成在统一管理平台上。目前无锡市有11家开展全生命周期管理的示范培育企业。

典型企业：远景能源——全生命周期助力能源行业发展

远景能源通过面向服务的创新研发与设计协同、智慧物流与工程安装、风险管控、智慧运营及回收再制造，提供围绕产品的全生命周期管理解决方案，拥有全球领先的智能物联操作系统，先后开发了智能风场、格林威治云平台和阿波罗光伏云平台，已成为中国第二大智能风机制造及服务商和全球数字能源技术领军企业。企业服务型制造实践体现了全生命周期管理的理念，实现了智慧运维效益的增值，引领了新能源产业从粗放步入精益管理时代。

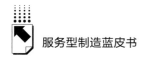

（三）模式三：供应链管理

在纺织服装、轻工等领域推进供应链管理服务，通过优化供应链各环节达到降低运行成本、减少损耗的目的。在实现降成本和去库存的同时，提升供应链整体的效率和效益，推动满足客户更精细化需求的服务实现，增加产业盈利能力。目前无锡市已有43家供应链管理的示范培育企业。

典型企业：海澜之家——供应链一体化管理与资源整合

海澜之家通过建立连接供应商、加盟商及消费者的高效、一体化的供应链体系，实现企业物流、资金流、信息流、责任流的同步匹配，使企业的仓储物流体系能够适应服装零售业多品种、小批量、高质量、快交货的发展趋势，最终建立整个公司"连锁经营、集中管理、实时反应"的现代化流通管理体系，实现对供应链的一体化管理以及对供应链各节点的资源整合。企业的供应链管理模式获得国家发改委、工信部专家的充分认可。

（四）模式四：个性化定制

在纺织服装、电动自行车等领域推进定制化服务，建立数字化设计与虚拟仿真系统，通过提升客户体验、优化在线设计和大数据挖掘等方式，在生产制造柔性化改造的基础上，对产品标准化零部件进行动态的个性化重组，实现产需互动和协同，增强定制设计和柔性制造能力。增强兼顾大批量标准化生产与小批量高附加值快速定制的能力。目前全市有红豆实业、新日电动车等95家个性化定制示范培育企业。

典型企业：红豆实业——平台赋能服装个性化定制

红豆实业将制造模式从服装大批量生产向柔性制造转变，通过整合业务流和信息流，建设服装定制化平台，开展客户参与设计、交互设计等定制化服务，确保了客户柔性需求的满足，提升了客户的定制体验，推动了定制化服务的深入开展。通过重构传统服装生产方式，红豆实业服务型制造发展成为行业内的典范。

（五）模式五：工业设计

在轻工、纺织服装、电子信息、装备等领域大力发展工业设计。依托国家工业设计园、江南大学等基础优势，引导工业企业加大工业设计投入，大力开展设计中心和设计企业培育，全市工业设计创新意识不断提高，服务价值通过工业设计逐步显现。目前全市拥有国家工业设计中心 3 家、省级工业设计中心 25 家、省级工业设计研究院 2 家。

典型企业：小天鹅电器——在设计中坚持"以人为本"

小天鹅洗衣机建立了统一的工业设计标准，形成统一的风格和品牌属性。从人—机工程学角度考虑产品使用性能，在操控面板、开启方式以及功能上兼顾特殊人群在产品使用上的便捷性。近年来，企业获得众多工业设计领域的奖项，在第二十届中国专利奖评选中一举斩获最具含金量的中国外观设计金奖，成为洗衣机行业唯一获此殊荣的企业。

四 服务型制造展望及未来工作思路

（一）服务型制造展望

当前，无锡市正处于转型升级推进制造业高质量发展的关键阶段。下一步，无锡市在巩固现有发展成果的基础上，不断丰富服务型制造模式，探索服务型制造发展路径，增强服务型制造对产业基础高级化、产业链现代化建设的保障能力，在产业协同发展中实现城市能级的再提升。力争到 2025 年，获评国家级服务型制造示范企业（平台、项目）7 家（个）、省级服务型制造示范企业 70 家，形成协同效应显著的"两业"深度融合新型产业集群 5 个，建成彰显无锡市产业特色的"两业"深度融合集聚发展载体 5 个，扛起国家级服务型制造示范城市的艰巨责任，推动先进制造业与现代服务业融合共生、协同发展，实现制造业的腾飞。

一是夯实信息化基础。借助无锡市在 5G 网络、大数据中心等新型基础设施建设方面的先发优势和领先优势，积极发挥其黏合作用，为助力制造与服务融合提供坚实的基础。2018 年，无锡市率先建成首个高标准光网城市，建成 5G 基站超 1 万个。未来无锡市将一如既往地加快物联网、5G 等数字产业发展，积极探索多元化应用场景，推动制造企业开展智能化改造和数字化转型，增强企业远程监控诊断、在线数据采集、设备跟踪维护等数据服务功能，提高产品供给质量，提升制造企业的服务化水平。

二是探索新发展路径。围绕实施地标产业领航、优势产业壮大、未来产业培育三大工程，着力提高地标产业显示度、优势产业影响力、未来产业爆发力，继续发展工业设计、定制化服务、全生命周期管理、总集成总承包、节能环保等服务，培育一批典型示范企业。同时针对一些存在短板的发展模式开展积极探索：聚焦加工制造能力的共享创新，重点发展整合生产设备、专用工具、生产性服务等制造资源的共享平台，发展多工厂协同的共享制造服务，发展集聚中小企业共享制造需求的共享工厂，发展以租代售、按需使用的设备共享服务等，大力发展共享制造。鼓励发展面向制造业全过程的专业化检验检测认证服务提供商，鼓励有条件的制造企业开放检验检测资源，参与公共服务平台建设，大力发展检验检测服务。鼓励汽车、海工装备、工程机械等行业核心企业不断创新模式，拓展金融业务，向产业链上下游延伸，大力发展生产性金融服务。

三是完善政策性体系。"十四五"工业和信息化发展规划和细分行业的发展规划均把服务型制造作为重要内容。从先进制造业与生产性服务业融合的视角开展政策引导工作，将传统产业转型升级、战略性新兴产业发展、支持实体经济发展等政策文件纳入服务型制造相关内容，进一步加大对服务型制造的扶持力度，促进制造业与服务业的政策融通。探索建立无锡市服务型制造统计体系和评价体系，在各地区的高质量考核中，将服务型制造作为重要指标，确保服务型制造业高质量发展评价数据的综合性与全面性。加强指标考核结果分析，全面落实差别化政策，推进考核结果应用向各方延伸。

四是聚力新引擎打造。无锡市正在举全市之力打造头号工程——太湖湾科技创新带。在这条长约 108 公里、面积 500 平方公里的湖湾内，集聚了全市 90% 的省部级科研院所、60% 的科技公共服务平台、70% 的高层次人才、30% 以上的高新技术企业。未来，太湖湾科技创新带将凭借较为雄厚的产业实力、得天独厚的区位优势、日益完善的城市配套，为全市服务型制造发展提供各种关键共性技术和公共服务平台，是全市服务型制造发展的重要载体，也是全市创新发展和转型发展的新引擎。

五是加强区域间交流。坚持典型引领、示范带动，不断培育、挖掘和总结企业新业态、新模式、新路径，形成一批可复制可推广的典型案例企业和经验做法。通过案例汇编、经验交流、现场推进、模式应用等多种形式，展示转型成效、宣传优秀做法、推动多元合作，促进模式创新和应用推广。加强长三角城市的合作交流，开展专家研讨、行业服务型制造会议、优秀企业经验推广等活动，碰撞前沿思想，发布最新成果，探寻前进路径；加强对服务型制造概念、理念、实践和绩效的宣传推广，搭建跨区域的服务型制造交流平台，树立长三角交流合作发展的新典范。

（二）未来工作思路

当前无锡市政府多措并举，为服务型制造转型营造了良好的发展氛围，凝练了多种可借鉴的服务型制造典型模式和多条成效显著的实施路径，但服务型制造发展中仍存在一些不足。一是对发展服务型制造的内涵和意义在认知上有待提高。不少制造企业依然存在重硬件轻软件、重制造轻服务、重规模轻质量、重批量化生产轻个性化定制的观念，对服务型制造的本质认识不清，误以为发展服务型制造就是发展服务业，担心自身会脱离主业，没有认识到高质量发展的内涵。二是各地区、各行业、各服务模式发展不均衡。有的地区如江阴、滨湖、惠山的省级服务型制造示范企业数量较多、发展较快；有些行业如机械装备领域服务化改造项目多、服务产出效益好；部分服务型制造模式发展较好，如总集成总承包和个性化定制模式备受制造企业青睐，但其他模式相对较少。三是向服务型制造转型的路径和步骤不明晰。由生产型制造向服务型制造转型的过程中，制造业企业与上下游供应商、客户的关系都将发生变化，需要对企业原有的业务流程、组织架构、管理模式进

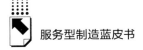

行调整和重构，但很多企业对转型的步骤以及在组织上、管理上需要做出的调整并不清楚。同时，先进制造业与现代服务业深度融合发展的成功案例有待发掘，深度融合的产业链有待补足、增强和拉长，融合要素的保障水平有待提升，公共服务平台和中小企业智能化水平有待提高，为此，围绕未来工作思路提出如下几个方面的建议。

1. 围绕重点产业集群共性制造环节，大力发展共享制造

在全市 16 个重点产业集群中，鼓励有条件的企业围绕产业集群的共性制造环节，建设共享工厂，集中配置通用性强、购置成本高的生产设备，依托线上平台打造分时、计件、按价值计价等灵活服务模式，满足产业集群的共性制造需求。支持集群内平台企业围绕制造资源的在线发布、订单匹配、生产管理、支付保障、信用评价等，探索融合行业特点的创新服务，推动平台企业深度整合多样化制造资源，发展"平台接单、按工序分解、多工厂协同"的共享制造模式。在生产设备使用共享、生产资源开放共享、分散产能融合共享等方面加大培育力度。

2. 依托无锡市强大的工业设计能力，大力推广个性化定制服务

以工程机械、高端纺织、新型医疗器械、汽车及零部件、家电和电动自行车等领域为重点，加快建立工业设计公共服务平台。鼓励企业积极运用智能制造技术，形成广域制造能力，继续培育企业兼顾大批量标准化生产、小批量高附加值快速定制的能力。依托拓展柔性化生产特征方式，升级服务型制造企业生产模块，实现以用户为中心的定制和灵活生产，提升产业转型效率。在纺织服装和电动自行车行业，可以尝试开发出界面友好、易学易用的开放式自主定制平台，邀请用户通过网络渠道进行个性化设计，形成可供用户自主选配的产品体系。

3. 利用新一代信息技术的赋能优势，实施远程监控和诊断服务

加强新一代信息技术与制造技术的融合应用，基于大数据分析，为生产制造提供精准化服务。积极开发远程监控和诊断、数据服务平台和设备跟踪、在线数据采集与运行分析、系统维护和设备升级等基于数据的智能服务，提高产品供给质量。完善以智能车间、智能工厂为载体，以精细化管理、智能决策为依托的现代制造与运营管理体系，包括生产和经营过程的数字化、网络化、智能化、信息集成互联等。推动制造企业、信息技术企业、互联网软件企业等协作发展，建成一批集生产设计协同、生产管理优化、生产过程实时监测、质量控制以及节能减排等功能于一体的工业互联网平台。

4. 鼓励企业提供系统整体解决方案，推进总集成总承包服务

在节能环保、新能源、装备制造等领域，鼓励制造企业提供工程总承包、建设—移交（BT）、建设—运营—移交（BOT）、建设—拥有—运营（BOO）等多种类型的服务。支持企业运用系统集成能力提供专业化、系统化、集成化的系统解决方案。推动企业从提供设备向提供设计、承担项目、实施工程、项目控制、系统维护和管理运营等一体化服务转变。支持硬件供应商向用户提供配套主体设备使用培训、售后维护、检修改造、远程管理及金融保险等全过程、全方位、全天候的管理增值服务。

5. 支持产品全生命周期管理，提升全产业链管控能力

引导高端装备、汽车、航空航天、钢铁及有色金属、医药、石化、纺织服装等产业企业实施产品全生命周期管理，系统进行从需求分析到淘汰报废或回收再处置的产品全生命周期管理。加大企业互联网平台和系统软件的研发应用力度，通过分析处理产品生产和使用全过程中的数据，加强协同管理、资源管理、数据管理等功能服务。推动龙头骨干企业提升全产业链管控能力，包括基于用户需求的快速定制、产品设计、生产制造、检验检测认证、营销推广、远程管理维护及售后服务等数字化集成互联和管理。推动产业链各环节集聚，使分散的各类资源和能力形成合力参与市场竞争，提高产业集中度，增强综合实力。

6. 大力推广"互联网+物流"，发展现代供应链管理服务

在环保、纺织服装等行业鼓励企业创建互联网线上业务平台，发展以集中采购、智慧物流、供应链金融为代表的供应链管理服务，包括基于信息网络的大宗物资集中采购、基于物联网的智慧物流管理、基于互联网的购销双方信息互动以及基于互联网平台的供应链金融服务等。支持制造企业和互联网企业开展跨界合作，发挥互联网的平台优势和制造企业的内容（产品及

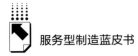

服务）优势，积极开展跨产业的合作和并购。通过优化核心企业或大型企业群的资源配置，建立起主要企业与配套企业协作发展、资源流动的供应链战略联盟，逐步形成分工明确、协同发展、规范标准、高效运作的供应链管理体系。

成都市服务型制造发展路径及成效分析

丁天军　祝杰　张茜　钱皋*

摘　要： 近年来，成都市顺应产业分工深化和市场需求变化趋势，以产业跨界融合发展为主线，以促进产业链、价值链、供应链高端化为导向，以构建制造业服务化生态为支撑，努力探索服务型制造新模式，打造服务型制造发展新承载，加快推动制造业提质增效和转型升级。未来，成都市将坚定不移实施制造强市战略，继续把发展服务型制造作为增强成都市制造业核心竞争力、培育未来制造产业体系的重要举措，助推制造业高端化、智能化、绿色化、服务化，努力将成都市建设成为全国重要的先进制造业中心和全球重要的先进制造业基地，为引领西部、辐射全国的服务型制造发展目标探索成都模式、践行"示范"意义。

关键词： 服务型制造　建圈强链　创新策源　校企双进　成都市

一　服务型制造发展基本状况

近年来，成都市按照《发展服务型制造专项行动指南》（工信部联产业〔2016〕231号）、《关于进一步促进服务型制造发展的指导意见》（工信部联政法〔2020〕101号）等系列文件精神，加快培育服务型制造新业态、新

---

　　* 丁天军，成都市经济和信息化局；祝杰，成都市经济和信息化局；张茜，成都市经济和信息化局；钱皋，服务型制造研究院工程师，主要研究方向：服务型制造、绿色制造。

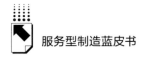

模式，引导制造业从生产型制造向"制造+服务"转型，推动先进制造业与现代服务业深度融合、双向赋能。目前，成都市服务型制造规模效应逐步显现，对制造业高质量发展的促进作用愈加明显。

2021年，全市规模以上工业企业实现营业收入16451.7亿元，同比增长14.5%，全口径增加值4842亿元，经济总量连跨8个千亿级台阶、接近2万亿元，近十年工业增加值年均增速7.4%，在全国副省级及以上城市中位居第4；累计培育国家专精特新"小巨人"企业107户（位居副省级城市第3、全国城市第7），全市工业千亿级企业3户、百亿以上企业20户；国家精准医学产业创新中心、国家川藏铁路技术创新中心、国家超高清视频制造业创新中心等重大创新平台在成都布局建设；软件和信息服务、成德高端能源装备入围国家先进制造业集群，生物医药、轨道交通装备纳入国家首批战略性新兴产业集群发展工程。依靠制造业的蓬勃发展，成都市入选首批"产业链供应链生态体系建设试点"，获批建设"成渝地区工业互联网一体化发展国家示范区""国家人工智能创新应用先导区"，获评"全国工业稳增长和转型升级成效明显城市""国家级服务型制造示范城市"，形成了较强的城市示范效应。

二 推进服务型制造发展的主要举措

（一）加强组织领导，建立工作机制

近年来，成都市积极贯彻落实国家《发展服务型制造专项行动指南》《关于推动先进制造业和现代服务业深度融合发展的实施意见》《关于进一步促进服务型制造发展的指导意见》等系列文件精神，推动先进制造业和现代服务业融合创新，构建新型产业体系，推动经济高质量发展。紧抓建设"国家制造业高质量发展示范区"机遇，在成都市制造强市建设领导小组（市委、市政府主要领导任双组长）统筹领导下，建立服务型制造工作推进机制，由成都市经信局牵头，市、区（市）县两级工业和信息化主管部门

密切配合，加强服务型制造工作的统筹、推广、宣传和纾困解难，推动工作有效落实。

（二）完善顶层设计，强化政策保障

在发展方向上，明确六大重点推广新模式。制定《成都市推进服务型制造发展三年行动方案》，明确服务型制造发展的重点领域、目标任务和保障措施。在电子信息、汽车制造、航空航天、轨道交通等重点领域，推广个性化定制、产品全生命周期管理、总集成总承包、服务外包、信息增值、合同能源管理六大服务型制造新模式。出台《制造业高质量发展"十四五"规划》，将服务型制造作为制造业高质量发展的重要组成部分，从产业跨界融合、中介服务配套、科研资源共享等方面加强对服务型制造的规划引导。

在实施路径上，构建先进制造业与现代服务业耦合共生、相融相长的现代产业体系。实施"高质量现代化产业体系建设改革攻坚计划"，重点发展电子信息、装备制造、医药健康、新型材料、绿色食品五大先进制造业，会展经济、金融服务、现代物流、文旅产业、生活服务五大现代服务业，人工智能+、大数据+、5G+、清洁能源+、供应链+等新经济，加快构建"5+5+1"现代化融合型产业体系，支持先进制造业延长产业链、提升价值链。出台《成都市生产性服务业发展总体规划》《关于主动融入国内国际双循环大力发展先进生产性服务业的意见》，以"平台城市"思维提升生产性服务能力，打通内联外通的服务通道、载体和网络，构建融入国际、连接泛欧泛亚地区的供应链网络。

在要素保障上，优化资源配置。加大服务型制造支持力度，出台《关于创新要素供给培育产业生态提升国家中心城市产业能级若干政策措施的意见》（"产业新政50条"），加大产业跨界融合、中介服务配套、科研资源共享等方面的支持力度。出台《成都市工业稳链补链行动方案》，支持建设集成研发设计、集中采购、组织生产、物流分销、终端管理、金融服务、品牌营销等功能的供应链综合服务平台。加强政策引导，制定"产业新政50条"、《成都市加快工业互联网发展支持政策》等系列政策措施，从服务型

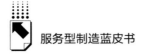

制造遴选示范、工业设计中心建设、工业互联网创新应用、制造业智能化改造等多个重点领域精准靶向施策，支持企业向服务型制造转型。强化人才支撑，以产业领军人才、产业青年英才为重点，围绕主导产业细分领域引进"高精尖缺"人才，实施"技能菁英"培养计划，开展"成都工匠"评选，推动未来制造工程师培养储备。做实金融保障，推广交子金融"5+2"平台，创新"蓉易贷"普惠金融服务体系，持续开展"金融顾问服务团直达帮扶"等产融对接活动，支持金融机构创新适合服务型制造发展的金融产品和信贷模式，助力中小微企业解决融资难题。

（三）建立遴选机制，开展示范培育

按照中国服务型制造万里行部署，积极开展服务型制造进园区（进企业）系列活动，采取专家培训、案例教学、现场观摩、媒体宣传多种形式，扎实做好服务型制造宣贯解读和经验推广工作，助力企业精准把握服务型制造的内涵特征、发展模式和发展路径，凝聚服务型制造发展共识。按照"以试点促普及，以培育促提升，以示范促深化"思路，建立服务型制造示范企业（项目、平台）库，累计入库培育企业300余户、平台100余户，"一企一策"为企业提供具象化专家咨询及诊断服务，择优向上申报国家级、省级服务型制造示范；同步将获得的国家级、省级服务型制造示范企业（项目、平台）纳入市级财政产业资金项目库，推动企业稳增长和转型升级；举办"菁蓉汇·校企双进"系列活动，搭建校企供需对接桥梁，推动科研设施共享和科技成果转化。举办"成都创意设计周"，增强成都工业设计在全球的影响力；举办"成都国际工业博览会"，参与全球产业链价值链分工。成立四川省服务型制造产业促进会和电子信息、医药健康、绿色智能网联汽车、航空航天、轨道交通、先进材料等产业生态圈联盟，凝聚服务型制造发展共识。

（四）创新组织方式，完善产业生态

成都市探索组织方式创新，构建以产业链配套、生产性服务配套以及基

础设施配套为架构的产业生态圈，持续"建链、强链、补链"，在产业发展中推进服务型制造发展。

开展产业建圈强链行动，围绕集成电路、新型显示、高端软件等18个先进制造业和物流、金融、会展等3个生产性服务业，以服务型制造为牵引，推动制造业向研发设计、检验检测、供应链管理等产业链高端环节延伸，统筹推进产业链、供应链、创新链、服务链多链协同，构建"链主企业+公共平台+中介机构+产投基金+领军人才"集聚共生的产业生态体系，推动服务型制造创新发展。以"补链、强链、延链"为牵引，推动成渝地区双城经济圈、成德眉资同城化协同共建，探索"总部+基地""研发+制造+应用""链主+配套企业"等产业园区建设，围绕科技研发、产业金融、智慧物流、节能环保等生产性服务业，推动园区内"制造+服务"集成耦合，形成资源共享和协同发展的服务型制造新模式。

三 发展成效和主要经验

（一）发展成效

近年来，成都市遵循制造强国战略，抢抓成渝地区双城经济圈建设机遇，统筹推进先进制造业与现代服务业融合发展。经过多年来努力，服务型制造理念得到普遍认可、发展共识逐渐凝聚，制造业企业服务投入及服务收入占比逐步增加，制造与服务融合发展路径日益清晰，服务型制造新业态新模式深入发展。截至2021年，成都市累计培育省级以上服务型制造示范企业71家、平台27家、项目8个（其中国家级示范企业4家、平台3家、项目1个），并成功获评国家级服务型制造示范城市。

1. 企业示范引领作用凸显

截至2021年底，成都市累计培育省级以上技术创新示范企业36家，其中国家级21家；培育企业技术中心1249家，其中国家级54家；培育工业

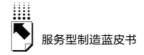
设计中心 123 家，其中国家级 6 家、省级 29 家；培育国家级服务型制造示范企业（项目、平台）8 家、省级 165 家；培育国家制造业与互联网融合发展试点示范项目 13 个。

从示范企业看，龙头企业整合资源和技术优势，探索形成了一批极具代表性的新业态、新模式和典型路径。成都海特高新以航空飞行器修理技术为核心，不断完善产品链与服务链，逐步搭建起航空技术研发、培训、产品制造、维修、租赁等"一站式"航空服务体系，成为我国首家综合航空技术服务类上市公司。成都纵横凭借在飞行控制与导航系统方面的技术积累，着力打造"无人机+应用生态链"，成为国内领先的工业无人机整体解决方案提供商。通威集团率先建成了光伏产业与互联网技术无缝对接的智能制造体系，开了中国太阳能高效晶硅电池智造变革的先河。新希望乳业发展供应链金融管理服务，为上下游供应商提供保理融资、销售分账户管理、信用风险控制与坏账担保等服务。

从示范平台看，以制造业+互联网为牵引，构建工业互联网平台体系，助力制造业转型升级和提质增效。面向重点产业需求，吸引培育了航天云网、积微物联等 27 个工业互联网平台，集聚了 50 家平台服务商、5 家标识解析服务商、237 家认证企业。其中，重装云制造平台等 5 个平台入选国家制造业"双创"平台试点示范项目，航天云网汽车云平台零件制造解决方案入选国家工业互联网 App 优秀解决方案，四川金星场外设备远程智能维护监控平台入选国家企业上云典型案例。本土企业积微物联构建的 CIII 工业互联网平台，涵盖积微海川钢铁、积微运网、积微云采、积微循环、积微化工等 26 大板块，能够实现年商品交易总额 1000 亿元以上，连接产业链上下游用户 8.5 万家。

2.集聚区影响力不断增强

成都市各产业功能区紧紧围绕主导产业发展，立足自身比较优势，聚集创新研发、生产制造、商务流通、服务应用等各环节，推动先进制造业和现代服务业融合发展，着力加强模式、业态创新，形成了一批特色鲜明、竞争力强的产业集聚区。

成都高新区排名国家级高新区第 7 位，是中国软件名城的核心聚集区，拥有国家软件产业基地等十多项软件类国家级产业基地授牌，软件信息服务业规模位居中西部第一。2021 年，软件和信息技术服务业实现营业收入2357.4 亿元，聚集全球软件百强企业 14 家、中国软件业务收入百强企业 40家。培育海特高新、京东方、鸿富锦等 20 余家国家级、省级服务型制造示范企业，建设天府工业设计云平台等 8 家省级服务型制造示范平台，打造西门子（成都）工厂、富士康成都科技园 2 家全球"灯塔工厂"。

成都经开区获批国家先进制造业和现代服务业融合发展试点园区，是全国首批试点园区。园区主导汽车产业，推出"汽车+"五大行动计划，大力推动产业价值链向检验检测、研发设计等前端环节和后市场服务等价值链"微笑曲线"两端延伸，集聚了西门子创新中心、威马汽车研发中心与控制实验室等 50 家研发技术中心；引进中德智能网联汽车四川试验基地、工信部信通院车联网创新中心、华为智能网联创新中心、西南交通大学机器人和智能装备联合实验室等 8 个高能级平台项目；拥有 40 家检验检测机构、67家世界 500 强企业和 57 家上市公司，已发展成为全国第六大汽车制造业基地。

四川国际创新设计产业园是西南最大的以"科技+设计"为主的产业园区，致力于建设具有国际影响力的工业设计示范区。园区依托成飞、611 所等全国领先的高端制造科研机构，集聚工业设计产业资源，具有雄厚的创意设计产业基础。当前，园区已与电子科大、西南交大、江南大学、南京艺术学院等高校院所成立了"成都智造"产学研联盟，签约落户品物设计、中科物栖、融政通等工业设计领军企业。

3.产业转型升级步伐加快

传统产业方面，鼓励企业适应多元化市场需求，增强定制设计和柔性生产能力，由生产型制造向服务型制造转型。依托全友家私、明珠家具等龙头企业，传统家具产业实现了从手工制作 1.0 模式到智能家居 4.0 模式的跨越。其中，明珠家具引进了全球领先的德国豪迈设备群和信息化管理系统，基于自主开发的智能制造核心系统，打通了从消费者订单到智能工厂生产的

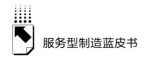
信息化全流程，实现了家具个性化定制的高效工业化生产方式创新。

战略性新兴产业方面，成都生物医药、轨道交通装备纳入国家首批战略性新兴产业集群发展工程，软件和信息服务、成德高端能源装备入围国家先进制造业集群竞赛榜单。成都先导建立了居中国第一、全球第四的药物筛选"种子库"，处于全球 DEL 技术第一梯队。华西海圻拥有与国际接轨、国内一流的实验设施，建立了完整的新药临床前安全性评价技术体系。极米科技不断提高自主创新水平和工业设计能力，以提供个性化定制、在线支持服务、信息增值服务为牵引，带动硬件产品销量快速提升，投影设备出货量持续保持国内市场第一的位置。

4. 两业融合格局初步形成

目前，成都市信息技术服务、物流服务、商务服务、金融服务、科技服务与制造业融合态势显现。信息技术服务与制造业融合，重点发展系统集成、解决方案、运行维护、平台运营等服务。物流服务与制造业融合，形成了现代物流业由产业分立转向产业融合的模式，正在探索物流企业全面参与采购、供应、分销、供应链一体化服务等新路径。商务服务与制造业融合，搭建了制造业与互联网融合平台，企业与互联网融合发展态势良好，本土传统制造外贸企业通过跨境电子商务开展网络化定制销售业务。金融服务与制造业融合，中小型企业的投融资服务能力不断强化，科技金融、供应链金融等服务助力制造业创新发展。科技服务与制造业融合，打造了一批覆盖全域和企业成长全过程的"创业苗圃+孵化器+中试基地+产业化基地"科技孵化培育链，检验检测认证等生产性服务业与制造业融合发展逐步加深。

（二）主要经验

成都市高度重视发展服务型制造，以构建产业生态圈、创新生态链为引领，着眼于"补前端"、"强中端"和"延后端"，大力推动产业链垂直整合，逐步迈向产业链高端和价值链核心，积极推广个性化定制、产品全生命周期管理、服务外包等服务型制造新模式，坚持立足本地实际与改革创新相结合，以特色化、差异化发展思路在多个领域"先行先试"，探索形成了具有成都特色的服务型制造综合改革试点经验。

1.创新策源增强发展新动能

着力变革创新模式，以加快研发成果转化、优化新产品应用环境为主线，畅通成果转化渠道，强化新产品推广效果，搭建产生、对接、孵化、应用、示范的全周期场景工作体系。

一是增强创新主体能力，提升研发转型动力。支持企业自建或与高校院所共建技术中心、产学研联合实验室等新型研发机构。加快部署"科学家+设计师+企业家"的创新链，初步形成了以独立设计公司和工业企业内部设计机构为主体，工业设计工作室、自由设计师为补充多层次发展的工业设计体系，工业设计在促进制造业转方式、调结构和提质增效方面的作用初显。围绕新材料、高端装备等领域，加快推动国家级、省级工业设计研究院创建，工业设计公共服务及基础研究能力不断提升。

二是创新协同服务生态，提升成果转化效率。推动高校院所重大科技基础设施和大型科研仪器开放共享，探索推进科研设施共享"一站式"服务；支持技术转移中心做优做强，引育科技中介服务机构和技术经纪人，完善科技成果第三方评价等科技服务体系；建设市场化运营新型中试研发平台、共享生产线、公共技术平台及概念验证中心，打造高品质科创空间，为新产品落地提供载体支持和全生命周期培育服务。

三是拓展创新应用场景，提升服务效能。通过细分领域应用场景打造，为企业提供真实试验环境、大规模验证数据和应用市场，帮助企业深化产品/服务创新实践认知，全面准确掌握市场真实需求，缩短新产品/服务走向市场的周期；主动营造各类产业发展应用场景，充分发挥场景对各类资源要素整合和优化配置的作用，打破产业边界，推动产业间、企业间开展跨界创新，重构产业组织方式和企业商业模式。

2.绿色智造助推发展新融合

围绕"节能、降耗、减排、增效"方针，充分激活数据要素潜能，推进基础数据共享服务，搭建两业融合发展高速要道，以数字化培育新动能，鼓励发展智能工厂、个性化定制等新业态新模式，促进制造企业向高附加值服务环节延伸、服务性企业向制造领域拓展。

一是加强数字制造，构筑融合发展桥梁。扩大数字供给，高水平打造"数字基建"，建成全国领先的5G网络，获评"主要道路5G网络质量卓越城市"；算力基础设施建设规模持续扩大，建成国家超算成都中心，初步形成"超算+智算+云计算+边缘计算"的多层次算力体系；加快建立新型互联网交换中心、工业大数据中心，初步建成"一带一路"重要信息通信节点、数据中心和国际信息港，数字基建和信息聚集等综合能力位居全国前列。加快数字产业化，推动建设成都新经济活力区等数字经济产业园，打造集成电路、工业软件、人工智能、信息安全新优势，布局区块链、元宇宙、卫星互联网新赛道，制造业、服务业等数字经济核心产业的数字产品增加值占GDP的12.8%以上；支持企业开展"两化融合"贯标，企业管理和生产数字化水平逐步提升，2021年全市"两化融合"水平达到65.3%，较全国平均水平高出13个百分点，数字化研发设计工具普及率、生产设备数字化率分别达到86.8%、52.1%，均高于全国平均水平。

二是加强智能制造，打造融合先进模式。深化数智技术应用，打造覆盖"智能制造全产业链"的业务组合，努力引领装备制造业自动化、信息化、数字化、智能化技术的创新与发展。全面实施智能制造三年行动，以重点行业数字转型、融合赋能为切入点，通过智能制造诊断服务、系统解决方案供应商培育、智能制造试点示范、新场景发布、智能化改造项目激励支持等举措，引导企业创新应用智能制造新模式，重构制造业研发、生产、管理和服务等各个环节，有效提升生产效率，推动实现资源协同优化。截至2021年，累计5家企业中标国家智能制造系统解决方案供应商，2个示范工厂和9个优秀场景分别入选国家智能制造试点示范工厂揭榜单位和优秀场景名单，西门子（成都）和富士康（成都）成功入选"世界灯塔工厂"。

三是加强绿色制造，构建融合低碳体系。着力打造国家绿色产业示范基地，推行绿色和低碳产品认证、碳足迹认证，构建低碳产业体系，积极发展节能环保、清洁生产等专业技术服务，引导企业优化工艺，实现节能增效。

例如，川开电气"智能光伏微电网系统"等项目获批工信部智能光伏试点示范项目，斯普信、祥和集团等产品进入国家工业和通信业节能技术装备产品示范产品目录，全市单位工业增加值能耗近五年来累计下降超26%。着力建设国家循环经济示范试点城市，建立再生资源回收体系和废弃物逆向物流交易平台，促进资源循环利用，引导节能设备、通用设备制造企业由设备制造商向综合节能服务提供商转变，加快绿色低碳技术研发应用，探索组建碳中和实验室，高效、清洁、低碳、循环的绿色制造体系逐步形成。例如，成都金堂集节能环保设备制造、资源综合利用、新服务开发于一体，获评国家五星级节能环保示范基地。

3. 平台建设提升发展新速度

面向重点产业需求，以"制造+服务"双向赋能为牵引，持续完善面向服务型制造的创新服务、行业服务和供需服务平台体系，为服务型制造发展蓄势注能。

一是优化创新平台布局，激发科技活力。融合自动化、信息化与数智技术，从根本上改变产品研发、制造、营销和服务等过程，加速激发科技创新活力，实现向价值链高端跃升。聚焦核心技术攻关，加快国家川藏铁路技术创新中心（成都）、国家高性能医疗器械创新中心四川省分中心、生物靶向药物国家工程研究中心、先进微处理器国家工程研究中心、成都国家"芯火"双创基地以及人工智能等领域的协同创新平台建设；围绕网络安全、航空航天、工业互联网等优势领域，争取国家产业创新中心、制造业创新中心和技术创新中心布局成都，打造制造业创新网络核心支点。截至2021年，已聚集跨尺度矢量光场时空调控验证装置等科技创新基地11个、国家川藏铁路技术创新中心等重大创新平台15个、中科院成都科学研究中心等科研机构41个。

二是增强行业平台服务能力，提升对接效率。大力建设由龙头骨干带动的专业化配套集群，支持链主企业、核心企业构建产业"数据中台"，推动订单、产能、渠道等信息共享，激发上下游、左右岸、产供销协同联动，促进大中小企业创新能力、生产能力、市场能力的有效对接，推动资源能力的跨区域融合互补。鼓励行业平台结合行业特点和市场需求，为制造企业提供信息对接、定制设计、检验检测、共享制造、生产性金融等多样化服务。截至2021年，累计培育30余个具有产业特色和行业影响力的省级以上服务型制造示范平台，智慧产业园区特色专业型公共服务平台、九正建材网等平台获评国家级服务型制造示范平台，对行业平台建设具有借鉴意义。

三是突出供需平台增效机制，增强发展韧性。扎实推进"政产学研用"深度融合，围绕"5+5+1"重点产业领域，策划以企业家进校园、科学家进园区、百校千企大对接为主要内容的"校企双进"系列活动，通过线下活动与线上"云上直播+外景连线+微信群互动"等方式，推进企业、产业功能区与高校院所精准对接。截至2021年底，累计组织近4000家次企业与高校科研团队对接，展示高校院所科技成果2000余项，发布企业技术需求500余项，促进成果转化和校企地合作等1600余项，走访对接国家级创新平台600余家，促成校院企地共建重大创新平台30余个。积极搭建开放协同高效产业供需平台，充分运用工业互联网、物联网及大数据，无缝集成用户需求的预测和制造端的供应链状态，达成数据流互通，在满足用户个性化、多样化需求的前提下，实现企业降本增效。例如，成都积微物联为用户构建涵盖在线交易、仓储、加工、运输、金融等的完整服务链条，形成独具特色的工业互联网平台；天味食品积极打造"智能化客户服务中台"，疏通集团及下游经销商供需渠道，利用互联网经销商管理新模式，极大地提升了运转效率，相关经验做法在行业推广应用。

4.融通互联打造发展新承载

以66个产业功能区和专业化配套集聚地为依托，引导产业集聚发展，按照功能区所在位置、企业集聚程度、服务能级和要素流集散联系，差异化打造产业主导级、园区服务级、片区核心级三个层次的服务型制造发展体系。

一是建设产业主导级特色型集聚地。加快建设由龙头骨干带动的专业化配套集聚地，打造开放式产业创新和共享制造载体。例如，温江区以生物医药、智慧健康等相关产业为主导，联合联东集团打造集生产制造、研发设计、中试转化、生物信息服务、健康服务等功能于一体的成都医学城科技企业港，并将相关建园模式在全市推广。

二是建设园区服务级专业型集聚区。围绕先进制造业与现代服务业深度融合积极试点示范，探索建设以成都经开区为代表的国家级"两业"融合试点园区，推动物流、金融、科技等重点优势生产性服务业与制造业深度融合；毗邻重点产业园区，集聚生产性服务业企业，建设特色配套服务产业集聚区，承担制造业特色服务功能，积极推进建设国家检验检测高技术服务业集聚区，为产业转型升级提供重要服务平台和技术支撑。

三是建设片区核心级综合型功能区。支持 15 个装备制造产业相关功能区专业化、差异化、高端化发展，推进公共服务平台、标准厂房、专业楼宇等生产配套和商业、教育、医疗等公共服务配套建设，推动要素集聚，构建功能区"人城产"协调发展格局。以龙泉驿汽车产业功能区、简州新城为核心形成汽车产业集群，以新都现代交通产业功能区、天府智能制造产业园等功能区为主承载区加快航空、轨道交通和智能制造产业发展。

四　服务型制造展望及未来工作思路

（一）展望发展前景

经过多年培育发展，成都市已构建起较为完整的综合性工业体系，产业基础良好、科技创新资源富集、要素成本优势明显，具备建设制造强市的良好基础。近年来，成都市以建设践行新发展理念的公园城市示范区为统领，通过一系列措施推进服务型制造稳健发展，发展实力、服务能力、竞争能力、市场需求在西部地区具有明显的比较优势，为努力开创成都市制造业高质量发展新局面奠定了坚实的基础。

下一步，成都市将以打造国家级服务型制造示范城市为契机，以服务成都市制造业高质量发展为导向，继续把发展服务型制造作为增强成都市制造业核心竞争力、培育现代产业体系的重要举措，加快集成电路、创新药、航空发动机、新能源汽车等重点产业链培育建设，稳定供应链、配置要素链、培育创新链、提升价值链，打造一批具有比较优势、绿色低碳可持续的重点产业集群。进一步聚焦国家制造业高质量发展示范区建设需求，打造国际服务新高地，塑造成都服务新品牌，推进生产性服务业沿产业链、创新链、供应链、要素链赋能，促进先进制造业与现代服务业深度融合，助推成都市制造业高端化、智能化、绿色化、服务化。力争到 2025 年，在工业设计服务、总集成总承包、产品全生命周期管理、供应链管理等领域形成一批典型案例和标志性成果，制造业发展质效和国际竞争力居国内前列；到 2035 年，制造业高质量发展格局全面形成，将成都市建设成为全国重要的先进制造业中心和全球重要的先进制造业基地。

（二）未来工作思路

面向未来，成都市需不断剖析优势、凝心聚力、查找差距、补链强链、明确目标、抢抓机遇，统筹推进制造强市战略，加快发展服务型制造，打造具有成都特色的服务型制造新业态、新模式。

1. 深化建圈强链，夯实服务型制造产业基础

突出服务型制造，实施重点产业链链长制，以链主企业为核心，专业梳理产品上下游、左右岸供需协同关系，推行"链主企业+公共平台+中介机构+产投基金+领军人才"引培机制，以需求侧导向倒逼供给侧改革，把产业补链强链延链落到实处。推动优势产业集群发展和产业区域协同发展，围绕成渝地区双城经济圈建设和成德眉资同城化发展，共同培育电子信息、装备制造万亿级产业集群和生物医药、新型材料、节能环保等千亿级产业集群，筑牢服务型制造发展产业基础。

2. 推广服务型制造新模式，提高制造业供给体系适配性

支持众包、众创、众筹，鼓励轻纺、服装、鞋类、家具、家电等企业搭建设计数据库和体验交互平台，推广大批量个性化定制平台和小批量个性化制造系统，提升供给体系与需求的适配性。引导装备制造企业搭建运行监测中心、不间断应答中心，开展远程维护、故障预测、性能改进、租赁服务等

增值服务。支持轨道交通、能源环保企业提供工程总承包、建设—移交（BT）、建设—运营—移交（BOT）、建设—拥有—运营（BOO）等服务。做大做强轨道交通制造服务业，推动运营环境、技术装备及线网客流预警等在线监测系统建设，提升轨道交通运营维保整体实力，创建中国西部轨道交通装备维保中心。

3. 培育智能化解决方案服务，提升制造业生产效率

鼓励智能制造装备、自动化成套装备、软件企业向智能制造系统解决方案商转型；鼓励行业龙头企业向平台服务商转型。加快工业互联网发展，支持龙头企业打造一批国内领先的跨行业跨领域工业互联网平台，面向行业和中小企业提供服务，提升制造业生产效率。鼓励企业提供仿真分析、智能装配、数据采集、过程监控、现场管理、设备管理运维、质量检测、产品追溯等工业互联网解决方案。实施制造业数字化转型行动，积极推动数字化车间、智能工厂、绿色工厂建设。做强服务型制造信息基础支撑，高水平推进数字新基建，全面推进5G基站、数据中心、智算中心、信息平台建设，筑牢"智慧蓉城"数字底座。

4. 提升节能环保服务，支撑制造业绿色发展

发展绿色低碳经济，推行绿色低碳认证，构建低碳产业体系，打造国家绿色产业示范基地。支持装备制造、环境治理和生态保护领域龙头企业向融合行业技术研发、核心产品生产、成套装备制造、设计、施工、运营的"制造+服务"型企业发展。加快核心技术研发，开展污染防治第三方治理、生态环境监测、合同节水管理服务，提升工业固废处理能力。推行环保管家服务、合同能源管理，发展智慧环境监测、能源互联网、智慧电网、先进储能等新技术新模式。发展再制造服务，创建汽车零部件、家电等再生资源的回收利用体系、逆向物流体系和交易平台，建成国家循环经济示范试点城市。

5. 深化供应链管理服务，提升制造业全球竞争力

鼓励龙头企业整合内部物流资源，优化生产管理流程，推动大中小企业、第三方物流企业等建立战略联盟，推广集中采购、供应商管理库存

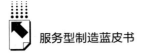
（VMI）、精益供应链等模式和服务，提高供应链的市场响应效率和产品服务质量稳定性。搭建"买全球卖全球"信息平台，支持发展第三方、第四方物流服务，优化供应链采购、分销体系，发展网络货运综合服务平台，高效整合运力资源。依托成都国际航空客货运战略大通道和国际陆海联运战略大通道，引进全球物流100强和中国物流50强企业，设立采购配送中心、供应链管理中心、单证管理中心、资金结算中心等区域总部基地，融入全球供应链体系。

6. 发展检验检测认证服务，提升制造业产品和服务质量

支持简州新城建设国家检验检测高技术服务业集聚区（四川成都）主要承载地，以发展现代装备智能制造产业为方向，聚焦智能制造、航空航天、医疗器械、先进材料等领域，构建"3+1"（检验检测技术研发—装备制造—检验检测服务+检验检测数字化）检验检测产业链，营造"检验检测+高端装备制造""检验检测+医药健康""检验检测+未来产业"等标杆应用场景，配套建立具有全国竞争力的服务体系、要素生态和政策环境，引进一批国家级检验检测重大平台、培育一批行业领军企业。

B.8
上海市浦东新区服务型制造
发展路径及成效分析

夏玉忠　王　娴　王建平　曲　昭*

摘　要： 发展服务型制造，是浦东新区打造3个世界级产业集群战略目标
　　　　的主要路径，是落实先进制造业与现代服务业深度融合、打响
　　　　"上海制造"的重要抓手。近年来，在工信部和上海市经信委指
　　　　导下，浦东新区以工业设计引领服务型制造转型升级，促进科技
　　　　创新转化为产品竞争力，赋能浦东"六大硬核产业"（中国芯、
　　　　创新药、蓝天梦、未来车、智能造、数据港）迈向高质量发展，
　　　　在上海市16个区中率先获得国家级服务型制造（工业设计特色
　　　　类）示范称号。

关键词： "六大硬核产业"　服务型制造　工业设计　浦东新区

一　服务型制造发展基本状况

（一）总体阐述

　　浦东新区的开发开放与迅速崛起，是中国改革开放和发展进程中的重要
标志与成果。近几十年来，浦东新区实现了经济飞跃式增长，生产流通领域

---

* 夏玉忠，上海市浦东新区科技和经济委员会；王娴，上海市浦东新区科技和经济委员会；王
建平，上海市浦东新区科技和经济委员会；曲昭，服务型制造研究院工程师，主要研究方
向：科学计量与科技管理、科学学与科技政策。

与国际快速接轨，为上海市塑造国际性经济与金融中心提供了坚实的基础与强有力的支撑，对长三角地区经济增长态势与经济循环方式产生了全面、深刻、持续的影响。习近平总书记在浦东开发开放 30 周年庆祝大会上指出，浦东新区要面向世界科技前沿，开展全球科技协同创新，深入推进高水平制度型开放，增创国际合作和竞争新优势。为此，面向经济高质量发展，浦东新区在坚持以国内循环为主体、国内国际双循环相互促进的新发展格局基础上，需定位于推进制造业高端化、智能化、绿色化、服务化转型，推动先进制造业与现代服务业的深度融合，使浦东新区成为全球产业链供应链价值链的重要枢纽以及面向国内国际双循环的全球创新之城。

1. 经济发展概况

浦东新区是我国经济体量最大的市辖区，被誉为"中国经济第一强区"。上海市委、市政府 2019 年出台《关于支持浦东新区改革开放再出发实现新时代高质量发展的若干意见》，依法赋予浦东新区市场经济管理权限。

2021 年，浦东新区全年实现地区生产总值 15352.99 亿元，同比增长 10.0%；规模以上工业总产值 12442.53 亿元，同比增长 14.8%；工业增加值 3671.49 亿元，同比增长 13.9%。"六大硬核产业"总量迈上万亿能级。"中国芯"产业规模达 1895 亿元，"创新药"产业规模 937 亿元，"蓝天梦"产值 111 亿元，"未来车"产值 3667 亿元，"智能造"产值 1427 亿元，"数据港"营业收入 3411 亿元。经济发展整体呈现稳中向好态势。

2. 服务型制造发展情况

浦东新区服务型制造发展基础坚实，聚焦尖端领域，占领创新高地。航空航天、电子及通信设备、医疗设备及仪器仪表制造等高端化、智能化、技术密集型产业是浦东新区服务型制造发展的代表性产业，服务型制造总产值占全区制造业总产值的 1/3 以上。同时，人工智能、工业互联网、集成电路、机器人、生物医药、节能环保、软件和信息服务等多个产业的发展处于全市乃至全国领先地位，是上海目前企业最聚集、类型最丰富、人才最密集的创新实践区。浦东新区服务型制造发展整体情况总结如下。

载体建设层次分明，重点产业集聚效应显著。拥有陆家嘴、世博、张江、金桥、康桥、外高桥、临港等多个国家级、市级现代服务业和先进制造业产业版图，形成了功能片区、产业集聚区、镇产业园区、企业总部四个服务型制造载体层次。载体产业主题鲜明，聚集了集成电路、人工智能、航空航天、海工船舶、汽车制造、生物医药等重点产业的大批高质量企业。

转型趋势明显，服务化率快速提升。2021年生产性服务业营业收入达到8421亿元，同比增长22%，增速超上海平均水平，服务型制造示范企业服务化率平均达到38.5%以上，在全市16个区中起到积极的示范作用。形成了制造业企业积极延伸产业链与价值链、利用数字化手段促进服务智能升级、提供专业平台化服务的三条具有浦东新区特色的服务型制造发展路径。

工业设计发展成效显著，获得国家级服务型制造（工业设计特色类）示范称号。在国家工信部指导与上海市建设世界一流"设计之都"的目标指引下，浦东新区正逐渐成为原创工业设计的首发地、优秀工业设计的产业转化高地，工业设计产业规模快速增长。目前浦东新区共计有6家国家级工业设计中心、13家市级工业设计中心。涌现了中芯国际、泛亚汽车、中国商飞客服工业设计所等大型专业设计单位，惠生工程、时新设计等知名独立设计企业，中兴终端产品设计中心、擎朗智能、欧普照明等设计引领型示范企业。

（二）主要特点及创新实践

1. 聚焦尖端领域，服务型制造引领重点制造业产业突破发展

浦东新区的工业设计紧紧围绕高端硬核产业，以解决制造业短板问题为目标，破解一批"卡脖子"技术、实现一批"零"的突破、成就一批"世界之最"。面向集成电路、生物医药、航空航天等产业，持续推动前沿技术攻关，使产业研发创新能力向更高台阶迈进。在芯片领域，先进设计进入6纳米水平，制造工艺14纳米芯片实现量产，5纳米刻蚀设备已应用于全球先进的集成电路生产线；在船舶设计领域，自主研发的船用低速柴油机曲轴实现了长期"卡脖子"技术突破；在生物医药领域，目前仅张江便拥有600

余家领域内创新企业，包括 300 余家设计研发型科技中心企业和 40 家 CRO 公司，迄今已有 10 个一类新药获批上市，占全国的近 20%，排名全国第一，诞生了细胞治疗领域国内首个细胞治疗一类新药产品；在国产飞机方面，ARJ21 支线客机正式开展商业化运营，C919 大型客机已进入局方审定试飞阶段，CR929 宽体客机首个大部件开工建造，当前正研制国产大型客机配套的 CJ 系列发动机，已完成验证机全部设计工作，有望打破飞机发动机的国际性垄断。

2. 凸显科技属性，服务型制造助力设计与技术结合创新发展

浦东新区工业设计的发展依托大科学设施建设、基础研究能级提升及高等级研究机构集聚，具有明显的高研发投入、高技术含量、高人才资源的"硬科技"属性。浦东新区高端产业集聚，创新策源能力突出，要素资源配置科学，有力地推动了工业设计的高起点、高水平发展。工业设计过程从人工设计与内源性设计转为智能化和自动化设计。其中人工智能、大数据、虚拟仿真等数智技术起到了显著的赋能作用，平台化与开放式的协同设计优化并调整了组织架构。

3. 发挥金融中心优势，生产性金融服务与科技创新融合发展

浦东新区社会创新资本集聚优势突出，通过陆家嘴金融城与张江科学城积极联动，利用金融服务助力制造业实体经济发展，以金融资源撬动科技创新。科创板的鸣锣开市，为"六大硬核产业"内龙头企业提供了进一步发展壮大的平台。"十三五"期间，浦东新区科技发展基金共受理各类专项资金项目 16963 项，资助金额约 16 亿元。在科技发展基金的扶持下，服务型制造企业核心竞争力不断增强，新增发明专利授权量从 2015 年的 4654 件增加到 2021 年的 8415 件。截至 2021 年底，经认定的高新技术企业 4200 余家，各级企业研发机构 754 家，科创板上市企业 32 家。同时，有效撬动社会资源投入，带动企业研发设计投入约 200 亿元，撬动银行、风险投资等社会资金投入近 150 亿元，财政资金的放大效应达近 22 倍，并运用科技创新券、绩效奖励等多种措施，吸引各类要素资源集聚，极大地优化了服务型制造企业的发展环境。

4. 建立区域服务型制造发展标杆，辐射长三角区域引领发展

浦东新区开发开放以来，始终引领、服务于长三角经济发展。如同过去昆山精准承接浦东新区的产业溢出并实现经济腾飞，目前临港新片区的制度创新又成为南京江北新区等区域创新发展的标杆。目前，浦东新区服务型制造发展的新业态与新模式，正通过龙头企业在长三角地区设立的制造基地、分支机构等网络触点，向长三角先进制造业集群进行技术、理念、方法层面的渗透与输送。浦东新区集成电路、生物医药的研发成果，绝大部分在长三角地区实现了产业化，有力地促进了广大长三角区域内制造企业提升研发设计水平，为"长三角一体化"建设提供了坚实的产业基础。

二 推进服务型制造发展的主要举措

浦东新区通过积极制定与宣贯相关政策、全方位构建产业生态、发挥工业设计引领作用等举措，为服务型制造转型发展营造了良好的氛围，有力地促进了浦东新区制造业高质量发展。以工业设计引领服务型制造发展的理念，赋予浦东新区服务型制造转型升级的独特色彩。

（一）积极制定与宣贯相关政策

自上海市发布多项与服务型制造相关的政策文件以来，浦东新区持续深入探究服务型制造，围绕服务型制造理论与实践的最新前沿，开展"浦东新区服务型制造现状分析与对策研究""浦东新区生产性服务业发展指数研究"等近10项专题研究。自2018年以来，浦东新区在开展服务型制造政策宣贯工作的基础上，强调工业设计对制造业转型升级的重要意义，大力宣传以工业设计引领服务型制造升级的科学理念。结合产业发展实际，强化机器人、航空航天、海工船舶等高端装备产业的关键设计能力，在汽车、电子信息等领域发挥浦东优势，以工业设计实现传统产业设计升级。除对《工业和信息化部办公厅关于开展第三批服务型制造示范遴选工作的通知》进行政策解读与申报动员外，第一时间为企业提供市级工业设计中心遴选、上海

"设计100+"评选、浦东区级产业扶持等相关政策的解读服务。建立由国内外工业设计领域名家参与的社会化决策智囊团，为浦东新区工业设计发展提供专业化的咨询意见，引导企业开展工业设计能力提升行动，展示浦东新区"六大硬核产业"的工业设计成果，打响浦东新区工业设计品牌。

"十三五"期间，浦东新区通过产业政策与资金扶持，在推动服务型制造转型升级、鼓励设计企业创新研发、集聚要素资源、优化企业发展环境等方面取得了显著成效。

实施浦东新区大企业开放创新中心计划，配套浦东新区科技发展基金科创策源专项资金予以扶持。按照服务型制造发展要求，推动大企业将研发中心、设计中心转变为开放创新中心，加快构建各主体相互协同的创新联合体，促进龙头企业与配套企业协同发展。自2021年7月该计划发布至2021年底，共授牌34家开放创新中心和36家技术、资本、信贷赋能合作伙伴。未来三年内，浦东新区拟建设大企业开放创新中心100家以上、赋能高质量创新企业5000家以上。

出台顺应"十四五"时期发展要求的全新《浦东新区科技发展基金管理办法》及十项专项资金细则。针对工业设计的基础研究、原始创新、成果转移、知识产权等各环节，设计全新的科创策源专项资金管理办法，支持新型研发机构加速发展，支持科研院校青年人才开展研究工作，以创新驱动力点燃服务型制造发展新引擎。

发布重点产业三年行动方案，明确各领域服务型制造发展重点。《浦东新区人工智能赋能经济数字化转型三年行动方案（2021—2023年）》明确利用人工智能技术赋能集成电路、新药合成路线以及药物分子的设计，加快IC设计平台的搭建；《浦东新区集成电路产业高质量发展三年行动方案（2021—2023年）》明确做优做强集成电路设计产业园，使芯片设计产业持续领跑全国、达到国际先进。《浦东新区机器人产业高质量发展三年行动计划（2021—2023年）》明确以张江机器人谷和金桥机器人产业园为核心，围绕龙头企业、重点领域提升产业创新力，以机器人及其关键零部件、高速高精加工装备和智能成套装备为重点，大力发展服务型制造，提升工业设计能力。

制定《浦东新区关于加快特色产业园区建设促进产业高质量发展的实施意见》，以工业设计引领服务型制造发展为目标，向工业设计特色产业园等特色产业集群提供空间资源、项目推进、财政补贴、金融服务、人才引进等五大类十余条支持举措，有力支撑浦东新区工业设计特色产业园区建设。

发布《浦东新区"十四五"期间促进专业服务业发展的财政扶持办法》，针对提供方案咨询、工业软件服务等专业生产性服务业企业，对于新引进机构，按其对浦东新区形成的综合贡献，五年内给予奖励。对于存量企业，在综合考量经济贡献、科技创新、促进就业、节能减排、社会诚信和安全生产等因素后给予奖励。

（二）全方位构建产业生态

随着服务型制造相关政策的制定与宣贯工作的推进，浦东新区通过丰富公共平台资源、集聚优势科研力量、树立品牌形象、创新知识产权保护机制等举措全方位构建有利于服务型制造发展的产业生态。

丰富公共平台资源，强化公共服务支撑作用。打造以龙头企业创新为主、配套公共服务平台为辅的平台资源库，为提升产业链价值链提供有力支撑，重点搭建重大技术创新平台、研发与转化功能型平台、专业技术服务平台，赋能四大优势产业创新发展。上海市集成电路产业研发与转化功能型平台提供集成电路产业前沿技术领域的工艺设计规则制定、仿真建模设计、负显影光刻工艺及 OPC 解决方案设计、芯片设计、光刻胶等国产材料零部件设计评价及验证等服务；上海市生物医药产业技术功能型平台提供覆盖小分子化学药与大分子生物药品的中试放大、细胞制剂与药物筛选新技术研发与流程设计及验证等服务；上海市智能制造研发与转化功能型平台提供智能工艺与装备国内外协同开发设计、智能服务型制造标准制定及系统解决方案设计、技术成熟度测试验证等服务；上海市工业互联网研发与转化功能型平台提供工业互联网标识解析二级节点测试、面向制造业的标识解析关键技术标准试验验证等服务。

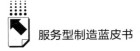
集聚优势科研力量，促进服务型制造人才结构优化。2021 年 7 月，浦东新区科经委与长三角国家技术创新中心签订战略合作协议，推动在浦东新区建设长三角国家技术创新中心专业研究所，探索实施重大项目拨投结合机制，共同引进优质海外创新创业资源。同步推进中国科大上海研究院建设，在浦东新区布局浙江大学上海高等研究院、交大张江高等研究院、李政道研究所等多家科研单位。上海量子科学研究中心、上海国际人类表型组研究院、上海处理器技术创新中心、上海长三角技术创新研究院、上海产业技术研究院等各新型研发机构在领域方向、运营模式等方面呈现出特色化发展态势。浦东新区人社局支持尖端人才进驻浦东新区博士后科研工作站、浦东新区企业博士后科研工作站分站，从事"中国芯""创新药""蓝天梦""未来车""智能造""数据港"等"六大硬核产业"重点项目研究。开展海外留学人员创办企业评级，对获评"海创之星""海创之梦"的企业予以奖励。实施新一轮人才租房补贴政策，建成首批约 1300 套张江国际社区人才公寓。

树立品牌形象，成功举办新一届世界人工智能大会。2021 年世界人工智能大会上颁布了卓越人工智能引领者奖，同时举办了第四届青少年人工智能创新大赛暨全国邀请赛、AIWIN 世界人工智能创新大赛，充分展现了浦东新区人工智能品牌形象，为服务型制造发展奠定了硬件基础。发布了"华山二号 A1000 Pro 芯片""ASR 7205""百度超级链城市链管平台"等十大人工智能创新产品名单；曜科智能、索辰信息、上扬软件等八家企业"挂帅"，数智赋能服务型制造发展态势渐显，优质企业进一步集聚，微创医疗机器人、应脉手术机器人等 20 余个重点项目在浦东新区发布会上签约。

创新知识产权保护机制，推进知识产权改革。浦东新区作为具有全球影响力的科技创新中心核心功能区，独立设置区知识产权局，建设专利、商标、版权、原产地地理标志"四合一"的知识产权管理体系，形成以"六个双"为标准的政府综合监管机制（双告知、双反馈、双跟踪、双随机、双评估、双公示），探索信用、风险、分类、动态四类监管。在国内率先开创集约高效的知识产权综合监管与保护新模式，先后建设中国（浦东）知识产权保护中心、国家知识产权运营公共服务平台国际运营（上海）试点平台、中国（上海）自贸区版权服务中心，不断深化快速授权、快速确权、快速维权、快速登记、快速监测、快速交易职能。成立"中国贸促会（上海自贸试验区）知识产权争议解决与海外维权工作站"，为服务型制造、设计研发企业提供基于全球化视野的知识产权综合服务。

（三）发挥工业设计引领作用

浦东新区通过加快工业设计中心认定、提升工业设计龙头企业集聚度、打造工业设计企业矩阵等有效途径，充分发挥工业设计对服务型制造发展的引领作用。

高度重视、全力支持、广泛发动企业参与国家级工业设计中心遴选及上海市设计创新中心认定。2021 年，浦东新区新增上海微创医疗器械（集团）有限公司工业设计中心、特赞（上海）信息科技有限公司 Tech & Design 中心等 2 家国家级工业设计中心；新增聚辰半导体股份有限公司工业设计中心、上海良信电器股份有限公司工业设计创新中心、上海佳昌工业设计中心、上海傅利叶工业设计中心等 4 家上海市设计创新中心；新增翱捷科技股份有限公司、玛戈隆特骨瓷（上海）有限公司、上海汉图科技有限公司、上海宽创国际文化科技股份有限公司等 4 家市级设计引领示范企业。截至 2022 年 5 月，浦东新区累计拥有国家级工业设计中心 6 家、市级工业设计中心 13 家。

不断加大招商力度，提升工业设计龙头企业集聚度。截至 2022 年 3 月，芯片设计业全球前 10 强中有 7 家在浦东新区设有总部或研发机构，国内前 10 强中有 4 家总部在浦东新区；以中国商飞、上汽大通、外高桥造船等装备制造领域工业设计巨擘为核心的设计产业集群逐步壮大，大飞机产业园持续与临港片区开展产业互动，吸引了机体结构件、复合材料、标准件、管路线缆及内饰内设、发动机配套等领域的国内外顶尖设计企业；长江存储产品研发中心、晶晨半导体汽车电子芯片创新工程研发中心

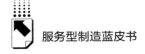
加紧建设，宁德时代、小米汽车、斑马智行、中通瑞德、同元浩微等重点项目及上汽联创智能网联创新中心、宝马阿里首个全球跨界合作项目等重点平台纷纷落地。

强力推进大企业开放创新中心，打造工业设计企业矩阵。浦东新区支持工业设计领域龙头企业、领军企业与外部共享关键技术、设计平台、领军人才、产业资本、核心数据及市场主导权等优势资源，帮助中小企业及创新设计团队共同成长。2022年新增13家大企业开放中心，目前已有西门子医疗上海创新中心、大飞机创新谷、阿里云—宝马初创车库、微创奇迹点孵化器、施耐德电气创新赋能中心、ABB机器人赋能中心、大型邮轮创新中心、杜邦上海创新中心、船舶动力工程研发中心等多家设计企业开放创新中心，将形成一批高价值的设计成果，壮大一批高能级的设计企业，培育一批世界级的创新集群，成就一批领军型的设计人才，确保浦东新区工业设计企业数量充足、创新活力十足、发展后劲实足。

三　发展成效和主要经验

（一）发展成效

浦东新区多年来坚持将先进制造业与现代服务业深度融合，以工业设计引领服务型制造发展，呈现出以产业升级为导向、创新活跃、效益显著的发展特征。同时，浦东新区的先进制造业价值链模块化分工趋势明显，不断帮助制造业开展产品创新与服务创新、引领产业创新升级。

1.服务型制造发展主要经济指标

2018年至2021年10月，浦东新区服务型制造发展的相关主要经济指标如表1所示。不难发现，国家级工业设计中心以及专利数量等整体呈增长态势，规模以上工业企业利润率、生产性服务业增加值占GDP比重亟待提升，同时需进一步提升全社会研发投入占GDP比重。

表 1   2018 年至 2022 年 10 月浦东新区服务型制造发展主要经济指标

单位：%，个

项目		2018 年	2019 年	2020 年	2021 年 1~10 月
规模以上工业企业利润率		8.51	8.19	6.39	6.56
生产性服务业增加值占 GDP 比重		45.48	46.38	46.14	预估 45 左右
全社会研发投入占 GDP 比重		4.00	3.85	3.89	3.64
国家级工业设计中心		—	2	4	6
国家工业设计研究院		—	—	—	—
省级工业设计研究院		—	—	—	—
中国优秀工业设计奖		—	—	—	—
专利数量	每百万人发明专利授权数	1223	1343	1455	1530
	每百万人外观专利授权数	608	541	834	1100
	每百万人实用新型专利授权数	2390	2324	3200	3800

2. 工业设计企业数据库建设情况

浦东新区将工业设计企业数据库建设与大企业开放创新中心计划相结合，建立"一企一档一专员"工作制度，为每家设计创新中心建立一套规范的在线数据档案，配备一名专属服务人员，提供针对性、精准化服务，形成赋能合力。数据库主体包括创新中心、创新中心的赋能企业、赋能合作伙伴三类。数据涵盖企业基础信息、赋能信息、个性化需求信息。建设完善的信息化服务平台，通过创新中心联络专员定向通知，通过区域服务专员提供针对性服务，通过赋能伙伴在金融、技术、应用场景等方面给予支持。政府相关部门可动态掌握创新中心发展态势，了解企业需求，切实解决共性与个性问题。

3. 工业设计集聚发展情况

浦东新区先进制造业已形成以临港为重要战略增长极，张江、金桥、外高桥为核心的"一极三核"格局；工业设计产业与制造业高度关联，呈现出"一条走廊、三类群落、五个组圈"的空间布局。

从设计企业分布来看，工业设计企业主要位于"南北科创走廊"，串联起外高桥保税区、金桥经济开发区、张江科学城三个重要设计创新区域。从设计主题来看，张江科学城、金桥经济开发区聚集了数量最多、市场化程度

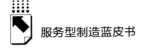

最高的工业设计企业，作为世界级制造业创新策源地，形成了"芯片设计群落""生物医药研发群落""智能设计群落"。从设计配套来看，张江—临港—外高桥—金桥—曹路—川沙构成"电子信息组圈"，张江—外高桥—老港构成"生物医药组圈"，临港—张江—祝桥构成"民用航空组圈"，金桥—临港—张江—康桥—曹路—航头构成"智能汽车组圈"，临港—外高桥—金桥—张江—康桥—周浦—航头构成"高端装备组圈"。

目前，浦东新区已有11家园区获评上海市特色产业园区。集成电路设计产业园、东方芯港、张江人工智能岛一/二期、信息飞鱼、大飞机园、张江机器人谷、海洋创新园等逐步形成工业设计集群，成为浦东新区经济发展的新亮点。在此基础上，浦东新区发动各片区、街镇开展区级特色产业园区建设，目前已有20家园区成功入围。

4. 工业设计典型企业

（1）中芯国际集成电路制造（上海）有限公司

中芯国际是中国内地技术最先进、配套最完善、规模最大、跨国经营的集成电路制造企业集团。2020年，14nmFinFET进入量产，破解14nm集成电路制造工艺"卡脖子"技术，在集成电路先进制程方面取得重要突破。2022年上半年，55纳米BCD平台第一阶段完成研发，进入小批量试产。

典型经验：2021年企业研发投入约6.4亿美元，研发占比约11.7%。研发团队超过1800人，团队成员来自全球，具有高度的国际化视野。IP设计能力涵盖从0.35微米到28纳米的各个技术节点。截至2022年上半年，累计获得授权专利12684件、发明专利10913件、集成电路布图设计权94件，极大地提升了中国晶圆制造整体工艺水平，缩小了与世界先进工艺技术之间的差距。凭借先进的集成电路设计、研发与制造能力，企业提供从光罩制造、IP研发及后段辅助设计到封装测试的一站式解决方案，有效帮助客户降低成本、缩短产品上市时间。

带动效果：成立整合国内IC产业链的集成电路先导技术研究所，打造联动设备厂商、材料供应商、代工厂、设计公司及科研机构的公共平台；大力扶持上下游企业，发挥产业集聚效应；倡导使用国内厂商生产的设备；随着中芯国际的工艺不断演进，设备厂的技术能力显著提高；积极与国内领先的 IC 设计公司如华为、华大等开展密切合作，在无线、安全、低功耗等技术方面取得了较大突破。

（2）泛亚汽车技术中心有限公司

泛亚汽车由通用汽车和上汽集团共同组建，是国内第一家获颁"国家认定企业技术中心"的合资汽车企业，为雪佛兰、别克、凯迪拉克等品牌多款车型提供设计造型、工程开发和试验认证服务。

典型经验：将上汽通用众多产品车开发项目作为锻炼队伍、积累经验材料、培养人才的重要载体；拥有众多全球领先的开发设计设施；应用多种国际先进的质量工具和方法，形成极具特色的"内建质量 V 模型"；利用数字化技术支持研发业务系统建设，形成与时俱进的产品设计研发核心竞争力。

带动效果：泛亚技术中心被誉为汽车工业设计的"黄埔军校"，为新能源汽车设计行业输送了大量的专业设计人才；在电动系统设计方面与宁德时代、时代上汽等企业开展合作，促进新能源汽车的三电核心系统设计能力提升。

（3）上海英威腾工业技术有限公司

上海英威腾是伺服驱动器领域的领军企业，研发的 6 轴自由度智能伺服系统突破了"卡脖子"困境，是国内除中车集团外唯一通过完全自主研发完成轨道交通车辆牵引系统开发的供应商。

典型经验：坚持以技术设计创新为核心，为下游客户提供整体解决方案；致力于国际资源整合，持续与国际一流厂商开展交流合作，准确把握行业动向，形成较高的技术研发起点；引入 IPD 开发模式，先后建立数控系统、电液伺服系统、交流伺服系统、工业机器人及成套设备等核心设计平台，形成独特的技术竞争优势。

带动效果：通过总集成总承包的项目实施，与产业链上下游企业建立专业协同合作关系，带动机械、装备制造、电子信息等弱电行业企业提升配套设计能力。

（4）上海药明康德新药开发有限公司

上海药明康德是行业内极少数能够在新药研发全产业链上具备服务能力

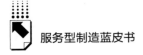

的企业，服务范围覆盖从概念生产到商业化生产的整个流程。

典型经验：筑高平台规模壁垒、降低新药研发门槛；通过收购，快速建立全球领先、提供24小时服务的PROTAC药物发现和测试服务平台、临床研究数据统计分析平台、医生在线培训咨询平台，基于多源数据，服务多类型客户，提供一站式的新药研发及生产性服务。

带动效果：药明康德的开放式新药研发服务平台，为细分领域的药物研发设计企业、药物检测设备设计企业、特殊医疗器械设计企业提供了更多地接触市场与客户的机会，提高了成果转化率，形成了围绕新药研发平台的制造生态圈。

5. 工业设计赋能"六大硬核产业"

"中国芯"：6nm工艺5G芯片实现商业化应用，芯片设计节点进入5nm；14nm及以下工艺具备规模量产能力；大硅片、光刻胶、钨抛光液等关键材料进入产线试用。

"创新药"：已有超过10个一类新药获批上市，国内首个细胞治疗产品获批上市；2个医疗器械通过创新医疗器械审批通道注册获批，约占全国的10%。

"蓝天梦"：中国商飞上海飞机设计研究院交付ARJ21飞机；C919大飞机的首家用户的首架飞机在浦东新区机场飞行试验成功；CBJ公务机完成TC设计更改和取证。

"未来车"：发布国内首颗车规级智能驾驶芯片；成功在2021年世界人工智能大会期间开展自动驾驶汽车应用体验活动；正式开展临港、金桥智能网联汽车城市开放道路测试，累计规划里程576.06公里。

"智能造"：中国首制大型邮轮全船结构贯通、整船起浮，进一步验证了在设计、工艺、生产、总装建造等阶段的一系列重大科研成果；振华重工成功研制了国内首个超高环保斗式垂直提升机；张江机器人谷和金桥机器人产业园建成了全球一流的机器人技术创新中心；外高桥造船、振华重工、良信电器入选国家级智能制造优秀场景名单。

"数据港"：建成国内首个5G全连接工厂，工业互联网标识解析国家顶级节点落户浦东新区；临港新片区打造辐射全球的跨境综合数据枢纽，打造国内首个"跨境数字新型关口"。

（二）主要经验

浦东新区服务型制造发展体现了工业设计的引领作用，现代服务业与先进制造业融合程度加深、工业设计介入产业链价值链全阶段。重点发力"微笑曲线"两端附加值高的设计研发、后市场服务，同时依托扎实的软件与信息化产业基础，在人工智能、工业互联网等数智技术的助力下，对制造业生产流程开展智能化升级，形成了多种服务于浦东新区实际、产业特色鲜明、创新叠加的融合发展模式，主要经验如下。

第一，总集成总承包+工业互联网创新应用模式。发挥浦东新区大型先进制造业整合产业内相关资源的优势，以产品为载体，提供从设计规划到运营维护的全过程服务。同时通过工业互联网集成供应链上下游企业，形成生产活动的跨企业组织协同和生产资源的网络化配置。如振华重工通过探索自动化码头的创新服务模式，为全世界码头用户提供定制化一站式解决方案，带动产业转型升级。

第二，智能工厂+大规模个性化定制的融合发展模式。核心企业开展的研发设计创新，满足了上下游配套企业对制造与服务资源的大量需求，形成了智能工厂+大规模定制模式。即建设智能工厂，对设备运行参数、人员操作、生产进度、现场环境等工业数据作出全方位感知，集成设计与生产数据，快速响应设计方案，精准实现设计要求，实现大规模柔性定制。如浦东新区的ABB机器人、延锋汽车装饰智能工厂的应用提升了生产效率与服务质量。

第三，开放式设计+数字化平台赋能的发展模式。开放式设计是工业设计的主流方向，能够整合全球设计资源，大幅降低设计成本，缩短研发周期，有效推动服务型制造发展。同时，虚拟仿真、验证测试等数字化平台的搭建可有效赋能工业设计发展，提升产品创新能力。如药明康德的"一体化、端到端"新药研发服务平台，承载了来自全球30多个国家4400余家合作企业的研发创新项目。

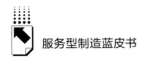
四 服务型制造展望及未来工作思路

未来，浦东新区将继续深入贯彻落实国家关于进一步促进服务型制造发展的指导意见，按照国家和上海市关于促进服务型制造发展的系列要求，对标国家标准及其他示范城市，以打造社会主义现代化建设引领区为契机，结合与服务型制造领域相关的三大方面 59 项任务，充分发挥"引领区"制度创新优势，加强"自主创新"与"自贸区"联动，在夯实发展基础、注重人才培养、推进载体建设和提升服务能力等方面持续发力，加快国际数据港、全球数字经济创新园区建设，深化数智技术运用、创新多种服务型制造模式，努力把浦东新区建成服务型制造标杆区、引领区。

（一）工作目标

下一步，浦东新区将以形成世界级人工智能、集成电路、生物医药产业集群为目标，在长三角一体化发展中发挥好区域性龙头与辐射作用，做好国内国际"双循环"的战略连接，成为上海"国际科创中心"的核心区，以工业设计推动服务型制造深入发展，实现"再造一个浦东"愿景。

"十四五"时期，浦东新区计划通过实施"五大倍增行动"，力争到 2025 年实现经济总量突破 2 万亿元，工业增加值 4600 亿元，占 GDP 比重保持在 20% 以上；工业总产值 18400 亿元，战略性新兴产业产值占比上升到 45% 以上，使制造业产业规模能级和质量效益迈上新台阶，基本形成重点领域高端产业引领格局，核心关键环节创新策源能力明显提升，重点产业载体经济密度显著提高。同时，大力发展服务型制造，赋能产业高质量发展。实现"十四五"期间工业设计累计增加值 500 亿元目标，加快产业基础再造、破解"卡脖子"技术进程，强化产业基础支撑，提升产业链现代化水平，"六大硬核产业"创新能力明显提高。

（二）指导思想与重点区域任务

浦东新区将坚持高质量发展理念，做优三大支柱产业集群、做强五大高端产业集群、培育若干新兴产业集群，强化长三角区域产业集群分工协作，构建创新驱动、高端引领、赋能融合、集群发展的现代化开放型产业体系。

服务型制造发展以工业设计为引领，将制造业提质增效和转型升级作为发展目标。加强政策引导与支持力度，促进工业设计与传统产业相结合；发挥企业的市场主体作用，推进国家级工业设计中心建设，增强企业的设计创新能力；加快发展先进产业创新集群，营造适合于发展工业设计的产业环境，促进产业结构调整与优化升级，形成国民经济增长的新驱动力，增强在国际市场的竞争力和影响力，重点区域任务如下。

以临港新片区建设为契机，打造人工智能、集成电路、生物医药世界级产业集群。充分发挥临港片区制度创新优势，加强"自主创新"与"自贸区"的"双自联动"，拓展保税研发、保税设计、保税制造。加快国际数据港、全球数字经济创新岛建设，聚焦工业设计数字服务、工业设计数字内容、工业设计云服务，打造国际领先、国内一流的工业互联网研发和转化平台。

发挥张江科学城创新策源作用，推进上海"国际科创中心"建设再上台阶。聚焦工业设计，突破一批核心部件、推出一批高端产品、形成一批中国标准。在体制改革、科技成果、创新发明等方面引领世界潮流，进一步提升张江科学城的国际化程度和资源开放水平，形成工业设计创新成果不断涌现、基础研究能力和源头自主创新能力不断提升的发展局面。

（三）"六大硬核产业"工业设计推进重点方向

"中国芯"：加快芯片设计软件（EDA）和核心 IP 研发，加强汽车电子芯片和工业控制芯片的设计，加快先进制造工艺研发和量产，优化封装测试能力，发展高端半导体设备和材料，建设更多能级强、规模大的重点项目。

"创新药"：大力发展 CAR-T 细胞治疗产品、生物医药等细分产业，优化产业结构，聚焦研发成果落地转化，推动支持生物医药研发与转化的生产性服务业发展。

"蓝天梦"：推进航空产业园建设，推动材料、航电、机电、微小卫星商业应用等相关配套产业发展。

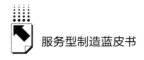

"未来车"：继续做强以金桥、临港、张江为核心的汽车整车和零部件产业集群，加快新能源车辆生产交付，在金桥5G示范园等地探索智能网联、无人驾驶、三电技术。

"智能造"：加快发展人工智能，推动机器人核心零部件、关键技术和海洋工程平台取得积极进展，加强智能制造在海洋工程装备等产业的运用。

"数据港"：积极推动国际数据港建设，加强大数据与人工智能的联动，以新一代信息技术赋能制造业创新，打造"张江在线"新经济特色园，开辟数字经济时代的重点阵地，引领上海、长三角乃至全国新一轮数字经济发展。

（四）未来工作思路

1. 夯实服务型制造基础设施

持续推动基础科研设施集聚，研究部署国家级工业设计研究院引入方案。按照上海市科技创新部署，围绕集成电路和微纳电子两大研究方向，建设高能级张江实验室，同时积极争取人工智能、生物医药等重点领域的国家实验室落地浦东。将长三角一体化战略与具有全球影响力的科创中心核心区建设相结合，加快推动浙江大学上海研究院落地，吸引长三角一流高校来浦东新区建设高水平科研机构，形成高端科研资源集聚高地。持续支持工业软件种子企业，培育工业软件行业标杆。

2. 组建服务型制造人才梯队

促进面向服务型制造的工业设计企业与国内外知名设计院系合作，开展人才定向输送，建设企业实训基地，建立校企联合设计中心。构建工业设计人才评价体系，开展工业设计职业资格制度、职称评定制度试点工作，为工业设计人才职业道路争取更大上升空间。加大人才引进专项资金支持力度，探索建立工业设计人才资源库等长三角共建共享机制。

3. 推进服务型制造特色产业园区建设

集成电路设计园持续精准招引，促进园区产业链联动，支持开展联合工艺研发，建设园区公共服务平台。对存量工业设计园区，进一步细化产业定位，重点立足市区两级特色产业园，坚持头部企业核心引领，带动上下游企业集聚。加快出台相关支持措施，从规划、土地、金融、服务等环节为服务型制造特色产业园区发展提供支持。

4. 提升服务型制造发展能力

以工业设计引领服务型制造发展，大力推广在线设计、智能设计。鼓励企业运用数字化平台赋能设计创新，以用户需求为核心，实现从先进技术到高端产品的流畅转化。推广人工智能设计模式，举办人工智能设计竞赛，提高设计效率。举办聚焦工业设计的国际性展会、品牌活动，助推上海"设计之都"建设，积极融入"长三角工业设计联盟"。

B.9
重庆市服务型制造发展路径及成效分析

赵 刚 李 樾 刘梦秋 罗建强*

摘　要： 作为制造业重镇，重庆市产业门类齐全、产业基础扎实，发展势头良好，为服务型制造发展开拓了广阔的空间。近年来，重庆市以价值链为主线，围绕汽摩、装备制造、电子信息等支柱产业，以总集成总承包、个性化定制、在线支持服务等为发展方向，加快培育服务型制造新模式新业态，引导企业从以加工组装为主向"产品+服务"转型。同时，重庆市抢抓服务型制造发展机遇，找准自身定位，坚持把工业设计作为服务型制造特色发展方向，助推先进制造业与现代服务业深度融合，加快制造业高质量发展，建设具有国际影响力的"设计之都"。

关键词： 服务型制造　工业设计　设计之都　重庆市

一　服务型制造发展基本状况

（一）总体阐述

作为国家重要的现代制造业基地，重庆市拥有全部31个制造业大类行业，基本建成门类齐全、产品多样的制造业体系，拥有全球最大的电子信息

---

* 赵刚，重庆市经济和信息化委员会；李樾，重庆市经济和信息化委员会；刘梦秋，重庆市经济和信息化委员会；罗建强，江苏大学中国农业装备产业发展研究院副院长，中国服务型制造联盟专家，主要研究方向：服务型制造。

产业集群和国内最大的汽车产业集群，在新材料、装备制造等领域也有深厚的产业积累，为服务型制造发展提供了广阔的应用场景和市场空间。当前，重庆市已基本完成由国家老工业基地向国家重要现代制造业基地的转型，初步形成了以人才评价为核心、以公共服务为支撑、以全链条生态为引领的独具特色的服务型制造创新发展模式。全市制造业转型升级取得明显成效，在工业设计方面表现尤为突出。2021 年，重庆市成功获评国家级服务型制造（工业设计特色类）示范城市，服务型制造总体运行良好。

1. **助推工业经济转型结构升级**

2021 年，重庆市规模工业企业产值同比增长 15.8%；规上工业增加值增长 10.7%，高于全国 1.1 个百分点，列全国第 10 位；两年平均增长 8.2%，高于全国 2.1 个百分点，列全国第 7 位。其中，制造业增加值增长 11.6%，高技术制造业和战略性新兴制造业增加值分别增长 18.1% 和 18.2%、增加值占全市规上工业的比重分别达到 19.1% 和 28.9%，高技术制造业占比与 2020 年持平，战略性新兴制造业占比较 2020 年提高 0.9 个百分点，有力地推动了工业经济结构转型升级。

2. **赋能重点产业快速发展**

汽摩、电子、装备制造、材料工业、能源等产业是重庆市产业体系的主导力量，2021 年，汽摩产业、电子产业、装备产业工业利润分别占全市总额的 15.7%、23.6%、10.6%，与之相应的是，重庆市各级工业设计中心分类中，汽摩产业、电子产业和装备产业分别占 43%、13%、17%，建有多个国家级、市级工业设计中心，产业集群不断涌现，高技术制造业等新兴动能不断释放，服务型制造对重点产业的赋能效果突出，为重庆市打造国家重要的先进制造业中心夯实了基础。

3. **数字服务业稳健发力**

2021 年重庆市规上战略性新兴服务业营业收入增长 17.5%，同比提高 2.7 个百分点，规上数字服务业增加值达 767.65 亿元，增长 21.3%，两年平均增长 17.0%。全市 11 个规上数字服务业产业领域中，有 10 个产业增加值实现了不同程度的增长，其中大数据、软件服务业、数字内容等 3 个主要

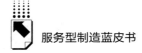

产业领域增长强劲，拉动全市规上数字服务业增加值增长 19.4 个百分点。大数据和软件服务业分别实现增加值 157.56 亿元、187.33 亿元，分别增长 24.7%、36.0%，两年平均分别增长 30.5%、38.2%。数字内容在规上数字服务业中增加值规模最大，实现增加值 251.33 亿元，增长 20.1%，两年平均增长 13.9%。

4. 发展新业态新模式，逐步彰显竞争新优势

互联网经济催生新商业形态，线上线下消费加快融合。2021 年，重庆市限额以上单位通过公共网络实现的商品零售额增长 27.3%，电商直播带货专项工程、国家电子商务进农村综合示范创建持续推进；同时积极推进口岸通关便利化，大力发展现代物流、跨境电商等新业态，打造内陆国际物流枢纽，西部陆海新通道和中欧班列运输集装箱量增长 10.8%，国际、港澳台实现快递业务量 190.37 万件，增长 17.9%，对外直接投资额、跨境电子商务交易额分别增长 42.8%、63.3%。

（二）主要特点

重庆市大力发展服务型制造，坚持融入成渝地区双城经济圈建设等国家战略，结合自身产业基础和优势，搭建公共服务平台，完善人才培养与评价，着力发展全产业链，构建起"公共服务+人才支撑+产业生态"的发展闭环，逐步彰显出独特的发展特点，初步形成具有重庆特色的服务型制造创新发展模式，主要特点如下。

1. 典型企业示范作用凸显

2021 年，重庆市有 49 家企业获批市级技术创新示范企业，已有"专精特新"企业 2365 家、国家级专精特新"小巨人"企业 118 家。宏钢数控机床、重庆浪尖渝力科技"D+M 浪尖智造工场"、中冶赛迪"轻推"冶金行业协同服务平台、重庆机电智能制造有限公司等一批企业和平台先后获评服务型制造示范，制造业企业正以核心生产要素为基础，创新服务模式，整合金融、人才和技术资本，提供更加系统和专业的"产品+服务"，打造市场竞争新优势，推动制造业高质量发展。

2. 世界级先进制造业集群涌现

电子信息、汽车和装备制造等支柱产业的集群化特征明显，一批世界级产业集群涌现。如沙坪坝以"重庆市智能网联汽车核心零部件特色产业建设基地"为契机，着力打造智能网联新能源汽车产业集群。产业集群地位实现新跃升，在智能终端方面，全球 2/3 的 iPad、50% 的笔记本电脑、10% 的智能手机实现"成渝造"；在新型显示方面，重庆市是全球最大的 OLED 生产基地。产业创新提质取得新突破，已建成我国首条自主研发的高精度 G11 代掩膜板生产线、西部第一个国家级超级计算机中心，联合微电子中心获批西南地区首个国家级制造业创新中心。

3. 工业设计与制造业融合发展

目前，重庆市拥有锦晖、力帆、长安、宗申、隆鑫、浪尖渝力、登康、品胜、玛格家居、海装风电等 10 家国家级工业设计中心，数量居中西部前列。拥有 101 家市级工业设计中心和近 10 个市级工业设计研究院培育对象，设计主体不断壮大。按照统一部署、分区指导、服务下沉、精准赋能的原则，依托重庆市工业设计促进中心，采取市区共建的模式，构建"1 个总部基地（市级）+38 个区县分中心+5 大专业中心+1 个配套资源池"的工业设计公共服务体系，推动全市工业设计分布式联动发展，助推传统制造企业向服务型制造先进模式转型、从产业链中低端向高端迈进。

4. 多种服务型制造发展模式并举

重庆市服务型制造发展呈现多模式组合兼顾的特点，实施了发展服务型制造专项行动，大力支持企业提供客户定制化服务、供应链协同管理、产品全生命周期管理服务和在线支持服务，创新多种服务型制造模式，形成了玛格家居和段记服饰（个性化定制）、海装风电（远程运维）、山外山（医疗器械共享）等一大批服务型制造典型企业案例。

5. 智能制造、绿色制造与服务型制造协同发展

重庆市加快推进数字化车间、智能工厂等试点示范项目建设，2018～2019 年累计实施智能化改造项目 825 个，共认定 216 个市级示范数字化车间和智能工厂。加速构建以 5G 为代表的"数字基建"，成为首批 5G 规模组网建设和应用示范城市，已累计建成5G基站4.9万个，重点围绕工业协同制造、智能网联汽车等行业应用开展5G深度覆盖。加速工业互联网建设，先后引进航天云网、阿里飞象、中移物联网等一批综合性工业互联网平台并建成投运，大力引导中小企业"上云上平台"，忽米工业互联网平台成功入选工业和信息化部"2020年跨行业跨领域工业互联网平台"，是中西部地区唯一的国家"双跨"平台。加速绿色制造发展，目前已创建国家级绿色工厂52家、国家级绿色园区5家、供应链管理企业5家。智能制造、绿色制造与服务型制造协同发展，旨在解决客户异质化问题，引导企业向提供"制造+服务"的集成解决方案转变。

二 推进服务型制造发展的主要举措

近年来，重庆市深入贯彻落实《关于进一步促进服务型制造发展的指导意见》，立足本地制造的特点和竞争优势，多措并举积极推动传统制造企业向服务型制造转型，推动先进制造业和现代服务业的深度融合，以发展工业设计为基础，打造具有鲜明重庆特色的服务型制造模式，实现重庆市制造业高质量发展。

（一）加强组织领导，建立健全工作机制

近年来，重庆市为深入贯彻落实党中央、国务院关于推进服务型制造的若干决策部署，紧抓建设"国家制造业高质量发展示范区"机遇，研究审议加快服务型制造转型有关重大政策、重大改革举措和重要工作安排，协调解决推进过程中的重大事项、重大问题。明确以发展工业设计为主要方向，在如下几个方面落实工作任务。

一是率先在全国建立部市协作工作机制。2020年，重庆市人民政府与工业和信息化部签订共同推动重庆市工业设计产业发展的部市合作协议，建立起部市协作联席会议机制，双方定期召开部市联席会议，共同推动重庆市工业设计产业发展。二是形成工业设计工作协调机制。市委、市政府主要领

导多次对工业设计发展方向、平台建设、赛事活动等相关工作作出重要批示，由工业领域分管副市长牵头负责，市经济信息委统筹推进，发展改革、科技、人力社保、财政等市级部门以及区县政府联动配合，形成了发展工业设计的浓厚氛围。三是完善公共服务体系。早在2012年重庆市就组建成立工业设计促进中心，多年来已构建起"总部基地+区县分中心+专业中心"的工业设计市区公共服务体系，践行服务型政府理念，推动全市工业设计分布式联动发展。建立"1+N"产业联盟体系，以重庆工业设计产业联盟为基础，建立沙坪坝、璧山等区县产业联盟。成立重庆工业设计协会、重庆市工业营销协会，筹建重庆制造业设计联合会等行业协会，实现信息共享、互联互通，促进工业设计产业发展。

（二）完善顶层设计，配套财政支持政策

为进一步推进服务型制造发展，提升制造业整体竞争力，重庆市结合产业发展新趋势、新要求，出台了系列配套支持政策。如加大优质项目推荐力度，鼓励企业申报服务型制造示范；支持企业依托产品衍生服务，对大规模个性化定制、设备健康管理等示范项目给予重点支持；加大对第三方或第四方物流、检验检测等生产性服务业的支持力度。

在多种服务型制造模式中，重庆市尤为重视工业设计的发展，从不同方面出台相关财政支持政策。一是支持创建工业设计中心，鼓励制造企业和第三方工业设计企业加大设计投入，提升设计创新能力，对新认定的国家级、市级工业设计中心分别给予100万元、50万元的奖励。二是支持工业设计产业链提升关键环节的核心能力，支持创意造型、模具设计、样机制作等工业设计产业链关键环节提升核心能力，按不超过项目投资额的10%比例给予补贴，单个项目补助金额不超过100万元。三是大力培育设计订单市场。鼓励重庆市第三方工业设计企业积极承接本地制造企业的设计服务外包订单，培育设计服务市场。对该类工业设计企业按照设计服务合同实际发生额的20%给予补贴。四是强化产业服务平台建设。支持建设提供基础研究、设计工具、快速成型、融资创投、成果转化、咨询服务、人才培训、交流合

作等专业服务的工业设计集聚区、工业设计研究院等公共服务平台，对服务能力突出的重点示范平台按不超过项目建设投资额的 10% 给予补贴。五是支持打造工业设计品牌活动，每年安排不高于 200 万元用于举办工业设计大赛、设计论坛、重庆好设计评选等品牌活动；鼓励企业、院校及个人参加国内外设计竞赛，提升设计创新水平，对获得 iF 国际设计金奖、红点至尊奖、中国优秀工业设计奖金奖等设计大奖的，奖励 30 万元。

（三）优化产业结构，培育壮大相关主体

为持续推进重庆市服务型制造发展，助力制造业获得新的利润增长点、形成核心竞争优势，需依托工业设计发展特色，培育壮大相关主体服务于产业结构优化升级。

一是全面推进落实"链长制"，破解行业关键共性问题。加强市级部门协同合作，及时研究解决产业链供应链相关重大问题，着力引导产业链龙头企业以核心生产要素为基础，创新服务模式，依托产品衍生增值服务，拓展盈利方式；推动终端消费产品领域企业发展个性化定制、远程监控与故障诊断等后市场服务和总集成总承包服务；支持链主企业专注技术研发、功能设计等核心环节，提高设计创新能力、提升设计产业化发展水平、支持设计成果转化、搭建设计产业公共平台。二是聚焦产业链协同创新，推动服务型制造发展。抓创新引领，通过建设创新平台体系、推动产业链协同创新、优化研发投入结构，促进创新资源有效整合聚集，提升产业链创新能力；抓基础再造，建设重点关键产业园，加快实现基础领域突破；抓智能化赋能，深化全产业链智能化改造、建设完备的工业互联网体系、推动企业数字化转型；抓市场主体培育，培育领军企业和"链主"企业、壮大"专精特新"中小企业、促进大中小企业融通发展；抓供应链稳定，保障重点企业供应链稳定、提升产业链供应链开放合作水平，提高产业链供应链的稳定性和韧性。三是创新服务型制造人才评价模式，服务于产业链优化升级。鼓励行业机构、科研院校和企业协作开展人才培养，创新服务型制造人才评价模式，引进服务型制造相关人才，服务于产业链链主企业的快速发展。

（四）加大宣传力度，抓实产业宣传推广

重庆市坚持市区联动、统筹协调，不断加大服务型制造宣传推广力度，分类别、分层次，分行业、分步骤推动服务型制造典型实践，借助其在工业设计发展方面的优势，精准发力，通过不同类型的活动宣传推广工业设计品牌。

一是打造品牌活动。办好"智博杯"工业设计大赛、工业设计创新成果展、中国制造业设计大会等系列活动，立足重庆设计公园、西部科学城等工业设计优势区域，加强区域联动，高规格举办重庆悦来国际设计论坛，搭建西部设计人才与全国设计人才交流与合作的平台，着力打造西部工业设计产业聚集高地。二是加强区县宣贯。结合工业设计"进区县、进园区、进企业"推广行动，开展"设计赋能乡村振兴"系列活动，引导工业设计企业、设计师与各区县客户群体、合作伙伴交流合作，拓展市场，提升业务的多样性，推动市区工业设计协同发展。三是抓好主题宣传。开展重庆市工业文化创意街区评选，建立"重庆好设计"产品库，举行"抖出重庆好设计""重庆设计新品发布"等系列活动。联合四川举办首届"川渝十大工业设计师"评选、川渝工业设计劳动和技能竞赛，以及开展川渝工业文化教育实践基地申报等工作，助力成渝地区双城经济圈高质量发展。

（五）强化知识产权保护和投融资支持

为保障重庆市服务型制造深入推进，便利制造业企业获得相应的资金支持，重庆市通过不同举措完善知识产权保护和投融资支持体系，为工业设计的特色化发展保驾护航。

一是加大知识产权保护力度，规范保护环节。重庆市通过组建市工业设计版权保护站、推动设计软件正版化、建立赛事评奖知识产权保护机制等措施，发挥猪八戒网、忽米网等专业平台的作用，建立起全市知识产权快速申报、维权及转化平台，强化设计知识产权保护。二是拓宽投融资渠道，保障资金来源。利用重庆市产业引导基金、"渝企金服"等融资平台，推广中小

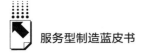
企业商业价值信用贷款等融资创新工具,加大对工业设计类企业和项目的金融支持力度。引导金融机构和制造业龙头企业共建"供应商+制造业核心企业+经销商"产业链融资体系,通过应收账款融资、预付款融资、仓单质押等方式,为符合条件的中小企业提供增信服务和成本较低、高效快捷的融资服务。三是完善金融信贷等环节,助推产品开发。为便利制造业企业筹集资金,支持企业将人工智能、物联网新一代信息技术深度应用于工业领域,对服务型制造重点项目以项目投资额(包含信息基础设施建设运维、软硬件、网络、系统集成、平台及云服务、融资租赁、研发投入等费用)为基准给予补助。

三　发展成效和主要经验

(一)发展成效

1.服务型制造示范效应显著

重庆市大力发展服务型制造,积极引导企业增加服务要素投入,推动先进制造业与现代服务业深度融合,工业设计发展特色凸显。截至2021年底,重庆市已建成10个国家级、101个市级工业设计中心;两级工业设计中心从业人员数量达7000余人,全年产业化项目达3100余个,实现销售收入超1500亿元,工业设计服务收入超2.3亿元,为服务型制造发展注入了强大的动力,城市发展示范效应显著。自工信部开展服务型制造示范遴选工作以来,共有11家企业入选国家级服务型制造示范,其中示范企业2家,示范项目4个,示范平台5个,重庆市也于2021年成功获评国家级服务型制造(工业设计特色类)示范城市。

2.服务型制造典型企业/平台加速发展

重庆市聚焦汽摩、电子信息、装备、消费品等重点行业和优势领域,涌现了以长安汽车、宏钢机床等为代表的服务型制造示范企业。如宏钢机床仅需根据加工设计图、成品样件以及毛坯件,就可为客户提供定制化的机床及解决方案。同时，重庆市通过引导企业优化和提升工业设计能力，增品种、提品质、创品牌，涌现了长安 CS 及 UNI 系列、金康赛力斯、海装风电、江小白、冷酸灵等一批工业设计创新成果。重庆品胜科技作为国家级专精特新"小巨人"企业及国家级工业设计中心，坚持在热转印/RFID 标识打印领域深耕，根据客户需求设计开发个性化的医用、通信、教育用标签打印机及管理解决方案，累计实现销售收入超 1 亿元。

3. 服务型制造生态体系持续优化

为支持服务型制造发展、发挥工业设计的特色作用，重庆市坚持以"工业设计全产业链"为核心打造产业生态集聚区。截至目前已建成重庆工业设计产业城 A 区、重庆设计公园、巴南设计产业园等 3 个园区，总面积超过 4 万平方米。重庆工业设计总部基地、九龙坡黄桷坪美术公园、大渡口大健康设计园等一批定位清晰、特色突出的集聚区项目正在稳步推进中。为赋能以工业设计为特色的服务型制造良性、持续发展，重庆市在绿色设计、人因工程等工业设计基础研究领域取得了丰硕的成果，如重庆浪尖渝力的用户研究、人因工程等研究处于行业领先地位，具备 CMF 材质体验、原型制作、用户体验、虚拟现实、数据分析、检验检测等全流程服务能力，获评国家级服务型制造示范平台等。此外，重庆市还积极引进浪尖设计、无限空间、博乐设计、嘉兰图等国内外知名工业设计企业，逐步完善工业设计服务链，为服务型制造发展构筑了良好的生态体系。

（二）主要经验

重庆市紧紧围绕服务型制造发展蓝图，不断完善制度体系，推动品牌集聚，以工业设计为发展特色，着力推动工业设计对制造业产业链、供应链、创新链、价值链的全渗透，逐渐沉淀出一批可复制、可借鉴的经验。

1. 主动服务融入国家战略

重庆市坚持主动服务理念，积极融入国家战略，用好"四大优势"，推动工业设计发展。重庆市作为西部大开发重要战略支点、共建"一带一路"和长江经济带联结点，大力发展成渝地区双城经济圈，区位优势明显，带动设计优势显现。重庆市作为国家重要的现代制造业基地，产业优势突出，在构建现代产业体系过程中，工业设计赋能数字、建筑、时尚等各设计领域并取得突破性进展。另外，作为长江上游生态屏障的最后一道关口，重庆市生态优势明显，"山水之城、美丽之都"有足够底气吸引人才、留住人才，保障了服务型制造的蓬勃发展。

2. 相关政策愈加完善

重庆市委、市政府高度重视服务型制造发展，市第六次党代会强调要推动先进制造业与现代服务业深度融合。2022 年《重庆市人民政府工作报告》明确要加快构建现代产业体系，促进生产性服务业向专业化和价值链高端延伸，建设国家工业设计示范城市；《重庆市制造业高质量发展"十四五"规划（2021—2025 年）》强调要发展服务型制造新模式，加快工业设计发展；《支持制造业高质量发展若干政策措施》指出要重点支持大规模个性化定制、设备健康管理等服务型制造发展，支持生产性服务业发展，强化对工业设计领域的支持；《重庆市创建"设计之都"行动方案》结合重庆市产业发展实际，创造性地提出了"1144"的目标体系，两个"1"即一个国家级服务型制造示范城市（工业设计特色类）建设和一个世界"设计之都"创建的总目标，两个"4"指抓产品、抓企业、抓人才、抓活动的四个关键环节，以及搭建资金、政策、技术创新和订单集聚四个平台，提出了重庆市服务型制造发展的目标，并指明了具体实施途径。

3. 产业品牌愈发凸显

重庆市按照引进来、留得住、走出去的品牌成长路线，成功引进浪尖设计、无限空间、嘉兰图、博乐设计等一批国内知名工业设计公司；培育建成了德国埃格赛公司、大千汇鼎、开物工业、博嘉屹工业设计中试基地等一批用户体验、样机和高端模具制作专业企业，补齐工业设计产业链短板；涌现了长安 UNI 系列、金康赛力斯、海装风电、江小白、冷酸灵等一批优秀原创设计产品和品牌；依托中国国际智能产业博览会这一国家级展会平台，高规格举办智博杯工业设计大赛、中国制造业设计大会、"抖出重庆好设计"、"川渝十大工业设计师"评选设计高峰论坛、重庆工业设计创新成果展等品牌活动，成功打造了一批具有全国影响力的产业品牌，进一步凸显了重庆市服务型制造发展中的工业设计特色。

4. 人才资源愈加丰厚

重庆市创新设计人才评价模式，2018年启动工业设计专业职称改革，经过数年探索，成功将工业设计专业纳入工程技术序列，完成了首批高中级工业设计师认定工作，在全国率先建成工业设计职称完整评价体系，并开通工业设计专业职称跨省申报通道，破除了设计专业人才异地评价难的全国性壁垒，打通异地设计人才职业发展通道；注重设计人才分类培养，鼓励行业机构、科研院校和企业协作开展人才培养，形成"工业设计游学重庆"、重庆市工业设计领军人才培训、设计人才研修班等人才培训品牌，每年累计培训各类设计人才超过2000人次；创建重庆工业设计大师工作室、设计驱动型企业家工作站，营造设计领域"老带新、新促老"的人才培育"传帮带"氛围；大力整合人才资源，结合设计产业发展现状、趋势，市经信委、市招商投资促进局等部门联合开展重点项目、关键平台动态管理，整合全国设计资源、人才资源，完善招商项目库，建立跨区域专家库。

四　服务型制造展望及未来工作思路

为进一步促进工业设计与制造业的深度融合，巩固以工业设计为特色的服务型制造发展成果，推动重庆市制造业高质量发展，提升城市国际竞争力和影响力，重庆市将以获评国家级服务型制造（工业设计特色类）示范城市为契机，加快"设计之都"建设，明晰工作思路，明确未来工作方向，发挥服务型制造发展的示范引领作用。

（一）总体目标

下一步，重庆市将加快发展服务型制造，将服务型制造渗透于重点行业与优势领域，实现制造业企业向提供"产品+服务"转变。推动电子、汽摩、装备制造、消费品、材料等产业高端化、智能化、绿色化转型；引导制

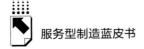

造业企业向产业链两端服务环节延伸，提升制造业服务化水平和全产业链价值；鼓励生产性企业与服务性企业跨界融合，加快建设服务型制造公共服务平台；加快发展研发设计、知识产权、科技咨询、科技金融、技术转移、检验检测、孵化载体等科技服务，构建贯通创新链、融入产业链、对接资本链的高技术服务体系。

工业设计是重庆市服务型制造发展的特色。重庆市力争到 2025 年成功创建"设计之都"，实现创新能力、集聚水平、人才素质、国际化水平"四个提升"，建成 5 家以上市级工业设计研究院、1 家国家工业设计研究院和 15 家以上国家级工业设计中心、250 家以上市级工业设计中心；建成重庆设计公园、重庆工业设计产业城、重庆工业设计总部基地等设计园区，聚集工业设计相关机构和企业 500 家以上，工业设计服务收入突破 100 亿元；培养和引进具有国际影响力的设计大师 5 名，优秀工业设计师 1000 名以上，具有工业设计专业职称人员 500 人以上；每年举办行业活动 5 场以上，国际知名机构落户重庆数量增加 5 家以上。

（二）未来工作思路

围绕服务型制造发展的总体目标，以工业设计为特色，重庆市未来将聚焦市场主体、人才引育、品牌塑造、载体培育和生态构建开展"五大行动"。

1. 开展市场主体壮大行动

新培育认定一批国家级和市级工业设计中心，完善市级工业设计研究院布局，择优创建国家工业设计研究院。引进一批带动力强、影响力大的国内外知名工业设计企业，引导有条件的龙头企业分离研发设计机构，鼓励在岸工业设计企业参与国际化竞争，开展离岸服务外包业务。支持小微企业发展，培育一批特色明显、服务优质的工业设计企业。

2. 开展专业人才引育行动

深入开展工业设计专业职称评价工作，创新工业设计人才成长激励机制。加大高端设计人才引进力度，鼓励国内外设计人才来渝就业或设立设计机构。加强设计学科建设，推广 CDIO（构思、设计、实现和运作）工程教育模式，深化产教融合、校企合作，构建工业设计现代职业教育体系，鼓励中小学开展设计思维和创新意识启蒙教育。支持创建制造业工业设计实训基地，发挥好重庆市制造业人才服务中心等机构的作用，培养一批具有创新视野的复合型工业设计人才。

3. 开展品牌活动塑造行动

重点办好山顶设计奖、智博杯工业设计大赛、工业设计创新成果展、中国制造业设计大会、川渝工业设计节等系列活动，形成"一奖、一赛、一展、一会、一节"活动品牌。加强工业设计领域的国内外合作和交流，鼓励企业和设计师积极参加国内外知名工业设计奖项、展会等活动，不断提升重庆市工业设计影响力。

4. 开展载体平台培育行动

推动形成以两江新区悦来片区为核心承载地，沙坪坝区、渝中区、巴南区等多个区县为支撑的"1+N"产业协同发展布局。重点支持重庆设计公园、重庆工业设计产业城、重庆工业设计总部基地等集聚区项目建设。加强和完善检验检测、3D打印、数字化设计等产业公共服务平台，发挥猪八戒、忽米网、洛客等互联网平台的优势，大力发展众创设计、众包设计等新型模式，促进设计资源开放共享。

5. 开展设计生态构建行动

推动工业设计与乡村振兴、城市更新、文化艺术、工业遗产活化利用等紧密结合，建设一批"工业设计+"试点示范项目。提升工业设计服务能力，发展全生命周期设计，延伸工业设计服务链。深化工业设计与智能制造、互联网、大数据、人工智能技术的融合，推动新技术、新材料、新工艺的创新应用，培育创新发展新动能。

B.10
烟台市服务型制造发展路径及成效分析

乔玉晶　邓晓君　车晓磊　朱 丹*

摘　要： 烟台市工业体系门类齐全、民族工业品牌发展繁盛，工业设计发展迅猛。为抢抓国家和山东省新旧动能转换战略机遇，烟台市以服务型制造助力制造业高质量发展，聚焦重点产业，实现产业链延链补链强链；培育设计载体，促进工业设计与制造业融合；创新人才队伍建设，积蓄产业后劲；加强宣传对接，提高设计应用能力，最终形成了以工业设计为特色的服务型制造发展模式，带动烟台市新旧动能转换、高标准建设产业发展载体、高质量提升产业设计成果，工业设计正成为烟台市崭新的城市名片。

关键词： 服务型制造　工业设计　产业园区建设　烟台市

一　服务型发展基本状况

（一）总体阐述

烟台市因港而立、因工而兴，是中国近代民族工业的发祥地之一。制造业是烟台市的立市之本、强市之基。党的十八大以来，烟台市坚定不移地实施制造强市战略，抓龙头、铸链条、建集群，推动传统产业现代化、新兴产业规模化，着力打造烟台制造"升级版"。全市拥有工业企业近4万户，规

---

* 乔玉晶，烟台市工业和信息化局；邓晓君，烟台市工业和信息化局；车晓磊，烟台市工业和信息化局；朱丹，服务型制造研究院工程师，主要研究方向：服务型制造、产业经济。

上工业企业达到 2500 户，建立了门类齐全、配套完善、优势突出的工业体系。2021 年，烟台市工业增加值 3100 亿元，规上工业企业实现营业收入9005.1 亿元、利润 583 亿元，先进制造业发展指数居全国百强市第一方阵。

烟台市始终坚持发展实体经济不动摇，"烟台制造"助力航天、高铁、核电、深潜等"大国重器"问天探海，先进结构材料和生物医药入选国家首批战略性新兴产业集群，"四新"经济占比达到 33.7%，高新技术产业产值占比达到 58.3%，上市企业增至 55 家，辖内总市值居全省首位，被国务院授予工业稳增长和转型升级成效明显市。建成省级以上创新平台 337 个，高新技术企业突破 1500 家，汇聚高层次人才 10.2 万人，齐鲁大工匠数量居全省第一。

烟台市积极引导企业发展以工业设计为重点的服务型制造新模式，先后培育国家级服务型制造示范企业（平台、项目）7 家（个），省级服务型制造示范企业（平台、项目）16 家（个），2021 年获评国家级服务型制造（工业设计特色类）示范城市。烟台市以工业设计赋能制造业高质量发展，推进工业设计与制造产业深度融合，落户建设的中德工业设计中心被工信部授予"国家中小企业公共服务示范平台"；挂牌成立了首家省级工业设计研究院——山东省工业设计研究院，并成功入选国家唯一的智能制造领域工业设计研究院；建设运营了世界设计产业组织，加强全球工业设计资源与烟台产业的深度合作；创建中国工业设计联合创新学院，深化校企合作，培养复合型、应用型、创业型设计人才。通过不断优化工业设计发展环境，开拓工业设计发展空间，完善工业设计发展举措，营造良好产业生态，取得了显著的工业设计发展成果。

（二）主要特点及创新实践

1. 创新实施"链长制"工作机制，推进链条化培育

为深入推进服务型制造发展，烟台市将工业设计产业链作为全市重点推动的 16 条产业链之一，各相关部门梳理骨干企业、重点项目、可对接的高校院所、设计机构等 N 张清单，建立"一链长、一链办、一链主、一规划、

一起步区、一协会、一节会、一平台体系""8 个一"工作机制。发挥链主企业的领航作用，在土地、项目等方面给予支持；围绕产业链部署创新链，提升产业链创新能力；提升专业化招商水平，推动产业链招商；培育"六型企业"，壮大产业链市场主体；推动产才融合，加大人才引培力度；强化产业链金融支持，畅通产业链融资机制；采取灵活多样的供地方式，优先保障延链补链强链项目用地供给；统筹配置缓解紧性约束，有效破解约束性指标瓶颈制约；提升产业链生产性服务保障能力，大力发展现代物流、工业设计、信息服务业；推动高端化、智能化、绿色化发展，加快数字经济与实体经济深度融合；推动产业链联盟建设，集聚资源、深化合作；打破区划限制，推动产业链区域协同发展。通过体系化配置产业要素，促进工业设计产业链持续健康发展。

2. 举办系列活动，营造产业发展氛围

持续开展工业设计交流与合作系列活动，集聚设计领域高端要素、企业、人才，促进行业共性关键技术研发设计交流，展示拥有自主知识产权的优秀设计成果，营造产业发展氛围。

一是持续举办世界工业设计大会。经过积极争取，由国家工信部、山东省政府共同主办，在烟台市连续四年举办了世界工业设计大会。全国各省区市工信系统代表、在华国际代表、中国优秀工业设计奖获奖代表、优秀设计师、设计机构和企业代表等围绕大会主题，展开思想碰撞，交流创意成果，开展洽谈合作，研讨工业设计产业未来的创新方向，展望工业设计的广阔前景，凝聚发展共识，内容充实、形式新颖、丰富多彩。

二是开展高水平工业设计赛事。鼓励和支持制造企业、机构院所积极参加中国优秀工业设计奖等国内外知名赛事，展示烟台市工业设计水平与实力。积极组织获奖作品巡展、宣传推介、推荐参展，汇聚设计人才和设计成果，推动设计成果产业化。此外，烟台市还持续举办"招金银楼杯"国际黄金珠宝首饰设计大赛、"明远杯"国际家居纺织品创意设计大赛、"明石杯"微纳传感技术与智能应用大赛、"南山智尚杯"正装设计大赛等工业设计相关赛事，促进专业赛事与地方优势特色制造产业互动，形成主题突出、特色鲜明的工业设计活动体系。

三是成功举办中国优秀工业设计奖评审、颁奖及展示活动。该展示活动汇集来自全国 30 多个省区市 800 余家创新企业的 1000 多件创新产品，覆盖交通工具、机械装备、电子信息及智能终端等十四大行业领域的新技术、新设计、新产品，并设置金奖特装展区，充分展现工业设计引领服务型制造模式创新升级、推动创新领域拓展的重要价值，展示烟台市工业设计产业发展水平，对提升工业设计企业的创新意识和能力起到积极的促进作用。

3. 推进三大重点项目，培育产业生态

通过全力建好国际设计小镇、世界设计公园、国家智能制造工业设计研究院三大载体项目，并瞄准创意设计领域头部企业开展精准招商，努力培育打造设计产业生态集聚区。

一是做好国家智能制造工业设计研究院建设工作。以智能制造的工业设计关键共性技术为研究重点，加快国家智能制造工业设计研究院原型创新工场、原型创新实验室、联合创新学院、数字文创工坊等设施建设，围绕航空航天、海工装备等重点产业链，对接链主企业、骨干企业联合开展设计研发攻关，激发研究院自主创新活力，努力建设开放共享的研究开发平台、协同高效的成果转化平台、产学研联动的人才培养平台、支撑制造业智能转型的公共服务平台，持续推动设计服务领域延伸和服务模式升级。

二是做好国际设计小镇建设工作。以设计产业为核心，以培育新技术、新产业、新模式、新业态为目标，以"智慧产业化，产业智慧化"创造新动能，建成国际设计小镇，构建国际领先的设计产业园区。围绕设计产业链创新要素，集聚全球科技、设计、人才、产业、商业、投资等创新资源，布局山东省工业设计研究院（国家智能制造工业设计研究院）、原型创新工场、工业设计联合创新大学三大内核，形成研发设计、成果转化、人才培养三轮驱动，推动城市品牌建设和产业高质量发展深度融合，打造以工业设计为典型模式的创意资源汇聚谷地。

三是做好世界设计公园建设工作。构建世界设计产业组织总部、国家智

能制造工业设计研究院（山东省工业设计研究院创建中）、中国工业设计联合创新学院、设计大师工作室、国际设计"使馆区"、国际会议中心、创新企业家及设计师培训中心，打造聚焦工业设计产业前端的研发与创新和以创新设计能力为城市赋能的世界设计公园。通过世界设计公园建设，联动众多高新科技产业项目，实现"产城融合"；举办系列活动，拓展设计交流合作新平台，营造产业发展氛围，提升烟台市工业设计品牌影响力，使烟台市成为世界级工业设计新地标。

二　推进服务型制造发展的主要举措

（一）聚焦重点产业，实现产业链延链补链强链

发挥工业设计与制造业的融合作用，将石化及化工新材料、汽车、黄金精深加工、光电、生物医药、清洁能源、航空航天等作为烟台市重点发展产业，对接产业链链主企业、行业头部企业和领建园区，聚焦工业设计贯穿企业全生命周期创新发展的特点，引导各重点产业链通过链主企业剥离、链内合作组建、链外引进补缺等方式共建工业设计平台。在产业形态上，烟台市全面夯实产业发展基础，坚持横向放大集群总量、纵向拉长产业链条，大力实施"9+N"制造业集聚培育工程，推动重点产业链延链补链强链，把产业链建在园区上，构建产业垂直生态体系，促进优势产业集群能级提升。推动工业设计服务链条延伸，将设计融入品牌规划、产品研发、生产制造和市场营销全周期，以产品设计为核心，推动关联行业联动、上下游协调发展的全产业链水平提升。充分激发企业创新活力，支持产业链链主企业建设国家级工业设计中心，牵头组建行业性省级工业设计研究院，加快构建区域协同发展的设计生态。深入开展工业设计赋能产业链对接活动，提升工业设计在创意造型、模具设计、样机制作、原型工场建设等产业链关键环节的供给能力。利用工业设计整合科技、人才、市场、资本等创新要素，推动全产业链和全生命周期内生产要素转化为产品和服务。

（二）强化政策支持，优化产业环境

为营造服务型制造发展的良好氛围，鼓励有条件的企业积极向服务型制造转型、向价值链高端攀升，烟台市在政策上向服务型制造倾斜，尤其针对工业设计模式，通过强化相应的政策支持，优化产业环境。2017 年，烟台市委、市政府出台了《关于实施制造业强市战略的意见（试行）》，明确提出"推进中德工业设计合作，加快标准创新实验室、国际大师工作室、设计开放大学等建设；支持企业单独组建或与高校、科研机构、专业设计单位共建工业设计中心，开展中外工业设计合作，建设国际协同创新平台，打造国内具有影响力的工业设计之都"，并对新认定的省级和国家级工业设计中心给予一定的奖励。2019 年，市政府出台了《关于加快工业设计发展的意见》，提出建设工业设计创新载体、提高"烟台设计"品牌影响力、支持高水平工业设计机构建设、支持工业设计主体发展壮大、推动工业设计集聚发展、鼓励参与国内外知名设计奖项等政策，从优化融资环境、强化知识产权运用和保护、加强人才培养、支持行业协会健康发展、加强工业设计产业统计工作等方面进一步完善保障措施，加快全市工业设计发展。2021 年，市委、市政府出台《关于推进制造业强市建设三年行动方案》，延续了对工业设计真金白银的奖补，设立最高 1000 万元资金支持工业设计创新载体（省级以上工业设计中心等）、工业设计作品（中国优秀工业设计奖、市长杯获奖作品）、工业设计主体等，对新认定的省级、国家级工业设计中心分别给予 50 万元、500 万元的奖励；对创建的国家工业设计研究院一次性给予 1000 万元的奖励。

（三）培育设计载体，促进工业设计与制造业融合

为充分发挥服务型制造优势，促进工业设计与制造业的深度融合，烟台市借助社会各界力量，培育孵化工业设计载体，为服务型制造发展提供强有力的保障。

一是建立市、省、国家级工业设计中心培育库，强化对工业设计中心的

梯度培育、认定、管理和扶持，提升制造企业设计创新能力。截至目前，烟台市国家级、省级工业设计中心分别达到5家（第3）、44家（第3），省级以上工业设计中心数量共计49家，居全省第3位。2022年，在首批87家市级工业设计中心的基础上，开展了全市第二批市级工业设计中心认定工作，新认定165家、累计252家，数量实现倍增。

二是依托中德工业设计中心，成功创建全国首家省级工业设计研究院——山东省工业设计研究院。2019年以来，山东省工业设计研究院先后承担了海上发射火箭装备、智慧城市移动智能服务、海洋平台综合体、智慧家庭门户系统、车载移动方舱等重大项目的研发设计任务，服务并孵化设计项目近百项，参与设计的北京冬奥会雪蜡车成功交付使用。2021年，山东省工业设计研究院作为全国唯一的智能制造领域国家院，成功入选首批5家国家工业设计研究院，汇聚智能制造要素资源，为政府和行业提供基础研究、技术支撑、成果转化、咨询服务、人才培养、交流合作、知识产权维护等服务，支撑制造业创新发展。

三是促进工业设计企业全流程协同创新。发挥工业设计对制造业转型升级的支撑作用，支持工业设计企业全流程协同创新，提高企业智能制造水平，提供定制化、多元化、高品质服务，促进传统制造业提质增效。

（四）创新人才队伍建设，积蓄产业后劲

服务型制造的可持续发展离不开人才的储备，创新人才培养体系能够为企业源源不断地输送人才，有助于构建新的竞争优势，助力服务型制造转型升级。烟台市采取了系列措施吸引服务型制造相关人才落户，如制定服务业人才需求目录，落实人才支持政策，吸引更多生产性服务业领域的"高精尖缺"人才；鼓励有条件的驻烟高校与企业、行业协会建立产教联盟等协同机制，支持开展职业培训，着力培养适应工业设计发展需求的复合型、技能型人才。

一是促进产学研深入合作对接。实施设计人才培育工程，深化产教融合、校企合作，推动中国工业设计联合创新学院落地，加强与清华大学、山

东大学、浙江大学、江南大学、山东工艺美术院、济南大学等高校院所在人才培育、项目产业化等方面的对接合作，培养高素质、复合型、应用型、创业型设计人才。

二是开设创新课程，增进人才交流。以烟台市实际需求为创新课题，开展创新设计实战培训。承办工信部企业经营管理领军人才工业设计高研班、山东设计创新企业家高研班等专题培训班，邀请多位行业大咖、企业专家从设计战略、品牌升级、趋势引领等多方面助力企业商业模式创新与战略转型升级。

三是培训工业设计人才，提升专业素质。依托智慧提升工程等培训活动，组织开展面向企业管理者、工业设计从业人员的制造业设计能力专题培训班，提高设计人员专业素质，培训创新企业设计人才。

（五）加强宣传对接，提高设计应用能力

充分利用新闻媒体、会议培训、企业交流等渠道，开展多层次、多形式宣传教育，凝聚社会共识，普及工业设计理念，增加各层面对设计产业重要性的认识，提升对经济建设、社会生活和城市发展的影响力。通过办大会、建园区、造基地等方式，在全市范围内定期组织开展工业设计示范企业宣传推广活动，宣贯产业扶持政策，选择典型榜样加强宣传推广，营造全社会重视设计产业、积极实践、推广应用的热烈氛围。另外，依托山东省工业设计研究院、橙色云等一批新型设计载体，每年开展工业设计进企业进园区活动，实现工业设计供需对接，推广工业设计理念及应用。

三　发展成效及主要经验

烟台市在全社会营造服务型制造发展的良好氛围。开展服务型制造示范，促进先进制造业和现代服务业深度融合，对新认定的国家级服务型制造示范企业给予最高 200 万元的一次性奖励；大力发展数字经济，利用大数据、人工智能、工业互联网等数智技术赋能制造业高质量发展；创新发展海

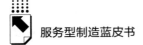

洋、绿色、供应链金融服务，支持引导企业发展工业设计、定制化服务、共享制造等服务型制造模式，创建世界"设计之都"。凭借工业设计的特色优势及创新实践，烟台市获评国家级服务型制造（工业设计特色类）示范城市，服务型制造发展成效显著。

（一）发挥工业设计优势，提升产品竞争力

烟台市积极引导企业发挥工业设计附加值高、品牌辨识度强、投资回报率高的优势，推动企业由制造向设计新产品转型。近年来，烟台市涌现出一批具有新技术、新材料、新工艺、新模式的工业设计产品。烟台宇航和中国航天科技集团联合开发的运载火箭海上发射系统是航天科技与海洋工程的充分结合，突破了无线远控、箭上自主智能安控、海上动基瞄准等重大关键技术，具备机动性高、选点自由度高、安全性好等优势，是全球唯一在营的运载火箭海上发射支持系统。艾睿光电自主研发设计了首款超高清130万像素级红外体温筛查热像仪，能够精准显示温度数据、保持测温安全距离、提高人员通行效率，有效助力疫情防控。浩睿智能研发设计的智能扫地机器人，采用了L4级无人驾驶技术的多传感器，结合5G+车联网大数据，实现智能扫路、安防、人脸识别等功能，助力智慧城市建设。万华生态科技推出的全材无醛产品展现了世界级的聚氨酯无醛生态胶研发生产实力，实现了家居环境的一站式全方位覆盖，构建了完整的零甲醛添加家居建材生态体系。

（二）培育新产品新模式，促进企业转型

引导支持企业对研发、制造、销售、服务等产品全生命周期进行集成创新，推动企业向提供"产品+服务"方向转型，当前已涌现持久钟表、东方威思顿等一批服务型制造典型企业。持久钟表为高端装备、智慧楼宇等行业客户提供定制化服务，通过运营和代理维护，既卖产品又卖服务，提供预防性维护、托管维护和远程监测服务，形成了以制造和服务技术为核心的全生命周期服务模式。东方威思顿自主研发了用电信息采集系统，集运行监视、

设备变更管理、数据采集核准、巡视检修、应急事故处理、统计分析、系统控制及考核管理等功能于一体，为客户提供综合性运维解决方案，维护范围覆盖用电采集系统主站、通信信道、采集终端、智能电表等层面。

（三）建设平台设计载体，助力企业创新升级

聚焦提升智能制造、关键装备、核心装置、新工艺技术等设计创新能力，积极指导企业创建工业设计中心等平台设计载体，助力工业设计企业提质增效。其中杰瑞油气开发装备工业设计中心于 2015 年被评定为国家级工业设计中心，现已完成多项设计成果的转化。玲珑轮胎工业设计中心依托全球设计平台和设计人才，成功设计开发了石墨烯补强胎面轮胎、3D 打印聚氨酯轮胎、蒲公英橡胶概念轮胎等产品，引领了行业变革。冰轮工业设计中心以环保节能制冷空调产品设计应用为基础，在提供冷热一体化系统解决方案服务方面具备竞争优势。橙色云协同研发平台先后推出具有自主知识产权的 CDS 云协同和 CRDE 云研发系统，打破传统组织设计研发模式，实现跨地域、跨领域、跨组织的多人线上协同，实现企业研发设计低成本上云。金正环保采用了 DTRO 碟管式反渗透膜组件全自动化生产线，集成了工业物联网、工业大数据、工业机器人、机器视觉、智能物流等先进技术，全部工序的自动化操作助力产品规模化、标准化制造。

（四）培育产业生态，打造城市品牌

一是举办高规格展会，汇聚设计资源。2019~2022 年，烟台市连续举办四届世界工业设计大会。作为工信部主办、我国工业设计领域唯一的国家级、国际性大会，世界工业设计大会吸引了国内外顶级设计机构参会，全球设计资源在烟台汇聚。在此期间，烟台市成功建设世界设计产业组织、中国工业设计联合创新大学、国际设计小镇、世界设计公园，工业设计的国际化水平和影响力不断提升。

二是举办高水平大赛，营造设计氛围。烟台市承办"中国优秀工业设计奖""省长杯"颁奖和展示活动，举办"市长杯"工业设计大赛、"明

远杯"家居纺织品创意设计大赛、"招金银楼杯"黄金珠宝首饰设计大赛、"南山智尚杯"中国正装设计大赛、"明石杯"中国大学生机械工程创新创意大赛等。高水平的设计类赛事营造了浓郁的设计氛围，为加速工业设计成果转化与应用提供了平台，企业工业设计水平与实力也得到了充分彰显。

三是启动高标准项目，培育产业生态。烟台市启动了国际设计小镇建设项目，目前原型创新工场已揭牌启用，力争打造工业设计原型创新公共服务平台，为科技与设计成果转化提供服务支撑。建设以橙色云设计有限公司为依托的 O·Tech 工业设计协同创新产业园区，以工业产品协同研发平台打造创新创业载体和科技孵化中心。

四　服务型制造展望及未来工作思路

（一）服务型制造展望

为推动服务型制造深入发展，下一步烟台市将积极引导企业发展多种服务型制造模式，鼓励企业依托工业互联网、云计算、大数据、人工智能等数智技术开展定制化服务；以客户为中心，开展从研发设计、生产制造、安装调试到状态预警、故障诊断、回收利用等的全生命周期服务；提高资源整合能力，提供一体化系统解决方案，开展总集成总承包服务。此外，积极鼓励企业在加强工业设计基础研究和关键共性技术研发的前提下，开展工业设计服务，建立开放共享的数据资源库，提升工业设计发展水平，打造工业设计生态，推动工业设计与制造业深度融合。

面向工业设计，烟台市将全面落实《制造业设计能力提升专项行动计划（2019—2022 年）》（工信部联产业〔2019〕218 号）、《关于进一步促进服务型制造发展的指导意见》（工信部联政法〔2020〕101 号）以及山东省推动工业设计发展的相关意见和措施，落实烟台市工业设计产业发展十大工程，融合相关领域的设计发展，加快新理念和新方法的推广和普及，不断健全产业体系，改善公共服务，提升设计水平，全面提升制造业设计能力，推动国际工业设计名城建设。

（二）未来工作思路

烟台市未来将以工业设计特色类国家级服务型制造示范城市建设为依托，以打造"设计之都"为目标，坚持市场驱动与政府引导相结合、提升能力与引领需求相结合、设计创新与技术创新相结合、全面发展与重点推进相结合的原则，系统增强创新设计能力、设计服务能力和提升设计应用水平、设计集聚水平，加快实现产业设计化和设计产业化，力求构建以工业设计、全生命周期管理、总集成总承包等为特色的服务型制造体系。

一是发展多种服务型制造模式。积极利用工业互联网等数智技术赋能新制造、催生新服务，加快培育发展服务型制造新业态与新模式，促进制造业提质增效和转型升级，为烟台市制造强市建设提供有力支撑。力争到2025年，新培育15个以上服务能力强、行业影响大、功能完备、运转高效的服务型制造示范企业（项目、平台），制造企业服务投入和服务产出水平显著提升，服务型制造理念得到普遍认可，服务型制造深入发展，支撑服务型制造发展的标准体系、人才队伍、公共服务体系逐步健全，制造与服务全方位、宽领域、深层次融合发展格局基本形成。

二是培育工业设计骨干网络。强化对工业设计中心的培育、认定、管理和扶持工作，完善工业设计中心梯次培育体系，提升制造业企业设计创新能力。鼓励全市重点产业链链主企业、行业龙头企业分离研发机构并成立独立运营的设计公司，支持产业集聚区、高等院校和设计服务机构设立工业设计公共服务平台和企业孵化器。扶持专业工业设计企业提升设计综合服务能力，鼓励企业业务内容从产品设计向包括研发设计、流程设计、品牌策划等在内的整体解决方案转型，建设贯穿于产业链的工业设计服务体系。

三是建立公共平台服务体系。依靠国家智能制造工业设计研究院、橙色云工业设计协同创新平台和山东省创新设计研究院的服务能力，推进工业设计、工业互联网与制造业深度融合，搭建具备数字化验证、敏捷制造、原型开发等功能的研发设计与应用平台，开展关键共性技术与设计攻关，加强检验检测、3D 打印、数字化设计等产业公共服务平台建设，提供设计工具、设计标准、计量测试、检验检测、成果转化、知识产权保护等公共服务。发挥捷瑞数字、腾讯云、京东云、恒远智能、渤聚通等互联网平台优势，探索众创设计、众包设计、云设计、网络协同设计等网络化、数字化合作模式，促进设计资源开放共享。

四是提升设计创新系统能力。鼓励研究院、高等院校、工业设计中心等加强工业设计理论、设计标准、设计方法、设计管理、设计验证等基础研究工作。支持软件企业、设计企业开发一批贯穿于工业设计活动全过程的软硬件工具，构建门类齐全、先进适用的工业设计工具体系。聚焦烟台市重点产业链和"9+N"优势产业发展，针对设计基础薄弱的短板，引导支持相关制造企业和设计机构联合攻关，重点提升智能制造、关键装备、核心装置、新工艺技术等方面的设计能力。

五是构建"设计+"生态体系。优化空间布局，发挥高新区领建园区、莱山区关联园区、开发区拓展园区的引领作用，重点推进世界设计公园、国际设计小镇、橙色云工业设计协同创新产业园区等园区建设，汇聚行业重点企业研发总部、设计机构、创新实验室等资源，打造一批工业设计生态集聚区。瞄准工业设计领域头部企业开展精准招商，引进一批带动性强、有影响力的知名设计企业。发挥行业组织、行业协会、行业活动等的作用，提供行业信息、设计工具、设计标准、柔性试制、产业化对接等服务，增强设计协同和共创能力。推动工业设计与智能制造、互联网、大数据等技术融合，构建"工业设计+"生态，打造一批"设计+"示范项目。

六是打造设计品牌体系。举办世界工业设计大会、"省长杯""市长杯"工业设计大赛、烟台国际设计节等品牌活动，支持"明远杯"国际家居纺织品创意设计大赛、"明石杯"微纳传感技术与智能应用赛、"招金银楼杯"黄金珠宝首饰设计大赛、"南山智尚杯"中国正装设计大赛等社会主体举办的设计类活动，培养民众认知设计、参与设计和享受设计的氛围。支持举办设计工坊、作品展览、设计与制造交流之旅等活动，提升"烟台设计"品牌的影响力。支持制造企业、机构院所积极参加中国优秀工业设计奖等国内外知名赛事活动，宣传推广烟台市工业设计文化，展示烟台市工业设计实力。推动工业设计高峰论坛、新品发布等活动的品牌化，支持世界设计产业组织拓展合作领域，助力工业设计与制造业深度融合，提高烟台市工业设计的国际影响力。

B.11
深圳市服务型制造发展路径
及成效分析

郑 璇　沈卓蕴　郑绚彩　张小芳*

摘　要： 经过多年的发展，加之政企的合力，深圳市服务型制造发展以工业设计为抓手，逐渐形成了以政府为引导，企业为主体，园区为平台，协会为桥梁，全链条、多层次的工业设计生态体系。近年来，深圳市获得的国际设计大奖数量连续 11 年居全国大中城市的首位。与此同时，作为国内首个"设计之都"，深圳市工业设计向外输出的特点突出，工业设计企业向全国各地输出深圳经验的例子层出不穷，对于促进全国工业设计产业发展起到了重要的作用。面向未来，深圳市要立足新发展阶段、贯彻新发展理念，实施工业设计引领服务型制造升级的城市发展战略，围绕主体培育、公共服务、对外合作、跨界融合、数字化转型等方向发力，努力将深圳市打造成世界知名的"创新之城、设计之都"。

关键词： 服务型制造　工业设计　创新之城　设计之都　深圳市

一　服务型制造发展基本状况

（一）总体阐述

作为推动服务型制造转型发展的重要抓手，工业设计是制造业的前端环

---

* 郑璇，深圳市工业和信息化局；沈卓蕴，深圳市工业和信息化局；郑绚彩，深圳市工业和信息化局；张小芳，服务型制造研究院工程师，主要研究方向：服务型制造、科技咨询与科技推广。

节和必备基础。当前，深圳市以培植更高能级的工业设计创新能力、促进更高质量的工业设计创新为目标，推动服务型制造发展，通过创意创造，集成信息、知识、技术和服务，推动制造业从设计研发向制造与服务的全产业链创新转变，引导企业从 OEM 转向 ODM、OBM、OSM，引领制造业向"微笑曲线"高端攀升。

2021 年，深圳市工业增加值突破 1 万亿元，同比增长 5%，工业投资 1372 亿元，同比增长 27.1%，现代服务业增加值同比增长 7.5%；新增规上工业企业 1769 家、国家级专精特新"小巨人"企业 134 家、国家制造业单项冠军企业 19 家；新增 6 家国家级工业设计中心、57 家省级工业设计中心、8 家市级工业设计中心，累计建成 13 家国家级工业设计中心、114 家省级工业设计中心、98 家市级工业设计中心，省级工业设计中心数量位居全省第一。为实现服务型制造更深入的发展，深圳市立足于搭建协同创新服务支撑平台，加快工业设计产业集聚，提升工业设计的辐射能力，促进工业设计与粤港澳大湾区的电子信息、纺织服装、汽车和装备制造等产业集群深度融合，打造立足粤港澳、面向全国、辐射全球的工业设计创新高地。同时，发挥工业设计与技术创新耦合协同的特性，把工业设计贯穿于产品全生命周期，推动人工智能、高端装备、新能源汽车等先进制造产业向价值链更高端迈进。

以提升工业设计能力为特色，深圳市 2021 年成功获评国家级服务型制造（工业设计特色类）示范城市，累计获评 2 家国家级示范企业以及 8 个国家级示范平台，主要集中在工业设计、创新设计、供应链管理、检验检测认证等领域。此外，2019 年以来，深圳市积极鼓励优秀制造企业参与广东省服务型制造示范遴选活动，累计 1 家企业和 9 个平台获评省级服务型制造示范。深圳市以打造"全球创新之都"为目标，总体呈现对标国家战略性新兴制造产业、实现工业设计服务与技术创新协同、营造产业创新城市氛围的服务型制造良好发展态势。

（二）主要特点及创新实践

深圳市作为"创新之城、设计之都"，服务型制造转型有着工业设计与制造业结合相对紧密的特点。不论是电子信息、医疗器械、新能源等战略性新兴产业，还是黄金珠宝、服装、家具、钟表等传统优势产业，工业设计在推进服务型制造转型，以及推动系统集成创新、提升设计能力、创新业态模式、迈向智能化数字化发展方面都发挥了关键作用。

深圳市服务型制造的特点是以工业设计为原点，向不同设计方向、产业领域进行多元化探索，走出一条具有深圳特色的服务型制造发展道路，从价值链低端不断向中高端迈进。

工业设计服务与制造业深度结合。深圳市工业设计企业由小到大、由弱变强，不断寻求规模化、集团化发展，有力推动了服务型制造发展。领军企业中世纵横孵化出自主原创设计腕表品牌玺佳，多次获得红点设计至尊奖、iF 设计金奖、日内瓦高级钟表大赏等国际设计大奖的最高奖项。玺佳立足品牌影响力，整合京东、小米、亚马逊等销售渠道及海鸥、环球等供应链，向研发、设计、制造、营销一体化转变。领军企业鼎典确立集团化发展路线，投资成立了知识产权、品牌策划、创业服务、供应链管理等方面的 7 家专业化公司，合理布局商业运营、商品经营与产品创新。

工业设计服务促进中小微企业创新发展。深圳市中小微企业自觉加快工业设计植入进程，推进产品差异化、品牌个性化，走"专精特新"发展道路。领军企业宗匠科技将核心光学技术引入小型日光化妆镜，在零色彩损失的基础上，通过具有特定弧度的透镜结构导光板，实现完美服帖人脸的光场曲线，美妆镜 AMIRO 在 2020 年"双 11"期间创下 5400 万元的销售纪录，成为爆品的同时也为公司吸引超亿元的 B 轮融资。

秉承以客户为中心的工业设计理念。深圳市工业设计企业坚持以客户为中心，通过对客户市场、流行趋势、应用场景、新材料等的洞察，重构产品与客户的连接方式，将客户需求、市场机遇转化为产品价值。领军企业 SKG 瞄准美容与健康，以互联网思维开展创新设计，通过客户画像和体验测试，让客户参与产品设计，开发符合消费者需求、解决同类产品痛点的低频颈部按摩仪等产品。创维自主设计的 Piano WiFi 路由器，以客户友好性为设计理念，以钢琴琴键的拟物化外观，构建了亲切友好的产品调性，将高新技术和亲切友好体验有机结合，获得 2020 年红点至尊奖。

重点聚焦绿色低碳设计。深圳市制造企业在产品设计中充分考虑对资源和环境的影响，兼顾产品功能、质量、开发周期和成本的同时，优化各种相关因素，使产品及其制造过程中对环境造成的总体负影响降至最小，使产品的各项指标符合绿色低碳的要求。在绿色包装材料、包装回收利用体系设计上取得进展，领军企业顺丰成立"包装实验室"，启动"丰景计划"，以绿色包装技术研发与应用为核心，对包装材料进行减量化、绿色化开发，研发丰 BOX、集装周转箱、笼车等系列快递循环容器，推动快递包装的多场景绿色、减量、智慧循环模式。裕同包装通过对原料竹浆和甘蔗浆等纯天然植物纤维、纳米印刷技术、一体成型创意包装盒的运用，设计并开发环保包装产品。

探索传统文化与现代设计相融合。深圳市制造业企业能够敏锐捕捉复古风、国潮、现代派、未来式等新消费趋势，创新性将文化元素运用到工业设计中，使之具有一定的文化审美和价值。领军企业猫王收音机主打电台文化精神和匠人匠心的情怀，利用设计造型语言使产品反映复古文化，触发消费者文化认同，打造了精致潮玩的时尚单品，年度销量从 1 万台增长到百万台，成功演绎了传统产品的"逆生长"。开物成务是全国第一个基于传统工艺美术材料创新应用的东方美学品牌，通过将雕漆、刺绣、竹编、蜡染等民族工艺美术材料的特性和品系类型进行解构，结合新工艺、新科技、新装备和商业模式创新，实现了基于关键技术优化和文化再造的"非遗活化"。

二 推进服务型制造发展的主要举措

（一）不断完善服务型制造发展政策

立足既有产业优势和未来发展规划，深圳市以增强工业设计服务能力为抓手，出台了系列有助于促进服务型制造发展的相关政策。早在2012 年深圳市政府就出台了《关于加快工业设计业发展若干措施的通知》，作为全国首个地方工业设计发展专项政策，效应明显，加快了工业设计产业集聚，提高了专业化、国际化水平，使深圳市工业设计步入全国领先行列。在服务型制造发展理念的指导下，深圳市发生着由"经济特区"向"先行示范区"的跃升，"创新之都"的强大力量和先行示范效应不断显现。2020年，《关于进一步促进工业设计发展的若干措施》和《深圳市时尚产业高质量发展行动计划（2020—2024年）》明确提出，要培植更高能级的工业设计创新能力，搭建协同创新服务支撑平台，引领先进制造业向服务型制造加速转型。此外，《深圳市培育发展智能终端产业集群行动计划（2022—2025年）》明确了深圳市要推广个性化定制、供应链管理、共享制造、检验检测认证服务和全生命周期管理等先进服务型制造模式。

在服务型制造相关政策的指导下，深圳市自2013年开始将工业设计作为发展服务型制造的重点内容并实施专项扶持政策，每年用于工业设计专项资金规模近1亿~2亿元，累计下达财政资金超10亿元。重点支持工业设计中心、工业设计领军企业、知名工业设计奖、工业设计引领创新与转化应用等，面向制造业、专业工业设计公司、设计师、中小微企业等多个主体，通过财政资金多层次、广覆盖、全链条激发深圳市制造企业的工业设计活力，有力地推动了工业设计产业的快速发展。近年来，工业设计发展扶持计划项目数、资金需求量日益激增，侧面反映了制造企业工业设计应用广度和深度的不断拓展，对服务型制造转型发展起到积极的推动作用。

（二）充分发挥工业设计的重要抓手作用

工业设计通过运用新材料、新工艺、新技术等，提升产品外观、结构、造型、功能等设计水平，实现技术突破，使制造企业逐渐从单向应用阶段向集成创新、整合创新阶段迈进，实现各创新要素之间互补、融合与优化，使系统的整体功能发生质的变化，在此基础上提升产品与服务质量，赢得客户信赖，获得市场竞争优势，创造价值。由此，工业设计成为创新的驱动力，其角色从"服务企业""塑造企业"向"创造企业"转变，能有效推动服务型制造发展，促进产业结构调整升级、转变发展方式，提升产业链的核心竞争力。

深圳市把工业设计作为服务型制造发展的重要抓手，不断提升工业设计创新能力，致力于实现工业设计与电子信息、装备制造、医疗器械、钟表制造等产业集群的深度融合，推动人工智能、高端装备等先进制造产业的高质量发展。例如，华为专注信息通信领域，在典型运营商、企业、终端和云计算等领域构筑起端到端的解决方案优势，提供有竞争力的产品、服务和解决方案；飞亚达作为一家钟表制造企业，以工业设计推动新技术进步、新材料研发，以及新功能和新结构的实现，其研发的中国载人航天配套装备——宇航员手表，打破了国外垄断局面，使中国成为第二个自主拥有航天表的国家；优必选以客户为中心，运用多模态交互感知、人工智能、人脸识别、语音交互等技术，设计出高度拟人的智能机器人"悟空"；大疆深耕消费级小型无人机领域，自主创新设计集成 GPS、高性能航空摄影平台、模块化硬件、嵌入式控制软件、流体力学等技术，其研发的"御 Mavic Air 2"无人机摘得中国优秀工业设计奖金奖；浪尖作为制造企业耐斯特的服务商，为其进行全案设计，提供了全套工艺和生产流程的集成解决方案，使耐斯特从一家濒临破产的企业成功转型为医疗器械领域核心零部件玻璃钢的供应商，年产值达十几亿元。

（三）坚持制造业数字化、智能化发展方向

在人工智能、工业互联网、5G、大数据等数智技术的全面支持下，深圳市制造业向数字化、智能化方向发展，推动着服务型制造的进一步升级。如知名键鼠生产商雷柏是工信部认定的全国首批智能制造试点示范工厂，其通过 CAD 辅助设计仿真模拟、系统布局（SLP）规划车间整体，完成厂区 Layout 的设计，并自主研发 ROS 系统平台，集成 PLM、SAP、ERP、MES、CRM 等系统，有效整合了研发设计、制造、销售、质量、供应链等信息，改善了人与设备、设备与系统之间的协同化作业能力。同时，提供了互联互通的工业机器人自动集成应用解决方案，并逐步应用和推广到 3C、通信、

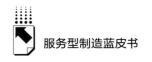

汽车等诸多领域，实现了服务型制造的创新发展。

以数字化、智能化发展方向为目标，深圳市制造业实现了从传统工业时代"规模生产+大众营销"的消费者被动购买模式向"需求定制+大数据营销+参与制造"的消费者主动体验模式的转变，有助于以大规模定制的方式满足客户的差异化需求。如服装头部企业赢家打造数字化、网络化、智能化制造新业态，开发客户风格诊断系统，实现在色、型、质等方面的客户画像及智能化诊断，指导产品设计，形成以客户需求为导向的精准定制。赢家模式满足了客户的定制化需求，在服装市场产能过剩的大环境中，成为服装业数字化转型发展的典范。

（四）全面构建服务型制造发展生态

深圳市致力于服务型制造平台建设、基础研究、成果转化等，已构建起良好的服务型制造发展生态体系。

围绕数字化、智能化、绿色化的发展趋势，打造一批服务型制造公共服务平台，如深圳创新设计研究院以创新设计为手段，推动产品、技术、服务、商业模式的系统化创新及其快速产业化，成为面向全社会的产业孵化双创平台，2018年被工信部确定为服务型制造示范平台。以市场和问题为导向，立足共性需求，探索开展设计趋势、设计基础数据库等基础研究，如浪尖开展基于亚洲人因工程数据库的可穿戴设备设计算法及应用方法研究，建立基于参数化数据模型、设计创新中台、供应商网络等的标准化协同创新体系。依托完备的制造产业链，深圳市工业设计的优势是面向市场、产业结合度高、成果转化快，如工业设计云平台"Design Plus"，通过为企业和采购单位提供工业设计大数据及 AI 精准匹配、资金托管保障、全流程可视化管理、产业链增值等服务，破解企业供应链瓶颈，提高工业设计与产业的融合能力和可持续发展能力。2020年疫情期间，深圳市通过工业设计云平台的整合，仅耗时2周就完成了一款核酸检测盒从研发设计到生产落地再到产品销售的全过程。

深圳市还以提升设计创新能力为目标，大力培育国家级、省级、市级工业设计中心。强化工业设计在企业活动中的独立地位和专业化经营，支持工业设计中心与高等院校、科研机构开展合作，加强基于新产品、新技术、新工艺、新材料的设计创新成果应用推广，全面提升制造业设计服务和创新能力，形成国家、省、市三级工业设计中心梯次布局，在相关领域和行业的示范效应显著。为加强工业设计基础研究、提升公共服务能力，按照工信部工作部署，深圳市提出要创新体制机制，面向共性需求，致力于培育一批覆盖重点行业和领域的工业设计研究院，争创国家工业设计研究院。经过区级推荐、专家评审，现已确定鹏城工业设计研究院、深圳黄金珠宝首饰工业设计研究院为深圳市首批工业设计研究院培育对象。下一步，市区两级将加大统筹协调力度，着力支持培育对象建设，及时总结创建经验，引导做好认定、升级工作。同时，深圳市还创新举办了国际工业设计大展，持续推进国际合作，为服务型制造转型发展、提升工业设计水平建立了良好的生态体系。

三　发展成效和主要经验

（一）发展成效

1. 服务型制造转型发展水平持续提升

据统计，作为深圳市服务型制造发展代表的工业设计服务，十年间服务收入增长了 12 倍，工业设计对制造业的提质增效作用凸显，撬动产业规模大幅跃升，拉动下游产业产值超过 1000 亿元。全市拥有各类工业设计机构数量增长了 5.5 倍，达到 22000 余家。工业设计专业公司数量增长了 2.8 倍，现有 1400 余家，其中近 50% 获得国家、省、市各级高新科技企业认定，工业设计专业力量强劲。

目前深圳市共建成 13 家国家级工业设计中心，位于全国第一阵营；114 家省级工业设计中心，占全省认定数量的 34%；98 家市级工业设计中心，行业布局渐趋合理。华为、大疆、创维等设计创新型品牌，在移动终端、

4K/8K、无人机等领域达到世界先进水平，其经验和做法不断得到复制推广，引导行业提升设计能力，创新服务型制造发展模式，推动制造业向智能化、数字化方向发展。其中，浪尖、鼎典、佳简几何等成长性好、创新能力突出、行业带动性强的专业工业设计企业，以设计为原点，在不同设计方向、产业领域进行多元化探索，无缝嵌入产业链，为服务型制造和制造业高质量发展提供有力支撑。在不断寻求规模化、集团化发展的过程中，部分龙头企业提供高端综合设计服务，并予以衍生，如佳简几何孕育的原创剃须刀品牌 Yoose（有色）。

2. 人才集聚效应明显

中芬设计园、设计产业园、设计之都产业园等各具特色的园区吸引并培育了一批工业设计重点企业，集聚效应凸显。园区从设计企业的实际需求出发，以创新、创业、创意为服务主线，通过设立产品综合检测中心、快速成型中心、国际色彩检测中心等技术服务平台和人才培训、创业孵化等公共服务平台，夯实产业发展的底座。

由此，深圳市拥有了庞大的高素质设计队伍，工业设计从业人员超过15万人。罗成等23位工业设计大师获光华龙腾奖·中国设计业十大杰出青年称号；梁子、罗峥、赵卉洲等成为中国服装设计最高奖"金顶奖"得主；飞亚达总设计师孙磊、TTF珠宝艺术总监吴峰华、艺之卉首席设计师赵卉洲入选"深圳经济特区建立40周年40名创新创业人物和先进模范人物"。

凭借强大的工业设计人才队伍，深圳市企业在国内外工业设计大赛中表现亮眼。截至目前，深圳市企业和设计师累计获得 iF 设计奖 1825 个、红点设计奖 1176 个，获奖数量连续 11 年居全国大中城市的首位。2020 年，深圳市大疆创新科技有限公司的"御 Mavic Air 2"无人机摘得中国优秀工业设计奖金奖，深圳迈瑞生物医疗电子股份有限公司的便携超声诊断系统获得广东省"省长杯"工业设计大赛最高奖钻石奖。

3. 服务型制造赋能制造业高质量发展

深圳市以工业设计为抓手发展服务型制造的思路对全市制造业高质量发

展产生了强大的赋能作用，有效助推了新一代信息技术、高端装备、医疗器械等战略性新兴产业和黄金珠宝、服装、家具、钟表等时尚产业提升设计能力、创新业态模式，推动制造业向智能化、数字化方向发展。

推动电子信息产业做大做强。深圳市制造业以电子信息业为核心，产业特色鲜明、主业突出。2021 年全市电子信息制造业总产值 2.38 万亿元，占全国行业规模的 1/6 以上。在电子信息领域，华为坚持自主设计，实现集成创新，突破芯片、算法、软件等核心技术，并在巴黎成立美学研究中心，致力于通过开展时尚与艺术研究，使美学理论与尖端科技相结合；柔宇利用柔性电子技术，与路易威登、欧洲空客、日本丰田等合作，加速柔性显示在各领域的融合创新应用，打造折叠屏手机、柔性电子产品等自主品牌，智能手写本"柔记 2"获得 2021 年 iF 设计奖金奖。

推动高端装备制造业领先发展。2021 年，深圳市工业母机、智能机器人、激光与增材制造、精密仪器设备等高端装备制造业工业增加值 1033.24 亿元。从国内产业布局来看，深圳市在工业机器人、激光加工装备、半导体及显示面板专用设备、锂电设备等领域优势明显，高端装备制造业正在向精密化、智能化发展，逐步形成了较为完善的产业配套体系。在高端装备领域，大族激光以提升柔性、动态性能与稳定性为目标，独创龙门双驱结构形式，让激光技术与柔性制造系统高效组合，提升了生产效率，并广泛应用于各种机械制造加工行业，产销量稳居全球第一；比亚迪成立全球设计中心，拥有来自意大利、西班牙、瑞士、德国等 10 多个国家的 200 多名设计师，汇聚了行业最前沿的设计工具，实现了从技术单轮驱动向"技术+设计"双轮驱动的转变；迈瑞拥有设计策略、客户研究、人机交互等多专业方向的综合团队，使工业设计与医疗机械、临床等跨学科深度协同，实现整合创新，成为医疗器械行业的工业设计标杆。

促进时尚产业向价值链高端环节迈进。深圳市时尚产业增加值占地区生产总值的比重为 16% 左右（含消费类电子），服装、家具、钟表、黄金珠宝等传统优势产业运用 3D 打印、大数据、物联网等手段，强化对外引进和本土原创培育，融合国际设计资源和现代时尚元素，提升创意设计水平，向着技术高端化、创意多元化、产品时尚化、品牌国际化方向发展。在时尚产业领域，百丽通过 3D 足型数据的采集、深度挖掘和应用，构建了基于 3D 图像技术分析、AI 大数据匹配的个性化、定制化设计和柔性智造体系；鞋履品牌多走路从人体工学出发设计符合亚洲人脚型的鞋子，同时首次采用可循环塑料、高弹缓震胶，实现轻便、舒适、环保、节能，其凭借 24 小时无灯智能工厂、物联网远程飞织技术、线下场景体验终端，构建基于科技、制造、商业的有机循环。

（二）主要经验

坚持设计赋能，把设计作为城市发展战略。深圳市重视设计，将设计作为城市文化和产业发展的名片，让创意融入城市的灵魂，让设计成为创新的重要推动力。工业设计作为深圳设计的重要组成，赋能服务型制造转型升级，助力深圳"设计之都"的美誉和"设计创新"的城市风格。

坚持应用为导向，发挥好政府政策的引导作用。深圳市在全国最早统筹谋划服务型制造发展，瞄准工业设计发展方向，先后出台了多项工业设计专项政策，安排了工业设计专项资金，有力地促进了工业设计与制造业深度结合，使设计人才集聚、优秀设计成果涌现、设计创新能力增强，对深圳市制造业服务型制造升级和高质量发展起到了积极作用。

坚持"两手抓""两手硬"，形成互促发展产业格局。按照"具有全球影响力的创新创意之都"的定位，统筹专业设计公司跨行业服务优势和制造企业内设机构专业深耕优势，形成深圳市工业设计"一体两翼"发展格局，着力培育具有世界影响力和比较优势的工业设计龙头企业和工业设计领军人才。

坚持对外开放，加速与全球创新要素深度融合。以国际化视野和长远眼光谋划和推动工业设计产业发展，举办国际化水平高的展会、论坛和文化周活动，吸引全球顶级设计大师参与。与国际知名设计院校合作办学，鼓励企业加强与国际一流工业设计机构的交流合作，推动深圳市融入全球工业设计网络，参与市场竞争。

坚持协同创新，完善产业公共服务体系。为适应服务型制造发展的新需求，深圳市鼓励分行业建设工业设计研究院，支持企业开展设计创新智库咨询服务、研发工具与检验检测设施共享、设计需求对接等服务，构建创新设计资源共享云平台，提升城市发展能级。

坚持共生发展，对外输出深圳设计模式。依托行业协会力量，对外输出工业设计与产业转型升级融合发展的工业设计服务。聚集设计资源，以创品牌、提质量、增效益为抓手，从质量、标准、信誉、品牌全方位设计赋能当地特色产业，推动产业链提升核心竞争力，形成清河羊绒、白沟箱包等经典案例。

四 服务型制造展望及未来工作思路

根据《深圳市国民经济和社会发展第十四个五年规划和二〇三五年远景目标纲要》，到 2035 年深圳市要"建成具有全球影响力的创新创业创意之都"。按照这一城市定位和要求，结合产业发展现状，深圳市要立足新发展阶段，贯彻新发展理念，坚持把工业设计作为服务型制造发展的重要抓手，构建"设计+研发+服务"的创新设计体系，形成以产业为主体、市场为导向、产学研用结合、多方参与的协同创新机制。瞄准主体培育、公共服务、对外合作、跨界融合、数字化转型等，顺应消费升级趋势，把深圳的创新设计优势转化为创造新供给的强劲动力，以高质量的供给催生新的市场需求，加快培育新产品与新服务，推动制造业高质量发展。未来工作思路涉及如下五方面。

（一）争创国家工业设计研究院

在深圳市电子信息、高端装备、服装、珠宝等重点行业和优势领域建设若干满足先进制造业发展需要、研究实力雄厚、公共服务能力强、竞争优势突出的工业设计研究院。加强对本地区工业设计领域共性需求的分析与研判，深入开展设计理论、共性技术、设计原型、标准规范等基础研究，加强

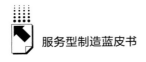
协同创新，提升服务水平，健全工业设计创新发展支撑体系，争创国家工业设计研究院。

（二）搭建赋能的工业设计云平台

支持面向制造业创新设计需求，打造汇集工业设计专业公司、制造业企业、供应链及金融等产业链上下游机构的工业设计云平台，实现从原型设计、技术方案、仿真实验、快速成型到小批试制、量产、销售等全产业链的资源覆盖，快速满足设计成果快速转化过程的各类资源匹配需求。依靠大数据、云计算、工业互联网、5G、人工智能等数智技术，引导工业设计企业通过上云、共享、数字化设计等手段，发展个性化设计、交互设计，提高深圳市工业设计企业的数字化运用能力。

（三）推动深圳国际工业设计大展再上新台阶

以价值引领、创新驱动、科技支撑、全球视野为宗旨，充分发挥大展链接资源、孵化创意、产业对接的作用，提升线上展览的创意性和趣味性，增强大展的品牌力、辐射力、市场运作能力，将大展打造成具有全球引领性的展览展示平台、新品发布平台、思想交锋平台和永不落幕的云展览。

（四）研究设立具有全球影响力的工业设计大奖

深圳市将深入开展设立具有全球影响力的工业设计大奖的可行性研究，坚持政府支持、市场主导、可持续发展的原则，不以营利为目的，按照探索机制创新、差异化定位、评审运作公平公正公开、推动评奖结果产业转化、加强宣传推广等主要思路，筹划设立有中国特色的工业设计大奖。

（五）建设面向未来的国际化工业设计基地

从长远考虑，深圳市将打造以工业设计为主线，串联工业互联网、智能制造等重点领域，容纳设计博物馆、新材料应用中心、工程创新加速中心、知识产权保护中心、设计学院等新型产业生态项目的工业设计生态城，逐步形成集设计、研发、制造、服务于一体，资源高度集中的创新设计集群，成为世界级湾区设计创新引擎。

典型企业篇

Service-oriented Manufacturing Enterprises Reports

B.12
陕汽天行健：商用车后市场
全生命周期管理服务实践

李　锐　王继君　冶少刚　王　强*

摘　要： 传统商用车制造行业商品同质化情况严重，营销方面也存在同质
化现象。在市场竞争环境、行业发展趋势和客户需求变化的影响
下，陕汽集团提出"关注产品全生命周期、关注客户经营全过
程"的服务型制造转型方向。在"两个关注"的过程中发现需
求、满足需求、创造需求、引领需求，创新开展了车联网数据服
务，并以此为基础开展融资租赁、保险经纪、二手车置换、TCO
托管服务等一系列增值服务业务。打造国内大型的商用车全生命
周期服务平台，为广大商用车用户提供安全、便捷、高效、专属
的综合解决方案。陕汽集团的服务型制造转型模式具有创造性、
示范性、可复制性，为行业内其他汽车制造厂商的服务型制造转

---

* 李锐，德银天下股份有限公司副总经理；王继君，陕西天行健车联网信息技术有限公司副总
经理；冶少刚，陕西天行健车联网信息技术有限公司副总经理；王强，服务型制造研究院工
程师，主要研究方向：服务型制造、产业经济。

型提供了有益的经验。

关键词： 车联网　服务型制造　全生命周期管理　陕汽天行健

一　企业概述

陕西汽车集团股份有限公司（以下简称"陕汽集团"）总部位于陕西西安，前身是始建于 1968 年的陕西汽车制造厂。公司是我国重型军车的主要研发生产基地、大型全系列商用车制造企业，中国汽车产业绿色、低碳环保转型发展的积极倡导者和有力推动者。陕汽集团经过"十三五"期间的快速发展，布局了西安和宝鸡两大产业集群，围绕商用车全产业链布局新能源、智能网联、智能制造创新链，形成了整车、专用车、零部件、后市场四大业务板块，各项业绩连年创历史最好水平，已发展成为行业一流的全系列商用车产业基地。公司拥有省级企业技术中心、国内一流的陕西省节能与新能源重型商用车重点实验室，在清洁能源与新能源、智能网联商用车领域处于行业领先地位，具备新能源商用车系统集成及核心零部件开发能力，是全国智能网联汽车领域国家高端装备制造业标准化试点企业。

陕汽集团是我国商用车行业服务型制造的领导者，坚持关注产品全生命周期、关注客户经营全过程，创新开展了车联网系统服务及融资租赁、保险经纪、二手车置换、TCO 托管服务等一系列增值服务业务，打造了国内大型的商用车全生命周期服务平台。公司于 2011 年在重卡行业率先推出天行健车联网，将其作为服务型制造战略的落地项目之一，2013 年 6 月成立陕西天行健车联网信息技术有限公司（以下简称"天行健车联网公司"），现有员工 200 余人。公司以"关注产品全生命周期，关注客户经营全过程"为目标，为客户提供商用车车联网综合解决方案。

作为商用车车联网领域领跑者，天行健车联网公司在业界拥有丰富的大

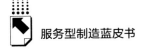
数据资源。目前，天行健系统在网车辆数突破98万辆，聚焦产业链、终端用户、政企、数据、后市场、车企六大业务板块，为客户提供智能化解决方案，助推商用车领域相关企业智能化、信息化发展。同时，为主机厂整车研发、销售、生产、售后服务等提供数据支持。经过多年探索发展，公司先后获得国家级服务型制造示范平台、工信部车联网身份认证和安全信任试点企业、国内首家车联网技术应用实训示范基地、中国汽车工业科学技术进步奖特等奖、中国商用车车联网十佳运营服务商等殊荣。

2020年4月22日，习近平总书记在陕汽集团考察时提出了"四新"要求，为公司指明了未来发展方向和路径。落实"四新"要以客户需求为导向，通过模式创新、业态创新、技术创新、产品创新为客户创造新的价值，提升企业管理效率、经营效益、综合竞争力。袁宏明董事长提出，创新是推动民族进步和社会发展的根本动力。要实现千亿陕汽、百年陕汽的梦想，必须依靠不断地变革和创新，持续通过技术创新、市场创新、产品创新、管理创新，向着国际一流的商用车企业集团不断前进。

天行健车联网公司的诞生，是陕汽集团服务型制造战略落地的重要成果之一。在服务型制造战略指导下，公司稳步发展、盈利能力持续增长，服务型制造转型成果显著。

二 转型背景

2006年，国内首次提出"服务型制造"概念，当时国外制造业企业正在进行服务方面的转型，比较典型的例子是通用汽车、IBM等。2008年国际金融危机爆发，当时重卡行业与国家的经济发展相关性较强，并且在此之前主要通过投资拉动行业发展。国际金融危机以来，重卡行业需求下降，企业订单锐减，企业的生存环境、竞争环境、客户需求等都发生了很大变化，为此，陕汽集团对自身的发展方向进行了重新审视。

2008年7月，整个重卡行业单月销量环比下降50%，同比下降27%，在整个行业都习惯了高速发展的情况下，瞬时出现了产能放空、利润下降。

随后经济复苏，但企业产能利用率并未恢复到此前水平。整个重卡行业面临发展新常态，从之前的快速增长期进入成熟期。

从产品分析，当时重卡行业产品同质化情况严重。陕汽面临的主要竞争对手都是从20世纪80年代斯太尔平台转化而来的。营销方面也存在同质化现象，主要竞争手段以价格战为主。因此在这种环境下，陕汽如何跳出现有竞争格局，实现差异化发展是必须要研究的核心问题。客户需求在发生变化，不再只是简单地买车，其对售后服务的需求越来越强烈，与此同时，客户结构也在发生变化。

陕汽集团从2009年开始探索从传统制造企业向服务型制造企业转型，发展重点从传统增量市场转向存量市场，将汽车服务业务作为重要板块。在利润层面，服务业务对企业来讲是非常重要的利润来源。例如，作为全球领先的重卡企业，美国的佩卡公司的后市场业务所占比例接近30%，从1938年开始历经了10次全球或区域性经济危机，却仍能连续80多年保持盈利。2009年，佩卡公司传统的卡车销售业务亏损了近5000万美元，但是配件和金融等传统后市场业务的盈利超过7亿美元。又如，瑞典的沃尔沃公司在销售新车的同时，一系列汽车后市场业务创造的利润也占公司总利润的20%。

陕汽集团的转型围绕"两个关注"展开，一是关注产品全生命周期，二是关注客户经营全过程，发现需求、满足需求、创造需求、引领需求，实现陕汽向服务型制造企业的全面转型。在客户需求指引下，2013年陕汽集团成立了天行健车联网公司，专注于商用车车联网技术研究、应用及销售，为广大商用车用户提供安全、便捷、高效、专属的综合解决方案。

2017年，国家层面正式提出服务型制造，陕汽被列入首批工信部服务型制造重点示范企业。

三　能力建设

为了顺应行业发展趋势，结合企业自身发展需要，陕汽从2009年开始打造企业的第四大业务板块，即服务业板块，以实现由传统单一制造模式向

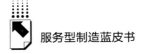

"制造＋服务"两大模式的转型。在这个过程中，陕汽也创造了企业的差异化竞争优势，围绕"两个关注"，发现需求、满足需求、创造需求、引领需求，不断创新商业模式，开展增值服务。持续提升设计及研发能力、制造及服务能力、数字化能力、营销能力、供应链能力等。

天行健车联网公司2011年在行业内推出车队管理服务，为客户提供车辆定位、里程统计、油耗管理、远程诊断等智能化服务。对于客户来说，主要价值在于提高运输效率，降低不必要的成本支出。此外，天行健车联网公司还提供定制化服务。

传统的服务较为简单，只为客户提供售后服务，在三包期内做好基础的服务保障。通过多年在服务类业务方面的尝试，陕汽首次提出托管服务，实现了从传统被动式响应到主动预防式服务的转变。

从客户的成本分析，以前针对大客户要配备维修队伍、储备配件。现在对于大客户来说，陕汽提供的TCO托管服务模式相较于其自身服务管理模式成本要低30%。针对大客户，陕汽主动提供TCO服务计划书，基于客户的停车等待装货、夜间等间隙时间，主动告诉客户应该在定点沿线做哪些保障，这是天行健车联网公司针对车辆运营数据开展的服务，以保证车辆时刻处于非常好的运行状态，实现零抛锚运行。

基于全生命周期的主动预防性服务，有利于大幅降低客户车辆维护成本，使车辆即便在作为二手车出售时仍能保值。客户用车、陕汽养车，提供了新的服务体验。目前陕汽的TCO托管服务业务每年以30%的速度增长。

为更好地开展后市场车联网服务，2013年陕汽集团成立天行健车联网公司，独立负责车联网的商业化运营，面向不同客户群体提供相应的车联网服务。

1. 天行健智能下线检测系统

天行健智能下线检测系统实现录车自动化、验车自动化及电子标定自动化。车辆装配完成后，通过诊断仪把VIN和终端号发送至天行健智能下线检测系统予以绑定。系统通过VIN从电控平台获取所需参数（燃油箱材质和容量、油量传感器、排放情况等）并自动完成车辆录入。车辆电器功能

（天行健终端信号、远程排放终端信号、新能源终端信号）适配于所有车型、所有终端，自动完成一键检测，检测人员仅需查看结果或进行相应的常规操作。录车完成后，系统根据车辆 VIN 自动从电控数据平台获取数据发送至天行健车联网终端完成车身零部件的标定写入。

2. 汽车电子部件远程升级系统

汽车电子部件远程升级系统采用 OTA 远程升级技术实现控制器远程刷写功能，不仅可用于控制器软件缺陷修复，还可以用于产品升级、新增功能叠加，不受距离限制、维修站能力限制，有助于提高维修效率、维修质量。

3. 天行健车队管理系统

天行健车队管理系统通过采集与分析整车原始数据，为客户提供高效的物流精细化管理平台。其中油气耗管理方面，通过掌握车辆真实油气耗数据，对不良驾驶行为进行记录，帮助管理者做出针对性改善，延长车辆使用寿命，避免增加不必要的支出。另外系统全面记录人、车、货等运输全过程相关信息，对于违规行为及时予以提醒并记录，实现运输全过程的透明管理。

4. 天行健车贷管理系统

天行健车贷管理系统基于对海量数据的云计算能力，提供贷前、贷中、贷后决策支撑服务。平台主要提供基础监控服务，包括提供位置轨迹监控、车辆运行报表等运营监控服务；风险智能分析与控制服务，包括提供贷前信用评估、贷中风险预警等服务。出险时，平台可远程控制车辆，限制二次启动或车速，降低业务风险。

5. 天行健后市场服务系统

天行健后市场服务系统为陕汽所有营销渠道提供管理工具，通过充分挖掘车联网的数据价值，为实现关注客户经营全过程、产品全生命周期提供数据支持，主要功能分为系统管理、销售管理、智能选车、档案管理四大模块。

6. 天行健渣土车智能管理系统

天行健渣土车智能管理系统不仅满足国标、部标等技术标准要求，而且重点围绕渣土车监管难题提供解决方案。系统广泛采集车辆运行数据，并结合发动机智能控制技术实现车辆运营全过程透明管理，对违规驾驶行为进行事前、事中控制，直面管理痛点。可为渣土车监管提供技术支持，解决车辆超速、违规行驶、不按线路行驶等管理难题。

7. 天行健智能业务运营管理系统

2013 年起国家规定 12 吨以上重卡需装载北斗车载终端并接入全国道路货运车辆公共监管与服务平台及各级政府监管平台，才能获得运营证。天行健智能业务运营管理系统可为陕汽重卡用户提供新车运营证办理及车辆年审的北斗接入支持服务，快速便捷，无须客户加装其他设备。

8. 天行健机动车尾气排放动态监管系统

天行健机动车尾气排放动态监管系统可实现车辆全生命周期的排放污染实时监控，并可对排放超标车辆进行故障诊断，结合主机厂技术研发、维修服务经验，为故障车提供维修建议方案，快速处理故障，提高车辆排放达标率，降低排放污染，满足各地市环保局的管理要求。

9. 天行健数据分析平台

通过多年的运营，天行健形成了海量数据。相对于其他行业混杂的数据，车联网与车辆（包括驾驶者）强相关的精准、完整的数据就显得十分重要。整车 VIN 是车辆全球的唯一识别标志，通过 VIN 可以关联车辆生产、配置、车主等信息，且这些信息都是真实、有效的。因此，通过关联信息，结合车联网收集的信息，采用先进的分析方法得出的研究结果也是真实、可信的，这具有重要的现实意义。

天行健数据分析平台主要为集团相关部门、核心零部件企业、外部数据应用商等客户提供数据分析、存储及应用支持，基于 Hadoop、Spark 等技术，提供包括原始数据存储、数据初加工、定制化数据分析、Web 应用等在内的数据产品和服务。

基于服务型制造理念，立足于传统制造业，为客户提供"买车—用车—管车"的全生命周期服务。立足项目战略定位，面向客户，核心服务由原来的两项扩展为四类。项目商业化发展路径如下。

（1）车厂前装模式：从车出发，在车辆故障诊断、驾驶安全、主动安全、紧急救助等方面巩固原有优势。

（2）第三方服务商后装模式：从服务内容出发，提供语音导航、呼入服务、移动互联网增值服务等。

（3）特定化服务模式（如政府交通安全监管）：从道路安全出发，构建具有交通视频监控、流量智能测算、信号控制等功能的物联网系统，促进交通安全，缓堵保畅，保障节能减排。

（4）基于大数据的目标客户"精细化"管理模式：关注客户用车全过程，从海量数据出发，为整车研发、创新的车联网服务设计（如车联网保险）提供数据挖掘和透析服务，达到降低运营成本的目的。

以上路径对传统制造业及商用车物流业乃至上下游产业链而言具有明显的资源整合优势，带给用户全新的全生命周期服务体验，具体表现如下。

提供车厂前装服务，符合交通运输部关于道路运输安全的要求，车辆出厂即可正常运营，省时省力，满足用户及时用车需求，同时可批量增加平台入网车辆，实现双赢。

保证销售车辆合法运营，与各地经销商和服务站合作，及时提供后装服务，并跟踪老客户需求，消除其在运营中的担忧。

映射商用车物流业的辐射区域，了解各类客户群体的需求，为其提供定制化服务。例如，针对政府对城市渣土车的管理要求，定制化设计开发渣土车管理服务平台，改变监管费时费力的现状，助力智能化实时监管，还城市一片和谐的天空，实现一举多赢。

开展"大数据分析、精细化管理"，通过对车辆运输数据进行分析，形成车型与车型之间、驾驶员与驾驶员之间、车队与车队之间的油耗、驾驶行为等对比数据，为物流行业运营管理提供科学依据；并通过与配件经销商、驾驶员技术培训方、燃油经销商等开展合作，为客户提供优质的服务，实现与物流公司、第三方合作企业的多方共赢。

截至目前，陕汽车联网的在网车辆数量超过98万辆，覆盖10多个"一带一路"沿线国家，陕汽销往海外的产品也可以使用车联网。

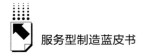

从转型来看，陕汽从战略布局到业务布局都发生了翻天覆地的变化。陕汽从增量市场转向增量市场和存量市场并重；从与客户的一次交互转为多次交互；以前只销售有形的产品，现在转变为提供"有形产品+全生命周期"的服务；以前是产品中心型企业，现在是客户中心型企业。

四 转型成效或典型案例实践

（一）稳定公司经营

近年来，受疫情影响，全球经济增长低迷，商用车增量市场缩减，重卡行业收益主要来自存量市场，包括为各类客户提供有偿的车联网服务，以及以车联网为基础开展其他后市场服务。

（二）提升市场竞争力

天行健车联网服务系统通过实时采集车辆各种运营数据可了解不同种类的车辆的实际使用区域。针对这些信息，销售公司可基于不同的区域采取不同的销售和服务策略，如老客户介绍新客户优惠政策；老用户购买新车优惠政策；集中团购优惠政策；增加服务站布点和不同车型的零部件储备，缩短服务响应时间。基于大数据分析结果而制定的营销策略势必有助于稳步增加某区域特定车型的销量和保有量。

海量的数据能够为优化车辆营销工作提供强大的支撑，整车企业可以通过车辆数据分析，得到用户的行为倾向等信息，从而制定有针对性的营销方案，提高营销的精准度。通过对一个地区用户行车路线的分析，能够了解用户的出行习惯，进而制定更为精准的广告、巡展方案。通过对车辆停留地等信息的分析，可以了解用户的经济状况与消费能力，甚至能够分析用户的消费习惯。通过对行车数据的分析，汽车企业能够了解已有客户的车辆状况，获取用户的换车需求等信息，从而开展二次购车营销工作。

（三）为客户提供的服务价值

天行健车联网与西安康明斯联合开发的陕康云管理平台，大大提升了西安康明斯的服务能力，提高了客户满意度，推动产品质量不断提升。在使用过程中，有一次，客户车辆的关联系统显示燃油含水方面出现故障，公司服务人员主动与客户取得了联系，远程为客户提供技术指导但并未解决问题，经查客户车辆所处位置与授权特约维修站相距不远，于是引导客户前往维修站进行检测维修，1个小时后，客服人员与服务站人员取得联系，确认用户车辆已进站维修。在解决车辆燃油含水方面的故障时，服务站人员发现了客户车辆尿素泵也出现了故障，主动为客户进行了维修。服务历时5个小时，解决了客户的潜在风险，保障了其长途驾驶安全，使高效服务真正成为企业的金字招牌。

天行健在物流领域的应用成效也较为突出，主要价值表现为保障运输安全、提高运输效率、降低运营成本。以陕西顺佳物流公司为例，其是陕西乃至全国的轿运行业龙头企业，随着业务的拓展，车队数量不断增加，公司管理层意识到必须改变以前的管理方式，借助信息化工具实现车队精细化管理，2017年初公司开始使用天行健车联网服务系统，对130辆车进行统一管理，应用一段时间后，油耗管理成效突出。公司的一名员工报销油票时，提报的油量是1500升，但是网站上的数据显示为1000升，相差500升，经核实，司机承认虚报油票，可见，借助天行健平台，规范了人员管理，减少了不必要的损失。在远程清点车辆数、降低人力成本方面，公司在陕西和重庆的停车场设置电子围栏，每天晚上工作人员直接通过电脑操作完成车辆清点，不仅提高了工作效率、降低了人力成本，而且保证了数据的准确性。在违章事由查询、规范驾驶行为方面，公司对于违章车辆，通过天行健平台查询具体违章的时间、地点，为及时开展违章管理提供依据，这对司机也起到了警示作用，有助于规范其驾驶行为。

智能车桥通过车桥智能传感器、天行健终端、智能监控平台实时采集车桥特性数据以及车辆运行数据。智能车桥旨在解决试验台架模拟数据无法覆

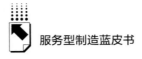

盖实际复杂工况的问题，充分验证车桥在复杂实际工况下的工作状态，为车桥数据分析、产品和质量改进等提供真实的数据样本。通过监控车桥振动、油温、油品等实时数据的变化，发现车桥零部件的初期故障，及时采取干预措施，降低车桥维修成本。

2013 年底陕汽成立"黄换绿"项目组，作为陕汽旗下的车联网公司，专项推广陕汽新型环保智能渣土车。研发团队围绕整车的全生命周期及客户经营全过程进行开发，2014 年，天行健车联网公司创新性地推出了渣土车综合解决方案，开发了车速管理、区域管理、违规报警、电子围栏等功能，满足不同使用对象的需要。综合解决方案的推出，为整车销售增加了竞争砝码。经过推广，天行健车联网公司陆续为西安、邵东、邵阳等地的监管单位开发了渣土车智能管理平台，为监管提供技术支持。2018 年，受咸阳市数字指挥中心委托，开发了咸阳渣土车智能管理平台，并对咸阳市 30 余家渣土车公司的车辆实行 4G 视频监控。截至 2021 年 8 月，已对市区内 54 家渣土运输企业的 1407 辆渣土车实行 4G 视频监控。城市管理监督指挥中心的实践表明，咸阳渣土车信息化管理成效显著。2020 年 5 月，咸阳市城市管理监督指挥中心数字城管案例实践顺利通过住建部专家组实地考察和数轮筛选，成功入选《数字化城市管理案例汇编》，标志着咸阳市数字化城市管理工作成效显著。

（四）经济效益

天行健车联网服务成功应用于多个领域，其中为全国 100 多家物流公司提供车队服务，为 500 多家车贷商提供风控服务，为全国 8 个地市政府渣土车监管单位提供技术支持，为多家零部件企业提供大数据定制服务。2021年车联网业务应用收入 3.39 亿元，服务业收入占企业总收入的比例达 32%。

陕汽集团采用"两个关注"经营模式，大力发展服务业务，持续提升企业竞争优势、行业影响力。2010 年陕汽市场份额不到 10%，2021 年市场份额达到 15%，在商用车行业排第八位、重卡行业排第三位，且海外出口排第二位。

2021 年陕汽控股以 930.0892 亿元的营业收入位列中国 500 强的第 236

位，排名较 2020 年跃升 40 个位次。同时，在中国制造业企业 500 强榜单中，陕汽控股列第 105 位，较 2020 年跃升 15 个位次。通过商业模式创新增值服务，2021 年陕汽德银后市场业务净利润达 3.69 亿元。

（五）社会效益

1. 降低交通安全事故率，提高社会公共安全管理水平

为主动提升车辆的安全监控支持能力，天行健车联网利用物联网传感器技术，对车辆在行驶过程中各关键零部件参数进行检测，有助于矫正驾驶员的疲劳驾驶和不良驾驶行为，以及提示车辆零部件是否存在潜在的安全隐患。为政府相关部门提供渣土车整体解决方案，协助有效监管渣土车，对渣土车运输过程采取"技术控制+行政管理"双效手段，有效减少交通事故的发生，使车辆安全事故率下降 20%。

2. 对行业结构调整、促进区域产业发展的引领作用

2017 年工业和信息化部发布《国家车联网产业标准体系建设指南（智能网联汽车）（2017）》，确立了我国发展智能网联汽车"以汽车为重点和以智能化为主、兼顾网联化"的总体思路，即对应于智能安全、智能移动、智能共享分别有车辆智能技术、车辆网联技术和基础支撑技术。

陕汽率先发布了重卡行业首款车联网系统，其终端保有量已突破 30 万辆（截至 2017 年底），居重卡行业保有量第一，这为系统分析提供了大量的数据支撑。系统得到了众多主机厂家及客户的认可与重视，通过数据分析为客户带来了主动化的"贴心服务"。同时也使公司数据进入挖掘与分析阶段，实现了跨越式发展。车联网与智能交通系统、智能汽车等密不可分，代表着未来汽车工业的发展方向。

3. 对行业节能减排、资源节约综合利用的引领作用

天行健车联网立足于发展战略，核心服务由原来的两类扩展为四类。从道路安全出发，构建交通视频监控、流量智能测算、信号控制等物联网系统，促进交通安全，缓堵保畅，保障节能减排；关注客户用车全过程，从海量数据出发，为整车研发、创新的车联网服务设计（如车联网保险）提供

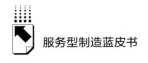

数据挖掘和透析服务，达到降低运营成本的目的。

4. 运用互联网技术和大数据挖掘技术，为物流企业管理运营、车辆制造企业产品升级提供科学依据。

天行健车联网服务系统的数据采集能力涉及整车 300 多种控制状态以及上装电控模块的扩展；数据传输采用成熟的无线网络，并辅以数据缓存和补发机制。商用车大数据服务基于成熟的数据挖掘和机器学习技术，能够提供各种相关性因子、指标、行为模式等服务，用于车辆安全性、燃油、维修成本、经济景气指数等的量化分析。为商用车行业用户提供全生命周期的管理咨询服务，实现企业向服务型制造转型，使商用车用户、整车企业、销售及保险公司等行业用户基于车联网大数据分析，促进整车产品升级换代、质量改进和制定销售策略。

5. 促进我国车联网技术应用自主知识产权的形成和发展

物联网及车联网已成为当前我国战略性新兴产业发展的方向，并将成为未来智慧城市的标志。车联网汽车拥有的高度智能的车载信息系统，可以与城市交通信息网络、智能电网及社区信息网络实现连接，从而可以随时随地获取资讯，并且对交通出行及路线提供有力的决策支持。通过物联网，车、货、人、物形成一个无缝感知、传输和分析的综合系统。本项目的应用推广将为物联网向更高层次发展打下坚实的技术和市场基础。

五　主要经验

以客户需求为中心，关注客户需求，配合陕汽集团产品制造，打造客户需要的产品，从企业提供什么客户买什么转变为以客户为中心。这为企业的业务布局及全系统的流程再造提供了新的思路。

构建集技术、业务、运营与组织于一体的复合体系，快速响应业务需求。

坚持"两个关注"，近几年行业竞争环境和客户需求不断变化，为此，一方面要围绕产品，持续做好产品功能性定义、改进开发、细分市场需求研

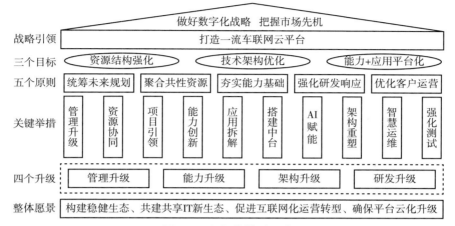

图 1　组织架构转型思路

究、产品开发及平台性产品精准性开发等基础性工作；另一方面要针对客户需求，特别是新生代客户需求，持续做好挖掘工作，这样才能发挥好生态圈的变革效应，针对客户的潜在需求提供服务。

人才是企业发展的基础，是公司在市场竞争中最大的优势。着眼于现有的人力资源，提出一系列关于人才引进的新举措。对现有人力资源结构进行调整，通过优化干部队伍、专业技术队伍，使公司有限的技术管理人才得到合理的配置。公司对科技人员非常重视，在薪资待遇上应向科技人员适当的倾斜，使广大科研技术人员在技术创新和科技进步上形成凝聚力。在现有的条件下，公司应为科技人员创造一个较好的有事干、干成事的工作环境。

创新无处不在，企业应从实际发展出发，找准创新的着力点，根据实际情况作出变革，这样才能实施有价值的创新举措。既要坐而论道，又要起而行之。瞄准市场需求，根据自身情况，确定创新的方向，并快速反应、立即行动，制定切实可行的策划方案和实施方案，集中优势，重点突破；在实施创新行动后，衍生新产品、新服务等，增强市场营销能力，将新产品及新服务推向市场，实现企业利润最大化。

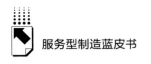
六 进一步工作

随着物联网、人工智能、大数据等技术的不断发展，天行健车联网公司将持续探索大数据、二手车、保险服务等领域，增强核心竞争力，努力构建共生共赢、互联互通的商用车产业生态圈。专业的人做专业的事，联合产业上下游共同满足客户需求，在运营过程中创造价值，形成一个共生共赢的生态圈。公司诚邀各界伙伴，共识共治，共同拓展车联网服务深度和广度，为广大物流人的行车管车保驾护航，引领车联网健康持续稳定发展。

B.13
双星集团：
汽车轮胎智能服务解决方案

柴永森　陈晓燕　王嘉新　温　泉*

摘　要： 双星作为轮胎制造行业的民族品牌，在自身强硬的技术基础上，抓住国家推进服务型制造发展的这一机遇，进一步探索创新全面的服务型制造业务模式。通过打造汽车轮胎智能服务体系及搭建胎联网"智慧云"等平台，在设计研发、数字化制造、服务、运营、品牌效应及整合等能力建设方面取得突破，成功实行大规模个性化定制、全生命周期管理等典型服务型制造模式，为企业带来了降本增效、市场竞争力提升、客户价值增加等显著效益。

关键词： 智慧转型　轮胎制造　智能服务　双星集团

一　企业概述

双星集团始建于1921年，总部位于青岛市西海岸新区。青岛双星（股票代码：000599）是山东省轮胎行业唯一的国有主板上市公司。2008年以前，双星主业为鞋和服装。2008年鞋服产业全面改制后从集团分离，双星全面转行到轮胎产业。2014年1月16日，双星以智慧转型为引领，开启了

---

* 柴永森，双星集团有限责任公司党委书记、董事长；陈晓燕，双星集团有限责任公司总裁助理；王嘉新，服务型制造研究院工程师，研究方向：服务型制造、产业经济；温泉，服务型制造研究院工程师，研究方向：服务型制造、产业经济。

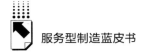

"二次创业、创轮胎世界名牌"的新征程。2016年，建成了全球轮胎行业第一个全流程"工业4.0"智能化工厂，并用了近五年的时间，关闭了所有的老工厂，淘汰了全部的落后产能。同时，双星培育了智能装备及机器人、绿色生态新材料两个新产业，搭建"研发4.0+工业4.0+服务4.0"产业互联网生态圈，成为近年来唯一被国家工信部授予"品牌培育""技术创新""质量标杆""智能制造""绿色制造""绿色产品""绿色供应链""服务转型"全产业链试点示范的企业，被称为"中国轮胎智能制造的引领者"。2018年双星集团控股曾列全球前十的韩国锦湖轮胎。双星轮胎品牌连续多年荣登"亚洲品牌500强"。

2020年1月16日，双星开启了"三次创业、创世界一流企业"新征程。2020年7月16日，双星实施集团层面混改，由市属国有独资企业转为国有控股混合所有制企业。目前，双星正围绕橡胶轮胎、人工智能及高端装备、绿色生态高端新材料三大主业和模式创新，实施双碳化、高新化、当地化、数字化的"新四化"战略，尽快把双星打造成为高新化、数字化和具有社会责任的世界一流企业。

双星通过智慧转型，重塑生产流程，从卖产品转向提供更全面的服务。双星在国内轮胎行业首创具有"轮胎数字化"、"轮胎资产化"、"轮胎服务化"和5G特征的胎联网"智慧云"平台，胎联网技术可以与智能网联汽车相关技术实现无缝衔接，助推智能网联汽车产业化快速实施，助推企业由传统的卖轮胎向"卖公里数"的商业模式转型，由双星轮胎切入其他品牌轮胎再到汽车后市场的其他产品和服务，打造汽车轮胎智能服务体系。

公司主营产品包括：①橡胶轮胎，包括卡客车轮胎、轿车胎、港口胎、矿山胎以及橡胶材料等的研发、生产、销售和服务。在轮胎行业有丰富的整体规划、集成及设计经验，致力于应用新一代信息技术为中国轮胎企业提供世界领先的轮胎工业4.0整体解决方案和智能装备，拥有NEWBUSTAR（新双星）、KUMKANG（金刚狼）、KINBLI（劲倍力）、CROSSLEADER（克劳力达）、DOUBLESTAR（双星）、AOSEN（奥森）等知名轮胎品牌，并拥有"稀

图1　双星轮胎智能制造（工业4.0）产业园

土金"轮胎、"全防爆"安全轮胎、金刚胎体安全轮胎、超耐磨轮胎、防火轮胎、巨型矿山胎等的核心专利技术。②人工智能及高端装备，包括人工智能、机器人、特种装备等的研发、生产、销售和服务。双星拥有一支经验充足、搭配合理、具备较高素质的智能制造系统及智能装备创新团队。智能制造系统团队充分应用新一代信息技术，负责智能工厂和智能化生产车间整体方案的设计和开发，以及各种机器人和智能输送装备、智能仓储装备的研发制造等。可根据用户企业的实际情况、产品的生产工艺流程等要求为用户量身设计打造国内领先水平的智能制造整体解决方案；同时提供 MES、MEP、WMS、PLM 等智能制造相关信息化系统，提高用户的智能制造水平。智能装备创新团队主要负责轮胎智能生产装备的研发制造、安装调试等。③绿色生态高端新材料，包括废旧橡塑再生材料、高端化工材料等的研发、生产、销售和服务。双星整合全球橡胶热解专家，攻克了废旧橡胶循环利用的 17 项世界技术难题，自主研发了填补行业空白、国际领先水平的废旧橡胶绿色循环利用技术和智能设备，具有"零排放、零污染、零残留、全利用"的优势，并建成了双星全球首个废旧轮胎绿色循环利用工业 4.0 智能工厂，被专家称为"利国利民"的好项目。双星已具备为废旧橡胶循环利用工厂提供全流程智能化工厂整体解决方案的能力，形成了多套成熟的模块化建厂方案，帮助各地政府建设无废旧橡胶（轮胎）污染的绿色生态文明城市。

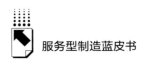

二　服务型制造业务体系

近年来，全球都在积极推进制造业服务化转型，制造产业逐渐呈现出服务化的主流趋势，我国制造企业也加快布局"服务型制造"。特别是随着智能制造的大力推进，产品智能化程度提高，制造企业开始探索智能服务，通过融合新一代信息技术、自动化技术和智能技术，从根本上改变产品研发、制造、营销和服务等过程，以实现价值链的增值。智能服务作为智能制造的关键技术之一，可以帮助企业实现商业模式的变革，促进服务型制造模式的创新发展。

中国轮胎行业规模快速扩大，产品结构调整加快，轮胎装备技术不断提高，资本结构日趋多元化，轮胎企业的发展方式也在发生颠覆性变化。过去，轮胎业带给人们的形象多是"傻、粗、累、脏"，但在互联网的推动以及新技术的快速迭代下，整个行业正在形成一股智能制造风潮，从"汗水型"大步迈向"智慧型"。作为中国轮胎业向智能制造转型升级的先锋企业之一，2014 年以来，双星通过智慧转型，建立了全球轮胎行业第一个全流程"工业 4.0"智能化工厂和国际领先的轮胎实验室，并关闭了所有的老工厂，淘汰了全部的落后产能。

双星依靠自身信息技术的硬实力，建立的"工业 4.0"工厂具有产品定制化、工厂互联化、生产柔性化的特点，能实现智能定制、智能排产、智能送料、智能检测、智能仓储、智能评测六大智能功能。其中，工厂采用自主研发的智能物理信息系统（MEP），解决了全球以液体和粉体为原料无法实现全流程制造的难题；而智慧测评功能（SME）可以对工厂的"人、机、料、法、环"的各种参数进行智能采集、评测、防错、纠错。上述"硬条件"为双星开展多元化的新型业务打下了坚实的基础。

双星为抓住国家大力发展服务型制造这一千载难逢的重大机遇，进一步探索创新服务型制造业务模式，以求实现加速释放智慧转型所创造的潜能的目标。从 2020 年起开启了"三次创业、创世界一流企业"的新征程，聚焦橡胶轮胎、人工智能及高端装备、绿色生态高端新材料三大主业和模式创新。依据现有服务型制造理论中倡导的"关注客户痛点，协助客户取得收益"理念，双星以客户为中心，推出的汽车轮胎智能服务体系以产品模块化设计、个性化定制实现轮胎行业的创新生产为模式，基于互联网技术实施"智能研发、智能制造、智能服务"的轮胎全生命周期管理新模式，具体的业务开展从轮胎研发设计、生产制造到轮胎使用状态预警、故障诊断、维护检修，再到废旧轮胎回收循环利用的全生命周期服务出发，最终打造出完备的汽车轮胎智能服务体系。双星利用大数据分析，将用户的满意度转化为忠诚度，进而促进重复购买、推荐购买和交叉购买，开展独创的差异化"汽车轮胎智能服务"的建设和运营，实现汽车轮胎全生命周期管理。随时随地满足用户的各类需求，实施汽车轮胎智能服务示范项目。该体系的建设顺应了轮胎行业发展趋势，革新了传统制造业企业的生产和服务模式，是实行"汽车轮胎全生命周期管理"服务型制造模式、推动企业转型升级的重要步骤。

为了进一步拓展客户参与的深度与广度，双星一方面构建胎联网"智慧云"服务平台，建立直面用户的开放服务体系，致力于为用户提供合适的轮胎。同时基于用户的使用偏好迭代升级产品以满足用户个性化的需求，最终实现大规模定制，打造服务型制造的典型模式；推动由传统的轮胎经销模式向"卖公里数"的轮胎租赁模式转变，并通过轮胎租赁以及金融服务的方式降低用户使用成本、提升客户体验，同时优化轮胎企业的服务。另一方面搭建以订单流带动物流、资金流、服务流的全流程服务平台，涵盖传统轮胎服务、救援、汽车后市场等第三方全产业链服务产品，打通线上线下全流程，实时可溯自动无缝连接，增强用户选择性及参与积极性。

三　能力建设

双星打造的汽车轮胎智能服务体系，以其独有的绿色轮胎智能制造体系（智能定制、排产、送料、检测、仓储、评测）为支撑，集线上电子商务

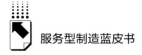

（如创客网、星猴网、社会网）与线下实体服务（如移动星猴、体验店、星猴等）于一体，通过信息流，将交易、金融、物流、服务和评测等功能融合，为目标用户提供了一个开放和交互式的平台，实现用户对产品及服务（产品包括轮胎、机油、滤芯等，服务包括维保、洗车、保险、快递等）的全方面体验。

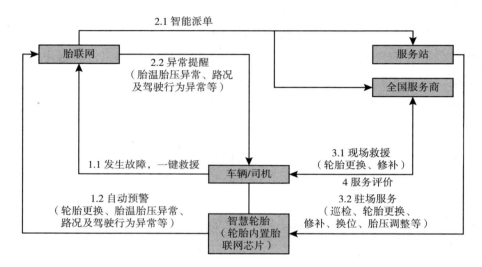

图 2　汽车轮胎智能服务示范项目

2021 年双星成功入选国家工信部新一代信息技术与制造业融合发展试点示范项目，物联网关键技术与平台创新类、集成创新与融合应用类示范项目，第一批全国供应链创新与应用示范企业，山东省 5G 试点示范项目。

（一）设计研发能力

2018 年 11 月青岛市橡胶工业设计研究院成立，联合中国工业设计协会、青岛科技大学、烟台中德工业设计中心等单位共同搭建橡胶工业设计开发服务平台，2022 年被选为国家级工业设计研究院培育企业。以橡胶工业设计领域公共服务为核心功能，以橡胶工业设计关键共性技术为研究重点，整合国内国外、线上线下设计资源，建设开放共享的研究开发平台、协同高效的成果转化平台、产学研联动的人才培养平台、支撑制造业创新发展的公共服务平台。

通过搭建服务于整个橡胶行业及上下游产业的工业设计创新发展公共服务平台，整合全球设计智慧，为行业企业提供设计研发、产品检测、人才培养、信息咨询、合作交流、成果转化等方面的专业化服务。

双星坚持"开发用户资源而不仅是开发产品"的理念，利用互联网整合全球资源，不断创新具有细分价值主张的高端、高差异化、高附加值产品。双星"胎联网"轮胎基于"胎联网"思维设计，应用可翻新专利技术，增强胎体强度，使翻新轮胎结构更加稳固、耐用，可进行两次以上翻新使用，整体实现百万公里生命周期。2022 年双星"稀土金"轮胎上市，实现了超安全、超省油、超耐磨、超低生热、高里程五大功能兼具。紧随其后上市的双星"全防爆"安全轮胎，汇聚了全球智慧，比普通防爆胎更省油、更舒适，比普通轮胎更安全、更放心，填补了市场空白。

（二）数字化制造能力

从机械化到电气化、信息化、智能化，双星认识到智能制造不只是高度自动化的工厂，而是构建基于用户指挥、数据驱动、软件运营的智能系统，包括智能装备、智能产品、智能工厂、智能服务。因此，必须培育企业和员工的"互联网基因"意识，即更快、更简单、更满意+开放、共享、协作。

"智能制造平台"（即智能制造生态圈）是指轮胎及智能制造装备、方案和标准的智能制造平台，将流水线型的生产模式化整为散，分割单元功能，灵活组合，最终实现个性化定制。该平台是连接前端智能研发及后端智能服务的重要一环，是整个轮胎全生命周期服务实现的基础。此外，在智能研发平台中，终端用户深度参与设计，完成个性化定制；在制造流程中，结合先进技术及资源实现工业 4.0 模式生产。双星利用既有轮胎制造又有智能装备制造的优势，整合欧美先进的智能制造和智能装备技术，率先建立全国轮胎行业的智能制造样板，不仅实现产品的高端、高差异化、高附加值，而且创造出可供复制的轮胎智能制造方案。

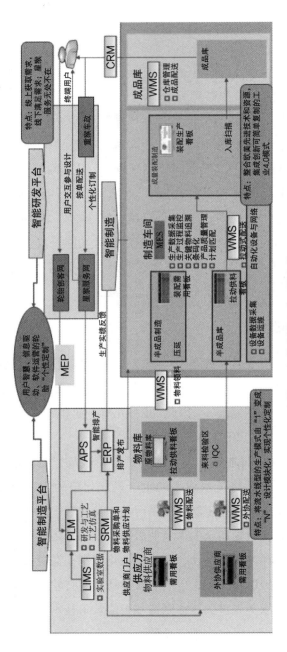

图 3 智能制造平台系统架构

双星轮胎智能制造工厂由原材料立体仓储模块、炼胶模块、胶片立体仓储模块、压延截断工序、成型工序、胎坯立体库、硫化模块、检测分拣模块、成品立体仓储模块组成。借助双星智能服务平台或智能制造体系，用户的订单会被传送至智能制造工厂，系统自动进行智能排产，并完成原材料智能按单采购和配送、模具智能调配、设备智能加工、质量智能检测等，实现按照计划进行智能制造。

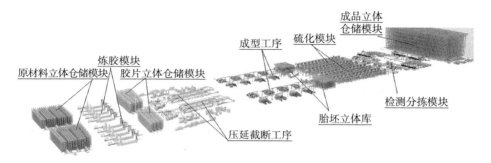

图4　双星轮胎智能工厂总体设计模型布局

双星结合"欧洲工业4.0"和"中国制造2025"标准，率先建立轮胎智能制造平台。作为智能制造的典范，双星将持续完善该平台，并在行业内予以推广，提升中国轮胎制造水平，为行业转型升级提供力所能及的服务。同时，双星利用既有轮胎制造又有智能装备制造的优势，可为其他企业提供智能化转型升级系统解决方案。

（三）服务能力

1. 智能服务平台

双星通过胎联网"智慧云"平台，建立直面用户的开放服务体系，对轮胎工作时的数据进行快速收集、分析、处理、挖掘，为用户提供解决方案。该平台通过 PC、App 等各类用户信息及应用场景全系列端口的充分融合，利用物联网、云计算、大数据和5G等信息技术开创个性、交互的开放平台，可以实现车况诊断、轮胎选择和维护保养等多元化开放服务的全流程信息化管控，给用户带来轮胎全生命周期管理的新服务体验。该平台还可以与目前智能网联汽车的相关技术实现无缝衔接，助力智能网联汽车产业化成果更好更快地落地。

"胎联网"致力于为用户选择合适的轮胎。推动由传统的轮胎经销模式向"卖公里数"的轮胎租赁模式转变。通过 RFID 芯片及传输技术等手段，实现胎温、胎压、行驶路线、载重量、花纹磨损程度等轮胎数据实时的在线更新（见图 5），让车主行驶更安全。同时基于用户的使用偏好迭代升级产品以满足用户个性化的需求，最终实现大规模定制。双星"胎联网"轮胎基于"胎联网"思维设计，应用可翻新专利技术，增强胎体强度，使翻新轮胎结构更加稳固、耐用，可进行两次以上翻新使用，整体实现百万公里生命周期。通过轮胎租赁以及金融服务的方式降低用户使用成本的同时，提升轮胎企业的服务水平。

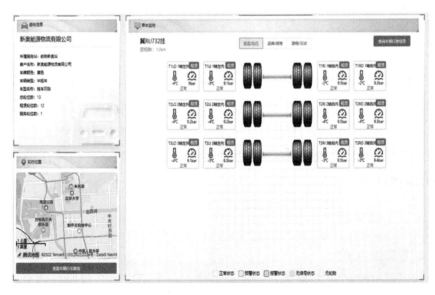

图 5　胎联网"智慧云"平台实时截图

2.汽车后市场智能服务生态圈

为满足线上线下各类用户需求，双星"S2C"模式通过双星轮胎切入，建立开放的汽车后市场智能服务生态圈。

双星以"第一、发展、开放"理念为指引，在行业内首推智能服务，从行业引领和用户需求出发，服务引领、速变制胜。实施"星猴战略"（"星"，像星星一样密布全国，无处不在；"猴"，像孙悟空一样快捷灵活），在国内轮胎行业首推"0延误救援"服务；创新地利用移动电商模式S2C，选定核心群体作为目标用户，整合社会资源，建设智能服务模式，建立开放的直面用户的线上和线下体系。路上通达全国，路下无处不在，线上线下相互融合，实现无缝对接。一方面，在线上时，用户可以选择不同的标准服务。用户遇到问题时，只要拨通24小时服务热线4000176666，工作人员就会立即对接服务网点，第一时间开展救援服务。另一方面，线下为用户提供全流程的轮胎保养和维修服务，为用户提供更加便捷的售后服务。使用双星轮胎的用户能随时随地享受快捷、热情、完善的服务。双星不仅力争打造汽车后市场第一服务品牌，而且力争为行业提供智能服务示范样板。

（四）运营能力

双星采用大规模个性化定制生产企业运营方式，一个订单流程包括"预测"及"真单"两条信息流。"预测"流需要通过多部门严格评估及审核，保证预测的准确性不低于80%；"真单"流的关键是当客户的下单量在"预测"流内时不进行评审，直接接单并进行后续的生产，而当客户的下单量在"预测"流外时，进行插单审计并结合交货期承诺，优先安排生产并加急处理。用户可通过轮胎模块化的数据库、数据累计管理模型进行模块化选择，使产品研制周期缩短约50%；通过"S2C"模式到线上（如京东、途虎、麦轮胎等）体验采购，订单可以直达轮胎智能生产工厂，通过APS对订单进行智能排产，实现了轮胎大规模个性化的智能定制，月计划履约率达到99.5%，周计划履约率达到98%以上；用户通过"胎联网"智慧云平台对所选轮胎的生产、质检、物流、使用路况等信息进行全方位监控，从而为用户提供轮胎全生命周期管理服务，用户满意度高达90%以上，为行业提供全新服务型制造示范样板。

236

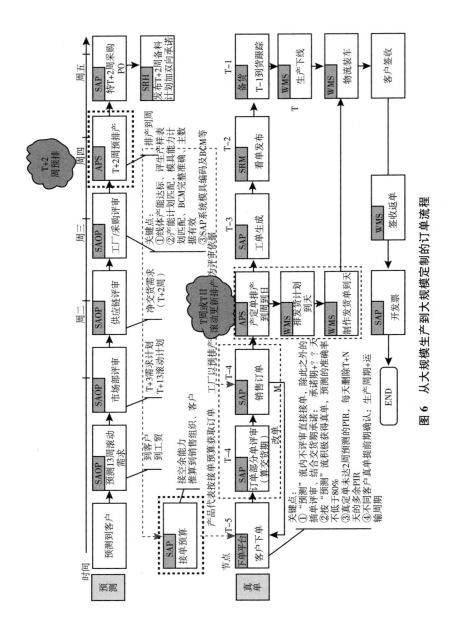

图 6 从大规模生产到大规模定制的订单流程

（五）品牌效应及整合能力

双星拥有全球轮胎行业第一个全流程"工业 4.0"智能化工厂和国际领先轮胎实验室，在智能研发、智能制造、智能服务的轮胎全生命周期智能体系的保障下，双星轮胎产品质量、技术水平达到国际领先。2021 年 6 月，世界品牌实验室发布 2021 年度"中国 500 最具价值品牌"榜单，双星轮胎以 639.79 亿元的品牌价值位居轮胎行业第一名，持续领跑中国轮胎品牌。9月，双星轮胎与锦湖轮胎共同入选 2021 年度"亚洲品牌 500 强"榜单，锦湖轮胎凭借近几年的优异表现列轮胎品牌前三，双星轮胎凭借在消费者群体中优秀的品牌认知和品牌形象位居中国轮胎行业第一名。在市场竞争中，企业的创新力与品牌建设缺一不可，双星凭借在新型服务模式和新经济发展方面的优异表现，成功入选"2022 中国品牌日　山东创新力品牌"。

汽车轮胎智能服务示范项目基于物联网，将大数据、人工智能充分应用到轮胎生产制造服务平台，真正实现轮胎的全生命周期管理，全面快速响应用户及客户的个性化服务需求，提升服务满意度。双星凭借服务 4.0 生态圈，在消费者群体中获得较高的品牌认知度、偏好度和忠诚度，连续多年获得"C-BPI 中国国产汽车轮胎行业品牌力第一名"、"全国产品和服务质量诚信示范企业"、"全国质量检验稳定合格产品"、中国质量协会市场质量信用 AAA 等级等荣誉，持续领跑中国轮胎品牌。

目前，双星的"胎联网"为全国 600 多家客户、160 万个轮位提供服务，对推动轮胎行业的可持续发展、行业内企业智能制造的转型升级和智能服务模式探索都起到了标杆和示范作用。

服务型制造是基于制造的服务和面向服务的制造，是基于生产的产品经济和基于消费的服务经济的融合，是制造与服务相融合的新产业形态，是一种新的制造模式。双星集团非常重视服务型制造，专门设立服务部门，全面推进实施新时期智能服务战略，加速信息技术与传统制造业跨界融合，以商业模式创新为中心，推进"三化"战略，实行"汽车轮胎全生命周期管理"服务型制造模式，通过整合各类资源，构建基于互联网的营销云服务体系，

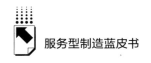

打破了传统轮胎行业缺乏系统化营销管理平台和后端研发生产无法满足前端用户个性化需求等难题，企业运营及影响力显著提升。

四　转型成效

（一）降本增效

自 2015 年双星集团开始实施汽车轮胎智能服务示范项目以来，至今已完成线上十余个平台、10000 多家各类门店建设。线上各平台共吸引了超过 3000 多万名访客，其中有消费记录的有近 300 万名，累计销售 600 余万条轮胎及大量的周边产品。在网络覆盖方面，线上已基本完成自有大型门户网站建设，并入驻大量知名第三方电商平台。线下可提供轮胎安装的服务网点已覆盖全国 300 个地级市和 2200 个县，覆盖率分别为 90% 和 77%（全国共计 334 个地级区划单位，2850 个县级区划单位）；线下可提供道路救援服务的网点已覆盖全国 310 个地级市和 2350 个县，覆盖率分别为 93% 和 82%。

汽车轮胎智能服务体系中的胎联网"智慧云"平台已在山东、北京、天津、河北、浙江、辽宁、广东、新疆、重庆等地区向企业、车队、司机推广并在港口、网络货运、普货运输、快递快运、公交等各类物流运输行业有所应用，实现在线运营轮位超过 60 万个，并在全国 40 多个城市配套设立标准化轮胎服务站，为用户提供轮胎全流程专业化服务。通过专业高效的轮胎服务为客户降低油耗及其他成本。胎联网平台数据表明，大中型车队不仅能节省 10%～20% 的轮胎直接成本，还可降低 2%～8% 油耗等其他相关成本。

（二）提升市场竞争力

用户通过"胎联网"智慧云平台对所选轮胎的生产、质检、物流、使用路况等信息进行全方位监控，从而为用户提供轮胎全生命周期管理服务，用户满意度高达 95.27%。在疫情期间，双星胎联网平台为近 3 万台物流运输车辆提供轮胎的胎温胎压异常、轮胎替换等 24 小时轮胎故障预警服务，保障 60 余万条轮胎的安全运转，物资运输车辆的高效有序运行得以保障，获得广大消费者的一致好评，用户满意度高达 95% 以上。

将汽车轮胎智能服务系统与产品全生命周期管理系统、产品研发设计系统集成为一体，提高业务操作的效率和规范性，为企业带来切实的管理效益，产品标准化水平提高了 5%，产品研制成本降低了 10%，全面提升了企业的综合研发实力和整体竞争能力。

（三）客户价值

目前，双星已经输出了六大类可供复制的系统方案应用，并着力于社会化服务，为制造业企业转型升级提供解决方案和增值服务，使企业自身具备持续提升大规模个性化定制的能力，提升用户的使用体验。目前已经覆盖多个行业，如轮胎、汽车、文具、医药、新能源二次电池、机场物流、冷链物流、农业、智能车库等。在机器人制造行业，双星为山东亚历山大智能科技有限公司和青岛顺诺智能科技有限公司分别提供了玻璃纤维丝质检车间智能化提升服务和潍坊研究院机器人及智能仓储展示基地智能化提升服务；为通力轮胎有限公司、八亿橡胶有限责任公司、青岛通产橡胶科技股份有限公司、山东昊华轮胎有限公司、山东创华轮胎有限公司等轮胎制造领域企业，文具制造领域的临沂市博士爱文具有限公司，矿山机械装备制造领域的山东能源重装集团莱芜装备制造有限公司，检测服务领域的永康市星月进出口有限公司，啤酒生产领域的青岛啤酒股份有限公司提供了多类型生产车间的智能化提升服务；为其他基础化学原料制造领域的青岛迪爱生精细化学有限公司提供了自动化制品仓库智能化提升服务。

五　主要经验

双星是著名的民族品牌。企业在保持品牌良好形象的同时，不断升级产品和服务，完善全方位销售网络，健全服务体系，使品牌成为"强服务"

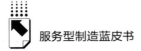

的代名词、"高质量"的代名词。通过采取个性化、多元化、差异化的产品与服务举措，双星想用户所想、急用户所急，经营模式从以"产品"为主导逐步转变为以"服务"为主导，着力于从传统制造向服务型制造转变，大大提升了企业品牌的社会价值。

双星"汽车轮胎全生命周期管理"服务型制造模式打破了传统的集中式生产方式，以用户大规模定制为核心，以产品模块化、生产精益化为基础，集成全球先进的信息通信技术、数字控制技术、智能装备技术，实现企业互联化、组织单元化、加工自动化、生产柔性化、制造智能化，实现"绿色、高质量、高附加值、高效率"的目标，打造轮胎智能制造样板工厂，为行业转型升级提供支撑。

（一）两化深度融合

双星所建立的汽车轮胎智能服务系统中，绿色轮胎智能化工厂利用物联网和大数据技术实现了信息化与工业化的深度融合，为我国轮胎生产企业智能工厂建设提供示范样板，解决了我国轮胎制造业生产效率低、生产过程物料管理能力差、生产数据不能及时上传、生产调度难、排产不合理、生产过程中存在"信息孤岛"、质量难控制、制造技术与管理落后、生产与销售脱节及"三包"理赔责任难界定等问题，对提升我国轮胎制造业的核心竞争力、带动我国轮胎制造业的跨越式发展具有重大意义，成为传统轮胎生产企业"两化"深度融合示范企业。

（二）大规模个性化定制生产企业运营模式示范

双星通过个性化定制平台的数据采集以及全球研发资源的数据积累，建立了轮胎模块化的数据库、数据累计管理模型，基于数据模型深化大数据应用。用户通过个性化定制平台进行模块化选择，自主选择轮胎的规模、花纹和颜色，定制个性化的轮胎并生成订单。用户既可以通过胎联网进行体验，也可以在众多第三方网站选购双星轮胎。用户利用订单系统生成的订单会及时被传送至轮胎智能生产工厂，并通过中央控制系统的高级排产系统基于用户订单进行智能排产，实现了传统轮胎行业的智能化定制，为行业提供了全新的运营模式和示范样板。

（三）轮胎智能工厂标准体系

通过搭建轮胎行业智能制造体系，开展智能制造标准体系研究，建立智能制造评价体系，将智能工厂通用技术标准化，建立基础标准试验验证体系。标准化的智能制造模式可通过智能工厂模型得以实现，再加入通用技术（包括视觉技术、智能传感器、信息自感知、网络通信技术）、工业物联网、工业云服务模型、工业大数据服务、工业互联网架构等，能够在轮胎行业和其他重点领域予以快速复制和推广应用。

六　未来计划

（一）新型能力建设与提升

进一步完善轮胎全生命周期管理服务体系，基于云计算服务架构，提供灵活的计算、存储和网络服务，满足 TB 级别数据量的处理需求，提升远程运维服务能力。增强信息化平台服务功能，增加技术交易平台板块，继续优化双星 OCM 系统，满足日益增长的电商业务需求。

（二）服务体系完善

完善胎联网"智慧云"平台，丰富轮胎服务、救援、汽车后市场等第三方全产业链服务产品，实现实时自动无缝连接。以产品模块化设计、个性化定制来实现轮胎行业的协同制造。建立直面用户的开放服务体系，催生满足用户的产品（从双星轮胎到其他品牌轮胎、从轮胎产品到其他汽车后市场产品）、满足用户的服务（从传统服务到汽车后市场智能服务）和满足用户的网络（O2O/E2E）等新业态。

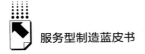
（三）"卖公里数"新模式转变

充分应用集成物联网、人工智能、云计算和大数据等信息技术，以推进"卖公里数"模式切入，推动由传统的轮胎经销模式向"卖公里数"的轮胎租赁模式转变，打造双星轮胎的新零售模式，由发现需求、满足需求到创造需求，实现全产业链的无界新零售。

B.14
云图控股：高效种植综合解决方案

张鉴 朱洪霞 邓江川 林甲嵘*

摘 要： 当前，我国两化融合、城镇化和农业现代化不断深入，伴随乡村振兴战略不断推进、土地流转持续加快等趋势，土壤的"减肥增效"需求增加，种植托管需求凸显，农业生产效率亟待提升。为满足上述需求，云图控股转变经营战略，以全球领先的高效种植综合解决方案提供者为定位，以测土配方肥定制服务为核心，从产品、种植、服务、收益、生态五个方面着力推进高效种植综合解决方案，为客户提供种植前、种植中和种植后的全方位、全产业链的专业服务。同时，云图控股的服务型制造创新实践，是一次纵跨三次产业的探索和尝试，为服务型制造发展提供了更多的可能路径。

关键词： 一二三产业融合发展 化肥全产业链 测土配方施肥 云图控股

一 企业概述

（一）云图控股基本情况介绍

1. 发展历程

成都云图控股股份有限公司原名"成都市新都化工股份有限公司"，成立于1995年，总部位于四川省成都市新都区。2011年1月，公司在深

---

* 张鉴，成都云图控股股份有限公司总裁助理、市场中心总经理、国际事业中心CEO；朱洪霞，成都云图控股股份有限公司农技支持部部长；邓江川，成都云图控股股份有限公司农技支持部项目主管；林甲嵘，服务型制造研究院工程师，研究方向：服务型制造共性技术。

圳证券交易所挂牌上市，2016 年 9 月，公司更名为成都云图控股股份有限公司。公司下设五大事业部、100 多家分子公司，其中包括 5 家海外子公司，在全球范围内拥有 10000 多名员工，总资产超 130 亿元。公司自成立以来持续专注于复合肥的生产和销售，并沿着复合肥产业链进行深度开发和市场拓展，现已形成复合肥、联碱、磷化工等协同发展的产业格局。依托于丰富的矿产储备资源优势，公司将持续打造化肥全产业链，为全球每一位种植者提供专业的高效种植解决方案，形成兼顾品质收益与自然生态的良性循环。公司的最终愿景是成为全球领先的高效种植综合解决方案提供者。

图 1　云图控股发展历程

资料来源：云图控股。

2. 主要业务和产品

云图控股主要研发、生产和销售复混肥料、复合肥料、掺混肥料（BB 肥）、缓控释肥料、有机/无机复混肥料、水溶性肥料、微生物肥料、各种作物专用肥料及新型肥料等。通过多年的不断整合，云图控股基于磷、氮、硫、盐等丰富的上游资源，全面掌握了合成氨、硝铵、氯化铵、磷铵、硫酸钾及纯碱、硝钠、亚硝钠等主要原料，是业内唯一拥有完整产业资源链的企业。公司拥有 100% 自给的煤矿、磷矿、盐矿、硫铁矿等资源，并沿着复合肥产业进行深度开发和市场拓展，打造复合肥、联碱、磷化工、矿业、新能源等一体化产业链，凭借自给自足的资源和产业协同的优势，形成了难以复制的行业竞争力。

公司秉持打造化肥全产业链、做全球领先的高效种植综合解决方案提供者的愿景，深耕农村市场近 30 年，复肥产品营销网络遍布多个国家和地区，

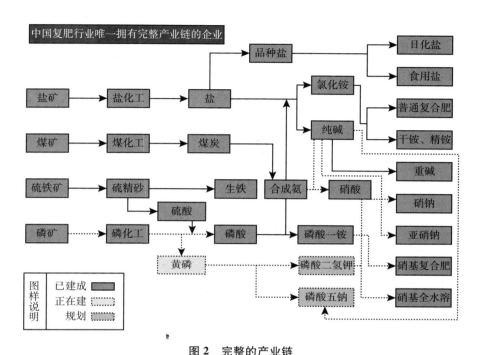

图2 完整的产业链

资料来源：云图控股。

在泰国、越南、马来西亚、韩国、美国、加拿大等地设立研发机构及海外公司。公司积极实施国际化发展战略，盐、复合肥、纯碱等业务遍布全球10多个国家及地区。

3. 服务型制造商业模式

在服务型制造商业模式方面，云图控股经过多年的探索和实践，逐步形成了以全生命周期管理为核心，定制化服务、供应链管理和生产性金融服务相结合的服务型制造模式。目前除复合肥的研发、生产、销售之外，公司通过资源整合、品牌运营、市场开拓、技术研发、生产能力建设等举措为全球客户提供测土服务、定制化配方服务、精准配送服务、供应链金融服务、种植指导服务、电商平台零利助农销售服务等一体化服务，提供高效种植综合解决方案。云图控股打造了行业内唯一的农业产业链全流程服务模式。

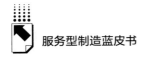

4. 收入结构

2019~2021年公司服务收入指标如表1所示，随着云图控股在服务型制造领域不断探索，近年来，公司营业收入和服务收入呈上升趋势，服务收入占比逐年增加。

表1 公司服务收入及占比变化

单位：万元，%

经营指标	2019年	2020年	2021年
营业收入	862647.3	915431.6	1489782.7
其中:服务收入	286489.3	362095.7	682524.8
服务收入占比	33.2	39.6	45.8

资料来源：云图控股。

5. 标准化、知识产权和专利情况

云图控股下设3家地方认定工程技术研究中心、10余家国家高新技术企业。公司技术中心于2019年被认定为国家企业技术中心。作为水溶肥国际标准主起草单位和行业标准的制定者，公司整体技术水平居国内领先。公司已有授权发明专利55项，实用新型专利410项，9项公司自主研发的数字乡村农业服务类软件产品获得了软件著作权。公司获得国家省市科技进步奖6项，承担国家、省、市级科研项目10余项。

（二）服务型制造战略制定情况

化肥是农业生产中必不可少的生产资料，是粮食的"粮食"，是提高土壤肥力、提高粮食作物单位面积产量的重要措施。目前，在化肥行业中，存在产能过剩、使用结构不合理、过量施肥和利用率低等问题，造成农业成本增加、农产品品质下降、土壤质量衰退、生态环境污染严重等现象。为了保护土地，国家推行耕地修复、实行休耕轮作，鼓励施用有机肥取代化肥，推广应用各种功能性新型肥料和有机肥，开展测土配方精准施肥，努力提高化肥利用率。研发推广新型高效肥料、新型农业种植技术、新型农化服务，开展

测土配方精准施肥，控制低效、伪劣肥料流入农田等成为行业主要发展方向。同时，随着新型职业农民的出现，种植技术、田间管理、飞防植保、农业金融、果蔬购销等方面的专业农业综合配套服务需求增加。

基于国家政策引导以及行业发展的大趋势，依托云图控股打造的从矿到盐、碱、肥的纵向一体化完整产业链，公司制定了"做全球领先的高效种植综合解决方案提供者"的发展战略。公司将通过完善的产业链、先进的生产技术及种植综合解决方案为用户提供全方位服务，并提出四个高效方案，即肥料高效、综合服务高效、农民收入高效、生态高效，为全球农业赋能，为实现高效种植提供农资、农技、飞防、金融、托管、果品售卖等一揽子综合服务。云图控股积极向服务型制造转型，其定位不再是单纯的复肥生产商，而是农业生产领域综合的高效种植服务商。得益于自身扎实的基础和对行业敏锐的预判，云图控股顺利践行着"围绕种植链前后端提供综合解决方案"的这一战略。

（三）企业管理决策层高度重视向服务型制造的转变

近几年我国农业农村发展呈现出以下几个趋势：一是"减肥增效"需求增加。农业农村部 2015 年提出化肥使用量零增长的要求，与此同时粮食产量不能降低，这给肥料生产企业提出了非常高的要求。精准测土服务，以及定制化智能制造，能为种植者提供科学配比的肥料，助力化肥使用量零增长行动的实施，并有助于提升农产品的产量、品质和安全性。二是土地流转持续加快。伴随着我国的工业化、信息化、城镇化和农业现代化进程，农村劳动力大量转移，农户承包土地的经营权流转明显加快，开展适度规模经营已成为必然趋势。这让种植托管服务需求日趋旺盛。无人机飞防打药、喷施叶面肥等能大大提升种植者的生产效率，降低人工使用，提升产品产量、品质。三是乡村振兴迫在眉睫。我国的脱贫攻坚取得了巨大的成就，进一步增强了农民的幸福感，乡村振兴是我国现阶段重要的国策。在乡村振兴的相关政策指导下，打造农产品品牌成为重要内容，各地政府提出"一县一品，一村一品"，让农民的农作物有销路。

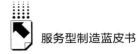
基于以上农业农村发展的大趋势，云图控股着眼于长远发展，布局农业全产业链全生命周期管理工作。针对"减肥增效"需求重点发展测土服务以及肥料的定制化智能制造服务；针对土地流转持续加快等情况布局种植指导、土地托管服务等业务；针对乡村振兴发展了农产品质量追溯、品牌打造、电商销售服务等业务。云图控股子公司云图严选通过对优质产品的种植指导，利用区块链技术，开展农产品全程追溯，帮助农民种出优质的农产品。云图严选还通过京东、淘宝、苏宁易购、拼多多、抖音等渠道帮助农民销售农产品。一方面为种植者打造农产品品牌，另一方面帮助种植者把好产品卖出去。此外，还通过追溯系统提升了农产品的安全性，培养了农民的品牌意识、电商销售意识。

在向服务型制造企业转型升级的过程中，企业管理层积极寻求合适的经营策略，通过对孟山都、中化化肥、云天化等国内外大型农业企业经营模式的分析，结合国内农业权威专家建议，以及国家农业发展指导方针，确定了一条从种植前的测土配方、化肥的定制化智能制造、精准物流配送、区块链金融等服务，到种植中的种植指导、无人机施肥、土地托管等服务，再到种植后的农产品质量追溯、农产品品牌打造、农产品电商销售等服务，创新性地打造了行业唯一的完整的农业产业链服务模式。

二　服务型制造的开展情况

公司致力于服务型制造转型升级业务的开展，建立贯穿农业产业链全生命周期的服务体系，在种植前、种植中、种植后提供包括测土配方、定制化智能制造、精准物流配送、区块链金融、种植指导与土地托管、农产品质量追溯、农产品品牌打造、农产品电商销售等服务（见图3）。

（一）种植前

1. 测土配方
云图控股从2008年开始为用户提供免费测土服务，已为20多万名种植

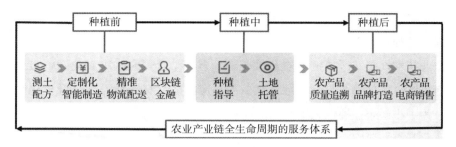

图3　全生命周期的服务体系

资料来源：云图控股。

户提供服务。通过对土壤养分丰缺情况的分析，提供针对性的施肥方案，帮助用户有效补充复合肥和有机质。通过精准测土配方施肥，提高用户的施肥水平和收益，终端用户收益平均提高5%以上，此外，也成功降低了施肥成本，减轻对地力的损耗。提高肥料利用效率，对于推进合理施肥、增加农民收入、减小环境污染、保护农业生态环境具有重要意义。

2. 定制化智能制造

公司拥有41条智能化生产线，其中90%以上的生产线可根据用户需要，结合用户当地土壤情况和作物需求，动态柔性地提供有针对性的肥料定制化生产服务。此外，依托平台技术，云图控股还设立了工厂的中控平台，在受理定制化测土配方的基础上进行柔性生产。目前，累计已为荷马糖业、河南瓮福等大型种植企业提供超过200万吨的配方产品生产服务。因公司所提供的配方产品具有效果好、利用率高等特点，广受用户的好评，并连续开展合作多年。

3. 精准物流配送

云图控股成立了新亚通物流公司，以构建完整的物流配送服务体系。作为连接定制化肥料生产的下游，新亚通物流公司每年发货量150万吨以上，为全国3000多位用户提供了精准送达服务，不仅能够保证客户货品及时发送到位，更能够确保产品的全程可追溯，解决了用户在旺季发货难、假冒伪劣商品困扰客户等问题，具有积极的社会意义。

4. 区块链金融

在肥料等农资产品流通过程中，普遍存在严重的赊销问题，给渠道经销商带来较大的资金风险。云图控股依托云图农服公司，通过"区块链+金融"模式，帮助解决农业资金短缺问题，从而吸引优秀人才长留在农村、促进现代农业技术发展。区块链与农业供应链金融相结合，为解决农业融资难提供了新思路，这项事业具有实际意义。项目应收账款真实性得到金融机构认可后，为中小微企业提供无担保无抵押贷款。该模式已上链客户交易 500 余笔，完成化肥交易量 6000 余吨，上链应收账款资产超过 2000 万元人民币，供应链贷款方面已完成 4 笔复合肥经销商放贷业务，放款总金额 517.18 万元人民币。该项目的良好运行被中国网、《证券日报》、《中国农资》、《南方农村报》等多家国内权威媒体报道。

（二）种植中

在种植指导与土地托管服务方面，云图农服公司为种植者提供农业技术服务，让农民在降低生产资料投入成本的同时享受更好的服务。为保障服务的提供与业务的运营，云图控股构建了一支由百余人组成的农技服务团队，通过田间农技服务指导、网络课程等，帮助种植者进行科学种植。同时，通过"农技+农机+产品"一体化服务模式，帮助种植者提供土地托管服务。另外，云图控股与极飞无人机签署战略合作协议，通过自购及经销商渠道，配备了一支超过千架无人机的飞防、施肥服务团队，为河南、东北、江苏等地超过 2000 个种植基地、大户提供服务，服务的农田面积超过百万亩，受到用户广泛好评。

（三）种植后

1. 农产品质量追溯

农产品质量安全是农业种植者和终端购买者普遍关注的问题。扫描包装上的溯源二维码，立刻能看到产地、使用说明等信息，质量追溯日渐成为一种趋势。云图控股积极开展质量追溯二维码运维工作，力求帮助种植户打造"真溯源，好品质"的优质农产品，实现农产品消费者与农民的有效连接，帮助农民创收。

2.农产品品牌打造、农产品电商销售

基于区块链技术对种植全流程的追溯和管控，公司制定了选拔果品、筛选特色农产品的相关标准，基于对特色农产品安全性和品质要求，对种植者进行农技指导和种植过程管理，利用农业大数据平台，打造"云图优佳"品牌，并借助直播等渠道扩大品牌的影响力。

云图控股为种植大户提供国家收储、电子商务平台销售、线下实体商超销售、农产品网红带货等农产品进城服务，并为各地的特色农产品提供定制的线上线下销售平台与通道。目前已实现销售超百万单，累计销售额超千万元，联合京东排名前十的主力销售店铺、抖音各个网红矩阵、苏宁直营等渠道，为近万名种植户提供了零利搭桥销售农产品服务，得到了种植户的广泛好评。同时，每年举办最美果园、中国好水果等特色评选活动，臻选好产地、好产品入选云图优佳产品目录，为中国果业的发展贡献力量。

三　能力建设

（一）企业信息化能力情况

公司成立了信息化管理部门——信息中心，专职一级部门建制，设立信息专员，具体负责信息化工程的建设和推进工作。目前已成功部署实施了数据机房、基础网络通信和信息安全保护系统等。信息中心不断优化关于决策层面的 BI 经验分析系统、情报管理系统及全面预算管理系统，管控层面的 SAP 资源管理系统、HR 人力资源管理系统及工业自动化管理系统，业务层面的 CRM 客户关系管理系统、SRM 电子采购管理平台、SAP 资源管理系统及质量管理系统，支撑层面的 OA 办公自动化系统等管理集成平台、MES 生产控制系统及数据安全系统，累计投入近 3500 万元，建立了完整的信息化管理体系，同时云图控股已于 2020 年通过两化融合贯标认证。

通过建设信息化系统，为经营管理及时提供准确的经营数据，实现了

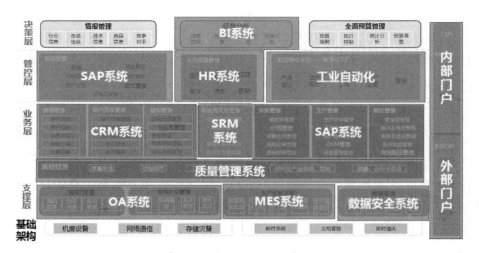

图 4 云图控股信息化架构

资料来源：云图控股。

产、供、销、存、财的高度一体化，业务管理更加精细化，从而有效降低成本。通过信息化建设，还实现了云图内部各相关部门业务与外部供应商的线上协同与交互，提升了供应链整体协作效率和成本控制能力，提高了整体风险管控能力，搭建了经销商、零售商平台，有效掌握终端，降低业务营运成本。

（二）制造能力

公司现有员工 10000 多人，建有国家企业技术中心，其中拥有技术研发和管理人员 1900 人，技术中心研究成果中 8 项通过成果鉴定，整体技术水平达到国内领先。

公司通过了 ISO9001 质量管理体系认证、ISO45001 职业健康安全管理体系认证、ISO14001 环境管理体系认证。公司持续有效推进管理体系运行的科学化、规范化，将质量标准、职业健康安全、环境管理贯彻落实到每一项工作、每一个环节中，为公司持续稳定健康发展提供重要的保障。

公司先后荣获中国石化联合会科技进步二等奖 2 项、省级科技进步三等奖 3 项、市级科技进步三等奖 1 项，先后位列中国化肥企业 100 强、中国磷复肥企业 100 强、中国石油和化工上市公司 100 强，是中国磷复肥行业最具创新影响力的企业之一。

公司还先后承担"十三五"国家重点研发项目、四川省重大科技成果转化项目、四川省科技项目、四川省战略性新兴产业项目、成都市科技项目等科研项目 10 余项。云图控股现已掌握水溶性肥料、包膜缓释肥料等多种肥料的核心生产技术。

公司主导起草了水溶性肥料化工行业标准及国际标准，参与起草了《农业用硝酸铵钾》《肥料级聚磷酸铵》化工行业标准以及主导起草了《有机水溶肥料》《多肽复合肥料》《含聚合态磷复合肥料》3 项团体标准，参与起草了《含矿物源黄腐酸钾大量元素水溶肥》《含矿物源黄腐酸钾磷酸一铵》《含聚谷氨酸复合肥料》《新型肥料命名与分类管理规范》4 项团体标准。

（三）企业运营及服务提供能力

1. 制定服务型制造战略

云图控股坚持以肥料为主业，不断完善上下游产业链，不断优化经营发展战略，布局现代农服、区块链金融、农产品直播销售等新型服务业务，重组业务模式，制定从生产商向服务商的转型升级计划，努力成为全球领先的高效种植综合解决方案提供者。

2. 组建服务型制造组织

总部组建了由阚夕国副总裁任组长的专项小组，全面负责服务型制造各项工作，陆续成立了湖北新亚通物流有限责任公司负责物流配送服务、成都云图农服科技有限公司负责工农业服务，有力落实公司服务型制造相关战略。

3. 研发投入和人才引进

为提高产品品质，公司成立研发中心，高薪引进专业技术人员 5 人，负责农服各项产品的研发工作，确保技术水平不断提升，从单一的普通复合肥逐渐向土壤修复、"减肥增效"、品质农业等方向综合发展，促进农业绿色发展，更好地服务广大种植户。

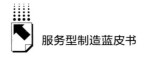

4.完善营销服务体系

在营销方面，坚持总成本领先、差异化和专一化战略，扩大市场份额，并加强技术服务，坚持产品与服务相结合，为客户提供更广阔的合作和发展空间。

四 转型成效

（一）通过托管服务助力农民增产增收

云图控股旗下丰云农服设立的县级服务中心的"种好托管示范田"模式在全国各区域推广，通过托管地块与农民自种地块对比算账，吸引更多农民接受托管服务。云图控股丰云农服的浚县供销农服中心，2021年6月由当地农业农村局农技推广站的专家参与的小麦示范田测产数据显示，农户2020年自种亩产1176斤，2021年通过托管服务小麦平均每亩产量为1325斤，比2020年增产149斤，每亩增收约188元。

云图控股丰云农服种植托管服务，即由农服中心集中采购农业生产资料，降低了投入成本；开展通用标准化机械作业，降低了生产成本；通过技术方案输出，提高了单位的面积产量和农产品品质，最终提高了农户收益，每亩节约至少100元。

（二）通过一对一的高产服务方案提升用户收益

针对家庭农场、种植基地、合作社等种植大户，进行一对一的高产方案匹配，在选种、播种、施肥、用药、灌溉、田间管理、粮食收储等全过程中帮助种植大户实施科学的方案，同时根据大户的不同需求提供农技、农机、金融、保险、销售等一体化服务。其中在粮食交易环节，为种植大户对接仓储资源，让大户根据市场行情决定卖粮时间，从而增加粮食销售收入。

2021年云图控股丰云农服利辛服务中心针对种植大户制定个性化玉米高产方案，经测产计算，采用丰云农服托管模式的玉米示范田较对照田每亩增产 161.5 公斤，每亩增产收益约 387 元。

目前，云图控股在全国范围内针对小麦、玉米、水稻、土豆、花生、辣椒等数十种作物提供全程种植技术方案。通过各项种植技术和示范田将增产增收的使命落到行动上，用最直观的效果与真情的服务，将产品与服务展示给用户。通过测产对比，让农户见证了托管模式的增收效果，获得了实实在在的收益，受到了广大农户的一致好评。

五　主要经验

云图控股经过多年基于制造的服务和面向服务的制造的融合实践和探索，总结了肥料生产制造和配套服务相互融合的经验，在本行业中发挥着积极的示范作用。

（一）提供测土配方服务的及时高效性

基于云图控股自建的国家企业技术中心、新型环保水溶性肥料工程技术研究中心等研发机构，为用户提供免费测土服务。通过便携式测土仪可在田间地头完成实时检测，并根据测试结果，为用户有针对性地搭配肥料品种。例如针对重庆地区有机质缺乏的土壤，施用腐熟有机肥，并结合施用复合肥，进而引导用户科学施肥。

随着土地流转的加快，大型种植基地更希望能够应用针对性强的肥料产品。云图控股所提供的配方定制服务能够满足这些大型种植基地的差异化需求，让产品投放更加精准、土地产出更高、产品品质更好。例如荷马糖业在实践中，使用云图控股生产的订制甜菜肥 40 公斤产生的效果超越了其他非定制肥 50 公斤的效果，大大降低了投入、提升了收益。在"减肥增效"的大背景下，定制化配方服务在业内具有积极的示范效果和推广应用的价值。

（二）全面推进智能化升级改造

为更加快速高效地开展定制化生产，各分公司陆续投入近 3 亿元进行工

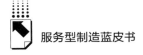

艺创新、传统设备改造、引进自动化产线、部署信息化系统等，大大提高了生产效率、管理水平和经济效益。以旗下应城公司为例，经过智能化升级改造，复合肥产量从 30 万吨/线提升到 50 万吨/线，人员从 23 人/线减少到 12 人/线，并且实现了全工艺流程实时监控，产品批次合格率提高 3%，预计每年节约成本 3000 万元。

（三）数字赋能精准管理和服务

公司基于数字化实现精准运营管理，实现了全方位、全过程、全领域的数据实时流动与共享，以及信息技术与业务管理的融合，为经营管理及时提供了准确的经营数据，实现了产、供、销、存、财的高度一体化，以及业务管理更加精细化，从而有效降低了成本。云图控股相关部门与外部供应商的线上协同与交互，提升了供应链整体协作效率，提高了公司整体风险管控能力。搭建经销商、零售商平台，实现了有效掌握终端，降低了业务营运成本。

（四）金融服务的示范作用

在农资产品流通过程中，大额资金占用一直是困扰广大渠道商的问题。云图控股依托云图农服公司实行"区块链+金融"模式，帮助解决农业资金短缺问题从而吸引优秀人才留在农村、促进现代农业技术落地。公司通过金融服务，帮助经销商解决融资难问题，提高经销商的积极性，促进农村经济良性运行。

（五）电商平台零利助农销售服务的示范作用

农产品销售难一直是困扰农业种植者的重要问题之一，云图控股利用农业大数据平台，为种植大户提供国家收储、电子商务平台销售、线下实体商超销售、农产品网红带货等农产品进城服务，帮助农民创收，真正助力乡村振兴。

（六）制造技术强化服务能力

在服务型制造转型升级过程中，公司不断提升技术水平来提高服务能力。云图控股旗下现有十余家复合肥生产公司取得了高新技术企业证书，多项技术被主管部门评为国内领先水平，其中双包膜控释肥技术肥料释放曲线可通过与作物的需肥曲线趋近来提高肥料利用率；采用农用硝酸铵钙系列水溶肥技术的产品与同等养分的产品对比增产率为8.7%，该产品可以满足我国各地用户施肥多样化的要求，通过滴灌施肥提高化学肥料利用率，减小环境污染，降低施肥劳动强度；针对水溶性肥料行业标准率先提出产品中禁止添加激素，这对农产品质量的提升而言具有重要的意义。这些成果为公司的服务型制造转型升级提供了技术支持，助力公司不断开发更优质的产品，为用户提供更适宜作物生长的肥料品种。

六　前景展望

（一）农业肥料的产业生态进阶目标

下一步云图将以打造全生命周期的服务型制造产业生态为目标，提供一系列整体解决方案。围绕"做全球领先的高效种植综合解决方案提供者"的战略，优化复肥产业链，提升服务水平，并积极拓展海外市场，推动农业领域的国际交流合作。

（二）服务型制造的重要工作方面

一是在产品层面，云图控股围绕土壤修复、"减肥增效"、品质农业等国家农业发展政策，加强传统复肥产品的研发生产，对传统产品进行技术升级。核心品牌"嘉施利"定位为增效、"桂湖"定位为养土，并基于两大核心品牌推出系列产品，携全新技术助力实现减肥增效和土壤养护。成立增效肥营销中心，重点打造SOUPRO（施朴乐）和Cropup（棵诺）品牌，助力产品品质提升，促进农业绿色发展，更好地服务广大种植户。

二是在营销层面，云图控股将坚持实施总成本领先、差异化和专一化战略，充分发挥企业的"资源+营销+科技"优势，不断提高市场销量和占有

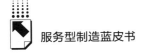

率，同时围绕品牌战略，持续聚焦品质农业和高效种植，加强专业、精准农技服务，推进新业务模式建设，为客户提供更多的机会和更大的平台。

三是在产业发展层面，云图控股将坚持以肥料为主业，不断完善上下游产业链，在上游矿业、化工、盐产业持续发力，最大限度发挥产业协同优势。此外，围绕发展战略，布局现代农服、区块链金融、农产品直播销售等新型服务型业务，推动企业发展。

四是在国际业务发展方面，云图控股拟建立海外生产基地，将国内的产品和技术服务模式拓展到海外，继续拓展"一带一路"沿线国家市场，推动实施"做全球领先的高效种植综合解决方案提供者"战略。

（三）预期经济与社会效益

1.经济效益

通过服务型制造深入发展，预测公司 2022～2024 年营业收入分别为194.41 亿元、213.8 亿元、250.43 亿元，净利润分别为 18.54 亿元、22.31亿元、26.73 亿元。未来 3 年累计为 2000 名以上的用户提供测土服务，配方服务超 500 名用户，电商交易额突破 8000 万元。

2.社会效益

预计未来用户通过云图控股的全生命周期服务模式可以提高肥料利用率3～5 个百分点，实现收入增长 5%～10%，农业生产向绿色高效方向发展，在一定程度减少农业面源污染，使农资市场更加有序，农村各级种植户、经销商收入稳步提升。云图控股以产业链服务为核心，集合上下游资源，为农户提供种植托管、农业金融、产销一体的综合服务，运用平台智能化信息技术推进中国农业种植转型，通过提供作物高产套餐及全程营养解决方案提升农产品的质量，帮助种植户提高种植收益。

B.15
天奇股份：汽车制造生产线整体
解决方案

郭大宏　王保英　李海明　杨　丹*

摘　要： 根据市场发展的需求和对公司业务能力的评估，天奇股份积极由
装备制造商向服务型制造的整体方案解决商转型。公司建立完善
了一整套从方案咨询、规划设计、产品设计、施工交付到后市场
服务的管理体系，服务型制造业务方向定位为定制化服务、总集
成总承包和全生命周期管理。公司引进先进设计开发软件，补强
创新设计工具，在提高设计开发能力的同时，也为客户开展智能
工厂建设提供基础数据支持。随着智能传感技术、工业互联网技
术的成熟，公司研发了"天奇智能装备云平台"，推进基于远程
数据采集与故障诊断的智能维保，开创了平台化数据维保、区域
化专家技师共享的维保新模式。

关键词： 服务型制造　全生命周期管理　云平台　智能维保　天奇股份

一　企业概述

（一）企业经营情况

天奇自动化工程股份有限公司注册成立于 1997 年，2004 年 6 月在深交

* 郭大宏，天奇自动化工程股份有限公司国家企业技术中心主任；王保英，天奇自动化工程股份
有限公司国家企业技术中心科技办主任；李海明，服务型制造研究院工程师，研究方向：服务
型制造、全球价值链；杨丹，服务型制造研究院工程师，研究方向：产业经济、服务型制造。

所上市（股票代码：002009），注册资本为3.7亿元。公司是国家高新技术企业、国家创新型企业、国家知识产权工作示范单位；有国家级企业技术中心、国家博士后科研工作站、江苏省物流自动化装备工程技术研究中心等创新研发平台。公司先后被评为工信部服务型制造示范企业、工信部制造业单项冠军企业（产品）、工信部品牌培育示范企业、工信部双创平台试点示范企业、工信部两化融合管理贯标试点企业、江苏省两化融合示范企业、江苏省服务型制造示范企业、江苏省智能制造领军服务机构。

公司主要业务聚焦汽车制造智能化生产线领域，以物流自动化系统工程整体解决方案、自动化输送装备技术、软件与信息化技术为核心，提供工程咨询、设计、制造、安装、管理及服务，产品涉及智能输送、智能仓储、智能分拣、信息管理、智能运维等集成与服务。近年来，公司围绕"致力于服务汽车全生命周期"的愿景，积极把握汽车全生命周期产业链的每个环节，包括从汽车智能装备业务拓展到产线设备运维服务、智慧工厂运营管理业务，从传统燃油汽车报废拆解装备及服务到新能源汽车动力电池循环再利用业务。

1. 发展历程

公司是"苏南模式"核心区的典型代表企业，前身为1984年创立的"无锡县洛社模具厂"及后来的无锡南方悬挂输送机厂，1990～1992年李鹏、乔石、王光英等领导人先后来司调研"苏南模式"的经济发展模式。

公司于1997年起逐步形成以汽车自动化装备技术领域为核心的业务发展战略。2000～2002年研发出国内首创、国际先进的摩擦驱动技术，并为广州本田总装绿色示范工厂提供了绿色装备。该技术成果于2011年度获得国家科技进步二等奖。2008年起，公司在传统制造基础上，根据下游客户的需求，提供产品设计与技术总包服务。公司不断加大技术投入，研发新一代节能环保性的输送技术，以摩擦驱动为核心，研制了摩擦悬挂、摩擦滑板、摩擦滚床、自行小车、塑料板带等一系列智能化高柔性的输送技术及集成，2016年起开始为汽车制造生产线提供高端智能化绿色解决方案，包括方案咨询、数字仿真、智能维护等综合解决方案服务，取得了良好的社会和经济效益。

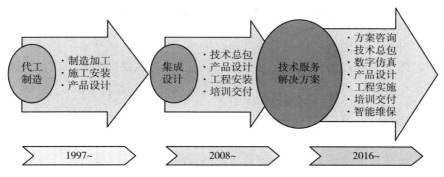

图1　公司业务转型升级过程

2. 公司主要产品与服务

在汽车装备领域，公司以技术总承包为业务模式，以汽车制造工艺与装备咨询设计服务，汽车总装自动化生产线系统，汽车焊装自动化生产线系统，车身储存系统，汽车涂装自动化生产线系统，自动化立体仓库系统，电气控制与智能软件，远程故障诊断分析与智能维保等，满足客户技术总承包、技术服务与交钥匙工程需求。

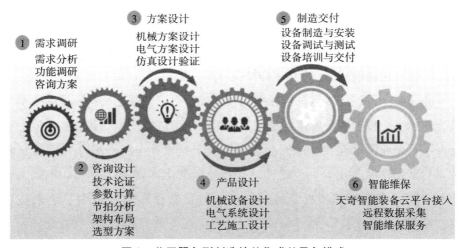

图2　公司服务型制造的总集成总承包模式

公司智慧工业服务主要围绕汽车整车制造及相关行业提供系统化智能制造解决方案与全周期智慧工业服务，包括提供用于研发、制造、物流、企业

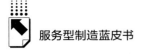
管理等环节的各种控制、优化和管理系统，以及基于智能装备（工业机器人等）的系统集成业务。主要业务内容包括 MRO 综合服务（产线或设备等维护、维修、运营综合服务）、智慧工业服务（远程数据采集、机器人协同及数字化服务平台）、智能工厂（设备互联、生产运营数字化）、智慧工厂或产业园区的规划及运维。

3. 商业模式

公司针对过去专业设备集成系统提供商的经营模式，利用数字化、智能化与信息技术进行赋能升级，为用户提供从咨询设计到交付后智能维保的产品全生命周期服务，积极向服务型制造模式升级。公司在定制化服务、总集成总承包、全生命周期管理等三个方面，建立完善了一整套从咨询方案、规划设计、产品设计与施工与交付到后市场服务的管理体系。在新经济创新模式下，逐步由装备制造向服务型制造转型，实现商业模式升级。

通过向服务型制造的转型升级，公司销售团队能够与客户开展专业的技术交流，了解客户需求，制定项目规划方案及技术方案。结合客户预算、项目成本及竞争情况等因素制定项目报价并参与客户组织的招标工作。项目中标后签订技术协议及商务合同。在与客户建立合作关系后，公司进一步通过高质量的产品及全方位的专业服务获得客户认可，增强客户黏性。

4. 标准化知识产权、专利工作情况

公司是全国连续搬运机械标准化技术委员会、全国仓储物流标准技术委员会的标委会技术委员单位，是国家知识产权示范企业、江苏省高价值专利培育示范企业，设有独立的标准化与知识产权领导小组，2019 年获得江苏省"智能输送装备技术"战略性新兴产业标准化试点项目。2000 年以来申请专利 1794 件，获得授权专利 1481 件，取得软件著作权 17 件；有效授权核心发明专利 111 件。

（二）转型背景

1. 传统产业制造环节利润率逐渐降低

在全球产业分工背景下，制造环节处于价值链的最低端。近年来受到

国际局势、疫情反复等因素的影响，我国制造业所需的劳动力、原材料等的成本不断上升，外加国家"双碳"政策对企业环保的要求等，我国制造业面临的形势更为复杂，利润率下降较快。因此，企业需通过经营模式、技术创新等内在变革，加强客户联系，提高产品服务能力，提升市场竞争力。

2. 汽车制造业的生产组织模式发生变化

在汽车消费竞争日趋激烈的背景下，传统汽车工厂组织生产模式对汽车生产线的高柔性和高可靠性要求更高。同时，汽车生产商为了降低组织成本，将其产线项目以外包模式向外延伸，推动了汽车产线的智能化、数字化集成发展。随着造车新势力的兴起，对生产工艺、技术装备的新建项目的前瞻性需求也发生了重大变化，生产工艺、技术装备的应用更广泛，只有具有技术总承包能力的企业才能不断发展。

3. 创新发展、高质量发展的必然要求

推动传统产业高端化、智能化、绿色化，基于服务型制造的创新发展、高质量发展是"十四五"乃至更长时期经济发展的主题，企业也要围绕这一经济发展逻辑主线。德国提出工业4.0、美国提出工业互联网等使全球研发设计、生产制造、服务等资源配置体系加速重构。基于当前信息技术与智能技术的变革，用户对智能装备与服务的需求发生了变化，装备制造企业必须适应下游客户对全生命周期管理、总集成总承包等服务型制造模式的新要求。

二 服务型制造业务开展情况

（一）服务型制造转型方向

项目的个性化需求，需要配套定制化服务。定制化服务模式与EPC技术总承包运营的总集成总承包服务模式形成了良好的互动，同时，在工程项目交付后市场又为全生命周期服务模式提供了产品基础。为实现由装备制造向服务型制造的转型，公司基于市场需求实行"定制化服务、总集成总承

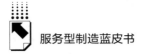

包、全生命周期管理"等服务型制造模式,根据汽车制造智能化生产线领域,提升服务能力。

1. 定制化服务

汽车制造企业由于各自的产品设计和组装工艺要求、产线产能要求、设备智能化水平要求、工艺设备维保模式和标准要求、智能化车间的建设要求,以及新能源汽车造车与传统汽车制造的工艺要求的不同等,各类技术需求因素决定了公司需要提供的服务千差万别。公司要具备个性化技术总承包方案的咨询与设计能力,满足汽车制造企业的定制化需求。如公司为特斯拉总装厂提供的车身物流工程项目,结合生产纲领、物流存储配送的技术要求与智能信息处理的要求,实现定制化设计的技术目标。依托数字化仿真设计,实现了定制化的咨询、方案设计、生产线规划的仿真与数字化验证,提升了产品设计效率与最终交付质量。

2. 总集成总承包服务

汽车制造企业的一个总装车间设备系统包括车身存储线、自动化车身主线、工艺配送辅线(如物料 AGV)、轮胎线、车门线座椅线等,以及机器人涂胶、下线检测、加注机等各类专机平台。为了满足客户交钥匙工程的需求,公司通过前期技术规划设计,承接技术总承包的总集成服务。如公司完成的广汽丰田总装车间、东风汽车总装车间、一汽解放总装车间等都是总集成总承包交钥匙工程。通过专利与行业技术标准支撑与引领,提升了服务型制造的竞争实力。公司加强内部信息化管理基础建设,保障总承包业务价值链的整合,实现高效与高质量交付。

3. 全生命周期管理服务

汽车工厂生产组织模式逐步从大而全的生产组织机构向集约化管理组织结构转变,传统的设备维护维保模式已不适应汽车降本增效的管理要求,围绕设备由维护维保模式逐步向外包模式转变。过去公司一般是售出设备后再承接设备的维保工作,派驻专技人员提供汽车生产保障服务。现在,随着智能传感技术、软件技术、工业互联网技术的成熟,公司研发了"天奇智能装备云平台",推出了基于远程数据采集与故障诊断的智能维保,创立了平台化数据维保、区域化专家技师共享的维保新模式。近几年，公司承接完成的汽车总装线系统有60%接入了"天奇智能装备云平台"。

（二）提升企业管理与产品技术创新

1. 完善信息与管理制度基础

为优化研发与总承包服务体系，公司成立了由总经理负责的"两化融合"工作小组，负责推动信息技术设计、运营管理。完善信息技术集成应用，实现千兆到交换机、百兆到桌面，业务部门互联互通、信息共享，提升管理效率，确保在销售、设计、制造、安装、调试、维保整个产品生命周期能够准确、及时、安全地传递业务信息。研发设计与试验购置了仿真和三维设计软件、激光测量仪等研发、测试设备65台套，有效保证了关键设备的研发与验证。在制度建设与过程控制方面，建立了采购、外协与分包等工程实施网络体系。制定了《外部提供过程、产品和服务控制程序》，使产品合同评审、合同更改及顾客沟通、质量追溯规范化，对提供过程、产品和服务的供应商、外包商、承包方进行网络化管理。

2. 提升产品技术创新基础

在咨询方案设计阶段，通过规划与方案设计、仿真技术虚拟设计实现核定产量节拍及自动化控制协同，合理规划布局和优选生产工艺装备，为方案设计输出选型配置确定装备优化与设计目标，保证施工质量与数字化调试。通过专业仿真软件针对各种规模的工厂生产线开展建模、仿真，并优化生产系统，分析生产布局、资源利用率、产能节拍、物流效率等，以便满足不同规模订单的混流生产要求。通过自定义的目标库来创建具有良好结构的层次化仿真模型，验证包括但不限于设备配置、物料搬运、生产过程、控制策略等。通过扩展的分析工具、统计数据和图表来评估不同的解决方案，并在生产线设计与安装的早期阶段做出迅速且可靠的决策。

3. 汽车产线定制化设计技术

以汽车总装车间系统装备为例，汽车总装涉及车门、内饰、发动机、底盘、仪表盘、轮胎等多种专用自动化输送线，以及生产操作的机器人、检测

265

设备、加注设备等，系统规模庞大，涉及的机械、控制、通信、传感等系统相互集成，技术复杂，控制要求高。在多品种、高节拍的定制模式下，每个环节的故障都可能会影响系统的开动率。可通过数字化仿真分析评估及工艺点转换的干涉仿真检查来解决以上问题。

汽车个性化定制生产模式已逐步成为主流，需要生产线适应多品种混流生产，对设备的智能化、可靠性都提出了更高要求。公司通过汽车制造生产线的混流、高可靠、高节拍技术，实现了生产线的高柔性。例如，总装摩擦滑板系统、摩擦悬挂输送系统、摩擦辊子输送系统、EMS 悬挂输送系统等均通过分布式摩擦驱动单元，实现了生产线的混流、高可靠、高节拍。通过数据采集、远程故障诊断系统，对生产线状态进行实时监控诊断，提高设备运营的可靠性。

4. 汽车制造生产线调度的复杂路径管控技术

在多品种、高节拍的汽车总装生产模式下，装配线的滑板、吊具、转载机构、道岔等装置均需按要求高效完成移动传输和路径控制。开发智能转载路由装置、智能路由容错技术，解决由装备模块损坏造成的某个路径停线问题，系统可事先自动予以优化避开。总装工艺的人机工程高效协同技术，能让人舒适工作、让装配效率更高。在汽车总装工艺工位存在大量的需要人与机、机与机协同完成的工作，公司制定了多自由度柔性吊具、随性滑板、EMS 输送等技术解决方案，实现了特定工位工件姿态可调整，使工人以最佳和舒适的状态完成合装工艺操作，实现了人机和谐的随行装配，达到降低劳动强度、保证产品品质的目的。

5. 生产线全生命周期智能运维技术

天奇股份通过引入物联网技术和设备监控技术，创建了远程故障数据采集与云平台，实现了设备诊断数据和状态的实时映射，为产品全生命周期技术服务提供了平台支撑。通过车间信息化集成，将上位机系统的设备信息、工艺信息与工厂 MES 系统进行衔接。公司能够实现对线体运行状态、故障报警、ANDON 系统等信息的采集，以最直观的视觉显示、适时的动态响应、工艺数据库支持实现对全车间生产线运行状态的数据监测。通过智能运维技术使生产线周期检修成本降低 50% 以上，意外停产损失降低 90% 以上，整线开动率提升至 99.5% 以上。

图 3 天奇远程故障诊断分析云平台

三 能力建设

（一）通过信息技术升级改造，提高公司数字化创新设计能力

公司引进了 AutoCAD、CATLA、EPLAN、demo3D、Solidworks 等专业设计软件，Plant Simulation、Peraansys 等专业仿真优化软件，全面优化产品设计 PLM 管理系统，在产品设计端全面实现三维设计与仿真设计，提高产品设计效率与质量，快速响应客户需求；在机械、电气设计方面进一步提高设计效率和准确率。公司建设了仿真设计输出中心，将 3D 仿真技术应用于项目方案设计，奠定了智能化工作的基础。围绕输送设备层、控制管理层、信息采集层、数据处理层等优化集成设计智能系统，并为用户提供集成解决方案。

同时，公司根据产品特有的情况，对引进的软件进行二次开发。二次开发的产品标准化设计数据库，有益于缩短产品的研发周期、提升项目总体设

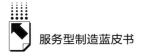

计效率。以电气系统设计的数字化设计为例，采用 EPLAN 软件与数据系统，基于电气系统方案设计，实现电气元器件自动化配置、自动化出图与验证系统设计输出。针对不同用户技术选型困难，解决重复设计、错误积累等问题。

为满足汽车企业对产品的智能化、集成化、高效率、高柔性、绿色环保和小批量多品种的个性化定制需求。公司从生产线系统仿真设计分析与工艺优化着手，加强汽车制造生产线整体解决方案规划设计，开发汽车制造生产线的混流、高可靠、高节拍技术，以及汽车制造生产线调度的复杂路径管控技术，总装工艺的人机工程高效协同技术，生产线全生命周期智能运维技术等。

（二）通过数字化协同开发平台建设，创新成果产出更快

通过平台建立了技术资源库，使公司的设计技术成果、设计资源共享，提高了设计开发效率，避免重复投入、重复开发，降低设计风险和设计成本。将设计成果归档保管，已有的成果可被充分利用。在协同设计、系统建模、工艺仿真、数字化交付等方面建设 Miracloud 平台。平台包含集成方案协同设计系统、三维可视化智能监控系统及预测性运维服务系统等，其中集成方案协同设计系统支持横向、纵向工作协同，支持项目设计中的资料互提、图纸共享，可即时监控项目设计进度、成果、质量，通过协同并行设计缩短产品交付周期。此外，平台可储存、调用项目设计图纸、建模数据及仿真模型等数字资料，支持项目数字化交付工作。

平台涉及智能摩擦驱动技术、环保型塑料板带输送技术、弧形滑板输送技术、随行柔性装配平台技术、人机工程协同的柔性载具技术、转载路由技术、单车自主控制多车柔性物联的物料输送技术、多维信息智能感知技术、复杂装备的预测性维修技术、基于大数据的生产线全生命周期管理云平台技术、线体仿真技术、上位机系统技术等核心技术，获得授权发明专利 64 件，软件著作权 11 件。

（三）柔性智能化装备技术创新成果，提升了智能装备服务能力

通过自主研发与创新，推动汽车行业核心技术进步，突破行业发展瓶颈，不断向智能制造迈进。核心技术以智能化、绿色化、经济化生产为目标，增强产品、产能柔性为抓手，提升人机工效和预测性维修为重点，全力提升汽车生产装备核心技术水平。围绕高可靠多自由度智能载具、单点驱动与自适应、整线物联的控制技术等开展研发，可根据生产纲领分次投入并重组生产线，解决了传统生产线必须一次性投入建设的难题，对于产量跨度大、品种多样等情况具有很好的针对性、适应性；研发多自由度智能载具可实现车身装配升降、翻转、侧转、变轴距、变轮距，自适应不同车型、工位、操作者，有效解决了现代汽车生产线工序集中带来的人机协同和品种兼容问题。产品融入了物联网技术、故障预警技术，大大提升了汽车生产智能化水平。

（四）集成信息与智能传感技术，实现了装备远程智能维保目标

为实现产品的全生命周期管理，公司引进先进设计开发软件，补强创新设计工具。通过购置、升级和二次开发这些软件，在提高设计开发能力的同时，为客户开展智能工厂建设提供了基础数据支持，如数字工厂仿真规划。同时，公司围绕汽车制造数字化智能车间集成领域，在不同的应用、不同的技术等方面生产了柔性随行摩擦滑板输送机、摩擦驱动悬挂输送机、塑料板带输送机、新型摩擦辊床输送机、EMS 悬挂输送机、摩擦驱动弧形滑板式输送机、积放辊子输送机、远程故障诊断与维护天奇云平台、AGV 系统等多项具有代表性的主要模块化专机产品，可以在自动化仓储、机器人制造、轮胎制造、工程机械、机床制造等行业予以推广应用。

（五）通过 CRM 信息平台，提升了客户服务体验

不断完善 CRM，在国内各大汽车集中区域建设了服务销售维保中心，并根据汽车制造企业的分布情况进一步建立各地区域 4S 服务体系及客户

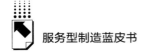
关系系统（CRM 系统），通过呼叫中心、在线升级机制等完善咨询服务系统和专家诊断系统，实现天奇 24 小时服务的承诺——24 小时昼夜服务、24 小时内赶到全国任何一个施工现场、24 小时内排除故障、24 小时内全程监控。

四　转型成效或典型案例实践

（一）转型成效

1. 赢利模式的改变

近年来随着人工、材料、环保等多个方面的约束日益明显，纯制造业企业的利润越来越低。即便是具有产品创新能力、设计开发能力的企业，也因研发投入的转化率不高、客户要求统一按产品增值税税率开票等而难以提高利润。如果企业想保持稳定的利润水平，想有一定的发展，就必须变革。通过调整企业内部的经营管理模式来降低项目管理成本，通过提高技术创新能力来加快产品研发，通过打通产业链来拓展业务范围，通过采用总承包总集成的商业模式来实现项目的一体化管理，从而提升企业的竞争力，稳固自身在上下游中不可或缺的地位。

公司通过开展服务型制造业务拓展了原有的单一盈利模式。公司通过推行工程技术总承包总集成服务模式，将项目实现过程中的原材料、零部件、加工外协、物流运输、安装服务、技术分包等环节打通，实现供应链模式的工程技术总承包管理。而天奇只要负责技术方案、集成设计、关键部件制造、后市场服务和运营管理等就可以实现业务范围全流程管控和项目利润最大化。

2. 运营服务绩效

通过服务型制造的转型升级，公司整体经营情况实现了逐年稳定提升。2021 年资产总额由 2018 年的 390088 万元提升到 453837 万元。2018～2021 年，四个年度的主营业务平均利润率为 9.17%、平均出口率为 18.59%，处于行业领先水平。

3. 工程技术总承包业务能力

近三年，公司承担的主要工程技术总承包项目有东风汽车总装车间项目（合同金额 11200 万元）、广汽丰田汽车总装车间项目（合同金额 10472 万元）、华晨宝马总装车间项目（合同金额 9681 万元）、一汽解放总装项目（合同金额 14981 万元）、长沙比亚迪汽车总装项目（合同金额 10600 万元）、理想汽车二基地总装主输送线项目（合同金额 21413 万元），特别是出口海外的美国 MTM 公司包含了马自达和丰田两个汽车品牌的总装系统，项目累计总金额达 45000 万元。

4. 对上市公司合并报表的影响

通过天奇母公司服务型制造业务的发展引领，天奇集团所有子公司已逐步导入服务型制造相关业务。天奇股份已逐步形成围绕制造业智能化物流装备、自动化仓储与分拣、机场物流设备、智能装备数据云管理、车联网、锂电池回收利用、废旧汽车回收利用、大型结构件精密加工的产业集团。并在日本、美国设立了海外子公司来扩展国际业务。2021 年度上市公司合并销售收入 377854 万元，比 2018 年度增长了 7.87%，总资产 622348 万元，比 2018 年度增长了 3%。

（二）典型案例

2021 年，公司总承包了价值 1.06 亿元的国内某大型汽车有限公司的总装生产线项目。该项目主要内容是大型汽车生产工厂总装一线生产线 40JPH 改造，包括 PBS 线、内饰线、底盘线、最终线、EV 线、车门线、仪表线、动力总成分装线等。项目服务内容包括设计、制造、装配、包装运输、现场安装调试、试生产服务、售后服务和技术培训等工作。项目方列出了具体的指标要求。公司以提供整体技术解决方案、系统工程、后市场服务为主业，内容包括定制化服务、总集成总承包、全生命周期管理等。为满足行业和客户的需要，公司的产品创新和技术开发不断向智能化、集成化、绿色化、经济化的方向发展。本项目的部分方案如下。

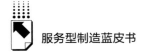

1. 制定项目技术方案

为保证项目总体实施目标达成，建立项目实施管理体系，项目设计组由多名有相关方案设计经验的机械工程师、电气工程师、软件工程师组成；同时包括项目施工、质量验证、设备调试等相关部门岗位，由项目经理统一负责协调管控。项目设计组根据项目技术协议中对生产纲领、物流存储配送等的技术要求，以及项目完工后对整条产线在数字化、智能化方面的信息处理要求，结合公司工艺知识库，形成项目整线平面布置图及各工艺线详细设计方案。再依托数字化分析软件、生产线规划仿真数字验证平台进行方案的可靠性和安全性验证。

本项目所有线体采用信息化集成技术，通过公司自主研发的上位机系统将设备信息、工艺信息与工厂 MES 系统进行衔接。上位机系统对线体运行状态、故障报警、ANDON 系统等信息进行采集，以最直观的视觉显示、适时的动态响应、工艺数据库支持实现全车间生产线运行状态数据监测。可满足客户对生产线数字化、智能化的需求。

2. 项目的定制化服务

本项目要求 40JPH 生产节拍一次设计、一次建成，且所有工艺线体节拍可调。为达到高效的生产节拍要求，公司优化了现有的"汽车制造生产线调度的复杂路径管控技术"，装配线的滑板、吊具、转载机构、道岔等装置均可按要求高效完成移动传输和路径控制。公司开发的智能转载路由装置、智能路由容错技术，可解决由装备模块损坏造成的某个路径停线的问题，系统可事先自动予以优化避开，既实现了少线体少成本，又可以保证高效能高节拍的生产运行。

3. 生产线全生命周期管理

在硬件和制度层面，公司有完善的售后服务管理体系。公司在国内的各大汽车制造产业基地都开设了售后维保 4S 店，在国外的主要城市成立了子公司或办事处，配置专职维保团队、项目专用的备件库，制定相应的应急管理制度等，可为项目提供一对一的陪产服务。在软件和控制层面，公司自主开发的"天奇智能信息云平台"，基于大数据的汽车生产线全生命周期管理云平台技术、多维信息智能感知技术、复杂装备的预测性维修技术等针对多项故障提供预警服务，将现场采集的数据录入故障模型，当数据出现异常时，基于专家库，对数据进行处理分析，反映设备状态；当数据达到故障设定阈值时，触发故障预警功能，云平台将以邮件、短信、微信等形式向客户方项目负责人推送故障预警通知，该通知包含故障预警设备（工艺）、故障类型、运维建议等。在保证项目合同指标整线设备开动率达到99%以上的同时，增加了项目的技术服务收入比例。

五　主要经验

（一）确定公司的产业发展方向，制定相适应的发展战略目标和方案

以市场需求为牵引、以问题为导向，积极开展服务型制造实践，根据服务型制造不同模式的发展要求，探索更多的服务型制造新模式，瞄准汽车制造业数字化、网络化、智能化的发展趋势，面向产业转型迫切需求，针对汽车制造智能装备的关键技术受制于人的突出问题，系统推进技术与装备开发、标准制定、新模式应用与集成。

（二）加快人才团队建设，培养行业领军人才，提升公司品牌与市场影响力

人才强，则创新强。利用上市公司资本平台的优势，支持新技术的发展，针对创新人才与核心团队，制定相关的创新激励政策，采用股权激励、奖励激励等多种方式，推进创新发展。结合国家博士后工作站、研究生工作站及产学研合作机制，通过自主培养、引进等多种形式培养技术型领军人才。

（三）关注产品的全生命周期发展，提高后市场服务的赢利能力

总结近年来工程总承包及管理经验，完善供应链体系，对内完善工程技

术总承包管理体系，对外大力发展智能维保工业服务新模式。以"天奇智能装备云平台"服务为支撑，在全国各大汽车制造工厂集中区域，结合数据服务模式和区域化 4S 店，为汽车厂设立区域共享维保配件库，让区域内汽车制造企业不用额外储存备品配件。实现线上诊断与预测维修管理，维保专家技师线下及时提供维修支持。实行从产品到后市场全生命周期的服务型制造新模式，获得更大的服务收益。

六　进一步工作

以提供汽车制造智能化生产系统方案总承包为核心业务，不断丰富产品服务内容，将产品技术与服务向汽车零部件制造集成、机器人制造、工程机械制造、半导体制造（产线洁净输送技术）、汽车及零部件回收拆解、锂电池回收拆解等领域延伸。联合电池生产制造商、电池应用企业、资源回收企业、电池行业金融科技服务机构、汽车后市场服务企业共建覆盖全国市场的锂电池回收体系，构建锂电池资源化利用生态圈，形成具有天奇企业特色的锂电池服务及循环体系。

提升服务型制造前后端的能力，通过技术创新、标准引领占据行业头部位置，保持"行业单项冠军（产品）"业务竞争力。整合中端分包产业链体系，保障集成技术的高质量交付。推动智能装备核心技术在新行业新领域中的应用；进一步提升公司智能装备业务的附加值，与 5G、工业物联网等新兴技术深度融合，提供智慧工业服务、智能工厂系统解决方案。持续开展技术研发，开发适应市场需求的循环装备产品，保持行业内技术领先的地位。

B.16
德塔森特：实数融合的服务型
制造发展新模式

金建国　董玉娟　刘树龙*

摘　要： 党的二十大报告指出，我国要加快发展数字经济，促进数字经济和实体经济深度融合，打造具有国际竞争力的数字产业集群，构建现代化基础设施体系。德塔森特公司作为国内领先的模块化数据中心整体解决方案服务商，专注于数据中心细分领域，以让数据中心更加安全、节能、高效、智能为使命不断开拓进取、锐意创新。德塔森特公司坚持以市场需求为导向，以果敢创新的魄力抓住时代发展契机，充分协调和配置资源以提升企业的持续竞争力，适应市场变化。在服务型制造业务模式上，德塔森特公司采取了"实数融合"的创新服务方式，以颠覆性创新的产品（实）打破市场原有进入壁垒，通过数字化技术（数）实现数据中心的数智化云运维服务，构建完善的服务生态系统。

关键词： 模块化数据中心　实数融合　云运维服务平台　德塔森特

一　企业概述

（一）企业简介

浙江德塔森特数据技术有限公司（以下简称"德塔森特公司"）成立

---

* 金建国，浙江德塔森特数据有限公司副总经理；董玉娟，浙江德塔森特数据有限公司运维部副总经理；刘树龙，服务型制造研究院研究员，浙江工商大学管理学院博士生。

于 2016 年，是业界领先的模块化数据中心整体解决方案和产品的研发、设计、生产、销售、实施及运维服务提供商，拥有模块化微型数据机房一体机和模块化数据中心自主品牌的系列产品。公司自主研发的模块化微型数据机房一体机具有安全、高效、节能、节省空间、24 小时无人值守、远程可视化运维管理等诸多优点，彻底改变了传统中小微型机房的状态，是真正意义上的模块化绿色数据中心典型应用产品，处于国内外行业领先水平。

德塔森特公司坚持以创新驱动发展，将人才作为最宝贵的资源。公司深耕于研发大数据云平台的软硬件整体解决方案，每年投入的研发经费占销售额的 10% 左右；公司组建企业研究院，汇聚了一批在数据中心领域研发、生产、制造、实施、运维、市场等方面的资深专业人才。研发场地近万平方米，配备有精密配电柜测试实验室、UPS 产品测试实验室、空调室内外测试实验室、动环主机测试实验室。公司已申请和受理了上百项发明专利、外观设计专利、实用新型专利和软件著作权，主编和参编了十几项与模块化数据中心相关的国家和行业标准。

（二）服务型制造发展现状

在服务型制造业务模式上，德塔森特公司采取了"实数融合"的创新服务方式。"实"是指以实体产品为载体的产品服务。"数"是指以数字技术为手段的数字化智能服务。

在产品服务方面，德塔森特公司经过大量的市场调研，了解客户的需求，并以颠覆性的产品创新，研发生产出极具市场亲和力的主打产品：模块化微型数据机房一体机。此外，德塔森特公司围绕数据中心基础设施，发挥研发、资源整合和集成等方面的优势，不断扩大公司经营的产品品类和业务范围。德塔森特公司坚持以客户需求为中心，持续进行产品创新，加快产品迭代速度。成立至今，德塔森特公司的主营产品已经累计超过 8 次的大幅度产品迭代，更好地解决了市场痛点，迎合了市场需求。产品应用场景的多元化、丰富化及全方位的服务保障，也使德塔森特公司的发展步入快车道。

在数字服务方面，2018 年开始，先后投入约 1 亿元资金，建设了云运维服务平台，充分运用大数据、云计算、物联网等信息技术，为德塔森特的数据中心基础设施和 IT 设备系统提供数字化运维服务。目前已接入全国 30 多个省区市的客户数据中心，利用云计算和大数据，远程监控庞大设备群的运行状况。通过云运维平台，德塔森特公司实现实时故障报警、运维技术人员 2 小时内到现场、一般故障 4 小时内完成修复，为客户提供更安全、更高效的服务，大大减轻客户单位人工成本压力。

二　转型背景

（一）行业背景及行业痛点

2018 年，在中央经济工作会议上重新定义了基础设施建设，把 5G、人工智能、工业互联网、物联网定义为"新型基础设施建设"。随后"加强新一代信息基础设施建设"被列入 2019 年政府工作报告。2020 年，国家发改委明确新基建范围，提出"以新发展理念为前提、以技术创新为驱动、以信息网络为基础，面向高质量发展的需要，打造产业的升级、融合、创新的基础设施体系"的目标。2022 年，党的二十大报告强调，要加快发展数字经济，促进数字经济和实体经济深度融合，打造具有国际竞争力的数字产业集群。优化基础设施布局、结构、功能和系统集成，构建现代化基础设施体系。数据中心作为新基建的重要组成部分，对我国数字经济建设而言至关重要，迎来了良好的发展契机。

然而，传统数据中心具有以下行业痛点。一是安全管理风险高。传统的数字中心机房因为空间小、设备多、走线乱、规划不合理等问题，外加对环境恒定温度、湿度的要求，安全风险高、管理难度大。一旦发生事故损失巨大且难以挽救。即使国际著名的大型公司在安全管理方面也难免马失前蹄。甲骨文公司、新浪公司等均发生过严重的数据中心电力事故，导致服务区大面积宕机情况的出现。此外，数据安全更是关系到个人隐私、公司机密、国家安全等方方面面，其重要性不言而喻。二是建设周期长。以银行为代表的金融系统为例，数据中心的建设往往在土建完成之后、正式营业之前才能开始。并且数据中心的设备品类多、型号多，需要在现场安装调试的工序多，从而导致建设周期长，影响了银行网点的整体扩张效率。三是能耗大。电力是数据中心消耗的主要能源。除 IT 设备本身消耗的电能外，为维持恒温的运行环境，机房通常要配备大功率的温控设备（空调）且保持 24 小时运转，耗能高、效率低。这与我国正在大力倡导的节能减排绿色发展的理念相违背。四是运维成本高。由于技术复杂度高、发生故障损失大等特点，数据中心的运维成本居高不下。特别是对一些小型的数据中心而言负担更重。

（二）服务型制造发展过程

早在"十三五"规划纲要中就指出，未来中国制造业的发展重点是努力推动从"生产型制造"向"服务型制造"转变。服务型制造是制造业创新发展的重要模式，是制造与服务深度融合、协同发展的新型产业形态。德塔森特公司顺应产业融合发展的大潮，自创立之初管理层领导就高度重视并实行服务型制造模式，结合新一代技术，定制了以"实数融合"为指导思想的六个阶段发展战略，如图 1 所示。德塔森特公司通过创新优化生产组织形式、运营管理方式和商业发展模式，不断增加服务要素在投入和产出中的比重，从以加工组装为主向"制造＋服务"转型、从单纯出售产品向出售"产品＋服务"转变，进而延伸价值链，提高全要素生产率、产品附加值和市场占有率。

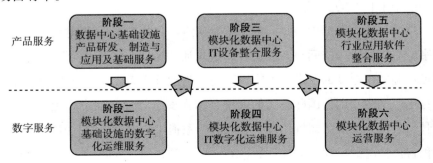

图 1　德塔森特公司的产品服务与数字服务战略演化过程

德塔森特公司在市场导入期、成长期、爆发期分别采取了不同的发展战略。在市场导入期，公司集中研发资源致力于新产品的开发，主要围绕微型数据机房一体机、模块化数据机房及机房动环监控管理系统三方面展开，除了销售产品之外，还会有部分基础的服务，如设备调试、安装、维保、备品备件等售后服务。

在成长期，公司坚持不断迭代产品，使产品性能始终保持领先。在这一阶段，公司进行了一系列数字化技术应用，依托大数据、边缘计算、云计算等新技术，建设全国云运维管控服务平台，采用远程监控系统对客户数据中心基础设施和IT系统数据进行收集与分析，及时帮助顾客进行远程诊断和排除故障，并提供及时、专业的维护建议，对产品的全生命周期进行运行和维护管理，为顾客提供实时管理和服务。

在爆发期，基于公司良好的产品服务能力和数字化服务能力，服务业务从金融行业扩展到教育、医疗、机关、消防、民航等多个领域。德塔森特公司根据客户的不同类别、不同的应用场景、不同需求，制定具有针对性的解决方案。业务范围包括咨询服务、设计服务、安装服务、维保服务、数字化运维服务等。

三 服务模式

（一）产品服务

深耕模块化数据中心这一细分领域，德塔森特公司为客户提供涵盖产品全生命周期的整体解决方案，服务内容包含咨询服务、定制化服务、安装服务、维保服务等。

首先，公司组建了专业的售前咨询团队，为客户提供咨询和技术服务。售前人员负责与客户进行面对面的深入沟通，了解客户的痛点难点，充分挖掘客户的需求并予以确认。在设计阶段，德塔森特公司利用专业知识为客户提供产品设计蓝图，以及针对不同使用场景的解决方案，同时也邀请客户充

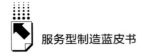

分参与产品设计。从客户提出需求到设计蓝图再到解决方案的细化和迭代，客户的积极参与为方案的实施提供了科学依据和有力保障。在互动的过程中，客户也会被德塔森特公司专业、严谨、负责的服务态度所感染，为双方后续的合作建立了良好的信任基础。

其次，在方案实施阶段，德塔森特公司为客户提供定制化产品生产和安装服务。客户个性化、定制化、多样化的需求，倒逼德塔森特公司不断提高自身的研发能力，提升制造环节的柔性和灵活性。此外，公司通过高效的资源整合，与各模块化部件供应商建立了稳固的合作关系，形成了强大的产品集成能力。针对传统机房建设中存在的痛点和难点，公司通过总集成总承包模式，自主研发数据机房一体机系列产品，一台一体机即一个数据机房。在工厂内将配电单元、UPS、电池包、机架式空调、应急散热、气流管理、布线、监控管理系统等数据中心基础设备集中在一个或多个封闭式的机柜内，为所有 IT 设备提供所需恒定的运行条件。机柜即数据中心，是小微型数据中心产品化的代表，极大地加快了微型数据中心的建设速度，真正实现即插即用。

最后，在产品安装完成的售后服务阶段，公司根据不同的产品使用情景、部署数量、服务响应要求等，为客户提供不同形式的产品基础服务。服务的类型包括受理型服务、驻点型服务以及与远程数字服务相结合的多种类型。一是对于装机数量少、应急需求少的客户，德塔森特公司提供受理型服务。公司的售后服务中心提供 5×8 小时、7×8 小时和 7×24 小时服务模式供用户选择。二是对装机数量多、服务需求响应要求高的客户，德塔森特公司提供驻点型服务。公司派遣技术骨干人员到客户单位现场常年驻点，对设备进行日常的检修、维保，防患于未然。同时，在设备发生故障时，第一时间赶到现场进行处理，提供周到细致的服务。

（二）数字服务

德塔森特公司的数字服务载体是云运维服务管理平台。公司不断加大监控管理软件平台的研发力度，提升软硬件集成能力，平台整合机房的温湿度监测系统、漏水监测系统、空调监测系统、供配电监测系统等，实现对机房内的动力、环境系统的统一监视和管理。平台同步集成各子系统服务器的页面、关键数据和报警信息，实现统计信息、报表展示、数据存储、对外报警等功能。管理人员通过远程方式实现对所联网机房的统一管理，有效解决各个分支点未配备专业运维人员无法及时反馈及处理机房故障的难题。

该服务在金融系统中得到了客户的认可。以银行系统为例，每个分行、网点都需要配置数据机房，具有单个网点设备规模小但网点数量多的显著特征。如果按照传统的方式，运维成本高、响应速度慢，发生事故时易造成损失扩大化。而采用德塔森特公司的运维服务管理平台即可避免上述问题。系统会实时监控各个集成设备运行情况，发生故障时会及时报警或采取应急预案。例如系统短时间断电时，备用电源会自动启动；发生火情时，消防模块会在第一时间启动并将明火扑灭，使损失降至最小。

此外，德塔森特公司除自身投入大量研发资金用于云平台的建设外，也通过技术整合的方式不断拓展数字服务的应用行业和场景。德塔森特公司充分整合产业链上下游资源，联合 IT 厂商、安全厂商等供应商等合作伙伴，共同为客户量身定制数字化综合解决方案。公司积极丰富针对金融系统、民航系统、教育系统、轨道交通系统等的数字化服务方案。截至 2022 年底，已经形成行业解决方案 30 多份。在开发过程中，德塔森特公司也成长为数据中心建设领域系统工程的总集成总承包服务提供商。

四　能力建设

德塔森特公司力争成为行业领先的模块化数据中心解决方案提供商，全面提升自身的各项能力，不断培养公司覆盖产品全生命周期中各个环节的能力，包含研发能力、制造能力、服务能力、数字化能力、营销能力和供应链管理能力。公司通过建造专业化、规模化生产制造测试基地，主导行业标准的制定，不断推动行业快速发展。目前已具备完备的体系

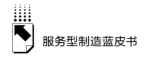
认证、产品检测、资质认证能力，服务网络遍布全国 50 多个城市及海外
10 多个国家。

（一）研发能力

公司每年投入研发费用占总营收的 10%。基于成熟的数据中心产品研
发技术，外加近几年的开发和拓展，各项技术指标达到国内领先水平，产品
得到国内外客户认可。在国家技术创新、低碳环保政策的引导下和市场竞争
的推动下，公司组织相关专家及技术研发人员进行技术改良、新工艺研发，
同时加强与宁波大学、宁波中国科学院信息技术应用研究院等的合作，增强
企业产品研发实力和市场竞争力。

（二）制造能力

公司组建智能生产车间，包括产品控制系统贴片车间、产品配电系统生
产车间、产品制冷系统生产车间、模块化数据中心一体机生产车间，具有成
熟的工艺和完善的生产设备，各车间均配备过程检测室和完备的检验设备，
可以实时监控流水线的产品指标，根据检测数据调控生产方法。质检部配备
了标准要求的出厂检验项目所需的仪器，保证了出厂产品合格率达
到 100%。

在生产管理方面，公司不惜花重金聘请专业技术人员现场指导，保证生
产参数的稳定，拥有健全的管理制度、成熟的工艺。公司具有完备的体系认
证，包括 ISO9001 质量管理体系认证、ISO14001 国际环境管理体系认证、
ISO45001 职业健康安全管理体系认证。在保证产品质量的同时，研发新工
艺，开发新产品，提高自身生产能力，提高产品质量，为增强市场竞争力打
下基础。

（三）服务能力

德塔森特公司在全国各地均设有办事处，每个办事处均配有原厂工程
师，且均有常规产品的库存备货，当发生故障后，客户可直接享受原厂服

务。在数字化运营中心，拥有由 25 人组成的专业服务技术团队，负责数据中心（网络、服务器、存储、UPS、空调、供配电等）远程监控和运行维护服务。可根据用户需求把数据中心运行数据（除业务数据外）接入德塔森特公司全国云运维管控平台，由德塔森特公司运维管控中心帮用户进行 7×24 小时值班监控，发现预知故障或故障产生时提供电话通知、远程协助、调度当地技术团队上门服务等，也可提供定期上门巡检服务，保障用户单位数据中心安全、稳定运行。此外，德塔森特公司正在建设数据中心，可面向全国提供网络资源、服务器资源等一站式服务。

（四）数字化能力

公司自主研发和建设的数字化云运维服务平台已正式运营，并为德塔森特公司的部分客户提供数据中心基础设施和 IT 设备的运维服务。运维服务范围涵盖数据中心基础设施、网络、服务器、存储系统、云计算平台、数据库、信息安全设备及应用软件等。

德塔森特公司将云运维服务平台的建设作为未来发展的重点，其规模正在逐步扩大。预计 2023 年底基本完成云运维公共服务平台建设，可为全国 500 家政府机关、企事业单位提供 7×24 小时的数据中心及 IT 远程运维服务。2024 年底前完成云运维公共服务平台全面建设，可为全国 3000 家政府机关、企事业单位提供 7×24 小时的数据中心及 IT 远程运维服务。2026 年底前完成云运维公共服务平台全面建设，可为全国 6000 家政府机关、企事业单位提供 7×24 小时的数据中心及 IT 远程运维服务。

（五）营销能力

在营销能力方面，公司将产品性能和口碑作为市场推广的核心。持续的产品创新和服务创新使客户切实感受到德塔森特公司在模块化数据中心领域的专业性和权威性。德塔森特公司与客户开展长期合作，优质的产品和服务提高了客户黏性，使客户在扩建、扩容、改造升级等产生二次需求时，会选择继续与德塔森特公司合作。公司采用合作创业的合伙人机制。在开拓新市

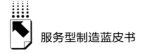

场时，区域的加盟商或代理商通常成为公司的合伙人，以提升其市场开拓能力，与德塔森特公司共同发展。在网络媒体和数字经济高度发达的信息化新时代，德塔森特会通过开通网络直播、建设电子商城等多样化方式构建高效的线上营销网络。

（六）供应链能力

德塔森特公司深刻认识到增强产业链供应链自主可控能力的重要意义，坚持以问题为导向，加大力度补齐短板、锻造长板，有意识地参与地方战略性产业集群建设，加强上下游对接协作和产业链资源整合。此外，围绕消费者需求，德塔森特公司建立顺畅的信息反馈机制，缩短前置时间，消除供应链的各环节包括时间在内的各种浪费，减少或取消那些不能带来增值的环节，以协同运作满足小批量多品种的市场要求。通过产品价值链延伸，有效带动产业链上下游供应商共同创造服务价值，包括 IT 设备供应商、安全产品供应商、数据库产品供应商等，整合整个服务供应链，缩短客户与产品之间的距离，为公司的企业战略奠定基础，也更为高效地提升品牌价值和竞争力。

五　转型成效

（一）经济效益

德塔森特公司坚持"实数相融"的服务型制造业务发展模式，产品服务与数字化服务相互促进、相得益彰。自 2017 年正式将自主研制的第一代模块化数据中心产品投放市场之后，以"一群人一件事"的工匠精神，不断探索创新，凭借着过硬的产品性能、数字技术赋能和专业的技术服务，赢得了口碑，为公司带来了巨大的经济效益。公司的营收始终保持高速增长，如图 2 所示。即使在近年来疫情影响下，公司的发展仍然保持了良好的态势。

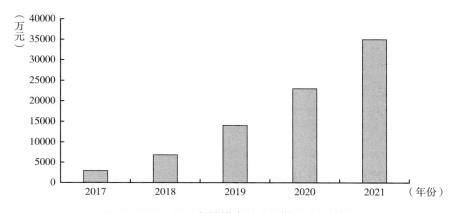

图2 2017~2021年德塔森特公司营业收入情况

公司目前主营收入包括硬件产品（模块化微型机房一体机产品、模块化数据中心等系列产品）和服务两部分。服务收入贯穿研发设计阶段、生产制造阶段、品牌与服务阶段，其中2021年设计和开发服务、研发平台服务、数字化运维服务收入达8000万元，占总服务收入的68.5%；产品的安装调试、培训、售后、保养等服务收入占总服务收入的21.3%左右；个性化定制、咨询等服务收入占总服务收入的10.2%。

此外，与传统的产品销售不同，德塔森特公司与客户的关系一定程度上超越了简单的合同契约关系，交互界面从传统的产品交付交割延展至客户的日常经营活动中。公司致力于为客户提供安全可靠、绿色节能、部署周期短、系统效率高的数据中心全生命周期的整体解决方案。在为客户提供服务的同时，也为德塔森特公司带来了稳定的服务收入，且此部分收入随着公司市场占有率的提升而同步提升，为公司提供了稳定增长的营收来源，平抑了市场波动对企业经营的影响。

（二）环境效益

在生态环境效益方面，德塔森特公司独有的节能减排技术，使得用户机房的耗电量大幅降低。国家要求的数据中心电源使用效率（Power Usage Effectiveness，PUE，国际上通行的数据中心电力使用效率的衡量指标）为

1.3，DTCT 的数据中心 PUE 已降到了 1.15，积极响应国家"碳达峰、碳中和"战略。与此同时，德塔森特公司为社会培养了大量的"双碳"方面的综合人才，所涉及的专业包括制冷、暖通、低压配电、综合布线、工业设计、计算机技术、系统集成、系统运维等。公司通过吸收和培养当地的相关行业专业技术人才、开展校企合作、成立大学生社会实践基地，有效地提高了专业技术人员和大学生的就业率。

（三）市场竞争力的提升

公司立志于成为国际领先的模块化数据中心运营商。在深化服务型制造发展方面，德塔森特公司仍坚持产品领先策略。在技术研发方面，投入了大量的人力、财务和物力，近几年获得了大量的发明专利，公司产品始终代表行业技术前沿。公司用数字化技术赋能运营管理，摆脱了传统依靠人力的方式，深受客户青睐。公司建设的全国云运维管控服务平台就是借助前沿的信息技术，以定制化、个性化、系统化的形式为越来越多的客户提供服务。

德塔森特公司以技术为基础、以创新为驱动，从研发设计到生产销售、从实施运维到运营服务，搭建了一个完整的模块化数据中心生态闭环。公司的产品、技术和服务广泛应用于政府各局委办、金融各银行网点、教育各中小学和高校汇聚机房、医疗各街道卫生院、公安各派出所等队所网点、法院各数字法庭，以及交通、运营商 5G 基站、能源企业等，得到合作伙伴的认可。目前产品技术和服务水平居行业领先。

（四）对制造的反哺

一方面，公司基于制造的服务体系，加强在个性化设计、柔性化制造和产业链协同方面的制造能力，以反哺制造。为满足客户多场景、多层次的个性化需求，德塔森特公司在产品研发设计阶段，即考虑采用模块化的架构思维，深刻理解数据中心产品的架构、性能和潜在价值，以满足多样化需求，使公司的创新能力得以提升。

另一方面，云计算、大数据、物联网、人工智能等新一代信息技术的成熟为建立产品、用户、制造工厂、供应商之间紧密的连接、数据传输与数据分析挖掘提供了强大的工具。借助新一代信息技术，建设全国云运维服务平台可以实时监控产品运行状况、预警故障并及时提供迅捷技术支持；通过大数据分析，可以优化产品工作参数，提高运行效率，提供产品维护和更新支持；及时接收或通过数据分析获取用户的需求信息，依托可重构的生产线，开发更具亲和力的产品。

（五）客户价值

客户在与德塔森特公司的合作中，同样实现了价值提升。下文以国内某机场设施设备管控平台项目为例展开介绍。

2021 年底，国内某机场设施设备集成管控平台一期项目正式通过验收并投入使用。该管控平台是由德塔森特公司总集成总承包、为客户定制研发完成的。项目内容包含设备数字化改造、系统对接、平台开发与三维展示等，公司承担总集成总承包角色，充分对接用户需求，整合不同供应商资源，发挥各供应商优势，为用户提供一站式服务。

首先，管理效能提升。该项目在水科、电科、安检等岗位部署，有效减轻人员巡检压力，提高故障监测精准性、实时性与故障快速响应能力，提升机场设施设备运行管理效能。以前水表完成一轮抄表需要一周时间，现在借助平台只需要 1 分钟甚至几秒钟即可完成。

其次，人工成本降低。数字化的远程控制，有助于降低用人成本。采用传统的巡查管理方式，完成同等工作量，至少需要 10 人以上的岗位配置。而采用德塔森特公司的技术设计体系，岗位配置减少到 1~2 人，降低人员成本的同时也极大地降低了人工失误的概率。项目验收通过后，德塔森特公司免费为用户提供两年驻场运维服务，持续为用户提供咨询、培训、软件升级等各类型服务，提升了客户自身的管理能力和应对突发情况的处理能力。

最后，提升客户的品牌力。该机场成功实施数字化管理项目，一跃成为国内首家数字化运营标杆的机场。该项目取得了一系列的阶段性成果，获得"集团优秀对标课题二等奖""数字化改革优秀成果""科技创新优秀成果""突出贡献奖"等奖项；获得省交通厅、省机场集团、宁波栎社机场等单位一致认可，提升了在行业内外的影响力，起到了领先示范作用。

六　主要经验

（一）伺机而动的市场需求响应

综观德塔森特公司的创业成长史，紧紧跟随市场需求的变化，相机而动，是德塔森特公司取得今天如此成绩的关键。在创业初期，德塔森特公司的创始团队敏锐地发现了数据中心行业的痛点、难点，研制出符合市场要求的产品是彼时的重要任务。在企业成长期，德塔森特公司同样以满足市场需求为第一任务，根据客户的使用场景不断推陈出新，快速迭代产品，使之能够更好地适应市场需求。正是频繁地与市场对话，德塔森特公司能够了解市场、抓住机遇，进而做出正确的决策。伺机而动的市场需求响应，不仅适用于德塔森特公司的创业成长，同样也适用于在当今愈发不确定的市场环境中的其他企业。

（二）顺应时代发展趋势的企业战略

"碳达峰、碳中和"战略倡导绿色、环保、低碳的生活方式，是我国加快降低碳排放步伐、引导绿色技术创新、提高产业和经济的全球竞争力的国家战略。在此背景下，德塔森特公司作为模块化数据中心领域的引领者，通过颠覆性的产品创新、持续的高研发投入、搭建云运维公共服务平台，为全国乃至全球客户提供专业化的技术服务，通过建立大数据样本，为"碳达峰、碳中和"目标的实现提供科学的实用数据支持，为下一代数据中心发展提供支撑。

（三）实数融合共生的服务模式

数字技术改变了当今社会的方方面面，包括企业与客户之间的关系。德塔森特公司在数据中心领域深入应用大数据、云计算、物联网等信息技术，第一，通过服务消除客户因专业技术人员缺失而产生的困扰；第二，通过集约化服务为客户降低成本；第三，通过服务掌握产品质量情况，为进一步提升产品质量提供科学依据。坚持创新发展，与客户建立了牢固的合作关系，从而为抗击外部环境风险提供保障。

（四）与客户交互实现价值共创

在德塔森特公司的服务系统设计过程中，客户由传统的被动接受产品到现阶段的服务反馈，企业和客户之间的交互行为发生了巨大变化，形成了一种"双赢"乃至"多赢"的互动机制，带来了客户需求驱动价值共创的三重效果。一是客户通过参与所需"产品服务系统"的设计和体验，将服务感受反馈给企业，更好地满足自身需求；企业可以更好地把握客户的消费动向和潜在需求，据此加速技术和产品研发创新，在市场上获得竞争优势，实现企业价值和客户价值的共同增加。二是公司为客户提供"咨询、设计、产品、实施、运维、运营等"一体化问题解决方案，客户可以从其不擅长的领域中解脱出来，专注于提升核心竞争优势；公司也实现了向价值链两端的延伸，向设计、定制化服务、供应链管理、系统解决方案等高附加值环节攀升，实现价值创造的二次增加。三是在延伸供应链的同时产生了更多生产性服务活动和合作机会，促使更多的服务供应商和广泛的经济社会参与者提供异质资源和服务，共同参与价值创造，产生了更大范围的互动和价值创造空间，进而实现了服务型制造网络组织价值共创的乘数放大效应。

七 进一步工作

德塔森特计划在未来五年内做好"三个坚持"。一是坚持产品领先战

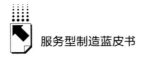
略。良好的顾客体验是建立在优秀的产品之上。德塔森特公司将保持高水平的研发投入，以产品性能和运维服务领先提升企业的核心竞争力。二是坚持服务型制造发展战略。大量的实践表明，服务型制造战略符合当下的产业变革趋势，符合市场的切实需求，符合公司的未来发展道路。三是坚持云运维数字化公共服务平台建设。

围绕云运维平台，德塔森特公司未来规划将分为三个阶段实施。第一阶段，云运维公共服务平台建设与试点阶段。计划到 2023 年底，初步完成云运维公共服务平台建设，可为全国 500 家政府机关、企事业单位提供 5×8 小时、7×8 小时、7×24 小时的数据中心及 IT 远程运维服务。其中按照 5×8 小时运维服务占 80%、7×8 小时运维服务占 18%、7×24 小时运维服务占 2% 测算，每个服务合同收益分别为 3 万元、9 万元、10 万元，预计收益为 2110 万元。第二阶段，云运维公共服务平台推广阶段。计划到 2024 年底，可为全国 3000 家政府机关、企事业单位提供 5×8 小时、7×8 小时、7×24 小时的数据中心及 IT 远程运维服务。其中各类服务占比及收益同第一阶段，预计收益为 1.266 亿元。第三阶段，云运维公共服务平台扩容阶段。计划 2025 年初至 2026 年底，可为全国 6000 家政府机关、企事业单位提供 5×8 小时、7×8 小时、7×24 小时的数据中心及 IT 远程运维服务。其中各类服务占比及收益同第一阶段，预计收益为 2.532 亿元。

共享制造篇

Sharing Manufacturing Reports

B.17
澳拓美盛：纺织产业集群共享制造

赵扬　张杰　周建良　崔雪琪*

摘　要： 疫情和全球经济的不确定性因素叠加，"双碳"和高质量发展目标下，探寻传统纺织制造业的未来发展之路成为企业和政府共同面对的关键问题。本文基于"双碳"视角和高质量发展目标，以澳拓美盛共享制造为例，对共享制造产业发展、行业特色、产品属性、客户需求、市场环境背景和存在的问题等进行描述，从共享制造平台能力建设和共享制造项目实施绩效两大方面对澳拓美盛共享制造平台进行全方位展示。同时，从企业经营稳定性、资源利用效率、产业贡献度三个角度对澳拓美盛在产业集群布局、碳排放测算、生产效率提升等方面的实践成果进行了理论和实证分析。此外，探讨了澳拓美盛的未来发展规划及其在促进纺织制造产业集群创新助力"双碳"和高质量发展目标实现方面即将和正在进行的探索。

* 赵扬，苏州科技大学商学院教师，复旦大学应用经济学博士后；张杰，中国纺织建设规划院总工程师；周建良，澳拓美盛集团有限公司董事长；崔雪琪，服务型制造研究院工程师，研究方向：服务型制造、服务营销。

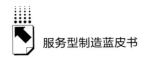

关键词： 共享制造　创新协同　数智融合　"双碳"目标　澳拓美盛

一　企业概述

苏州澳拓美盛自动化设备有限公司（以下简称"澳拓美盛"）成立于2014年，是一家专注纺织服装鞋帽行业研发生产自动化设备的科技型企业、吴江区科技领军人才企业、高新技术企业。经过多年的科研投入，公司自主研发水平快速提升，产品竞争力不断提高。目前公司开发的产品覆盖服装、鞋帽、箱包等轻纺细分行业领域，在轻纺行业具有较大的影响力。近年来，公司研发生产的产品多次在国际缝制设备展览会获奖，其中"桥架式缝制工作站"被认定为"江苏省首台套重大装备产品"，并获"中国缝制机械行业优秀专利"二等奖。2021年10月"澳拓美盛纺织服装产业集群共享制造示范项目"入选工信部服务型制造示范项目，是国内首个智能设备服务纺织服装产业集群共享制造示范项目。2022年1月澳拓美盛公司被评选为"瞪羚企业"、国内"工业互联网+共享制造"标杆企业。

积极推进共享制造平台建设、完善共享制造发展生态是当前形势下实现"双碳"目标的最佳路径之一。2019年9月，工信部提出通过建设共享制造平台，集聚闲置资源，发展聚焦制造业集群共性需求的共享工厂，实现设备共享、产能对接、生产协同。

随着公司的共享制造项目被列入国家纺织服装产业集群共享制造示范项目，全国轻纺产业集群地的政府和行业主管部门均有共建共享制造产业园的强烈合作需求和意向，如山东胶州制帽产业、湖州织里童装产业、江苏南通家纺产业、江西于都服装产业、广西玉林牛仔裤产业、温州皮带产业等。为了满足和顺应当前发展趋势和市场需要，澳拓美盛将在原有的生产规模基础上，通过对共享制造模式的优化，致力打造传统纺织服装产业集群全新的发展模式。

二 建设背景

（一）产业发展

随着全球经济格局变化、我国生产力水平快速提升、消费需求品质迅速提高及新生时尚力量强势崛起，传统纺织制造产业也迎来了新一轮发展机遇。纺织产业逐步从"先生产再销售"的传统大批量生产向"先需求再生产"的服务型制造思路转变。在数字经济的大背景下，服务型制造既是制造与服务融合发展的新型制造模式和产业形态，也是先进制造业和现代服务业深度融合的重要方向。"十四五"规划和 2035 年远景目标纲要明确提出服务型制造新模式是传统制造业的发展趋势，推动制造业服务化、高端化、智能化、绿色化发展。为更快地满足消费者不断变化的需求，传统纺织等制造企业亟待跨出传统业务领域，向上游新材料工业设计和下游场景定制延伸实现纵向整合，同时对相关产业提供共享服务实现横向赋能，破除供需两端堵点，从而提升行业的整体效率。

近几年国内纺织工业增加值逐年增长，纺织纤维加工总量、化纤产量、纺织服装出口量均居全球首位。从纺织工业增加值来看，2016~2020 年全国纺织工业增加值持续增长，但增速逐年下降。2021 年 1~5 月全国累计纺织工业增加值恢复性大幅增长 10.8%。

从国内纺织工业在全球的市场地位来看，2021 年，我国纤维加工总量约 5800 万吨，占世界纤维加工总量的比重保持在 50% 以上；化纤产量占世界的 70% 以上；纺织品服装出口额达 3154 亿美元，占世界的比重超过 1/3，稳居世界第一。我国纺织行业全产业链科技创新生态环境不断改善，产业创新平台建设、企业研发投入、国产设备制造等领域均取得较大进展，在纤维材料、绿色制造、纺织机械等领域一批"卡脖子"技术相继被攻破。截至 2021 年我国纺织行业共有国家制造业创新 2 个、国家重点实验室 6 个、国家工程研究中心 2 个、国家企业技术中心 81 家、国家认定企业工业设计中

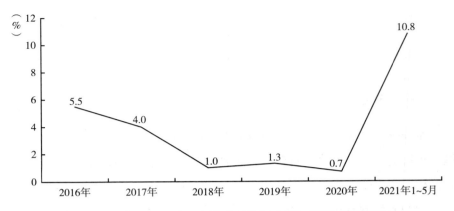

图1　2016年至2021年5月中国纺织工业增加值同比增长情况

心12家、规模以上纺织企业研发投入强度超过1%，其中化纤行业的研发投入强度达到1.4%、国内纺织装备国内市场占有率超75%。纺织行业用能结构持续优化，二次能源占比达到72.5%，能源利用效率不断提升，万元产值综合能耗下降25.5%，行业废水排放量、主要污染物排放量累计下降幅度均超过10%，以上数据反映出全国纺织行业绿色发展成效显著。"十四五"期间纺织行业发展的主旋律包括"结构调整""科技创新""绿色发展"等。2021年6月下旬，中国纺织工业联合会发布《纺织行业"十四五"发展纲要》，提出按照创新驱动的科技产业、文化引领的时尚产业、责任导向的绿色产业的发展方向，持续深化产业结构调整与转型升级，加大科技创新和人才培养力度，建成若干世界级先进纺织产业集群，形成一批知名跨国企业集团和有国际影响力的纺织服装品牌。

（二）行业发展问题

传统纺织制造业包括纺织业、服装业、化学纤维制造业和纺织专用设备制造业。其中，纺织业包括棉纺织（印染）、毛纺织、麻纺织、丝绸纺织、针织业，服装业包括服装、制帽、制鞋业，化学纤维制造业包括合成纤维、人造纤维制造业。行业涉及的品类多、产业链条长、工艺环节复杂、市场需求具有明显的季节性、劳动密集型等特点。

目前，原料、物流、人力、设备等成本上升，中小微企业面临资金短缺、市场需求疲软、"信息孤岛"等困境。提质增效降本成为中小微企业健康发展的最终目标，而共享制造可以很好地解决以上问题。但是受疫情影响、传统金融体系以及企业经营思维的制约，共享制造在传播、推广、实践过程中遇到了诸多问题，具体表现在以下几个方面。

1. 企业经营思维改变难

中小微企业面临经营成本高、融资难、融资贵等问题，同时在发展过程中管理水平并没有提升，仍然限于传统的经营模式，缺乏对外部环境变化和经济金融形势的洞察、判断和应对能力。尤其是共享制造新模式会极大地冲击原有经营理念，中小微企业在接受和理解方面会遇到极大的障碍。

2. 金融支持成本要求高

共享制造才刚刚兴起，金融机构无法站在产业角度理解其运行模式，有时甚至持怀疑态度。即使有部分机构对共享制造感兴趣，但也受限于金融体制和经营模式无法创新。例如，银行依然提出以有形抵押物来申请贷款，而现有信贷产品需要担保公司担保，但担保公司则以企业信誉难评估、经营规模小、处于初创无年度数据为由拒绝担保，最终企业无法获得银行的贷款。原有的金融逻辑无法满足企业发展需求，无法帮助企业纾困。

3. 数字手段发展困惑多

尽管目前国家出台了关于支持数字化转型的若干政策，但在数字化转型过程中，中小微企业仍面临诸多挑战，主要表现为数字化成本高、数据收集难、数据安全性缺乏等方面。大型企业或上市企业基于规模效应与行业竞争优势，对大数据、云计算、区块链等数字化技术的人力和财力投入更容易产生长期效应。而对于中小微企业而言最大的问题在于数字化投入产出效应如何在经济价值和生存压力之间进行合理的平衡，其可能往往更关注如何摆脱当前困境而非数字化转型带来的利益。

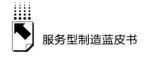
4. 区域产业协同抓手少

长三角一体化示范区以上海为主导，协同江苏、浙江、安徽共建，其发展形势向好。各地区支持长三角一体化的政策相继出台，各省市专设了推进机构，彰显各地区政府的决心。2021年5月13日，长三角一体化示范区执委会发布了《长三角生态绿色一体化发展示范区重大建设项目三年行动计划（2021—2023年）》，但无论是生态绿色还是一体化和高质量发展，都必须要有区域产业协同的载体，目前尚未形成成熟的跨区域产业集群。

三　共享制造平台能力建设

（一）服务能力

1. 服务模式

共享制造服务模式分为三个阶段，第一阶段完成生产制造环节中部分共性工艺的共享制造；第二阶段在第一阶段的基础上增加工艺环节，同时进行物流、云仓的统一调配及集中管理；第三阶段完成围绕生产制造各环节的共享协同，同时利用已确权的平台数据，为平台企业予以金融支持，从而实现全产业链的科学、高效协同（见图2）。

2. 问题解决能力

如果传统纺织制造业的上下游中某个环节出现问题就会形成明显堵点，沟通和运输成本高昂，而从上游到下游解决问题的速度和能力又较为有限，且缺乏科学的管理，极易造成资源的浪费。共享制造模式通过管理优化，将数据和信息实时传输至平台，全天候检测全流程中出现的问题，及时做出最优决策。

3. 客户满意度

截至2022年9月，澳拓美盛共享制造平台项目累计近1200家，加入共享制造模式的合作伙伴均反馈良好，表示此模式极大地减轻了设备、管理、

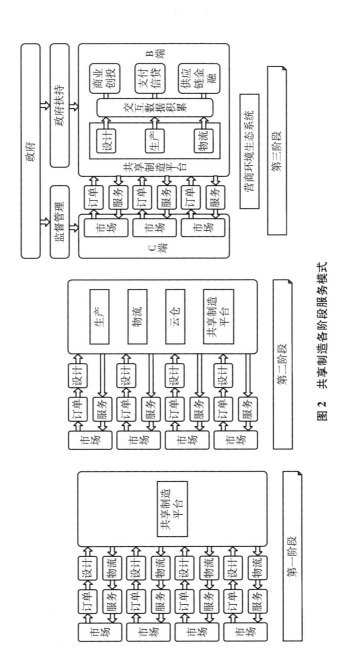

图 2　共享制造各阶段服务模式

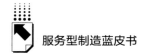
人员等多方面的成本压力，使其能轻装上阵，专注于市场。高频使用平台交易的客户满意度达到90%以上。

（二）创新能力

1.创新机制

为确保澳拓美盛FaaS平台在企业制度创新、企业技术创新、企业产品创新、企业市场创新、企业组织创新、企业管理创新等方面持续取得突破，制定关于澳拓美盛共享制造模式系列创新机制，包括平台合伙人创新制度、员工个人创新激励方案、澳拓美盛产业创新鼓励方案，以产生内外部的激励效果，保证平台提供稳定性强、可预期的产业供应链协同服务，保证共享制造生态根据环境变化而不断迭代升级。

2.根据多方需求，调整或推出新业务模块情况

加大纺织行业自动化工艺设备的开发力度，利用澳拓美盛FaaS平台设备等运行的数据分析探寻产品的开发逻辑，为后续复制产业集群自动化设备投放FaaS平台夯实数据基础。在原有技术基础上，优化数据算法，使业务模块与数据连接，为技术创新指明方向。将派单宝、辅料商城、共享云仓、小象速运等应用程序进行升级，从服务品牌、服务质量、响应速度、流程优化、界面设计、用户体验等维度对产品原始数据记录进行对标优化，进一步提升平台用户的忠诚度和产品服务的黏性。

（三）数字化能力

共享制造模式依托数字化技术和信息化平台，将推动市场从单一固定的有限供给向多元化、精细化、定制化的有效供给加速迈进，促进纺织产业向规模化定制、柔性化制造升级。通过区块链和加密技术整合产业数据，遵守数据合规性，积累和运用三年脱敏产业数据进行分析，陆续实现科学派单、产能调配、品控管理、检测认证、仓储配送、普惠金融、精准施政、政策优化等产业服务闭环的综合数字化公共服务功能，因此，在生产同样数量的产品情况下，加工速度和月产能均较传统企业提升数倍。

同时，通过大数据和人工智能等技术挖掘数据要素潜能，实现千人千面精准营销，打造行业标杆品牌；不断加强平台设计功能，提升共享制造的工业设计水平，强化创意设计，树立品牌形象，着力推进产品的个性化培育及品牌升级。

（四）管理能力

1. 准入/退出机制

所有入驻共享制造项目的企业，原则上需符合严格的基础数据标准分类要求，主要分为企业基本信息和法人基本信息。根据制订的标准，初期进驻的符合要求的企业会被归入共享制造项目客户中予以分层维护，后期运营过程根据订单数量、订单金额、订单频率、互动情况、重复下单率、价格波动等对客户的活跃度进行定期观测。企业退出平台需提交申请，经过平台法务部门财务、信用、交易等方面审核后，签订保证书，确保后续相关业务不涉及纠纷和法律风险。

2. 约束机制

针对平台企业可能出现的交易和信用等违约情况，在共享制造模式下制定了投诉制度、互评机制、信用交易限制规则，并根据情况严重程度决定是否采取诉讼等法律手段，从规则和法律两方面约束企业在平台的交易行为。

3. 对供应商的考核机制

为保障供应商选择、评价和再评价的客观性、公正性、科学性，平台制定了供应商考核管理办法，加强对供应商的日常管理和质量考核，促进共享制造质量系统改进，确保产品质量、交付、资金有序并符合平台管理要求。所有供应商均需参与年度考核，考核达标的可根据星级顺利升级，不达标的将被降级或警告，并备有供应商应急替代库，做到退一补一，保证供应商平稳运行。

4. 纠纷处理机制

澳拓美盛指定客户服务责任人，负责客户交易纠纷的预处理。部门建立客户投诉处理机制，明确客户投诉途径，公布投诉渠道，并指定专人负责客

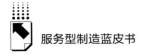

户投诉处理，建立投诉处理不当的责任追究机制。运营中心负责集中处理客户投诉，包括设立客户服务处，代理接受客户电话投诉，协调处理相关部门与客户沟通无果的投诉请求，并检查相关业务部门的处理结果。合规部负责处理客户交易纠纷所涉法律问题，包括向公司相关部门提供处理客户投诉的法律意见，处理业已形成的诉讼类纠纷，以及对公司自行处理的诉讼纠纷进行协调、监督和检查。

（五）资源整合配置能力

1. 资源重新配置方式

澳拓美盛共享制造模式的"端—管—云"能实现缝制设备互联、信息共享、云端数据支撑，使得共享加工中心迅速从自动化工厂向智能工厂升级，并构建适应政府需要和市场需求的工业互联网产业链。从生产性租赁服务到生产性支持服务，未来计划进一步拓展到研发设计、金融服务及批发与贸易、经纪代理服务、货物运输仓储服务等，极大地推动制造业产业链延伸，提升附加值，优化资源配置，增强传统产业发展活力。

2. 设备共享

共享制造模式的核心内容之一是设备共享，在一定区域范围内的产业集群将标准化设备和流程整合于共享制造中，除会员单位以外的集群内其他企业可根据需要参照官方对外公布的设备共享价格，申请共享全部或部分设备。这可以消除小微企业设备落后和采购以及维护成本高企的弊端，按照共享制造的标准和要求保证产品标准统一且品质过硬。截至2022年8月，设备共享使用率达95%以上，企业反馈评价良好。

3. 产能对接

共享制造模式可以快速实现产能供应资源匹配，产业集群在FaaS平台应用过程中在设备管理优化、研发设计优化、运营管理优化、生产执行优化、产品全生命周期管理优化、供应链协同优化等方面均可得到不同程度的提升。企业通过快速产能供应资源匹配，降低综合成本20%以上。

4. 生产协同

澳拓美盛着力打通以生产制造为核心的生产、分配、流通、消费的共享平台，通过平台整合产业链上下游的客户、资金、资源，促进整个行业的公平有机统一发展。通过订单优化、生产线效能提高、设备管理水平提升等，为涉及共同工序的企业提供集约化的共享生产服务，通过自动化设备标准化生产，可以解决生产质量、生产效率和综合成本的问题，方便运营管理和提高运营效率。

5. 闲置资源调配与利用情况

传统纺织制造产业集群经常会出现因订单不够而设备闲置、辅料备货过剩，以及淡旺季用工供需失衡等情况，引入共享制造模式有利于将闲置设备、人员、物料等充分利用起来，以保证各区域共享工厂需求和供给匹配，既能在订单充足的情况下确保产能，也能在订单缺乏的情况下避免闲置资源的浪费，大大提高资源利用率。在资源协同方面，促进协作平台各企业、参与方资源的共享、互补和匹配，既可以利用高效、便捷的协同方式提高资源利用效率，降低供应链总成本，也可以利用平台聚集效应创造新商业价值。目前澳拓美盛已经打造和运营的项目有 3 个，有 4 个项目正在与相关政府和企业进行深入的合作洽谈中。

四 共享制造项目实施绩效

（一）共享机制构建

1. 推动研发设计

共享制造过程中创新资源的集聚，推动了平台运用 5G、区块链、大数据、人工智能、工业 AR/VR 技术等新一代信息技术强化人、机、料、法、环等的连接。公司针对产业集群中的重点环节（可机器换人的重点设备关键技术）研发生产智能设备并投放市场，建立共享工厂—小微企业通过开发生产端的互联网平台实现线上下单—物流配送小微企业的原材料到共享工

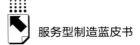

厂—共享工厂加工—将成品送回小微企业—小微企业验收并在互联网平台上付款—完成整个流程。

2. 优化供应链管理

共享制造模式通过对企业原有的传统物流仓储进行整体智能化升级，促使供应链的计划、采购、制造、仓储、运输、逆向物流等实现智能化，以澳拓美盛为依托延伸到企业内部整个供应链，实现企业供应链与研发、销售、服务、财务等其他环节的数据连接，利用数据分析结果指导各个环节的控制与管理决策，实现决策优化。在资源协同方面，平台促进各企业、参与方的资源共享、互补和匹配，通过仓储物流优化等提升全局协同优化水平和风险预警能力。同时，全面打造以资源节约、环境友好为导向的纺织服装绿色供应链，构建从原料、生产、营销、消费到回收再利用的纺织循环体系。

3. 专业人才等重点领域共享，构建科学有效的利益分配与资源调配机制

澳拓美盛共享制造模式的集聚性特点表现为，将专业人才和各类资源汇集并予以有效配置。一是整合外部专家团队，包括数据架构师、数据分析师、金融大数据建模专家等。二是集聚第三方应用和各类资源，积极与各类互联网企业（京东、腾讯、华为、阿里、百度等）、制造业龙头企业（上市公司、外资企业、世界五百强、大型国企等）、金融机构（各大银行、基金等）等合作，策划"共享制造品牌宣传年"等活动，借助知名品牌提高影响力。三是加强协会合作，联合各地政府和行业协会定期举行共享制造运营模式推广会议，让更多的地方政府和企业了解共享制造，鼓励参会者积极加入共享制造联盟。已洽谈合作的协会包括彩钢板协会、中国纺织协会、缝纫机零部件协会等。四是加入工业互联网产融平台，澳拓美盛作为工业互联网平台联合创新中心产融组成员单位，参与了工业互联网产融合作一系列项目，积极支持建设工业互联网产融合作生态机制。五是促进产教融合，通过从各大高校（同济大学、南京航空航天大学、苏州科技大学等）的科研院所聘请顾问和开展产学研合作等方式整合外部技术专家资源，推动平台持续优化，目前计划与苏州科技大学洽谈共享工厂项目。

（二）共享能力提升程度

1. 生产制造

采用共享制造模式，利用现代化智能设备开展高标准、高效率的验布、铺布、裁剪，可在保证产品质量的同时，实现生产效率的大幅提升。同时共享制造可与上游布料销售企业进行无缝对接，实现布匹交易后的直发，在完成剪裁后，再派发给相关成品生产加工企业，最大限度地节省物流成本。

以2021年青岛制帽之乡板带加工的生产数据及效率值为例测算，如表1所示，传统企业板带加工平均价格为0.72元/打，而澳拓美盛采用共享制造模式可以将成本降低17%，加工速度和月产能大幅超越传统企业，由于操作过程的智能化和科学化，员工工资成本可以降低20%，每月支出成本至少减少9%，生产调度由于不断优化成本降至0，最终每个板带生产的综合成本仅占传统企业综合成本的2%。

表1　共享制造与传统模式生产制造效率对比

指标	澳拓美盛	传统企业	差值	占比（%）
加工价格（元/打）	0.6	0.72	0.12	17
加工速度（打/8小时）	13009	300	12709	4236
月产能（个）	4683387	9000	4674387	51938
板带员工每日工资（元）	120	150	30	20
板带员工每月工资（元）	3600	4500	900	20
板带每月成本（元）	7200	7900	700	9
机台投入（元/台）	600	600	0	0
生产调度（元/月）	0	2800	2800	100
每个板带综合成本（元）	0.0015	0.07	0.0685	98

注：板带每月成本＝板带员工每月工资+机台投入+生产调度。

2. 产品检测

针对于纺织业检测标准不统一的情况，平台召集了行业内检测协会制定

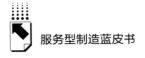

了一套多面、灵活的检测流程。客户可在平台上根据货品检测需求选择与之相匹配的检测服务，最终形成标准的检测报告通知书。企业在完成生产后，对货品按照检测报告通知书的内容进行检测，同时生成一份检测结果报告文档。平台对检测文档进行云端存储，设定固定时间，方便后续企业和客户的重复查阅。

3.设备维护

引入微服务架构，通过基于 Docker 的容器化服务进行微服务设计、编排、授权和配置。拆分后的微服务粒度小、轻便灵活，可完成多种应用场景的交付。解决了应用之间的紧耦合和依赖问题，为业务系统升级和扩展提供了良好的技术基础，极大地提高了运维效率和系统性能。

4.数据存储与分析

在信息协同方面，平台利用物联网、区块链、大数据等使 B 端内部、B 端和 C 端的信息连接，使企业间、产业相关方间连接，形成数据畅通、信息共享体系，通过持续的数据积累，形成大数据库回馈协同网络。

（三）绩效提升程度

1.实现协同生产

基于对自动化设备的投入和运营，外加互联网应用的普及，平台在生产服务上展示出超强能力。自动化设备的投入为生产数据的采集提供了保障，企业客户订单业务流关联到设备，能够让客户实时了解生产进度，消除了以往生产订单信息不透明的困扰。企业将订单生产任务通过平台分配至最合适的机器和工人手中，促进订单的最优化排产并完成生产交付，这期间每个节点的信息都会被自动推送到客户的移动信息平台，大大缩短了企业和客户之间关于订单进度的沟通时间。在一体化方面，平台提升生产计划管理、质量溯源管理、供应优化、需求优化、仓储物流优化等方面的全局协同水平和风险预警能力。

2.提升产出效率

共享制造由于设备和信息的共享、半自动化的设备、科学的设备布局、工艺流程的整合、最优人员配置、集中专业的管理和技术培训等高效集合了生产和管理的核心要素，促使整个共享制造过程的效率提升，初步估算可为产业集群提高全要素生产率达 30%，在相同耗能情况下，相较于传统纺织制造企业整体产出效率至少提高 6%~15%。

3. 创新服务模式

通过共享制造平台连接纺织产业链上下游企业以及已初具规模且具有发展潜力的平台企业（迦南美地、稿定了、找家纺网），形成供给和消费相匹配的良性循环，构建完整的共享制造纺织产业生态。平台基于 Spring Clould 搭建了微服务开发框架，在 Gateway 基础上进行二次开发，为平台配置动态路由、限流容错、监控日志等功能；使用 Nacos 作为服务发现中心和配置中心；使用 Seata 支持多种分布式事务模式；使用 Sentinel 强化服务熔断降级特性，提高平台整体的稳定性；使用 Feign 来实现微服务间的调用。以此框架开发基础微服务，包括用户中心、支付中心、日志中心、文件服务等；业务微服务，包括共享工场、消费商城、小象速运等。截至 2022 年 8 月，平台累计加工产品超 1.6 亿件，生态服务成效明显。

（四）集群提质增效程度

1. 共享制造落地

基于各城市的不同产业基础，澳拓美盛依托技术支撑和平台资源，通过共享制造平台集聚和连接产业链上下游企业，形成供给和消费相匹配的良性循环，发挥产业集群的协同效应，构建可持续发展的共享制造纺织产业生态；引进纺织智能化设备制造商，批量投入共性化生产设备，利用"互联网+"的新型商业模式，加快款式数据库、服装工艺数据库等行业基础数据库建设，推动研发设计、生产制造等云应用信息化公共服务平台建设和开放共享，探索"工业互联网+消费互联网+金融服务"的新制造模式；推进共享制造数字基础设施同步规划、同步应用，创新共享制造运营管理模式，推广智慧共享制造管理平台，整合内外部资源，推动共享制造空间与功能升级。

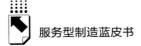

2. 加快规模化发展

以纺织服装产业集群为例，我国服装产业集群产值规模超 2 万亿元，此数据不含产业带动的相关行业经济贡献值，如物流、金融、消费等。超过 62 个服装产业集群创造了上百万个就业岗位，纳税超千亿元。澳拓美盛凭借多年在行业丰富的经验与对整个纺织服装行业的深入理解和分析，发现大部分产业集群都具有产业链完备、人力密集、占地耗能大、污染严重、管理落后、数字化程度不高、利润低等显著特征。部分产业内部企业的协同性和产业集群之间有机协作缺乏，而共享制造可以作为产业集群协同的最佳载体，跨产业、跨区域、跨企业整合产业链上下游资源，通过整合商流、物流、资金链、信息流形成大数据库，不仅可以对单个产业集群发展进行分析和引导，而且可以对多产业交叉协同过程进行专业研究和布局。

3. 带动产业集群转型升级

基于共享制造的中观运行逻辑（见图 3），共享制造模式可以作为跨区域政府和产业集群的连接纽带，从软硬件方面打通数字化整合渠道，为中国纺织制造产业集群协同发展提供基础。中国服务型制造研究院作为辐射全国的新型科创机构，将充分发挥资源枢纽的作用，全面支撑澳拓美盛打造时尚纺织产业国家级服务型制造示范区，联动长三角、珠三角等纺织制造业发达地区探索建立区域协同创新机制，促进新兴纺织制造产业由"单向协同"向"网状协同""分布式协同"转变，由"界内协同"向"跨界协同"发展，形成全新的产业系统网络，创造基于共享制造的纺织集群示范样板和供需畅通的纺织新生态。

（五）阶段性成果

澳拓美盛经过数年的共享工场模式探索，降本增效效果显著，深受用户欢迎。目前，已经在山东青岛、浙江湖州、江苏南通、江苏吴江等多地开展共享制造项目。实践证明共享制造既降低了企业工人的劳动强度，也实现了技术升级，明显提高了产品的质量和市场竞争力，企业效益也随之提升。即使在疫情期间也能实现各项生产和经济指标的稳定增长，共享制造无论从低

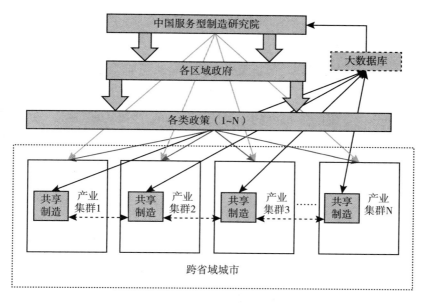

图 3　共享制造中观运行逻辑

碳环保的角度还是提质增效降本的角度都是当前最适合小微企业摆脱困境的方式，也是最适应高质量发展要求的模式。

五　成效或典型案例实践

（一）经济下行背景下，共享制造平台对主体企业经营稳定性的贡献

从微观方面看，政府需要选择合适的企业进行试点，并不是越大的企业就可以做得越好，而是最了解行业、最具有创新精神同时最能连接行业和产业的企业才是最适合搭建共享制造平台的企业。因此，澳拓美盛目前在样板区域成功运行的数据结果证明，与单个传统制造企业相比共享制造平台有以下优势：第一，在经济新常态下，尽管订单数量偶有波动但总体呈上升趋势并稳定性较强。第二，从年度数据来看，订单数量上升幅度大，市场对平台的需求程度较高。第三，截至 2022 年 5 月，平台入驻商家超 1000 家，单个产

业集群入住平台率达 97.6%，总产量 1.4 亿件，企业平均订单次数为 5 次，说明生产模式和经济效益已经逐步被行业企业认可。第四，与传统企业产能进行多个生产指标对比发现，澳拓美盛比传统企业在加工价格节省 17%，加工速度和月产能增加幅度惊人，员工日（月）工资成本节省 20%，每月合计成本节省 9%，生产流程则无须成本，综合成本节省 71%。共享制造平台自动化在制作过程极大地优于原有传统企业，既大幅减少了时间成本又节省了人力成本，还提高了加工速度、加快了产量和产品标准化。第五，澳拓美盛带动了当地面临巨大压力的小微企业，间接帮助企业持续生存和保持了更多的就业岗位，直接创造 800 个以上就业岗位，间接带动 3000 人以上实现就业（物流、商业、销售等）。但由于资金和资源的限制，澳拓美盛仍寻求扩展，期待未来可以得到更多的支持，进一步创新样本数据，打造标准化样板。

（二）共享制造对资源有效利用的贡献

基于澳拓美盛在共享制造方面积累的经验和数据，本文尝试用两种假设条件证明和测算共享制造在实现"双碳"过程中的重要作用。通过对已有单一产品的多家传统企业的市场调研抓取相关数据，梳理共享制造积累的能耗和产能数据，对产品生产流程过程中所涉及的耗能环节进行比较。每一个产品从原料到制成品都需要经过运输和加工等环节，加工消耗电能，运输消耗柴油，如图 4 所示（注：标准煤燃烧值 29.26MJ/kg，$1kWh = 3.6 \times 10^6 J$，火电发电机热能转换率约为 34%，节约一度电可以节约 0.361kg 标准煤，降低 1.324kg 二氧化碳排放量）。

测算一：假设共享制造和传统企业产能相同（600 万件/年），共享制造由于运用数字化排版手段，在原料使用方面更节省、生产更科学，原料使用降低 55%，耗材减少 90%。由于智能化设备的高效协同，用电量降低。消耗电量换算按照能源转换标准计算，共享制造将节省 635 吨煤、减少 14692 吨二氧化碳排放。按照最新全国碳排放权交易市场的平均成交碳价（60 元/吨）计算，共享制造可以为企业创造约 88 万碳排放交易收益。

测算二：假设共享制造和传统企业耗电量相同（640 万 kWh/年），共享制造生产效率提高，产能更大。相较传统产业多产出的部分可以换算为节省的电能，将节省 608 吨煤、减少 14593 吨二氧化碳排放。按照最新全国碳排放权交易市场的平均成交碳价（60 元/吨）计算，共享制造可以为企业创造约 87 万碳排放交易收益。

通过以上两种角度的测算，我们会发现，共享制造的集约化和智能化特点，使其在生产效率和设备耗能以及物流运输成本方面具有明显的优势，并且可以将节省的柴油和煤炭量估算出来，用电量和二氧化碳排放等指标更加清晰地呈现出来。理论测算证明了共享制造在实现"双碳"过程中的作用，但前提是共享制造的持续优化，并且平台引入资源、客户、金融、物流、技术等，管理模式迭代演进，只有这样，共享制造才能真正意义上支撑制造业集群助力我国实现碳达峰碳中和目标。

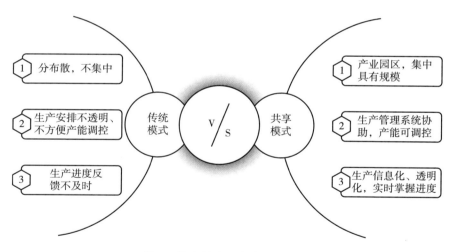

图 4　共享制造和传统模式对比

（三）共享制造对产业发展的其他贡献

澳拓美盛的共享制造有助于推进供应链高效协同、降低供应链的不对称性与延滞性，构建诚信的供应链和透明的消费链。公司未来将整合家纺研发设计中心、原材料集采中心、共享打样缝制中心、产品检验检测中心、产业

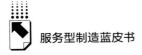

大数据中心、智慧物流仓配中心等资源，稳固产业上下游供应配套，逐渐发挥集群的促进作用。共享制造模式的相关研究成果作为地区产业发展引擎，将联动政府、龙头企业、科研院所、高校等各类主体，逐步探索形成产业链完善、品牌影响力突出、国际竞争力强的纺织制造产业联盟。

六 进一步工作

澳拓美盛已经制定"1+7+N"的创新性发展战略，"1"是1个应用场景（共享工场），"7"是7项核心服务（共享生产、社区生活、辅料商城、金融服务、小象速运、共享云仓、派单宝），"N"是N种连接合作（京东、抖音、淘宝等各类ToB端C端流量平台）。从"可看，可感，可融"三个层次进行产业横向和纵向的立体式深度融合。通过对共享工场模式应用效果的综合评价总结，发现共享制造平台模式比较适用于轻工纺织、零部件加工行业，由于行业内机械设备制造商发挥着连接上下游企业的枢纽作用，具有典型性和代表性，此类企业应发挥其优势进行模式构建和创新，如图5所示。

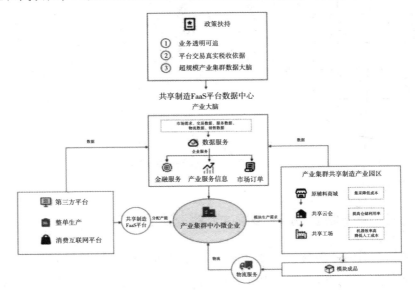

图5 FaaS平台战略

为支持和推动未来业务的发展，公司的数据战略分为三个阶段：数据驱动阶段、智能化生产阶段、金融服务阶段。第一阶段，数据驱动阶段，着力于企业数据标准的制定、数据基础设施的完善，保障数据安全，为澳拓美盛平台的正常运营提供充分的保障。第二阶段，智能化生产阶段，着力于推动平台生产端各环节的完善，以及平台物流配送、智能生产等环节的自动化和智能化，提高平台生产效率和运营效率，增强用户黏性。第三阶段，金融服务阶段，着力于依据平台已有的数据资源，利用合作第三方数据资源，为平台用户提供可定制化金融服务。

未来澳拓美盛将在长三角、珠三角地区进行产业布局，以共享制造线下场景为依托，有效连接线上服务，预计未来三年内将陆续在常熟、江西、常州、安庆、广州等制造业产业集群优势明显的区域，凭借共享制造的数据和集聚优势，结合当地的经济和生产特点创建更多的共享制造数字化场景。

B.18
云南物投：宝象智慧供应链云平台

彭　伟　苏亚涛　惠春梅　吴剑军*

摘　要： 为深入生产制造应用场景，解决钢铁产业链各环节痛点，云南省物流投资集团有限公司结合线下物流网络资源，立足已建系统及现有运输、仓储、园区、贸易等业务，利用互联网、大数据、云计算等技术，建立一个满足用户需求多样化、交易便捷化的工业互联网平台——宝象智慧供应链云平台。平台通过与智能设备有机结合，实现线上线下互联互通，提供基于数据驱动的全链路采、仓、干、配、装一体化智慧物流服务，以及供应链金融、配套商城等增值配套服务。同时，平台通过对各环节中涉及的数据及信息进行采集、分析处理与优化、"加工"实现数据的"增值"，将全供应链数据业务化，深入挖掘价值，优化资源配置，提升整个供应链的用户价值，促进物流业与制造业深度融合。

关键词： 供应链平台　共享制造　产业融合　云南物投

一　企业概述

（一）公司介绍

云南省物流投资集团有限公司（以下简称"云南物投"）于2013年10

---

* 彭伟，云南省物流投资集团有限公司党委书记、董事长；苏亚涛，云南省物流投资集团有限公司党委副书记、副董事长、总经理；惠春梅，云南省物流投资集团有限公司数智运营管理部经理；吴剑军，服务型制造研究院工程师，研究方向：资源循环利用、绿色制造。

月 16 日经云南省工商局核准注册成立，是云南省属特大型企业集团——昆明钢铁控股有限公司下属的全资子公司。云南物投注册资本 10 亿元，资产总额 100 亿元，2021 年营业收入 110 亿元；2019 年 10 月，为提高物流资源的配置效率、提升昆钢物流产业的核心竞争力，昆钢对所属物流资产、资源进行整合，更名成立云南省物流投资集团有限公司，是云南省大型综合性国有现代物流企业。2021 年 4 月，在中国宝武与昆钢战略重组的大背景下，按照宝武集团"一基五元"的发展战略，云南物投作为昆钢的全资子公司整合托管进入欧冶云商股份有限公司。

（二）业务介绍

云南物投肩负着昆钢公司培育新的支柱产业的重任，着力打造"现代物流产业发展平台"，主营四大业务板块包含园区、物流服务、商贸流通、供应链金融。

园区：云南物投以区域性国际中心城市昆明为核心，以大理、玉溪、红河三个支点为支撑，以珠三角、长三角经济带、南亚、东南亚通道至老挝、缅甸等五大通道，打通滇西、滇南等五个区域为布局思路，在云南省共有各类园区 11 个，分布于各重要城市节点。以园区为依托，围绕园区客户拓展"园区+贸易""园区+物流""园区+金融"等多类型的综合产业园区，形成以物流园区为依托的综合供应链服务企业。

物流服务：云南物投拥有专业的物流服务管理团队，现已开发建设便捷的智慧物流服务平台，合作运输车辆超万辆，充分发挥云南省工业品物流运营量最大的优势，积极构建以大宗物流为主的第三方物流服务体系，为客户提供公路运输、铁路运输、多式联运、仓储服务等物流业务，并以自身所具备的钢铁制造业供应链管理能力为依托，为企业提供综合物流供应链解决方案。

商贸流通：云南物投开展钢材、水泥等大宗商品的贸易活动。打造集贸易、结算服务、仓储加工服务、配送服务、供应链金融服务、数据信息服务于一体的全产业链生态服务。在钢材、水泥及大宗农产品贸易业务的基础

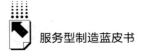
上，争取昆钢产品的一揽子销售服务，为客户打造营销平台全线上服务。

供应链金融：着力打造物流供应链金融服务体系，发挥产业链的核心作用，围绕采购、仓储、运输，按"互联网+金融"模式，提供安全、高效、快捷的综合供应链金融服务，支撑产业做大做强。

（三）企业荣誉

云南物投 2019 年被认定为昆明市场总部企业，其原云南金融控股集团有限公司荣获 2019 年度"云南省五一劳动奖"，云南物投 2020 年、2021 年入选中国物流企业 50 强，2021 年获得国家第三批服务型制造示范平台、国家网络货运平台认证、中国物流学会产学研基地等荣誉，入选云南省工信厅工业互联网资源池企业，2022 年入选云南省第二批产教融合型企业、云南省工信厅大数据试点示范项目。

云南物投倾力打造的智慧供应链云平台获评 2020 年第三届中国物流大会智慧物流优秀案例、中物联科学技术进步二等奖，以及 2021 年全国货运供应链数智化优秀案例。

旗下宝象物流集团有限公司是全国综合型 5A 级物流企业、全国生产制造型 5A 级供应链服务企业（全国首家）、国家第二批多式联运示范工程、全国供应链创新与应用试点企业、全国数字化仓库试点企业。

（四）经营理念

云南物投坚持"打造产业，构建板块"的经营方针，紧紧围绕生产供应链升级和服务消费升级两大主线，以智慧科技和资本投资为两大动能。一是服务生产供应链升级方面，以昆钢现有的钢铁和水泥生产两条供应链为基础，纵向打通昆钢供应链、横向提升链条上各货种贸易和物流服务能力，探索创新型服务模式；服务消费升级需求方面，抓住由新零售和渠道下沉带来的贸易及物流机遇，以物贸一体的思路提供新型的服务。二是以智慧平台承载所有贸易流通和物流服务业务，建立商流、物流、资金流、信息流之间的纽带，提升服务效率的同时，增强业务发展能力；投资产与投企业并重，以核心资产投资掌控资源，挖深业务护城河，以企业投资增强能力，迅速拉升业务量，补强能力短板。通过不断拓展业务，致力于成为覆盖"商贸+物流+金融+平台+大数据"的综合性商贸物流龙头企业、云南省最大的生产制造业供应链综合服务商。

未来发展中，云南物投将积极推进环保、绿色、低碳的物流产业发展，抓住"一带一路"发展机遇，开拓面向南亚、东南亚的战略通道，全面践行"绿色高质量发展"理念，加快发展现代化物流产业，致力于成为行业领先的供应链管理运营中心，努力成为行业一流的现代化专业物流企业，让物流赋予企业更大的商业价值，为中国物流产业的持续健康发展做出积极的贡献。

二 共享制造平台建设背景

（一）产业发展背景

物流业与制造业的深层次联动发展方面，随着"工业4.0""互联网+"等战略实施的日益深入，全球化制造的产业服务型网络体系逐渐形成，要求服务型制造转型进程加快。其中产业服务型网络贯穿于智能生产全过程。与传统服务组合不同，其主要利用大数据、云计算技术等对需求进行分析，针对具有相似特征的需求，通过全程价值链提供"点对点"的到位服务。与此同时，与制造业联动的物流产业，呈现出集聚化、体系化、网络化等新特征，形成了共同配送、设施共享、信息交互等协同化的区域物流体系。而在具体实践中，以信息技术为核心的技术融合逐渐弱化了制造业与生产性服务业之间的界限，特别是作为生产服务业关键主体的物流业，其在产业链上与制造业相互支持的关系，使物流业与制造业的深层次联动成为必然的发展趋势。更重要的是，制造业与互联网融合进程逐渐加快，进入从局部扩散向全面渗透、从生产变革到模式创新、从产业链整合到构建新型制造体系的阶段。这标志着服务型制造与区域物流体系协同发展成为新型的制造业与物流业关系模式。

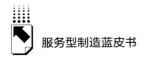

（二）行业特色背景

物流服务贯穿于服务型制造网络各环节。服务型制造网络是由不同的物流活动相互配合，形成一个有机整体，协同完成物流服务任务。基于服务型制造的特征，为了更好地服务各类企业和顾客，对物流服务能力就会有较高的要求，主要有以下几方面。

一是动态性。在服务型制造网络中，各节点企业因战略联盟而连接在一起，但是随着市场环境的变化，企业所处的竞争环境也瞬息万变，这就要求各节点企业要不断调整，进而要求服务型制造网络上的物流服务也要与时俱进，时刻提高物流服务水平。

二是个性化服务。在服务型制造模式下，由于顾客对产品及服务的需求是复杂、个性、多样的，企业需要据此进行采购、生产、销售和运输等活动，为顾客提供个性化的物流服务，以便更好地满足顾客的个性化需求。

三是增值性。服务型制造之所以不同于传统制造业，其根本是可以实现价值链增值，所有的物料经过运输、储存、加工、包装及个性化定制等过程，能在时间及空间上实现价值增值，所以物流服务增值能力与产品和服务的价值增值能力密不可分。

四是契约性。在服务型制造模式下，物流企业提供的服务内容、物流费用、交货期等问题都需要提前约定好，这就需要以契约或合同的形式，将相关的要求和内容予以明确，以保障整个生产过程的顺畅。

五是联动性。在服务型制造运行过程中，服务型制造主体的决策、计划及现场控制会根据外部环境的变化而变化，这就要求区域物流体系随服务型制造需求的变化而调整。

（三）产品属性背景

共享制造平台实现基于互联网的制造资源配置、使用权分享、大众参与。共享制造通过提升资源利用效率、重构供需结构和产业组织、为中小微企业赋能，为激发创新活力、培育发展新动能、有效推进供给侧改革提供了强大动力。为实现中国制造向中国创造转变、中国速度向中国质量转变、制造大国向制造强国转变，共享制造可以提供抓手、路径和动力。

发展共享制造，是顺应新一代信息技术与制造业融合发展趋势、培育壮大新动能的必然要求，也是优化资源配置、提升产出效率、促进制造业高质量发展的重要举措。

（四）客户需求背景

对制造型企业而言，向服务转型已是必然趋势。在这个进程中，随着客户对服务认知的提高，服务能力将会成为客户选择制造型企业的重要影响因素。服务能力，也将成为衡量制造业的商业价值及竞争力的新标准。

一直以来，"要为客户找产品，不为产品找客户""想用户所想、急用户所急""全心全意为用户提供服务"都是云南物投"德与才"的具体体现。"用户永远是对的"说起来简单，但每一名员工都能做到却并不容易。云南物投敢于提出"用户永远是对的"这一市场价值观，绝不仅仅是说到，更是要做到。

三　共享制造平台的能力建设

（一）共享制造平台介绍

工业互联网作为新一代信息通信技术与制造业深度融合的关键基础设施、新型应用模式和全新产业生态，通过对全要素、全产业链、全价值链的全面连接，为数字化、网络化、智能化提供实现途径，成为第四次工业革命的重要基石。云南物投依托昆钢钢铁产业链，以生产制造行业痛点为切入口，加速工业互联网创新应用探索，与科技进步相互促进，促进制造行业智能制造升级。

随着物流业与制造业深度融合，智慧物流通过连接升级、数据升级、模式升级、体验升级、智能升级和绿色升级全面助推供应链升级，促进产业结构调整和动能转换，推进供给侧结构性改革，为物流业和制造业发展带来了新机遇。云南物投作为全国5A级物流企业、云南省大型综合性国有现代物流龙头企业，按照云南省国资委1+1+X战略部署，致力于打造一个整合社会资源、满足用户需求多样化、实现交易便捷化的第四方公共服务平台，由此宝象智慧供应链云平台应运而生。平台以制造业行业痛点为切入点，立足于服务昆钢产业链，提供基于数据驱动的全链路仓、干、配、装一体化智慧物流服务，通过智能设备与平台有机结合，实现线上线下互联互通，打造交易、仓储、运输、吊装、增值配套、结算支付、融资等全流程一体化服务体系，平台包含大宗交易子系统、宝象运网、云仓服务子系统、智慧园区子系统、配套商城子系统、供应链金融子系统、物流大数据子系统等，通过整体集成服务制造业，助力制造业智能化升级，促进物流业与制造业深度融合，打造供应链共享经济生态圈。宝象智慧供应链云平台整体架构如图1所示。

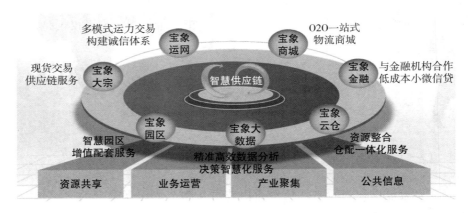

图1 宝象智慧供应链云平台整体架构

1. 大宗交易子系统

大宗交易子系统板块依托昆钢钢铁制造产业优势，整合供应链上下游资源，对内为昆钢提供代理采购业务，为武昆股份制定第三方物流解决方案，由云南物投整体组织进口矿石物流业务，包括报关报检、仓储、公铁联运等。同时，云南物投通过路径优化模型合理安排运输计划，为采购执行提供物流辅助信息，以及提供代理采购服务，促进精益生产。对外不断拓展，为广大生产商、贸易商、采购商等用户提供大宗物资线上交易、仓储物流、供应链融资、信息咨询等多项服务。截至目前，大宗交易平台已有注册会员256家，实现交易量512.08万吨，交易金额810.81亿元。

2. 宝象运网

云南物投基于常年大宗物资运输经验，通过宝象智慧供应链云平台宝象运网子系统，实现线上线下运输资源的整合。运输服务子系统集在线交易、运输、支付结算、诚信服务评价、在线融资及配套服务于一体，提供多种运力交易模式，实现运力高效配置、运输资源充分共享，实行仓配一体全流程运输可视化管理。凭借第四方物流服务平台的信息整合能力，优化供应链各环节的资源配置，促进货源、车源和物流服务等信息的高效匹配，有效降低车辆空载率，为供应链上下游企业和客户提供智能、高效的一体化物流服务，使物流、信息流和资金流在整条供应链上高效地流转，有效降低物流成本，为优化社会物流资源配置提供支撑。

宝象运网于2018年7月上线，2021年申报成为国家网络货运平台，截至8月底，宝象运网已有注册4.7万辆货运车辆，服务运输线路2100条，平台累计运量达到9149.74万吨，交易额287136.79万元，基于车载定位设备，以及GPS、北斗定位等技术，实现车辆在途定位率达到100%。

3. 云仓服务子系统

云南物投围绕服务昆钢钢铁产业链仓储核心业务，结合现有仓储资源，利用移动应用技术、网络通信技术、物联网技术、可视化技术等搭建宝象智慧供应链云平台宝象云仓服务子系统，同时联合社会优质的仓库、配送资源和货主方，高效地为货找仓、为仓找货、为货主找资金，多渠道提高供应链全流程运作效率，降低物资成本，实现社会仓储资源的高效利用，构建专业高效、互利共赢的仓配生态体系，为最终客户提供一站式、个性化的仓储、配送、供应链金融等服务。目前，平台已整合昆明、安宁、大理、磨憨、曲靖、普洱、昭通等多个云南省重要物流节点仓库资源，同时也在防城港等地整合仓库资源，以提供更好的仓储业务服务。

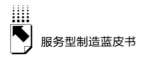

宝象云仓于 2019 年 9 月上线，已有注册会员 438 家，平台实现吞吐量 1409.33 万吨。服务覆盖云南省内昆明、大理、安宁、磨憨等重要物流节点；服务客户包含昆钢（昆钢、草铺、玉溪、红河四大生产基地）等类型的生产制造企业，云南汇海、陕西东岭等类型的贸易商，益海嘉里等类型的快消品服务商，京东等类型的快递服务商。

4. 配套商城子系统

配套商城子系统围绕昆钢产业链，以客户需求为核心，采用线上线下 O2O 融合模式，针对整个平台用户提供保险、轮胎、汽柴油、汽车修理等车后市场服务和餐饮、住宿、仓储、配套加工、产品销售等个性化、全方位服务。截至目前，配套商城消费金额达到 106122.01 万元。

5. 供应链金融子系统

供应链金融子系统基于服务昆钢产业链的优势，与中信银行合作，为整个平台用户提供稳定的支付结算服务；同时推出基于应收/应付账款管理的产品"宝通"，通过引入银行等金融机构，为平台中小型企业、资金困难的用户拓宽融资渠道，解决融资问题。目前，提供结算支付服务 287136.79 万元。基于应收/应付账款管理的产品"宝通"，生成宝通 287136.79 万元，同时，为整个平台用户提供融资服务，目前共提供融资服务 21578.23 万元。

6. 智慧园区子系统

云南物投围绕昆钢战略规划及产业链，构建综合物流网络体系，先后在云南省内昆明、安宁、大理、玉溪、蒙自、磨憨等地投资规划具备区域枢纽功能的综合智慧物流园区，形成了以昆明为核心、区域中心城市为节点、沿边口岸为支撑的跨区域物流网络布局。通过整合资源，基于智慧物流装备、系统和平台，使园区成为全产业链的重要节点，也是多种物流服务模式转换和物流功能集中体现的核心场所。实现产、供、销、融税和回收等资源与园区资源高效率、准时化地精准匹配，实现货品、终端、设备、流程和运营管理的标准化管理。

7. 物流大数据子系统

物流大数据子系统通过采集物流环节中涉及的数据及信息，提炼高价值数据，建立新型大数据存储、处理及服务于数据应用的体系，通过"加工"实现数据的"增值"，将物流数据业务化，深入挖掘物流价值，优化资源配置，进而推动物流行业从粗放式服务到个性化服务的转变，具备面向经营管理和企业决策的数据协同能力和数据服务能力，支撑各类物流服务、运营管理和决策应用。

（二）服务能力

宝象智慧供应链云平台以制造业痛点为切入点，立足于服务昆钢钢铁产业链，提供由数据驱动的全链路仓、干、配、装一体化智慧物流服务，通过智能设备与平台有机结合，实现线上线下互联互通，提供交易、仓储、运输、吊装、增值配套、结算支付、融资等全流程一体化服务，平台包含宝象大宗、宝象运网（运输）、宝象云仓（仓储）、宝象商城、宝象金融、宝象园区、宝象大数据等子系统，通过整体集成服务制造业，助力制造业智能化升级，促进物流业与制造业深度融合，打造供应链共享经济生态圈。

同时，为切实提高平台服务能力，云南物投组建专业平台运维团队，与业务单元实现线上线下一体化联动，通过平台"7×24"的线上运营，以及线下业务交流、系统培训、上线实施等措施，实现平台业务流程的优化和系统功能升级。

（三）创新能力

1.智慧物流——制造业端到端全程可视化服务

云南物投通过打造宝象智慧供应链云平台，致力于为工业生产制造提供从端到端的全流程可视化服务。平台将供应链各环节中供应商、制造商、承运商、司机和收货方等参与方连接在一起，通过车载定位设备、GPS、GIS、北斗定位等物联网设备及技术，与平台形成统一的集成，通过PC端、宝象智运App（司机/货主）、微信小程序等渠道为各参与方提供物流信息，为入厂物流、生产物流、成品物流全链条提供全流程可视化服务。

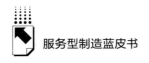

2. 数字化仓储——透明标准化管理服务

云南物投通过物联网、大数据、人工智能和信用画像等技术手段，结合PDA、地磅、门禁、监控等物联网设备，打造"数字化+可视化+合规化+智能化"的数字化仓储监管体系，提升仓储数字化管理能力，建立实时、透明、可追溯的数字化仓库运营管理体系，通过PC端、App等设备实现多途径仓储信息展示和库存监控。同时，云南物投整合自身及社会仓储资源，实现区域仓储资源信息共享，消除传统单仓、分仓模式封闭性强、灵活性差的弊端，实现高效调拨配送及精细化管理，提升仓内运作效率。

3. 智能设备——便捷、标准化操作服务

云南物投将具有感知、监控能力的各类采集或控制传感器以及泛在技术、移动通信、智能分析等技术不断融入工业生产、物流各个环节，大幅提高制造效率，改善服务质量，降低产品成本和资源消耗，最终实现传统工业的智能化。从应用形式上，工业物联网的应用具有实时性、自动化、嵌入式（软件）、安全性和互通互联等特点。

现阶段已实现PDA、自助机、无人值守地磅、App、定位设备、排队叫号、智能门禁等系统对接，能够从工业设备和传感器中提取实时数据，进行协议转换，支持对数据进行本地化的运算和预处理，执行由平台推送的特定模型，并通过标准的物联网协议接口发送到工业大数据平台。

通过工业资源的网络互联、数据互通和系统互操作，实现制造原料的灵活配置、制造过程的按需执行、制造工艺的合理优化和制造环境的快速适应，实现资源的高效利用，构建服务驱动型新工业生态体系。

4. 基于核心企业应付账款的数字信用凭证流转

宝通依托于核心企业自身应付账款，在金融机构保贴范围内提供可以拆分、流转的数字信用凭证，实现在线融资或持有至到期收款。实现核心企业信用资源与中小企业、民营企业等生态圈终端分享，为金融服务供应链终端创造有利条件。

以宝通为载体，在以宝象智慧供应链云平台为基础的供应链共享经济生态圈流转，为生态圈各个环节提供稳定可靠的结算服务，保证生态圈结算体

系的稳定，并且利用宝通可拆分、流转等特点，可延伸至整个供应链上各个业务单元（运输、仓储、贸易等），有助于协同各单元的生态圈，实现供应链生态圈的显性化、可视化。基于宝通流转，将云南物投的信用资源向生态圈末端流转，为中小企业拓宽融资渠道、降低融资成本，缓解中小企业的资金困境。

5. 油品服务共享管理创新与应用

云南物投油品业务为适应发展形势，不断优化油品管理和服务模式，通过"宝通"提供油品充值服务，支持生态圈客户在云南物投下属元山加油站以及撬装站等油品消费。与中石油油品业务合作，通过宝象智慧供应链云平台与中石油平台系统对接，双方进行合作模式创新，对平台成品油功能板块进行升级，打造共建、共享油品销售平台，推出电子油卡、油卡授信充值、宝通油卡充值等服务，客户通过宝象智运 App 生成电子加油二维码后便可在元山加油站、中石油油站加油，享受更加便捷、高效的成品油服务。通过内部强化管理和创新、外部多元合作，不断创新商业模式，提升整个供应链的用户价值，提升油品贸易的综合效益，打造完整、高效的供应链共享经济生态圈，实现多方共享、共赢。

四　共享制造平台实施成效

（一）平台的经营情况

宝象智慧供应链云平台上线以来，以制造业痛点为切入口，通过信息平台与智能设备对接，为昆钢钢铁产业链提供全流程由数据驱动的全链路仓、干、配、装一体化智慧物流服务，目前每年能够为昆钢钢铁产业提供超过 1000 万吨的运输仓储吊装业务服务，服务范围覆盖云南省及周边区域，服务线路 2100 余条，平台注册客户 923 个，注册车辆 8.89 万辆，实现大宗交易成交量 521.08 万吨，成交金额 810.815 亿元；宝象运网累计运输量 9149.74 万吨，运输交易额 287136.79 万元；宝象云仓累计吞吐量

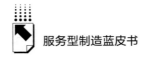

1409.33万吨，基于运输仓储等业务，提供融资等供应链金融服务21578.23万元。

此外，宝象运网基于物联网智能设备对接，结合GIS（地理信息系统）、GPS（卫星定位终端）、北斗定位等技术应用，对运输全流程进行透明化监控、管理，确保货物的安全到达并反馈至平台，运网系统综合定位成功率达到100%。

宝象云仓应用PDA、自助机、排队叫号、无人值守地磅、智能门禁等设备，实现智能设备与平台的信息实时共享，实现运输全流程可视化监管、货物存储透明化管理，助力昆钢制造业智能化升级。

（二）服务对象情况

宝象智慧供应链云平台以制造业痛点为切入点，立足于服务昆钢钢铁产业链，提供由数据驱动的全链路仓、干、配、装一体化智慧物流服务，平台注册企业923家，主要服务范围覆盖生产制造业、大宗交易、运输、仓储等领域；服务对象包括昆明钢铁控股有限公司（含昆钢、草铺新区、玉溪、红河四大生产企业）、昆宝电缆、云南建投、云南能投等企业，云南汇海、陕西东岭等类型的贸易商，云南联恒物流、安宁川是物流等物流企业。

其中，宝象运网已有注册会员217家，包括货主方（生产制造型企业）、运输方（运输公司）、资金方等参与方。其中货主方包含武昆股份（覆盖下属昆钢、草铺、玉溪、红河四大生产企业）、昆宝电缆、云南建投、云南能投等企业，运输方包括云南联恒物流、安宁川世物流等民营企业，资金方包含中顺易等企业。

宝象云仓已有注册会员438家，服务覆盖云南省内昆明、大理、安宁、磨憨等重要物流节点；服务客户包含昆钢（昆钢、草铺、玉溪、红河四大生产基地）等类型的生产制造企业，云南汇海、陕西东岭等类型的贸易商，益海嘉里等类型的快消品服务商，京东等类型的快递服务商。

（三）助推制造企业业绩发展成效

1. 直接经济效益

宝象智慧供应链云平台前期以运网板块为突破点，围绕昆钢大宗物流运输，打通线上交易、结算、融资全流程，推出线上支付结算产品"宝通"。通过"宝通"这一支付手段，不仅解决长久以来物流运输行业运费支付等痛点，也极大地调动了承运商和驾驶员的积极性，而且通过"宝通"账期的设定，延长资金的使用时间和空间价值，增加了效益。

截至 2022 年 8 月，平台生成宝通 287136.79 万元，通过支付账期产生直接经济效益 7656.98 万元。此外，云南物投还作为平台的资金方为用户提供宝通融资服务，共计提供融资 260 余次，融资 21578.23 万元，产生直接收益 523 万元。共计产生直接经济效益 8179.98 万元。

2. 间接经济效益

根据平台总体运营模式和盈利模式，"宝通"分为资金宝通和配售宝通，其中资金宝通主要通过吸引外部资金方来实现宝通的融资和兑现，配售宝通主要用于成品油销售。

截至 2022 年 8 月，资金宝通共计 193450.31 万元，资金宝通产生的间接经济效益为 2579.34 万元；配售宝通共计 93686.48 万元，产生的间接经济效益为 8472.30 万元。共计产生间接经济效益 11051.64 万元。

3. 提升产业链信息化管理水平

以智慧供应链云平台为工具优化供应链生态圈，高效提升整个产业链上中小企业信息化管理水平，充分发挥产业互联网的协同作用，从而解决上下游企业间信息流转的低效率、高成本等问题。从物流企业和行业组织的角度，推动智慧供应链各层面实现"点点互联""水平互联""垂直互联"，打造点线面相连接的智慧供应链协同网络，实现由单一场景智慧化到多业务场景智能化协同，以及最终的产业链全场景的数字化、智能化应用。

4. 创新商业模式

通过构建产业互联网平台，结合线上商业模式，不断规范管理由此产生

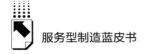

的新模式、新业态，促使供应链管理成本大幅降低，催生网络化协同、服务化延伸，通过提升生态圈合作伙伴的资产使用效率，消除传统流通领域中大量存在且没有价值的中间环节。通过提供供应链金融、汽车后市场线上商城以及大数据分析应用等增值服务，助力中小企业实现高质量发展。

5. 产业链上下游高效协同

通过产业互联网实现上下游信息互联互通，优化业务流程，实现效率变革，降低信息匹配成本和执行成本。产业互联网成为行业服务要素的组织者和载体平台。产业互联网的透明规则，使各交易主体的效率提升，同时也使灰色交易无处遁形，更加公平、真实地反映资产运行情况，为货主方、承运商、最终用户及相关配套服务商提供高效的信息服务，通过对商流、物流、资金流及信息流的整合和有效配置，实现全产业链企业的协同、共享、共赢。

6. 构建了供应链共享经济生态圈

以智慧供应链云平台为核心，综合利用移动互联网、物联网、大数据、区块链、云计算及人工智能等新型科学技术，将服务延伸至供应链全场景，进而整合供应链上下游企业资源，形成一个包含物流服务商、贸易服务商、技术服务商、金融服务商和服务供应商等整个产业链企业的融合全业务、全流程、全信息的大集成互联网平台，面向企业的生产、贸易、加工和流通提供贸易、金融和物流一体化服务，最终打造"场景+科技+金融"供应链共享经济生态圈。

7. 搭建了多维度风控体系

智慧供应链云平台以数据为基础，建立多维度、智能化的动态风控系统，增强信息技术赋能其他产业的能力，通过引入区块链等技术，构建线上线下、安全绿色的生态场景，在产业互联网平台的支撑下，构筑动态的数据风控系统，提高钢铁生态圈的信用价值，推动普惠金融政策落地，支持中小微企业发展。为生态圈治理、经济分析、系统性风险防范提供有价值的数据资源，为国家决策和监督提供工具。在信息和政务大数据的支撑下，可以提升政务的便捷性，结合平台数据进行监管，有助于防范化解重大风险。

8. 推动了区域经济高效发展

基于核心企业的诚信和资源，构建满足平台用户发展和运营的智慧供应链云平台，反映了现代经济运作特点，即强调信息流与物质流的快速、高效、通畅，使物流效率整体提升，切实提高物流行业信息化管理水平及企业核心竞争力，通过对社会资源进行高效整合，降低区域物流成本，并最终带动云南省物流产业健康发展。

五　进一步工作

云南物投宝象智慧供应链云平台下一步将围绕"融入发展政策""智能设备应用""聚焦行业痛点""开放开发平台""创新商业模式""沉淀知识经验"的思路展开。

（一）融入发展政策

云南物投围绕宝象智慧供应链云平台建设，主动响应国家"一带一路"倡议和云南省数字经济、八大产业、"两型三化"等发展战略，同时积极对接相关政府部门，在宣传、平台优化等方面创造更好的条件。

云南物投充分发挥自身优势，大力发展"互联网+"新模式、新业态，以创新引领、数据赋能，实现全面赋能昆钢产业链。推动产业模式、业态、产品、服务等联动创新，提升服务品质，构建跨界融合、共创共享的数字产业生态，推动云南省经济高质量发展。

（二）智能设备应用

作为工业4.0不可或缺的组成部分，发展智能物流技术与装备必不可少。在经济新常态和产业升级背景下，人工、土地、仓储租金成本不断上涨，智能物流装备成本优势逐渐显现，采用智能物流技术与装备能够大幅提高效率和准确性，是降低物流费用、提升物流效率的有效手段。

云南物投将持续投入研发资金，根据业务形态（大宗物资、快消品、

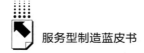

快递等），依托运输仓储等供应链业务场景，加快推进无人仓储、射频识别技术、物流机器人等智慧物流技术应用，建立自动化立体仓库，强化对 AGV 智能叉车、自助终端设备车联网即车载设备等智能化设备的研究与应用。通过加大软件算法和智能设备的研发力度，不断探索智能运输、智能仓储和智能配送环节的技术革新，打造更加智能、可靠的物流生态圈。

（三）聚焦行业痛点

立足于行业全价值链环节多方面的客户核心需求和实际痛点，开展专项业务或技术攻关，实现以技术促进企业数字化转型，做到"以用促研"，为客户提供整体解决方案，不断提升客户黏性和满意度。

基于宝象智慧供应链云平台的数字化优势，打破传统模式下的信息孤岛，将有关交易的静态信息和物流运输过程的动态信息进行融合，通过互联网技术搭建起与企业内部供应链管理系统的沟通桥梁，从而将企业中长期滞存的线下信息，通过线上方式进行数字化表征，有效挖掘数据的价值，切实解决物流行业中的信息不对称、管理手段原始、融资难融资贵等问题，让物流业务中的所有参与者享受到数字化发展带来的红利。

（四）开放开发平台

依托昆钢在大宗商品领域的产业优势和规模优势，不断延伸产业链，开展业务管理、后市场服务等模式创新，持续推进第四方 SaaS 智慧供应链云平台建设。生态系统中企业既是平台的使用者，也是平台能力的贡献者。构建开发者社区，引入更多的开发者和企业进行实践创新，实现"从使用者到开发者"的生态循环。

开放开发平台，打造生态系统，通过底层订单信息、ERP 系统、物联网设备数据、磅房数据、在途运输数据等构建资金流、信息流和物流，发展产业大数据，建立人、物流与企业 ERP 系统的连接，使企业 ERP 系统云端化。

通过"互联网+大宗商品+供应链+物流+金融"的产业互联网模式，提高行业信息化、智能化、自动化水平和供应链上下游业务协同效率，从而降低供应链综合成本，不断提高企业的核心竞争力。

（五）创新商业模式

由信息技术变革和延伸创造出的新的经济形态和商业模式，正成为世界物流生态发展的新引擎，在消费升级和技术的作用下，智慧科技开始撬动物流的千亿红利。

不断探索供应链服务转型升级，以科技赋能物流产业端，创新商业模式，持续推动产业转型升级，促成智慧物流全面升级与深化。基于供应链金融模式创新来获取资源、提高竞争优势。通过金融引入、交易方式创新等，寻求应用增值，降低使用门槛，提供最优的供应链解决方案，最终形成业务在线、管理在线、服务在线的综合智能服务商业化运营模式，运用整合、共享、协同、创新的供应链思维，夯实供应链基础，优化产业链结构与流程，整合资源实现优势互补，构建共享共赢的供应链生态圈。

（六）沉淀知识经验

沉淀知识经验。借助业务专家的知识和经验，不断通过行业机理模型、数学模型将知识和经验固化到平台中，以支持不同的应用共享，进而面向行业实现与用户的共享。帮助行业内客户挖掘和寻找供应链环节中的新价值。利用自身优势帮助客户进行数据分析，通过整体规划帮助客户提升物流效率、切实实现降本增效。

在供应链领域不断输出管理模式、经营模式、服务模式，与合作伙伴共同成长，助力中小企业做大做强。未来云南物投将继续聚焦"供应链+生态链公司"模式创新，优化产业链，不断赋能实体经济的高质量发展，形成标准化、可推广复制的商业模式，为更多的客户提供优质服务，开展更广泛、更深度的合作，为客户创造更大的价值。

B.19
大连奥托：焊装资源共享平台

钱强 曹静 程月月 秦通*

摘　要： 大连奥托股份有限公司作为老牌的高新技术企业，在服务型制造转型方面有着丰厚的技术底蕴及实践经验，其搭建的焊装资源共享平台被评为国家级服务型制造示范平台。该平台通过整合产业链上下游资源及信息共享、引导平台内各个企业形成产业集群及小型联盟、构建专业知识树及提供人才培训支持，在服务、创新、数字化、管理、资源整合配置等方面实现全面发展，显著增强平台内入驻企业的共享能力，构建了完善的共享机制，提升了企业的市场竞争力。

关键词： 共享制造　资源整合　产业集群　大连奥托

一　企业概述

（一）公司简介

大连奥托股份有限公司成立于1990年10月，是一家专门从事汽车白车身装备规划、设计、制造及系统集成的高新技术企业，获评大连市政府认定

---

* 钱强，大连奥托股份有限公司智能装备事业部总经理；曹静，大连奥托股份有限公司智能装备事业部技术总监；程月月，服务型制造研究院工程师，研究方向：情报研究、知识图谱；秦通，服务型制造研究院工程师，研究方向：产品服务供应链及产业链安全、服务型制造。

的首批高新技术企业。公司注册资金 6000 万元，占地面积约 12 万平方米，现有职工 800 余人。作为投资主体，大连奥托独资建立了大连奥托自动化设备有限公司、大连卓远云科技有限公司，在德国、日本、美国、南非成立了全资子公司。大连奥托恪守 ISO9001 质量体系及 ISO14001 环境管理体系的准则，开展规范化经营，通过高效的管理、精湛的技术、规范的标准、完善的售后，服务于德系品牌汽车企业及其他区域客户。2017 年公司"汽车焊接自动化生产线产品"被评为辽宁省名牌产品，被国家工信部评为两化融合贯标试点企业，2018 年公司通过知识产权管理体系认证及两化融合管理体系认证，2019 年被授予辽宁省服务型制造示范企业，2021 年大连奥托焊装资源共享平台被评为国家级服务型制造示范平台。

在汽车制造的"冲压、焊装、涂装、总装"四大生产工艺环节中，大连奥托聚焦焊装业务，向奔驰、宝马、奥迪、大众等国内外高端汽车生产厂家提供专业化的汽车白车身整线集成解决方案，交付"交钥匙工程"式的汽车白车身生产线。大连奥托经过三十余年的发展，已经在白车身焊装生产线核心设备及关键工艺等方面取得了丰硕成果，并且作为国内的民营企业，创下了行业三个"第一"：第一个承接合资汽车品牌整车焊装生产线；第一个将整车焊装生产线出口到国外；第一个承接了奔驰、宝马、奥迪、大众等全系汽车焊装生产线。大连奥托在汽车白车身装备制造领域与 ABB、KUKA、FFT 等国际一流汽车白车身装备集成商展开同台竞争，是国内同行业龙头企业，先后获得了北京奔驰杰出供应商、一汽大众卓越合作伙伴、宝马集团最佳表现供应商等多项殊荣。

大连奥托积极将汽车行业自动化经验向白色家电、3C、特种装备等行业推广，并取得了显著成效，承接了海尔、富士冰山等多家名企的项目。智能运维、智慧能源研发系统等在知名主机厂的各项目中得以应用，并取得了较好的效果，同时不断积累技术经验，进一步实现迭代优化。大连奥托始终紧随时代步伐，不断加强研发力度，提升研发能力，积极推广研发产品，其中 SME（人机协作随动检测系统）技术、数字双胞胎虚实互联技术、新能源电池自动线体技术、软件开发自动生成技术等取得了实际应用成效。2021

年大连奥托自主研发的 PALLET、辊床及其他输送产品被安徽大众广泛应用。企业研发能力持续提升，正在探索更宽阔的前行道路，为未来服务更多的客户做好充分准备。

（二）共享制造平台（项目）介绍

大连奥托搭建的焊装资源共享平台，整合设计、电气、加工、物流业务等上下游企业资源，通过资源共享，实现在人员数量基本保持不变的情况下，增加企业当前承接项目的弹性，甚至可以同时承接 5~8 个亿级订单额的项目，解决了之前经常面临的资源短缺难题。此外，结合当前行业现状，大连奥托引导平台内企业形成产业集群，部分企业甚至已结成小型联盟，提升了平台内联盟企业的资源共享能力，增强了入驻企业的整体市场竞争力。

大连奥托围绕焊装标准，进行了相关知识树的构建工作，通过合作项目为平台内相关企业人员提供更好的培训支持，为后续平台及入驻企业的发展注入了新鲜血液。以设计资源共享平台为例，2014~2017 年大连奥托设计人才数量为 200~260 人，外协比例只有不到 30%（公司销售额不到 10 亿元），即每年大连奥托需要调动外部资源 60~70 人，而截至 2018 年外协比例达到 60% 左右（公司销售额达到 18 亿元），大连奥托平均每年可以调动外协资源 300~390 人，并且设计外协公司（30 家以上企业）总规模接近 1000 人，这已经与大连奥托的在职人数相同。如果按设计资源共享进行预估，电气资源共享平台和生产制造资源共享平台构成的资源体系的规模预计将达到 1000 人以上，对应平台内企业总体量（80 家以上企业）接近 3000 人的规模。

在平台管理方面，大连奥托公司基于成熟的管理经验，向入驻企业提供管理和咨询服务，优化入驻企业结构及运营方式，以实现可持续发展。

二 建设背景

大连奥托之前承接的项目特征可分为三类，第一个特点是时间跨度冗长，一个项目通常从研讨设计开始，经过加工制造、现场调试流程，直至验收，时长为2~3年。第二个特点是体量大，销售额一般在1亿元左右，这也意味着完成此项目需要调动多样化的资源。第三个特点是承接时间点无规律可循，经常项目集中出现，使得项目实施时非常容易遇到资源极度紧缺的情况。在没有组建焊装资源共享平台之前，当遇到企业自身的产能不足以支撑承接的项目，而临时寻找资源也不能解决问题这种情况时，紧急应对方案通常是为保证项目实施质量和企业信誉，只能舍弃一定量的项目。这种"舍小救大"的紧急方案不仅影响了企业销售收入，同时也无法推动下游企业更好的发展。基于此，大连奥托自2016年开始搭建焊装资源共享平台以来，基本上没有出现过因资源不足而不能承接项目的情况。并且随着企业承接项目能力的不断提高，项目实施所需要的资源体量也逐渐扩大，带动了焊装资源共享平台内入驻企业的快速发展。

三 共享制造平台的能力建设

（一）服务能力

共享制造平台配置了专业的服务团队，并建立了相关的平台服务组织，由技术总监任组长、采购总监任副组长、技术各部门经理及采购外包负责人员为组员，技术总监和采购总监的责任是明确平台发展方向，并报由公司进行审核后执行，而技术各部门经理及采购外包负责人员及时与平台内供应商进行沟通。合理的平台服务管理方式是平台可持续健康运行的关键，共享制造平台管理模式基于双赢多赢思维，将平台资源当作自身资源，换位思考，让平台内公司从主人翁的角度去思考问题，把平台管理人员当成"自己人"，遵循互相成就彼此的宗旨，最终实现有效的管理，共同打造一个和谐的平台。

为了实现入驻企业间的高效配合，平台主要加强了三个方面的工作：一是项目信息的及时沟通，通常在项目实施之前的3~6个月进行项目信息沟通，

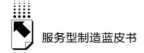
方便外协进行资源调整，并在之后的每个月持续跟踪外协资源变动状况，进一步确认资源状况并作出及时调整；二是与内部企业之间进行市场信息共享，随时跟踪外协项目承接情况，并分析市场情况，判断市场走向，将市场信息反馈给外协及公司，以匹配资源；三是公司给予平台内部企业发展建议，将较先进的管理办法与外协分享，提高外协的管理水平，同时推进与高校之间的校企合作或提出其他战略方向的建议。平台每年都会进行意见反馈以及资源盘点等工作，通过问题整改以及资源的分析更好地服务于平台内公司。

（二）创新能力

1. 资源本地化建设

大连奥托焊装资源共享平台在发展过程中逐渐形成了不同于其他平台的创新之处。资源本地化便是创新点之一，焊装资源尤其是技术资源主要分布上海及长春、广州、天津等，极大地影响了信息沟通效率、时间成本及异地资源管理成本等方面。因此，在焊装资源共享平台建设过程中，企业提出了资源本地化原则，并开展了一些工作，包括：焊装资源本地化，实现本土管控效益最大化；大力支持大连技术型公司的发展，扩大本土原有资源规模，鼓励和吸引上海及长春等地的技术公司在大连设立分公司。焊装资源本地化有助于实现分公司的管控效益最大化。公司正在进一步探索技术资源围绕客户的本地化，最终目标是实现客户端管控效益最大化。基于本地化方案，提高项目质量的同时也大大降低实施成本，实现平台服务方与平台内企业之间的双赢。

2. 合作资源共享

在平台内实现公司和公司间合作资源共享。仍以技术资源为例，在平台创建过程中，平台内的公司规模相对较小，资源相对分散，在承接某一项目后，一家公司很难再承接另一个项目，可能会出现人员短缺的情况，但限于公司规模不够大，很难有效解决这一问题。在焊装资源共享平台的建设过程中，大连奥托对一些技术公司的资源进行了整合，形成了资源小联盟体，各联盟体内部及相互之间实现了资源共享，增强了信息流动性及企业参与感，包括：人才资源的共享和互补，优化人员结构，从而达到效益最大化；优势生产资源的共享；团队发展方向和模式的共享和互补；销售资源的共享和互补；知识及能力培训的共享；等等。此种资源共享与互补便于形成合力，降低沟通成本，还能在形成局部的资源优势后更好地开展校企合作。

（三）数字化能力

目前大连奥托焊装资源共享平台在数字化建设方面，以技术资源为例，主要以钉钉等方式实现技术外部合作资源整合、项目发包资料保密共享、外包资源反馈分析汇总、外包反馈后台信息汇总、外部资源工时记录审批实时报表等功能。

1. 技术外部合作资源整合

技术外部合作资源整合功能背靠钉钉强大的管理与实时信息互动技术，建立供应商资源沟通平台。该平台独立于其他工作信息通道，可以有效避免混淆，使得信息更加直观清晰。该平台可以向交流平台内部的各技术供应商负责人发送项目信息包，在需要共同处理或实时分享信息流时，各供应商资源在线 Q&A 清单可以远程协同编辑信息共享。对于项目实施中任何有异议的地方，可以结合钉钉在线会议功能与远程在线技术进行发包澄清说明并答疑解惑。

2. 项目发包资料保密共享

项目发包资料保密共享功能依据钉钉企业云盘保密共享技术，可以实现技术岗位发包资料在线水印查看，简化了流程、节省了时间。同时强化技术外包资源信息交流群组云盘管理，优化组织结构。云盘内部团队文件条目清晰，依据文件名称可轻松锁定特定资源包，还可以追溯查询发包历史。基于分类后的共享的发包清单，各供应商可自主报名并选择参与。

3. 外包资源反馈分析汇总

结合钉钉在线智能表单工具形成了项目发包信息收集码，共享智能表单的技术发包区域、发包类型、项目信息说明、技术标准要求等信息。以"上汽大众 CPH2.2 Audi C SUV 项目外包"为例，表单上会详细介绍项目背景，如需要进行的改造内容、涉及的车型等，还会列出不同时间节点的任务

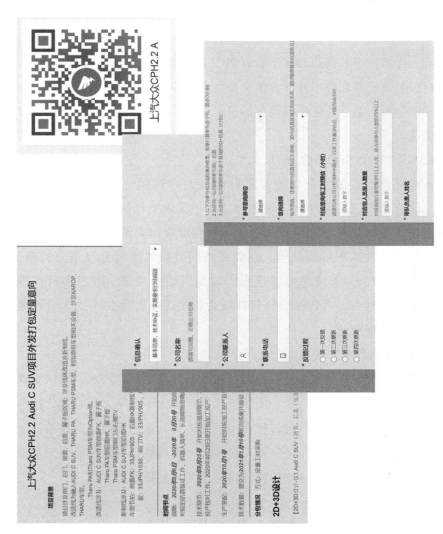

图 1　项目外包资源反馈分析汇总示意

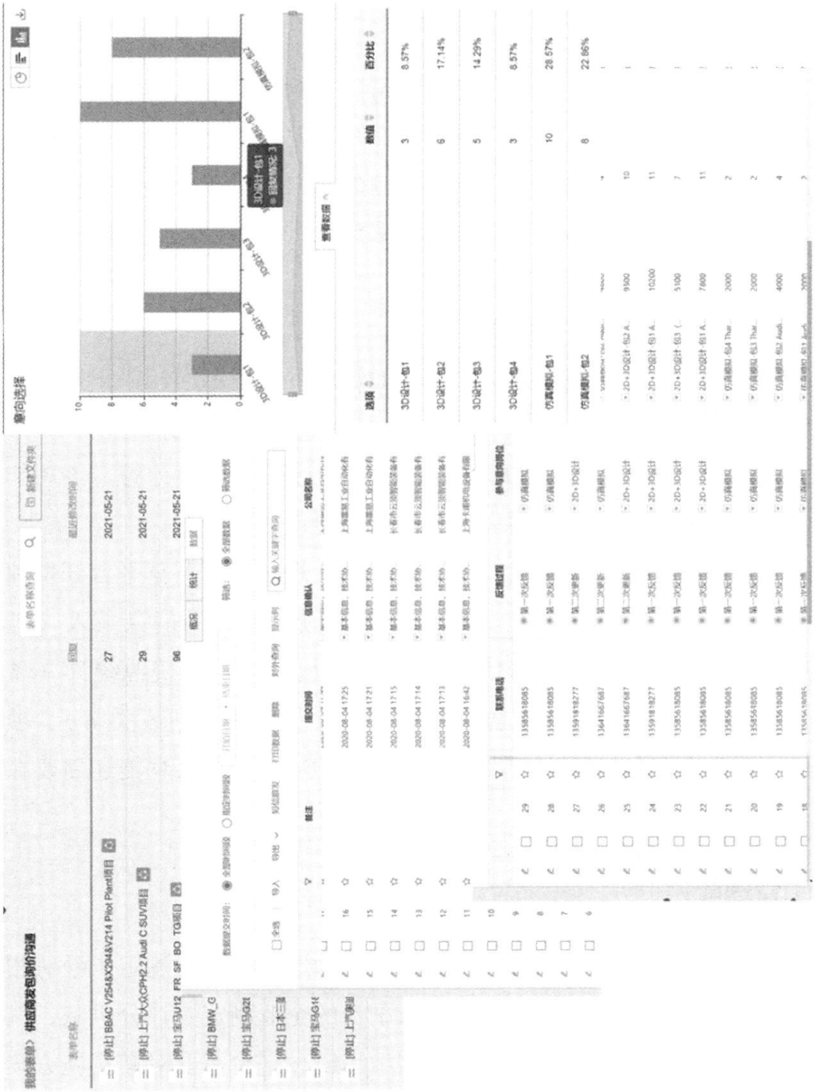

图 2 外包反馈后台信息汇总界面

分工目标，涉及前期准备、技术细节成型、生产装配投产、技术数据验证等节点说明，并列出分包情况。供应商通过可视化信息反馈界面了解区域选择、产能反馈、参与人员数量、人员简历、工时预估、报价反馈等信息。

4. 外包反馈后台信息汇总

首先，对于供应商投标反馈信息完全保密，仅发包负责人和采购专员可见。而外包反馈后台可以信息汇总实现多人在线表单填写操作，并在后台自动汇总，信息全面且条例鲜明，对于不同外包的意向可以进行数据统计及图形化展示，最后将汇总后的信息交予技术与采购处进行综合评测并转至执行企业内部 ERP 订单审批流程。

5. 外部资源工时记录审批实时报表

在确定外包资源并开始实施项目之后，通过外部资源工时记录审批实时报表来完成项目工时审批。除了总工时的审批与统计外，还包括各技术岗位的工时进度审批，如 3D 设计、仿真模拟、气动设计、硬件设计等。该功能还可以依日期选项批次展示出不同供应商的总工时审批记录。

公司为了开拓更广泛的服务功能，已着手基于焊装资源共享平台开发独立的网站，如图 4 所示，目前主要具备平台内供应商资源的信息录入（经营范围信息、法人信息、注册资本信息、员工数量信息等）、资源统计（条件筛选）、类型区分（设计类、电器类、安装类、加工类、研发类等）、项目承接金额展示、项目信息输入及发送等最基础的功能。其余功能还需要在未来继续开发。

（四）管理能力

共享制造平台明确了服务平台内企业的准入和退出机制，制定了针对相关企业的准入和退出标准及流程，对于进入平台的企业制定了评分机制，只有合格后才能被纳入平台。每次企业在承接项目时，平台需要对其实施方案进行评估，只有合格才能参与项目，同时，在项目实施过程中平台会对供应商进行管理，评价其实际表现。其中对于出现重大问题的供应商会进行分析和经验总结，以便后续开展问题整改，而对于整改后仍没有变化的供应商执

图 3 外部资源工时记录审批实时报表界面

339

图 4 焊装资源共享平台网站界面

行强制退出。此外，平台加强了各资源部门与企业之间的沟通。各资源部门负责人需定期与企业联系人针对产能、未来项目等内容进行交流，提前让企业做好排产等准备工作。为了推动各企业的良性发展，平台服务方制定了平台内企业间的合作与合理竞争规则，要求企业必须合法经营，杜绝恶性竞争，以维护平台良性生态。

（五）资源整合配置能力

共享制造平台通过对平台内企业资源的统计分析，评选出各类资源的小龙头企业，通过小龙头企业对附近同类资源（技术资源、机加资源、物流资源等）进行资源整合和调配，合理配置企业和企业之间的资源，以达到最大限度的资源共享，如信息共享、销售共享、人力资源共享、设备资源共享等。

此外，平台服务方通过对平台内企业资源的统计评估，评选出综合实力较强的大中型龙头企业，进一步整合不同资源类型的小龙头企业之间的上下游环节的资源，达到全产业链的资源整合和调动。大中型龙头企业与小龙头企业之间需提前进行信息沟通和资源共享，以保证平台内企业的高效率运行，同时根据产能情况，及时吸引优质企业资源加入，进一步增加平台内企业数量、提高资源质量。

四　共享制造平台成效及典型案例实践

（一）共享制造平台成效

1.共享机制成功构建

以共享制造平台为基础，入驻企业之间形成了良好、可信的共享机制，具体如下。

（1）项目信息的共享。平台定期发布项目信息，与平台内相关企业提前共享，以满足企业的排产、产能准备等需求。

（2）平台除了发布行业内正在进行的项目信息，还为平台内企业提供

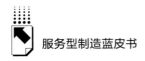

其他项目信息，以便平台内企业在产能不饱和时承接平台外的项目，保证企业的高效运营。

（3）培训共享。平台运行方牵头组织平台内优质企业为其他企业开展培训，提高平台内企业的竞争力，比如生产管理培训共享、专业技能培训共享、管理流程类培训共享等。

（4）平台内企业的专业性人才备案等共享。平台运行方对企业专业性人才进行备案，向需要专业性人才培训的企业提供匹配服务，通过人才共享提升平台内企业的能力。

（5）制定相关共享机制。保证在共享过程中付出方与需求方之间的工作顺利对接、利益合理分配，保证相关共享机制能够有效运行。

优良的共享机制增加了企业之间的信任度、简化了企业合作的烦琐流程、节省了双方的时间、减少了资源浪费。

2. 共享能力得到提升

共享制造平台帮助入驻企业逐步提升共享能力，使合作机制更加成熟，并取得了诸多成效（见表1）。首先，共享规模大幅提升，无论是电机设计大包类还是机械安装、机械加工资源类，平台内相关公司数量在近几年稳步增加，其中机械安装类公司从无到有，2021年已多达70家。其次，在平台建设过程中，有针对性地对平台内技术资源、电气资源等相关企业进行培养，使其成长为小龙头型企业，并与之形成战略合作关系。通过小龙头型企业的带动作用对平台内资源进行二次整合，进一步提升平台内的共享效率。未来应全方位提升平台内企业的共享能力，包括机械加工类、生产类资源型小龙头型企业和物流类资源型小龙头型企业等。

表1　共享制造平台主要资源类别公司数量

单位：家

类别	2018年	2019年	2020年	2021年
电机设计大包类	86	94	98	105
机械安装类	0	57	66	70
机械加工资源类	67	92	93	119

（二）大连奥托焊装资源共享制造平台资源整合的案例

随着汽车行业快速发展，汽车集成类项目逐渐增多，汽车行业的相关资源也越来越紧缺。作为行业一级集成商的某企业，在外部资源基本处于半开发状态且外包量占比不到30%的背景下如何结合汽车行业发展趋势以及自身特点，在不增加人员数量的同时保质保量地完成项目是其面临的最大挑战。通过内部研讨和对未来市场的评估，预判外包的需求将会越来越大，很有可能在未来3年内外包量占比达到70%，为此，该企业在2016年开始对行业内技术类资源进行整合，建设了相关平台，涉足工业4.0、汽车轻量化等领域的研究，技术水平领先于国内同业。

1.组建焊装资源共享平台，助力集群提质增效

组建焊装资源共享平台，通过研究数字化流程，创建白车身焊装工艺规划数字化平台（见图5），在输入客户信息后，经过工艺设计、物流仿真、机器人仿真等流程，将工艺规划信息反馈至客户。同时建立数据库，整合设计、电气、加工及物流等方面的资源。焊装资源共享平台目前可以承接5亿~8亿级别的订单额项目，成功解决了资源配置不合理的问题，集群效应显著。

2.服务能力共享提升

借助焊装资源共享平台，公司各环节的能力得到了极大的提升，尤其是在项目管理、技术质量监控、生产质量监控、物流服务、企业信息化建设等方面。企业由原来只能承接5亿~6亿级订单额项目发展到目前可以承接18亿级订单额项目。目前平台所掌握的可控资源预计可以承接25亿~30亿级订单额项目。企业通过多年的积累，现已成为国内汽车焊装行业的龙头企业，服务于国内奔驰、宝马、大众、吉利及新能源造车企业，同时也成为众多同行业企业竞相学习的对象。随着公司国际化战略的进一步实施，奥托公司已成为大众、奔驰、宝马等知名汽车企业一致认可的全球供应商。随着平台的持续发展，大连奥托将进一步加大对平台内企业的支持和服务力度，给平台内企业创造更多的机会，同时为企业发展提供指导及相关培

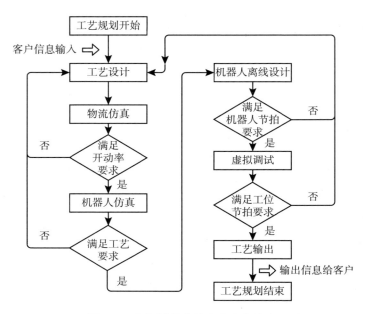

图 5　工艺规划数字化平台业务流程

训支持。大连奥托将带动平台内企业一起更好地为汽车企业服务，同时推动国内汽车集成行业快速发展。

3. 案例经验

公司焊装资源共享平台通过多年的发展，从资源的前期选择到资源的后期评价等都形成了完备的管理流程，在运营方面加强了信息管理，通过微信群、钉钉软件及时发布项目供求信息，线下与线上并行，在一定程度上减少了沟通成本，提高了平台工作效率。在平台内企业共同发展方面，通过收集行业信息和下游企业资源信息，整合行业资源，同时借助自身的先进焊装管理理念以及行业标准平台优势，更好地服务焊装资源共享平台内的相关企业，尤其在平台内企业资源整合、平台内企业未来发展引导、平台内企业人才培养方面起到了促进作用。当前焊装资源共享平台企业规模已超百家（仅国内资源），其中电气资源30+家企业、机械设计资源30+家企业、机械安装资源16+企业、机械加工资源50+家企业、物流公司资源5+家企业等。平台内企业主要分布在大连、沈阳、长春、吉林、烟台、上海、南京、苏州、广州、佛山等城市。未来平台将进一步整合资源，根据各家企业特点及地域特色打造独特的小平台体，以形成更明显的产业集群优势。

五　进一步工作

大连奥托焊装资源共享平台的未来业务规划主要分为两个方面。一方面在资源规模上未来发展300~500家企业，达到10000人以上的资源规模，打造全国乃至全球先进的自动化行业集成资源生态体系；另一方面在平台数字化管理、平台服务智能化、加深资源整合、校企合作平台内有效推广等方面开展深入工作。

图6　未来业务开展规划

（一）平台数字化管理

建立数字化管理的信息化服务平台，从线下管理转移到线上管理，减少平台运行的管理成本，提高平台运行效率。根据平台未来发展实际需要，持续升级平台功能，开发新的板块，满足平台发展的最新需求。按照共享制造平台能力建设要求，在服务能力、创新能力、管理能力、资源整合配置能力等方面进行数字化升级，优化平台结构，提升服务速度，更好地服务平台内企业，同时也为平台未来更优质的发展打好数字化基础。

（二）平台服务智能化

在数字化基础上，精准采集相关平台资源数据，前期结合专家意见对平

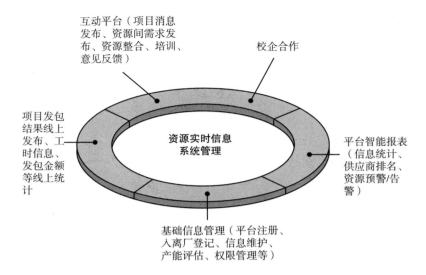

图7 搭建资源实时信息系统管理

台数据进行相关分析，后期形成专家数据库，建立相关数据模型，根据工时、资源数量、当下在资源利用率等后台数据，自动输出相关智能服务，对平台企业和平台未来发展提供智能化服务及建议，并进一步基于反馈数据进行智能分析，为下一步资源深度整合提供预期性的服务和支持。

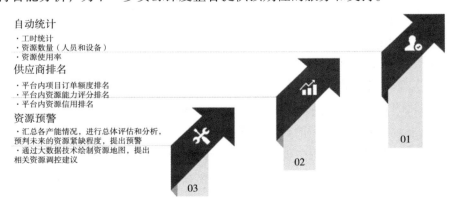

图8 平台服务智能化规划

（三）加深资源整合

未来的资源整合主要围绕三个维度：一是同类资源的整合，所谓同类资源泛指技术类资源（机械设计类、电气类、仿真类、研发类等）、生产类资源（机械加工类、装配类等）、物流类资源等，同类资源整合主要侧重于同类资源的细微岗位资源间的匹配整合和地域间的整合，使同类资源使用效率最大化。二是不同类资源的整合，主要是依靠某一同类资源的牵头企业对上下游资源进行整合，侧重于上下游资源的匹配，实现更大层面的资源整合。三是不同行业资源的拓展和整合，指的是将某一行业资源向相近行业进行扩展，扩大行业整合范围，增加服务平台入驻企业量，为平台内企业提供更多元的优质服务，如汽车行业向一般工业行业、特种装备行业等拓展。

（四）校企合作平台内有效推广

平台主要是对企业进行有效整合，而校企合作也是一种资源整合方式，主要是将企业端的人才培养及研发资源前端化，让人才更早地与企业对接，学校更有针对性地培养企业所需人才，通过产学研的方式最大限度地降低企业人才培养成本和研发成本。如何在学校和企业之间建立起一种长期合作的关系，实现人才和研发成果向企业的有效输送是一项关键任务。

企业和企业之间的资源整合离不开政府的有效组织和政策支持，通过对企业资源进行生态化布局，从而更好地为企业服务，带动企业发展的同时推动地方经济发展。政府需要建立各种孵化基地和园区，将有上下游关系的企业进行串联，节省企业间的信息成本、物流成本、培养成本、规模性成本等。产业园区需要由政府牵头规划，如产品孵化中心、围绕上下游企业之间的工业园区（机加园区、线体组装园区、物流园区、原材料园区、工具园区等）、技术园区（行业设计园区、电气设计调试园区、机器人仿真园区、数字化园区等）等。

通过资源的集中整合，让园区内各种资源得到最大化和最优化利用。通

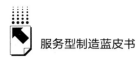
过资源体的最大化聚合，形成规模效应，并辅以校企合作规模化、企业间人才培训集中化，最终形成具有影响力的服务平台系统。

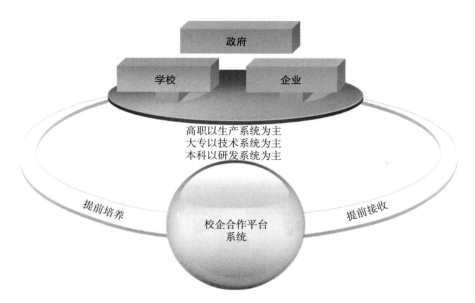

图9 校企合作平台系统规划

裕申科技：PCB行业协同生产共享制造

王 军　朱 松　翁子舜　孙雪城*

摘　要：　共享制造是顺应新一代信息技术与制造业融合发展趋势、培育壮大新动能的必然要求。广州裕申电子科技有限公司依托安华集团以印刷线路板（PCB）行业为切入点，通过"共享制造+工业互联网"的方式，面向PCB行业打造共享产能服务平台，平台利用工业互联网标识解析服务+物联网应用技术，通过数字绿色生产、云智造、云加工和共享人才四个服务板块，为PCB生产企业提供产能共享服务，同时通过平台聚集PCB行业积累的各类供应端资源，以线上平台联动线下生产服务实现融合的模式，有效协助PCB生产企业实现数字化转型升级。

关键词：　共享制造　工业互联网　线路宝　印刷线路板　裕申科技

一　裕申科技及共享制造项目简介

（一）广州裕申电子科技有限公司简介

广州裕申电子科技有限公司（以下简称"裕申科技"），成立于2014

＊　王军，安华集团董事长，广州裕申电子科技有限公司总经理，主要研究方向：印刷线路板转型升级、共享制造；朱松，广州裕申电子科技有限公司常务副总经理，主要研究方向：智能制造、协同生产；翁子舜，广州裕申电子科技有限公司副总经理，主要研究方向：通信服务、产业政策；孙雪城，服务型制造研究院工程师，主要研究方向：绿色制造、资源循环利用。

年末，隶属安华集团，致力于通过"生产场景＋物联网技术＋数字化管理"的三元能力融合，提供生产信息化方案和应用能力，成为印刷线路板（PCB）行业的数据驱动引擎，帮助行业实现生产数字化升级。裕申科技2017年入选广东省首批工业互联网产业生态供给资源池企业；2019年获得PCB行业的工业互联网标识解析二级节点、广东省高成长中小企业等荣誉；2020年被认定为首批工业互联网标识应用供应商合作伙伴，入选广东省服务型制造示范平台；2021年被工信部认定为全国服务型制造示范项目。此外公司还是国家高新技术企业、科技型中小企业、市研发机构。

裕申科技通过"共享制造＋工业互联网"的方式，面向PCB行业打造共享产能服务平台——"线路宝"，平台利用工业互联网标识解析服务＋物联网应用技术，通过数字绿色生产、云智造、云加工和共享人才四个服务板块，为PCB生产企业提供产能共享服务，同时通过平台聚集裕申科技在PCB行业积累的各类供应端资源，以线上平台联动线下生产服务实现融合的模式，有效协助PCB生产企业实现数字化转型升级。

（二）共享制造项目简介

1.发展共享制造的政策背景

2019年10月，工业和信息化部发布的《关于加快培育共享制造新模式新业态促进制造业高质量发展的指导意见》（工信部产业〔2019〕226号）提出，共享制造是共享经济在生产制造领域的应用创新，是围绕生产制造各环节，运用共享理念将分散、闲置的生产资源集聚起来，弹性匹配、动态共享给需求方的新模式新业态。发展共享制造，是顺应新一代信息技术与制造业融合发展趋势、培育壮大新动能的必然要求，是优化资源配置、提升产出效率、促进制造业高质量发展的重要举措。应加快形成以制造能力共享为重点，以创新能力、服务能力共享为支撑的协同发展格局。

制造能力共享方面，聚焦加工制造能力的共享创新，重点发展汇聚生产设备、专用工具、生产线等制造资源的共享平台，发展多工厂协同的共享制造服务，发展集聚中小企业共性制造需求的共享工厂，发展以租代售、按需使用的设备共享服务。

创新能力共享方面，围绕中小企业、创业企业灵活多样且低成本的创新需求，发展汇聚社会多元化智力资源的产品设计与开发能力共享，发展科研仪器设备与实验能力共享。

服务能力共享方面，围绕物流仓储、产品检测、设备维护、验货验厂、供应链管理、数据存储与分析等企业普遍存在的共性服务需求，整合海量社会服务资源，探索发展集约化、智能化、个性化的服务能力共享。

2.PCB 行业发展态势及行业诉求

PCB 行业处于电子制造业上游，是典型的资本密集型、资源密集型和劳动密集型行业。由于 PCB 产品形态要符合终端产品要求，一方面产业生态开放，大中小型企业并存，各类型 PCB 工厂均有各自的生存空间；另一方面规模越大的 PCB 工厂，整体生产能力与终端产品的关联度越高，实现柔性生产的难度越大。受近年疫情持续和国际贸易关系紧张的影响，全球的电子产品消费欲望和需求均下降，同时受芯片紧缺和原料成本上涨，PCB 行业正面临前所未有的冲击。在当前大环境不景气的情况下，PCB 工厂纷纷选择在保持原有产能或产能不出现大幅度下降的前提下，压缩各项开支和成本，实现"节流"以求在逆境中生存下来，同时还能在行业环境好转时，能马上释放产能接单生产。

3.生产资源（要素）共享解决思路

在 PCB 从业者们不约而同地选择将"节流"作为当前的经营主方向时，作为深耕行业多年的服务商，如何从各项繁杂的生产资源投入中，找到具备共享经济特性，并通过共享制造模式，帮助 PCB 企业有效降低该类型生产资源的使用成本，成为裕申科技的企业使命。

根据 PCB 行业的生产形态，企业所需资源（要素）大致可分为两类，第一类是政府调控类资源，如生产用水指标、用电指标、污水/废气排放指标、土地厂房使用指标等。电子电路铜箔在后期抗氧化处理过程中会使用电镀工艺，进行表面抗氧化处理。印制电路板在开料、钻孔、切边、粗化、活化、氧化、蚀刻、电镀、退锡、沉镍金、多次冲洗等 20 多个工序生产过程中会产生边料、钻孔粉等固体废弃物和废液、废水等，其中含有铜、镍、锡等有色金属污染物和废酸、废碱、COD、氟化物、氰化物等一、二类污染物。由于以上生产工序产生的"三废"对环境造成较大压力，而广东省定位为生态功能区，在产业准入方面环保政策要求较严，同时现有产业资源环境承载能力又不能满足产业发展需求，园区现有的土地指标和环境容量对企业落成新项目和增资扩产形成了制约，制约了产业集中度的进一步提升。此外，广东省相比江西、福建等地区，用电优惠政策扶持力度不足，铜箔、印制电路板企业用电成本较高。第二类是行业生产类资源，即传统生产六要素——人、机、料、法、环、测。人就是人才，PCB产业技术专业人才缺乏，目前行业领军人才、优秀技术人才缺乏，加上近几年互联网兴起，年轻人才进厂务工的意愿减弱，工厂缺乏年轻人才的补充，形成了人才青黄不接的情况。机和料分别是机器设备和材料，设备占工厂成本的20%，然而设备更新迭代快、价格高昂；同时，受国际形势影响，原材料价格年年攀升，导致中小企业资金链负担加重。法、环、测分别是方法及规章制度、环境、测试检测。着重说明一下检测，目前部分工厂仍沿用传统人工肉眼翻查缺陷的检测方式，存在主观性大、误检和漏检率高的缺点。针对以上两类型资源，我们需要通过是否符合生产资源（要素）可共享原则来进行筛选，精准找出开展共享制造服务的有效切入点，其中生产资源（要素）可共享原则具体如下：

①资源（要素）的使用权能在不同主体之间和不同时空中灵活转移；

②资源（要素）调配和使用过程中具备独立运营和商业盈利的基础；

③资源（要素）有效期（保质期）相对较长（按年为单位，至少要在五年以上）；

④共性生产工序的关键能力可云化使用；

⑤资源（要素）的使用过程和结果均可实现数字化记录。

通过基于以上原则的筛选，符合条件的生产资源（要素）包括：政府调控类资源——水、电和排污资源共享，但这种共享是指在政府管辖区内资源指标总量不变情况下在产业和企业之间进行调配。需要由政府牵头搭建高标准特色资源建设交易平台，在为各方提供交易服务同时，提供金融、供应链管理等综合服务，形成"科技+环保+绿色金融"的市场化全过程服务资源整合态势及创新商业模式。品质检测工序的人工算法，是指平台基于机器视觉及 AI 算法，支持自动检测+自动分拣，推动缺陷检测算法迭代更新，满足产品检测高效率、高精度、稳定可靠的需求，满足共性服务需求，实现服务能力共享，从而提高产品品质和制定统一的品质标准。委外加工流程和品质规范，是指终端品牌发单大厂，大厂在产能配置不足和技术薄弱环节委外发单中小厂的开放式生产形态。由此导致资源配置往往是不均衡的，滞后性强，缺乏灵活柔性生产。因此需要一个共享平台能够以公平公正的姿态联合产业群通过资源的有序集中、产能对接来实现协同生产，实现制造能力共享，确保共享制造持续健康发展。非直接生产人员方面，通过构建共享生产设备维保/维修人员的云维保服务平台，使行业内通用技术工种实现共享，节省工厂的用工成本，同时，通过平台化运营，将原本属于企业后勤保障的职能人员转变成具备对外开展技术服务输出的经营人员，实现技术工种的价值提升。

根据以上 PCB 行业生产资源（要素）确定了共享制造平台发展方向以及线路宝平台的最终形态。

方向一：与地区政府联动，以"数字化+绿色生产"为行业现场抓手，构建 PCB 行业与政府之间的水电排污资源监测和指标动态分配平台以及指标交易体系，实现在政府调控类资源（要素）总量不变情况下，资源价值的最大化利用。

方向二：将品质检测设备的算法移植到云端，降低机台成本，构建"云服务+本地设备"共享模式，帮助中小型 PCB 工厂用最小成本享受最先进的品质检测技术红利。

方向三：通过构建开放式的委外加工产能配对平台，打通 PCB 工厂与委外加工企业之间的产能信息共享和线上服务通道，一方面实现委外企业产能共享，另一方面规范委外生产业态的管理流程。

方向四：构建共享非直接生产类人员的区域式 O2O 服务平台，通过平

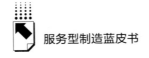

台统一运营，降低 PCB 工厂用工成本，重塑非直接生产类人员的价值。

最终形态：线路宝共享产能服务平台——以工业互联网标识解析为信息通道，以绿色生产、云智造、云加工和人才共享为应用场景，打通 PCB 工厂内各生产流程/环节和产业链上下游企业以及产业与政府主管之间的资源共享服务通道。

二 共享制造平台框架及四大应用场景

裕申科技通过"共享制造+工业互联网"的方式，面向 PCB 行业打造共享生产服务平台——"线路宝"，平台利用"工业互联网标识解析服务+物联网应用技术"，通过绿色生产服务平台、云智造、云加工和人才共享四个模块为 PCB 生产企业以及供应链提供产能共享服务，同时通过平台聚集裕申科技在 PCB 行业积累的各类供应端资源，以线上平台联动线下供应链聚集的模式，有效协助 PCB 生产企业实现数字化转型升级。

面向 PCB 行业搭建共享生产工业互联网平台，通过"工业互联网标识+物联网技术+生产信息化"手段，构建平台控制层、标识解析层、设备控制层及生产应用层 4 个层级，分别对应产能中控、标识应用、共享设备及协同生产 4 个应用体系，主要形成绿色生产服务平台、云智造—检测服务平台、云加工服务平台和非直接生产类人员共享平台四大应用场景。

（一）绿色生产服务平台

1. 平台内容

裕申科技从 2021 年开始，计划用 3 年时间，采用"数字化+绿色生产"技术，构建行业性服务平台，一方面覆盖生产全流程的"水"场景，通过自主研发核心技术、与合作伙伴能力共建以及开展生产服务的组合拳方式，以"节水"、"制水"、"管水"和"治水"为理念，覆盖生产流程的自来水节约、纯水制作、中水回用及污水处理流程，从而有效协助行业解决在水资源既定的情况下实现生产能力和生产效率翻倍提升的目标。另一方面通过搭建行业数字化服务平台，让政府部门精准了解企业的实际生产能力和发展质量，实现在区域内用水和排污指标总量不变的情况下区域内企业能够依据实际发展情况获得指标的动态调整，从而助力中国 PCB 行业的绿色生产形态和能效均迈上一个新台阶。

2. 平台建设路径

第一步，帮助企业精控用水和排污量。针对用水和污水两方面，通过节水和回用水两大系统对企业"水"方面进行精控，帮助 PCB 企业有效降低该类型生产资源的使用成本。

第二步，将用水和排污的可支配指标使用权数字化。利用裕申科技工业互联网标识解析二级节点基础能力，打造基于工业互联网标识解析的双碳数字化服务系统，将第一步生产过程的碳足迹——"水"数据进行采集封装标识。

第三步，对接政府级别的资源交易平台，实现企业与企业之间、行业与行业之间的交易。使封装起来的标识统一对接资源交易平台，为企业和平台提供有效数据支持和接口。

3. 绿色生产服务平台构成

生产现场的智控源服务系统包括智能节水和数字化回用水服务两大主要系统与一个云端的智能节水控制及预警平台。

智能节水系统：通过智控源后台/App 软件工具、数字化用水服务平台监测系统与监测终端硬件，结合物联网数据协议平台进行数据的传输与分析，通过数字化方式辅助企业开展生产节水，对电路板生产水和洗槽水的污染度（自来水：PH 监控，纯水：电导率监控）进行实时监控并根据结果智能调节产线用水流量，在确保清洗效果和生产品质的基础上，实现节能用水的绿色生产效果。通过物联网技术，搭载 PCB 行业的工艺标准，实现清洗品质与用水量的动态平衡。

数字化回用水服务系统：通过"硬件外挂+线边处理+流程数字化管理+共享经济"模式，首先在线边进行分布式快速处理，优于现有的集中处理方法；其次全流程数字化监测，实时掌握水体状况、用水状况、与用水相关的现场管理和生产状况数据，形成节水流程和效果的数据闭环；最后，灵活采用按量结算或按月采购服务的销售模式，大大降低生产企业采用传统环保工程进行水体处理的成本。通过以上模式，重塑现有的中水/浓水回用工艺。

云端的智能节水控制及预警平台：将流速控制设备、方法和存储介质的发明结合物联网设备数据进行控制，实现各种参数及数据变化；针对效果数据分析结果，下发个性化指令进行控制，改变使用效果，将生产指令通过云端下发相关参数，让设备作出相关工艺调节，达到精准用水的控制。

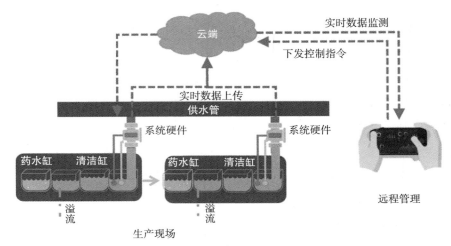

图1 智能节水控制及预警平台

4. 平台创新能力介绍

首先，将流速控制设备、方法和存储介质的发明结合物联网设备数据进行控制，实现各种参数及数据变化；针对效果数据分析结果，下发个性化指令进行控制，改变使用效果，将生产指令通过云端下发相关参数，让设备作出相关工艺调节，达到精准用水的控制。

其次，可根据节水设备上传的属性值进行多维度的组合与分析，实现单一属性报警或多种属性报警，对产品情况进行提前预知，做出准确的判断与决策，方便在后续控水方案中调节设备状态与属性值。

最后，企业生产过程中的水服务数据上传到智能节能平台云端后，封装该过程数据成标识，标识统一对接资源交易平台，为企业和平台提供有效数据支持和接口，实现生产数据碳足迹标识化和资源使用权标识化。

5.对产业的意义

将生产用水这一限制本地 PCB 产业进一步发展的最关键且紧迫的问题作为整个产业转型升级的突破口，通过解决 PCB 生产工厂的产业共性问题，提升生产用水利用率，帮助 PCB 生产企业有效释放产能，同时通过用水节能平台的数据分析帮助政府主管部门开展环保配额结构动态调整，真正发挥环保配额的引导作用，淘汰生产低附加值产品的 PCB 企业，将更多的环保份额分配给生产高附加值产品的 PCB 企业，促进本地 PCB 产业链整体向中高端转型升级。

裕申科技将深入贯彻落实党中央、国务院关于碳达峰碳中和的决策部署，有效推动 PCB 行业减污降碳协同增效。从企业生产现场的水服务到数据采集封装成标识，为后期对接自然资源交易机构、帮助工厂实现生产用水和排污指标在企业之间和产业之间的交易作铺垫，从而助力实现"双碳"。

（二）云智造—检测服务平台

1.平台内容

云智造—检测服务平台主要包含以下四个部分：将设备端监测站检测获取线路板的图像传输给业务系统；业务系统从云端获得后通过深度学习得出训练模型检测线路板图像，经过 Gerber 转换、整板对位、缺陷查找（即二值化，与模板进行像素级比较、形态比较、色度比较）、AI 降假点率等步骤检查缺陷；将检查出的缺陷通过 5G 网络上传给云端的深度学习建模层，以提供缺陷样本；在应用层的电脑设备显示不良类型及位置为人工复检提供坐标。

2.项目主要内容

硬件改造主要包含提供光源的照明设备、摄像头高性能工控机、显示器、图像采集装置等部件。其工作过程是待检测的线路板接入检测设备，检测系统由摄像头及成像系统组成，将图像采集至高性能工控机，运用图像预处理技术，改善图像的成像质量，为深度学习提供模型，完成图像缺陷检

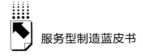

测，把缺陷反馈至本地显示器，并通过 5G 网络传至 MES/ERP 系统和云端进行深度学习。

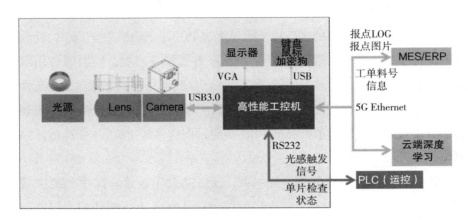

图 2　检测服务平台工作原理

检测算法设计—机器视觉+AI 深度学习：机器视觉系统可以快速获取大量信息，并自动处理，归入设计信息以及加工控制信息集。深度学习使机器模仿视听和思考等人类活动，解决很多复杂的模式识别难题，推动人工智能相关技术进步。

3. 平台创新点

工业通信无线连接：当前工业通信连接中无线连接占比仅 10% 左右，预计未来几年会进入高速发展期。其中 5G 基于大带宽（eMBB）、低时延（uRLLC）、海量连接（eMTC）等技术特征将发挥重要作用。区别于传统工厂的生产线监控采取的有线连接方案，本项目基于 AI 的深度学习分析系统，为制造企业提供了专有的 5G 切片网络，深刻了解行业场景的需求，基于 5G 的机器视觉质量检测，助力企业向无线化、自动化、智能化、柔性制造方向发展，并且检测的准确率提升 50%。

5G 工业应用创新：当前 5G 工业应用大多聚焦辅助功能，如基于 5G 的远程监控、AR 装配辅助、运维和巡检辅助等。质量检测（传统的生产质量检测依赖人工及其经验，效率低、准确度不高）通过产线部署内置于 5G 通信模组的工业相机和边缘计算网关可以进行移动测量和道边检测。

虽然目前工业视觉检测业务流还是开环的，不过，在 5G 技术保障业务时延和安全性的基础上，生产设备日益网络化、智能化，未来将具备商用能力，不仅降低制造企业的综合成本、提高企业信息化水平、提高产品科技含量和竞争力，而且实现制造企业的生产流程自动化监控和管理；既保障工业生产的数据安全，也可以分配独立频段，5G+工业互联网的新需求、新业务、新模式将不断涌现，加速智能制造转型。

4. 对产业意义

云智造—检测服务平台就是通过共享的形式帮助企业以更小的成本使用更先进的设备；帮助中小企业节省设备投资，减少投资风险。PCB 高度配套终端产品，产品品质高。越好的订单，对 PCB 工厂的配套设备要求越高，加上设备更新迭代速度快，导致企业设备投入成本大，为此 AVI 品质设备共享，有助于降低企业设备投入成本。

（三）云加工服务平台

1. 平台内容

云加工服务平台基于设备端、App 端及 PC 端打造以下四大系统。

植根于设备端的云加工制造执行 MES 系统：软件会收集并分析相关生产数据，包括制造数据管理、生产工艺/流程灵活配置、详细的信息查询及追溯、支持多工厂云数据管理等，同时预留外部接口，实现与企业的 ERP、CRM、SCM 等系统的对接，为企业提供一个扎实、可靠、全面、可行的制造协同管理工具。

连接生产设备桌面操作端的生产监控系统：基于程序实时监控设备的各项生产数据，并基于 HTTP 协议定时发送接收数据，实现云计算下的物联网设备监控，完成平台与生产设备之间的数据有效传输、操作。

连接生产管理 PC 端及 App 的设备跟踪系统：平台采集到接入设备的生产数据后，同步进行分类筛选和加工处理，按不同的应用场景和需求，将对应的信息远程分派至生产客户端、设备提供商端及生产管理商端，让三类用

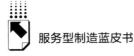

户在同一时间不同空间都可以实时掌握生产资源的使用情况，从而迅速做出进一步的生产决策，提升生产效率。

连接客户 App 和设备桌面操作端的授权验证系统：依靠授权码加密/解密技术及明文生成技术，使共享设备接入平台，由平台统一向生产需求方下发设备授权码，实现约定时间内的设备使用权转移。而当授权码超出约定使用时间后，实现设备使用权的回收。通过这种方法就能让设备提供方在共享设备时无后顾之忧，同时提升 PCB 行业内各生产型企业接入云加工平台实现共享设备的积极性。

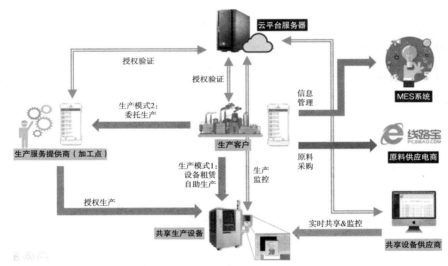

图 3　云加工服务平台

2. 加工中心建设

根据云加工的服务形态，裕申科技建立加工中心来承载整个线下生产服务场景，具体分为以下三个场景。

平台自营自助加工点：适用于技术难度小、操作简单且重复的生产项目。

代加工服务点：适用于操作技术难度较大、操作流程复杂，或需通过规模化的现场生产人员来完成，或对生产环境有特定要求的生产项目。

设备中/长期租赁：适用于企业特别是上市企业对设备租赁需求强烈、生产量大、连续生产周期在一个月以上的生产项目。

3. 工业电商建设

线路宝原材料供应电商平台（ec. pcbbao. com）专注于 PCB 原料/设备/服务采购垂直领域的电子商务平台，通过与云加工平台的生产流程和生产场景对接，为生产客户提供精准的生产原料供应匹配，方便生产客户更有效地进行原材料采购管理，降低企业的经营成本以及避免因生产信息不同步而产生的采购资金风险。

线路宝原材料供应电商平台采用开放式经营模式，为供应采购双方提供一系列线上功能服务以及市场推广、售后服务跟踪、仓储配送、技术咨询等线下配套服务，让行业内采购和供应两端客户均可通过平台透明、双向的信息互动有效去除行业中间环节所产生的经营成本。

4. 平台创新点

工业领域 O2O 模式：云加工的基本形态就是云端信息服务能力+线下传统加工生产的典型 O2O 模式，其先进性在于将这种 ToC 类的模式有效地应用在 to B 的工业制造领域。

工业领域的共享平台：云加工平台的核心是生产资源共享，通过采取物联网、工业互联网和移动互联网等信息化手段，同时匹配 O2O 的服务形态以及企业本身在 PCB 行业沉淀的经验和资源来实现。这种共享不是裕申科技以及安华集团自身资源和经验的共享，而是由平台驱动整个 PCB 行业实现共享。

传统生产服务驱动工业信息化：相较于传统的工业信息化解决方案中提供商的销售模式远离工业客户高高在上、方案大而全、价格高、实施周期长等不足，裕申科技采用传统生产服务先行方式，优先满足客户的生产需求进而满足客户在使用服务过程中的信息需求，进行定制模块开发，采用"小步快跑+多点串联"的方式，以生产制程为基础将多个软件模块整合为 MES 系统，以此来驱动生产企业的工业信息化进程。

工业大数据采集渠道丰富：云加工平台采集工业大数据有别于传统只靠

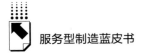

客户被动上传的方式，而是采用"主动出击+多点结合"的方式，其采集的渠道包括生产服务所使用的生产设备、管理软件/系统、生产环境监控、工业电商、用户的操作终端、销售渠道、行业情报、供应链客户、生产链上下游客户等，做到采集信息全面、客观、立体，确保信息分析和应用的精准和高效。

5. 对产业意义

依托云加工服务平台对 PCB 行业的生产资源实现"统一接入+统一运营+多点服务+一点结算+数据支撑"，外加对生产原料供应电商服务的精准接入，帮助生产企业有效摆脱传统生产模式中存在的各种影响产能提升和经营成本下降的束缚。根据行业数据测评可知，通过应用云加工服务平台，生产客户能有效降低 60% 的设备采购成本以及 30% 的设备维护保养成本，让企业后顾无忧地将资金投放到更多能提升产能和利润的经营活动中，如核心技术提升、核心技术产能释放、内部精细化经营管理、供应端精细化管理等。

（四）非直接生产类人员共享平台

1. 平台内容

裕申科技将消除生产企业、设备制造商的"信息孤岛"，有效连接生产企业、设备厂、维修工程师三方，构建完整的售后运营闭环作为云维保平台的服务使命，创建了云维保平台（高效率的工业售后市场技术与人才共享服务平台），通过"智能维保+技术共享+工业互联网"，以售后运营为切入点，面向工业后市场建立工业互联网平台，为生产企业提供设备全生命周期管理和技术与人才共享服务。平台通过工厂维保、售后运营、云维保师傅三大基础服务，以矩阵式功能模块的方式，有效解决生产企业、设备厂、维修工程师三方的信息不对称问题。

云维保平台（高效率的工业售后市场技术与人才共享服务平台）采用"智能维保+技术共享+工业互联网"的方式，利用"云计算+物联网技术+大数据采集+AI 脑科学+微服务+GIS+边算系统+区块链技术+工业互联网标识解析服务"，通过工厂维保管理、设备报修、售后运营服务、师傅接单、维保分析、平台管理等产品功能模块，为线路板、绿色环保、福建武夷岩茶等产业集群提供生产设备数字化建档与服务器数据库维护、无纸化巡检与维保、预测维护与远程辅助、设备听诊与改良、售后运营服务、厂内厂外维保师傅接发单、工业营销等服务，构建平台数字底层、设备管理功能层、应用层 3 个层级，为企业提供设备全生命周期管理和技术与人才共享服务，有效协助生产企业实现高效率的智能维保与技术和人才共享服务，推动工业企业生产设备数字化转型升级，并有效连接生产企业、设备厂、维修工程师三方，构建完整的售后运营闭环。

云维保平台围绕师傅接单服务，建立了一站式的工业领域维保服务平台体系，为维保服务的多方对接提供新渠道，提高维保服务效率；为维保服务的服务方或者个人提供需求来源渠道，提高资源利用效率；建立标准化的维保服务平台流程，优化传统维保服务模式，实施维保服务的数字化升级改造。维修师傅可在云维保师傅平台注册，并获得系统就近匹配并推送的维修需求服务工单，实现技术与人才的共享服务。

2. 平台创新点

云维保平台面向工业售后市场的技术和人才共享服务，具备以下三大特色。

先进性：以"智能维保+技术共享+工业互联网"的方式，利用"云计算+物联网技术+大数据采集+AI 脑科学+微服务+GIS+边算系统+区块链技术+工业互联网标识解析服务"，通过工厂维保管理、设备报修、售后运营服务、师傅接单、维保分析、平台管理等功能模块协助企业实现生产设备的全生命周期管理和技术与人才共享服务。

典型性：云维保平台服务于工业生产的传统企业，使生产设备与二维码进行关联，建立设备唯一身份码，解决设备巡检、定期维修保养、预测性防护、设备故障报修等问题，构建智能化的工厂管理服务体系。并且，通过提供云维保师傅功能服务有效解决生产企业、设备厂、维保工程师三方资源不匹配问题，构建完整的售后运营闭环。实现技术与人才共享，让维保工程师赚得更多的同时技能得到进一步提升，社会资源得到有效配置。

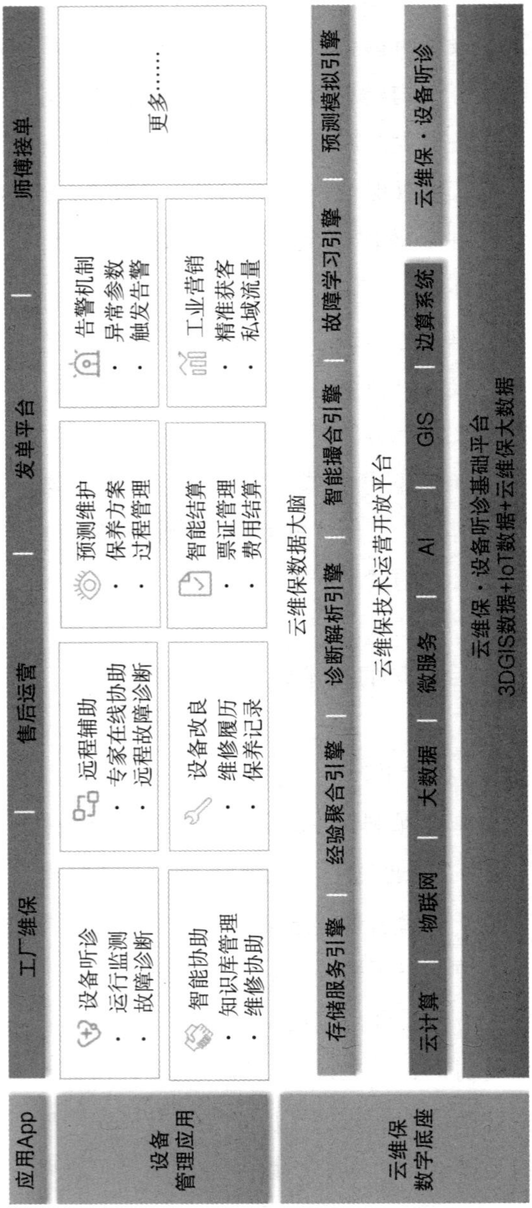

图 4 云维保工业互联网系统架构

应用App	师傅接单	发单平台	售后运营	工厂维保

设备管理应用

更多……	告警机制 · 异常参数 · 触发告警	预测维护 · 保养方案 · 过程管理	远程辅助 · 专家在线协助 · 远程故障诊断	设备听诊 · 运行监测 · 故障诊断
	工业营销 · 精准获客 · 私域流量	智能结算 · 票证管理 · 费用结算	设备改良 · 维修履历 · 保养记录	智能助手 · 知识库管理 · 维修协助

云维保数据大脑

预测模拟引擎	故障学习引擎	智能撮合引擎	诊断解析引擎	经验聚合引擎	存储服务引擎

云维保技术运营开放平台

云维保·设备听诊	边算系统	GIS	AI	微服务	大数据	物联网	云计算

云维保数字底座

云维保·设备听诊基础平台
3DGIS数据+IoT数据+云维保大数据

创新性：项目不仅连接维修师傅、生产企业、设备厂三方，构建完整的售后运营闭环，消除生产企业、设备厂的"信息孤岛"。项目还应用融合标识与物联网技术使每台设备都拥有身份唯一识别码，提升了售后服务团队的整体效益，真正实现了广义的工业品身份证唯一识别，从而为工业互联网全流程追溯及跨行业生态互通进行了先行先试的探索。

3. 对产业的意义

数字化转型有利于提升企业的竞争力，捕获新的市场机会，尝试新的商业模式，在未来商业市场中占得先机。以客户为中心是企业在市场竞争中存活下来的关键。数字化浪潮的到来，使用户信息不对称问题得到极大的缓解，客户感知价值最大化成为导向，从根本上改变了传统以生产为主导的商业经济模式，使企业的经营面临巨大的挑战的同时，也面临新的机遇，有利于企业降本增效，以"数据驱动型决策"模式运营，通过形成自动化数据链，推动生产制造各环节高效协同，大大降低智能制造系统的复杂性和不确定性，生产力普遍可以提高 5%～10%；有利于企业的流程再造，在数字化环境下，企业之间处于纵横交错的网络中，面对分散的网络节点，整合多方资源的平台型产业组织应运而生，企业价值创造模式由传统线性向链条式、网络化转变，传统企业之间的竞合方式趋于生态化、平台化。

三　四大应用场景案例及成效

（一）绿色生产服务平台

裕申科技基于梅江区高端印刷电路板产业集群数字化转型工作，构建 PCB 行业用水服务平台——使各企业的数字化用水服务效能实现数字化接入，通过"数字化+用水服务"模式，帮助 PCB 工厂有效提高生产用水资源的使用效率，从而实现产能的二次释放。为梅江区政府、东升工业园管委会、工信部门、环保部门等提供以企业为单位的实时用水指标使用率和高效利用情况，让各职能部门在制定各项配套产业发展政策

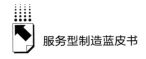

时，可以有更真实和完整的数据作为决策依据，从而实现在区域环保指标大盘不变的情况下水资源能更实时和精准地投放给优质企业使用。

（二）云智造—检测服务平台

广州安华电子有限责任公司使用基于 5G 技术的线路板成品图像识别检测系统，能有效地克服传统人工肉眼翻查缺陷检测方式存在的主观性大、误检和漏检率高等缺点，从而保障了生产质量，节约了大量人力成本（单台成本节约 50%），提高了成品缺陷的检出率，有效降低了假点率，极大提升了安华电子对产品生产有效管控力并提升了产品品质，较大地提升了部署产品换线生产算法处理的灵活性。

（三）云加工服务平台

裕申科技作为省内专业面向 PCB 行业的工业互联网平台企业，为深圳线路板产业集群提供共享制造服务。项目通过推动共享平台服务模式、共享加工中心方案等实施，帮助集群实现高度的产能共享，形成"配套深圳—辐射珠三角"的新产业格局。

通过裕申科技云加工平台帮助有转型升级意向的传统委外加工企业实现整体经营成本下降 25%、生产效率提升 20%、营收增加 10%。此外，平台能协助工业企业对接优质的加工服务资源，使生产企业在委外加工环节上降低投入成本 10%~25%，同时通过生产流程的信息化跟踪，提升生产效率 15%。

（四）非直接生产类人员共享平台

为传统企业提供设备全生命周期管理服务，展示了非常好的服务潜力，实现整体生产效益提升。将云维保服务作为典型案例予以分析，线路板集群方面，深圳市升宇智能科技有限公司基于云维保平台的售后运营与云维保师傅功能服务，设备售后团队提升效率 20%，维修周期缩短 15%，运营成本下降 10%，客户满意度提升 30%；广州晨新自控设备有限公司的维修响应效率提升 20%，运营成本下降 10%，备件采购周期缩短 15%，客户满意度提升 30%。

以上典型企业案例中云维保服务投入并不大，而为企业所带来的直接经济效益与提质降本增效的间接作用却是巨大的，也实现了技术与人才共享，让维保工程师赚得更多的同时技能得到进一步提升，社会资源得到有效配置，解决生产企业、设备厂、维保工程师三方资源的不匹配问题，构建了完整的售后运营闭环，且产生了制造领域数字化转型升级的典型案例示范效应，价值明显。

四　下一步工作计划

在新政策的指引下，裕申科技将持续推进服务型制造平台的优化升级工作，并与工业互联网标识推广、5G 探索、产业集群等方面进行业务融合与创新，为平台挖掘更大的发展空间、扩大服务范围、提升服务能力。其中工业互联网标识推广将与行业内各类供应商（包括生产资源、生产服务及经营配套）合作，以节点作为基础平台与各供应商实现服务层和信息层的互联互通，构建面向 PCB 行业的供应侧服务生态平台。而在 5G 探索方面，将夯实各应用场景的实施基础，并不断挖掘新的应用场景，拓展 5G 在工业领域的应用深度与广度。在产业集群方面，裕申科技将依托工业互联网标识构筑的生态平台，承托各类 5G 场景，开展协同生产、产能共享、集中采购等工厂外围的供应链协同创新，以及围绕工厂内部实行绿色生产和数字化建设的内外双驱动模式，与工业企业形成集生产化、数字化、供应链及产能调控于一体的生产联动体系。裕申科技通过开展以上重点工作，进一步提升自身在 PCB 行业服务型制造的资源聚合能力和行业影响力，同时通过产业与工业互联网深度融合，有效协助广东省政府加快新型基础设施建设，支撑广东经济发展实现质量变革、效率变革和动力变革。

Abstract

The general report of the 20th CPC National Congress has proposed that "We will build a new system of efficient and high-quality services and promote further integration of modern services with advanced manufacturing and modern agriculture". Service-oriented manufacturing has became the important direction for the deep industrial integration, it is the new model and new business format. With the guidance of Ministry of Industry and Information Technology of the People's Republic of China, service-oriented manufacturing development has obtained a remarkable result, which is is forging ahead of emerging countries and gradually moving towards the level of developed countries. Driven by a series of important initiatives carried out by the Ministry of Industry and Information Technology and local governments, a number of high-quality service-oriented manufacturing demonstration enterprises (projects, platforms) and demonstration cities have emerged. The report includes an in-depth analysis of hundreds service-oriented manufacturing demonstration entities, which has shown that the input of service elements are beneficial for excavating and stimulate potential user demands, creating new business models and maintain steady and high-quality growth of industrial chain, and therefore helps to stable growth of enterprises as well as to resist macroeconomic fluctuations. With China's economy situation, the report has proved that service-oriented manufacturing is playing an important role in stabilizing growth of economy and pushing forward the high-quality development of manufacturing, discussed the mechanism and countermeasures of the integration of data and reality in manufacturing industries. The report also summarized the working experiences of service-oriented manufacturing demonstration cities, presented the development path and transformation effects of service-oriented demonstration enterprises and shared manufacturing demonstrations. The report stated that we should accelerate the establishment of standards system, explore more regional and industrial cluster pilot, exert the demonstrating effect of service-oriented cities connections and set up a platform for experience and knowledge sharing on international development to achieve an advanced development of service-oriented manufacturing and impetus to the high-quality development of China's economy.

Keywords: Service-Oriented Manufacturing; High-quality Development; Industrial Designs; Sharing Manufacturing

Contents

I　General Reports

Abstract: Service-oriented manufacturing is a new industry form in which manufacturing and services are deeply integrated in the process of industrialization, it gives impetus to the high-quality development of manufacturing industry. In the global trend, service-oriented manufacturing has become a common phenomenon in the development of manufacturing industry in developed countries over 20−30 years practices of servitization. The lack of manufacturing enterprises with international influence and competitiveness causes the gap of service-oriented manufacturing development between China and major international economies. In recent years, service-oriented manufacturing has made a great progress with national support and government co-ordinated layout, along with the joint efforts of all sectors of society. Moreover, service-oriented manufacturing plays an important role in stabilizing economy, spurring vitality of market entities and exploring new demands.

Keywords: Service-oriented Manufacturing; Mordern Manufacturing; Mordern Service Industry

Ⅱ　Synthesis Reports

B.2　To Promote Service-oriented Manufacturing to Help Stabilize
　　　Economic Development

Luo Zhongwei, *Liu Shulong* / 036

Abstract: The development of service-oriented manufacturing is conducive to getting rid of the dilemma of insufficient demand, improving the resilience of industrial chain and supply chain, helping small and medium-sized manufacturing enterprises to overcome the survival trap, stimulating a new round of mass innovation and innovation, and promoting the stability and quality of foreign trade. It has important practical significance and strategic value for stabilizing the basic economic fundamentals at present. In the process of stabilizing economy, the practice of service-oriented manufacturing has shown good effect. To fully implement the requirements of the CPC Central Committee and The State Council on the current economic work, we need to accelerate the high-quality development of service-oriented manufacturing. Concrete measure is to set service-oriented manufacturing as one of the most effective path for enterprises to get out of a predicament, in order to stimulate demand for the market and create new application scenarios, construct a prosperous booming industry ecosystem relying on high new technical, stimulate the vitality of small and medium-sized manufacturing enterprises, and lastly to boost infrastructure constructions associated with industrial convergence, to achieve a solid theoritical fundation for industry transformation.

Keywords: Service-oriented Manufacturing; Economic Stability; Entrication Enterprises out of Predicatiment

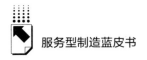

B.3　The Integration of Digital and Real in Manufacturing:

Performance, Mechanism and Countermeasures

Li Xiaohua / 055

Abstract: With the rise of a new round of scientific and technological revolution and industrial transformation, digital technology and real technology, digital economy and real economy show a trend of deepening integration, of which manufacturing is the most important industrial sector for digital and real integration. This paper proposes that the scope of digital and real integration of manufacturing industry includes all fields within enterprises, the whole cycle of the value chain and the whole ecology of the supply chain. In terms of form, it is manifested as element integration, technology integration, facility integration and product integration. The integration of digital and reality in the manufacturing industry is based on connection, data-core, supported by computing power, driven by algorithms, and plays an enabling role in the manufacturing industry by integrating multi-dimensional data, discovering potential knowledge, replacing human labor, coding industry knowledge, software-defined products, and innovative business models. In view of the constraints of manufacturing capacity, digital level, digital capability, data flow and other aspects faced by the integration of digital and real manufacturing in China, it is necessary to accelerate the construction of information infrastructure, promote digital technology innovation, promote the digital transformation of manufacturing enterprises, improve digital economy laws, regulations and policies, and strengthen international cooperation in the field of digital economy.

Keywords: Manufacturing Industry; Digital and Real Integration; Real Economy; Digital Technology; Digital Economy

B. 4　Service-oriented Manufacturing is a Critical Path to Promote
　　　the High-quality of Manufacturing Enterprises-Practice from
　　　Top 500 Chinese Manufacturers

Abstract: High-quality development is the theme of all aspects of China's economic and social development during the 14th Five-Year Plan and beyond. As an important micro-subject, the development quality of enterprises plays an important supporting role in the overall situation. Service-oriented manufacturing, as a novel industrial form, is generated in the process of integrated development of manufacturing and service, it is not only the main trend of global manufacturing transformation and development, but also an important way for Chinese manufacturing enterprises to enhance their value creation ability and create first-class enterprises. With the vigorous development and wide application of informatization and digitalization, the role of service-oriented manufacturing in promoting enterprises to improve development quality and enhance competitiveness has become more prominent. Based on the development practice of top 500 Chinese manufacturers in recent years, this paper strives to clarify the mechanism and internal logic of service-oriented manufacturing to enhance the high-quality development of manufacturing enterprises, and puts forward numerous new management issues faced by manufacturing enterprises under the novel industrial form of service-oriented manufacturing.

Keywords: Service-oriented Manufacturing; Manufacturing Enterprises; High-quality Development; Mechanism

B. 5　Exploration and Practice of Zhejiang Province Development
　　　of Service-oriented Manufacturing

Abstract: Zhejiang province's service-oriented manufacturing has the

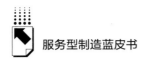
forerunner advantage. A number of provincial service-oriented manufacturing demonstration enterprises (platforms and projects) have been successfully established, and a good service-oriented manufacturing ecology is taking shape. In the new period, by taking "one center and four basic points" as the main path, Zhejiang supports the innovation of service-oriented manufacturing mode, tamps the technical support of service-oriented manufacturing, and promotes the high-quality development of service-oriented manufacturing. Taking " service + manufacturing" as an important way to stabilize the economic market and build a strong manufacturing province, Zhejiang has gradually formed a number of regional experiences and practices that can be replicated and popularized in many cities and districts such as Linping HangZhou, Ningbo, Haining, Wenzhou, Taizhou etc.

Keywords: Customer Value; Industrial Design; Network Marketing; Zhejiang

Ⅲ Demonstration Cities Development Reports

B . 6 Development Path and Effectiveness of Wuxi's Service-oriented Manufacturing

Wang Rongming, He Ruiling, Liu Xingqiu and Luo Jianqiang / 119

Abstract: Service-oriented manufacturing is a new manufacturing mode and industrial form in which manufacturing and service are deeply integrated in the process of industrialization. It is an inevitable choice of high-quality development of industry. Wuxi is located in the south of Jiangsu Province, the Yangtze River Delta region with the most developed economy in China, with a strong industrial foundation and. and a complete industrial system. Since the "Thirteenth Five-Year Plan", Wuxi has vigorously promoted the deep integration of advanced manufacturing and modern service industries, and promoted the development of service-oriented manufacturing in an All-round Way. This paper aims to summarize the current situation, mode and experience of the development of service-oriented manufacturing in Wuxi in recent years, analyze the existing problems, and put forward the development ideas of service-oriented manufacturing in the next stage to provide strong support for the high-quality development of the manufacturing industry.

Keywords: Service-oriented Manufacturing; Model Innovation; Typical Model; Wuxi

B.7 Development Path and Effectiveness of Chengdu's Service-oriented Manufacturing

Ding Tianjun, Zhu Jie, Zhang Qian and Qian Gao / 133

Abstract: In recent years, following the deepening of industrial division of labor and the changing trend of market demand, Chengdu has taken the cross-border integrated development of industries as the main line, guided by the promotion of high-end industrial chain, value chain and supply chain, and supported by the construction of service-oriented ecology of manufacturing industry. Chengdu has made great efforts to explore a new model of service-oriented manufacturing, has created a new bearing for the development of service-oriented manufacturing, and has accelerated the promotion of quality and efficiency improvement, transformation and upgrading of manufacturing industry. In the future, Chengdu will unswervingly implement the strategy of city of strong manufacturing, continue to develop service-oriented manufacturing as an important measure to enhance the core competitiveness of Chengdu manufacturing industry and cultivate the future manufacturing industry system, promote the high-end manufacturing, intelligent manufacturing, green manufacturing and service-oriented manufacturing, and strive to build Chengdu into an important national advanced manufacturing center and an important global advanced manufacturing base. Explore Chengdu model and practice the significance of "demonstration" for

服务型制造蓝皮书

leading the development goal of service-oriented manufacturing in western China and radiating the experience to the whole country.

Keywords: Service-oriented Manufacturing; Strong Chain Building; Innovation Policy Source; School-enterprise Dual Progress; Chengdu

B.8 Development Path and Effectiveness of Pudong New Area's Service-oriented Manufacturing

Xia Yuzhong, Wang Xian, Wang Jianping and Qu Zhao / 149

Abstract: The development of service-oriented manufacturing is the main path to build three world-class industrial clusters in Pudong New Area, which is the key to implementing the deep integration of advanced manufacturing and modern service industry and playing the role of "Made in Shanghai". In recent years, under the guidance of the Ministry of Industry and Information Technology and the Shanghai Municipal Commission of Economy and Informatization, Pudong New Area has been leading the transformation and upgrading of service-oriented manufacturing with industrial design, promoting the transformation of scientific and technological innovation into product competitiveness, and enabling the high-quality development of its six core industries: integrated circuits, new medicine, aviation and aerospace, future cars, smart manufacturing and big data. Pudong New Area was the first among 16 districts in Shanghai to be awarded the title of National Service-oriented Manufacturing Demonstration (Industrial Design Featured Category).

Keywords: "Six Core Industries"; Service Oriented Manufacturing; Industrial Design; Pudong New Area

B . 9　Development Path and Effectiveness of Chongqing's

Service-oriented Manufacturing

Zhao Gang, Li Yue, Liu Mengqiu and Luo Jianqiang / 168

Abstract: As an important manufacturing city, Chongqing has a complete range of industries, a solid industrial foundation, and a good momentum of development, opening up a broad space for the development of service-oriented manufacturing. In recent years, taking the value chain as the main line, Chongqing has guided the transformation of enterprises from processing and assembly to "product + service", centered on the automobile and motorcycle, equipment manufacturing, electronic information and other pillar industries, focused on the development direction of general integration and general contracting, personalized customization, online support and other services to accelerate the cultivation of new service-oriented manufacturing models and new formats, At the same time, Chongqing seizes the development opportunity of service-oriented manufacturing, finds its own position, insists on taking industrial design as the characteristic development direction of service-oriented manufacturing, promotes the deep integration of advanced manufacturing and modern service industries, accelerates the high-quality development of manufacturing industry, and builds a "City of Design" with international influence.

Keywords: Service-oriented Manufacturing; Industrial Design; City of Design; Chongqing

B . 10　Development Path and Effectiveness of Yantai's

Service-oriented Manufacturing

Qiao Yujing, Deng Xiaojun, Che Xiaolei and Zhu Dan / 182

Abstract: Yantai has a complete industrial system, the development of national industrial brands is prosperous and the development of industrial design is

377

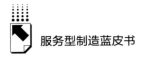
relatively rapid. To seize the strategic opportunities of the country and Shandong Province for the conversion of new and old kinetic energy. Yantai uses service-oriented manufacturing to promote the high-quality development of the manufacturing industry. Yantai focuses on key industries to extend, supplement and strengthen the industrial chain, cultivates design carriers to promote the integration of industrial design and manufacturing, innovates talent team to accumulate the stamina of industrial development, strengthens the docking of propaganda to improve the ability of design and application, and finally formed a service-oriented manufacturing development model characterized by industrial design. Therefore, Yantai can realize the conversion of new and old kinetic energy, the high-standard construction of industrial development carriers, and the high-quality improvement of industrial design results. Industrial design is becoming the new city card of Yantai.

Keywords: Service-oriented Manufacturing; Industrial Design; Industrial Park Construction; Yantai

B.11　Development Path and Effectiveness of Shenzhen's Service-oriented Manufacturing

Zheng Xuan, Shen Zhuoyun, Zheng Xuancai and Zhang Xiaofang / 196

Abstract: After years of development and the joint efforts of government and enterprises, Shenzhen has gradually formed a whole-chain and multi-level industrial design ecological system with the government as the guide, enterprises as the main body, the industrial park as the platform, and the association as the bridge. In the past 11 years, Shenzhen has continuously ranked first among large and medium-sized cities in China in terms of the number of international design awards. At the same time, as the first "design city" in China, the industrial design of Shenzhen has a prominent feature of exporting its experience to other cities of China. There are endless examples of Shenzhen industrial design enterprises exporting its experience to other parts of the country, which has played an important role in promoting the development of the national industrial design industry. To strive to build Shenzhen into the world famous "design city", Shenzhen industrial design not only will focus on the orientation of subject cultivation, public service, external cooperation, cross-border integration, digital transformation and other directions , but also develop the new development stage, implement the new development concept, promote the introduction of the development strategy of innovation-driven and design-driven city.

Keywords: Service-oriented Manufacturing; Industrial Design; City of Innovation; City of Design; Shenzhen

Ⅳ Service-oriented Manufacturing Enterprises Reports

Abstract: The homogenization of products in the traditional commercial vehicle manufacturing industry is serious, and there is also homogenization in marketing. Under the influence of the market competition environment, industry development trends and changes in customer demand, Shaanxi Automobile Group proposed the direction of service-oriented manufacturing transformation of "focusing on the entire life cycle of products and the entire process of customer operation". In the process of "two concerns", discovering demand, satisfying demand, creating demand, and leading demand, innovatively carried out Internet of Vehicles data services, and based on this, carried out financial leasing, insurance brokerage, used car replacement, TCO custody services, etc. A series of value-added service business. Create a domestic large-scale commercial vehicle life cycle

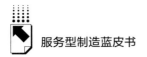
service platform to provide safe, convenient, efficient and exclusive comprehensive solutions for commercial vehicle users. The service-oriented manufacturing transformation model of Shaanxi Automobile Group is creative, demonstrative, and replicable, and provides effective experience for the service-oriented manufacturing transformation of other automobile manufacturers in the industry.

Keywords: Internet of Vehicles; Service-oriented Manufacturing; Product Lifecycle Management; Shaanqi Tianxingjian

B.13 DoubleStar: Automotive Tire Intelligent Service Solutions

Chai Yongsen, Chen Xiaoyan, Wang Jiaxin and Wen Quan / 225

Abstract: As a national brand in the tire manufacturing industry, Doublestar seizes the opportunity of China to promote the service-oriented manufacturing transformation of manufacturer, and further explores an innovative and comprehensive service-oriented manufacturing business model on the basis of its own strong soft and hard technology. By building an intelligent service system for automobile tires and platforms such as the tire networking "Smart Cloud", Doublestar has made breakthroughs in design and development, digital manufacturing, service, operation, brand effect and integration. Typical service-oriented manufacturing models such as large-scale personalized customization and full life cycle management have been successfully realized, and bringing significant benefits to enterprises such as cost reduction and efficiency increase, market competitiveness improvement, and customer value increase.

Keywords: Smart Transformation; Tire Manufacturing; Intelligent Service; Double Star

B. 14　Yuntu Holdings: The Practice of Integrated Solutions for

Efficient Ccultivation

Zhang Jian, Zhu Hongxia, Deng Jiangchuan and Lin Jiarong / 243

Abstract: At present, the integration of industrialization and Informatization, urbanization and agricultural modernization in China continue to deepen, along with the urgent need to promote the rural revitalization strategy, the continuous intensification of land circulation and other trends, directly lead to the increase in the demand for soil "chemical fertilizer loss and efficiency", the demand for planting trusteeship is increasingly prominent, and the expectation of agricultural production efficiency is increasing. To meet the above needs, Yuntu Holdings changed its business strategy, with the strategic positioning of becoming the world's leading provider of comprehensive solutions for efficient planting, with soil testing formula fertilizer customization service as the core, and focused on promoting comprehensive solutions for efficient planting from five aspects: products, planting, services, benefits and ecology, and providing customers with all-round, full-industry chain professional services before, during and after planting. At the same time, compared with the integration of traditional manufacturing service industry, Yuntu Holdings' service-oriented manufacturing innovation practice is a completely different attempt to integrate across the three industries, providing more possible paths for service-oriented manufacturing.

Keywords: Integration of Three Industries; The Whole Industrial Chain of Chemical Fertilizer; Soil Testing Formula Fertilizer; Yuntu Holdings

B. 15　Miracle Automation Engineering: Overall Solution for

Automobile Manufacturing Production Line

Guo Dahong, Wang Baoying, Li Haiming and Yang Dan / 259

Abstract: According to the needs of market development and the evaluation

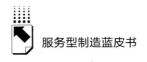
of the company's business capabilities, Miracle Automation Engineering Co. , Ltd. has gradually transformed from an equipment manufacturing provider to an overall solution provider of service-oriented manufacturing. The company has established and improved a complete set of management systems from program consulting, planning and design, product design, construction delivery and aftermarket services, and the service-oriented manufacturing business is positioned in the three directions of " Customized services, Total integration general contracting and Product lifecycle management ". The company introduces advanced design and development software and strengthens innovative design tools, which not only improves design and development capabilities, but also provides basic data support for customers to carry out intelligent factory construction. With the maturity of intelligent sensing technology and industrial Internet technology, the " Miracle Cloud Platform" has been developed to promote intelligent maintenance based on remote data collection and fault diagnosis, and establish a new maintenance model of platform-based data maintenance and regional expert technicians.

Keywords: Service-oriented Manufacturing; Product Lifecycle Management; Cloud Platform; Intelligent Maintenance; Miracle Automation Engineering

B . 16   DTCT: A New Model of Service-oriented Manufacturing
Development with Real-Data Integration

Jin Jianguo , Dong Yujuan and Liu Shulong / 275

Abstract: China should accelerate the development of the digital economy, promote the deep integration of the digital economy and the real economy, build internationally competitive digital industrial clusters, and build a modern infrastructure system, the report of the 20th Congress of the Communist Party of China said. As a leading modular data center overall solution provider in China, DTCT focuses on the subdivision of data center, and keeps forging ahead and innovating to make the data center more secure, energy saving, efficient and intelligent. DTCT adheres to the market demand as the guidance, seize the opportunity of The Times with bold innovation, and give full play to the resource coordination and allocation ability to build the sustainable competitiveness of the enterprise to adapt to the market changes. In the service manufacturing business model, DTCT adopts the innovative service mode of "physical and digital fusion". Firstly, it breaks the original entry barriers of the market with disruptive innovative products, and then realizes the digitalized cloud operation and maintenance services of data centers through digital technology to build a perfect service ecosystem.

Keywords: Modular Data Center; Physical and Digital Fusion; Cloud Service Platform; DTCT

V   Sharing Manufacturing Reports

B.17   Autaomazione: Textile Industry Cluster Shared

Manufacturing

Zhao Yang, Zhang Jie, Zhou Jianliang and Cui Xueqi / 291

Abstract: With the combination of COVID − 19 and global economic uncertainties, and the dual carbon and high-quality development goals, how to determine the future development path of the traditional textile manufacturing industry has become the key problem faced by enterprises and the government. This paper takes Autaomazione shared manufacturing as an example to describe the development of the shared manufacturing industry, industry characteristics, product attributes, customer needs, market environment and existing problems, and presents Autaomazione shared manufacturing platform in an all-round way from the capacity building of shared manufacturing platform and the performance. At the same time, theoretical and empirical analysis is made on the industrial cluster layout, carbon emission measurement, production efficiency improvement and other practical achievements of Autaomazione from the perspectives of enterprise

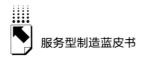
operation stability, resource utilization efficiency and industrial contribution. In the end, the paper discusses the future development plan and practice in the process of double carbon goal and high-quality development assisted by innovation of textile manufacturing industry cluster.

Keywords: Sharing Manufacturing; Innovation Synergy; Digital-intelligence Integration; "Double Carbon" Goal; Autaomazione

B.18 Yunnan Logistics Investment Group : Baoxiang Smart Supply Chain Cloud Platform

Peng Wei, Su Yatao, Hui Chunmei and Wu Jianjun / 312

Abstract: In order to deepen the production and manufacturing application scenarios and solve the pain points in each link of the steel industry chain, Yunnan Logistics Investment Group Co., Ltd., based on the established system and the existing transportation, warehousing, parks, trade and other businesses, uses Internet, big data, cloud computing and other technologies to establish an industrial Internet platform: Baoxiang Smart Supply Chain Cloud Platform, which meets the diversified needs of users and facilitates transactions. Through the organic combination with intelligent devices, the platform realizes online and offline interconnection, provides data-driven full link intelligent logistics services integrating procurement, warehousing, logistics, distribution and installation, and value-added supporting services such as supply chain finance and supporting malls. At the same time, the platform achieves "value-added" of data through "processing" by collecting, analyzing, processing and optimizing the data and information involved in each link, The whole supply chain data will be commercialized, the value will be deeply excavated, the resource allocation will be optimized, the user value of the whole supply chain will be improved, and the deep integration of the logistics industry and manufacturing industry will be promoted.

Keywords: Supply Chain Platform; Shared Manufacturing; Industry Integration; Yunnan Logistics Investment

B.19 Dalian Auto-Tech Incorporated Corporation :

The Welding Resource Sharing Platform

Qian Qiang, Cao Jing , Cheng Yueyue and Qin Tong / 330

Abstract: As a long-established high-tech enterprise, Dalian Auto-Tech Incorporated Corporation has rich technical background and practical experience in service-oriented manufacturing transformation, and its Welding Resource Sharing Platform has been rated as a National Service-oriented Manufacturing Model Platform. By integrating upstream and downstream resources and information sharing in the industrial chain, guiding enterprises in the platform to form industrial clusters and small alliances, building professional knowledge trees and providing talent training support, the platform achieves comprehensive development in services, innovation, digitalization, management, resource integration and allocation, etc. , it significantly increases the sharing ability of enterprises settled in the platform, builds a perfect sharing mechanism, and enhances the market competitiveness of enterprises.

Keywords: Sharing Manufacturing; Resource Integration; Industrial Cluster; Dalian Auto−Tech

B.20 Guangzhou Yushen Electronic Technology : A Shared

Manufacturing Project Based on the Industrial Internet

Identification Resolution System for the PCB Industry

Wang Jun, Zhu Song, Weng Zishun and Sun Xuecheng / 349

Abstract: Shared manufacturing is an inevitable requirement to conform to

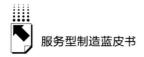
the development trend of the integration of the new generation of information technology and manufacturing industry, and to cultivate and expand new momentum. Guangzhou Yushen Electronic Technology Co. , Ltd. relies on Anhua Group to build a shared capacity service platform for the PCB industry by taking the printed circuit board (PCB) industry as the starting point, and through the way of "shared manufacturing and industrial Internet". The platform uses industrial Internet identity analysis service and internet of Things application technology to provide PCB manufacturers with capacity sharing services through four service sectors, namely, digital green production, cloud intelligent manufacturing, cloud processing and talent sharing, At the same time, various supply side resources accumulated in the PCB industry are gathered through the platform, and the integration mode of online platform linkage with offline production services is realized, effectively assisting PCB manufacturers to achieve digital transformation and upgrading.

Keywords: Shared Manufacturing; Industrial Internet; Line Treasure; Printed Circuit Board; Guangzhou Yushen Electronic Technology

权威报告·连续出版·独家资源

皮书数据库
ANNUAL REPORT(YEARBOOK)
DATABASE

分析解读当下中国发展变迁的高端智库平台

所获荣誉

- 2020年，入选全国新闻出版深度融合发展创新案例
- 2019年，入选国家新闻出版署数字出版精品遴选推荐计划
- 2016年，入选"十三五"国家重点电子出版物出版规划骨干工程
- 2013年，荣获"中国出版政府奖·网络出版物奖"提名奖
- 连续多年荣获中国数字出版博览会"数字出版·优秀品牌"奖

皮书数据库

"社科数托邦"
微信公众号

成为用户

登录网址www.pishu.com.cn访问皮书数据库网站或下载皮书数据库APP，通过手机号码验证或邮箱验证即可成为皮书数据库用户。

用户福利

- 已注册用户购书后可免费获赠100元皮书数据库充值卡。刮开充值卡涂层获取充值密码，登录并进入"会员中心"—"在线充值"—"充值卡充值"，充值成功即可购买和查看数据库内容。
- 用户福利最终解释权归社会科学文献出版社所有。

数据库服务热线：400-008-6695
数据库服务QQ：2475522410
数据库服务邮箱：database@ssap.cn
图书销售热线：010-59367070/7028
图书服务QQ：1265056568
图书服务邮箱：duzhe@ssap.cn

社会科学文献出版社 皮书系列
SOCIAL SCIENCES ACADEMIC PRESS (CHINA)

卡号：577458913629
密码：

基本子库
SUB DATABASE

中国社会发展数据库（下设 12 个专题子库）

　　紧扣人口、政治、外交、法律、教育、医疗卫生、资源环境等 12 个社会发展领域的前沿和热点，全面整合专业著作、智库报告、学术资讯、调研数据等类型资源，帮助用户追踪中国社会发展动态、研究社会发展战略与政策、了解社会热点问题、分析社会发展趋势。

中国经济发展数据库（下设 12 专题子库）

　　内容涵盖宏观经济、产业经济、工业经济、农业经济、财政金融、房地产经济、城市经济、商业贸易等 12 个重点经济领域，为把握经济运行态势、洞察经济发展规律、研判经济发展趋势、进行经济调控决策提供参考和依据。

中国行业发展数据库（下设 17 个专题子库）

　　以中国国民经济行业分类为依据，覆盖金融业、旅游业、交通运输业、能源矿产业、制造业等 100 多个行业，跟踪分析国民经济相关行业市场运行状况和政策导向，汇集行业发展前沿资讯，为投资、从业及各种经济决策提供理论支撑和实践指导。

中国区域发展数据库（下设 4 个专题子库）

　　对中国特定区域内的经济、社会、文化等领域现状与发展情况进行深度分析和预测，涉及省级行政区、城市群、城市、农村等不同维度，研究层级至县及县以下行政区，为学者研究地方经济社会宏观态势、经验模式、发展案例提供支撑，为地方政府决策提供参考。

中国文化传媒数据库（下设 18 个专题子库）

　　内容覆盖文化产业、新闻传播、电影娱乐、文学艺术、群众文化、图书情报等 18 个重点研究领域，聚焦文化传媒领域发展前沿、热点话题、行业实践，服务用户的教学科研、文化投资、企业规划等需要。

世界经济与国际关系数据库（下设 6 个专题子库）

　　整合世界经济、国际政治、世界文化与科技、全球性问题、国际组织与国际法、区域研究 6 大领域研究成果，对世界经济形势、国际形势进行连续性深度分析，对年度热点问题进行专题解读，为研判全球发展趋势提供事实和数据支持。

法律声明

　　"皮书系列"（含蓝皮书、绿皮书、黄皮书）之品牌由社会科学文献出版社最早使用并持续至今，现已被中国图书行业所熟知。"皮书系列"的相关商标已在国家商标管理部门商标局注册，包括但不限于LOGO（ ）、皮书、Pishu、经济蓝皮书、社会蓝皮书等。"皮书系列"图书的注册商标专用权及封面设计、版式设计的著作权均为社会科学文献出版社所有。未经社会科学文献出版社书面授权许可，任何使用与"皮书系列"图书注册商标、封面设计、版式设计相同或者近似的文字、图形或其组合的行为均系侵权行为。

　　经作者授权，本书的专有出版权及信息网络传播权等为社会科学文献出版社享有。未经社会科学文献出版社书面授权许可，任何就本书内容的复制、发行或以数字形式进行网络传播的行为均系侵权行为。

　　社会科学文献出版社将通过法律途径追究上述侵权行为的法律责任，维护自身合法权益。

　　欢迎社会各界人士对侵犯社会科学文献出版社上述权利的侵权行为进行举报。电话：010-59367121，电子邮箱：fawubu@ssap.cn。

社会科学文献出版社